Neue Heimstatt für heimatvertriebene Gablonzer: Bau der „Werkssiedlung" in Weidenberg 1951, im Hintergrund schemenhaft: die evang.-luth. St. Michaelskirche auf dem Gurtstein

Projekt „Myrten für Dornen“ – Geschichte(n) aus Weidenberg 1919–1949

Alltagsleben und Kirchenkampf in einer oberfränkischen Marktgemeinde

Eine kirchen- und ortsgeschichtliche Chronik in den Zeiten von Pfarrer Georg Redenbacher

Folge 6:

„UNTERGEHEN UND AUFSTEHEN“
– Der Alltag unter Kriegsbedingungen und das Danach –

1. „Hitlers Griff nach der Jugend“

2. „Gäste und Fremdlinge“ (1) – Die Evakuierten

3. „Warten auf die Sieger“

4. „Mit Ost-Spionen und alten Seilschaften zum neuen Aufbruch?“

5. „Gäste und Fremdlinge“ (2) – Die Vertriebenen

6. „Eis von der Oma, Kino vom Opa“

Jürgen Joachim Taegert

„Untergehen und Aufstehen"

– Der Alltag unter Kriegsbedingungen in Weidenberg und das Danach –

Projekt „Myrten für Dornen"
– Geschichte(n) aus Weidenberg 1919–1949

Folge 6

Die Bücher dieser Folge:

Bibliografische Informationen der Deutschen Nationalbibliothek:

Die Deutsche Nationalbibliothek verzeichnet diese Publikation in der Deutschen Nationalbibliothek; detaillierte bibliographische Daten sind im Internet über http://dnb.dnb.de abrufbar.

Bearbeitung und Herausgabe, Design und Layout:
Jürgen Joachim Taegert, Kirchenpingarten

Verlag Eckhard Bodner – 92690 Pressath

ISBN: 978-3-947247-20-2

Herstellung: BoD – Books on Demand, Norderstedt

EINFÜHRUNG

Ich weiß, dass mein Erlöser lebt – diesen Satz aus dem alttestamentlichen Buch Hiob hatte die gebürtige Lessauerin MARGARETE SCHILLING im Jahr 1937 in den Kreuzbalken ihres Bekenntnismarterls schreiben lassen. Das Trostwort prangte nun, in Metallbuchstaben geschnitten, weithin sichtbar auf der Weidenberger Bocksleite hoch über Weidenberg. Am Höhepunkt des Kirchenkampfes sollte es ein Weckruf sein an die Glaubenden vor zu argloser „Führergläubigkeit" und ein Zeichen der Hoffnung auf das Eingreifen Gottes. Zugleich sollte es den Protest der Christen gegen die Missachtung des Alten Testaments zum Ausdruck bringen.

Der meinungsstarke und bekenntnistreue Geistliche auf der II. Pfarrstelle, GEORG REDENBACHER, hatte das Wort herausgesucht, zusammen mit vier weiteren Bibelworten aus den Profeten, sowie einem Psalmvers und einem Vers von „Lobe den Herren". Beim örtlichen Granitwerk Schiller wurden diese Worte auf dem Sockel des Marterls eingemeißelt; sie sind auch die Fundstelle für das Leitmotiv des Projektes „MYRTEN FÜR DORNEN" (Jesaja 55, 13). Sie sind zugleich der „Ausweis" für den Glauben der heimlichen Bekenntnisgemeinde Weidenberg, für die REDENBACHER damals gegen die innerkirchliche Sekte der hitlertreuen „Deutschen Christen" einstand.[1]

War dieser Weckruf gegen allzu naive Führerverherrlichung vergeblich? Schon früh liegt ja im „Dritten Reich" Krieg in der Luft. HITLER treibt die Aufrüstung massiv voran. Niemand stoppt ihn. Schon beim Sudetenkonflikt im folgenden Jahr 1938 setzt er sein ganzes Drohpotential ein. Aber er begnügt sich nicht mit der „Heimholung des Sudetenlandes", sondern besetzt schon bald die ganze Tschechoslowakei. Nun scheint ihm auch die Herrschaft über ganz Europa nicht mehr unmöglich. Der Reihe nach will er alle Länder besetzen, die sich nicht mit ihm verbünden wollen.

Bereits im August 1939 siedelt HITLER die Saarländer ins Hinterland nach Weidenberg und in andere Gebiete um, er will freies Schussfeld nach Westen zu haben.[2] Schon dieser Gewaltakt lässt ahnen, was HITLER dann den Auslandsdeutschen in Osteuropa im Eiswinter 1940-41 zumuten wird, der dem Russlandfeldzug vorausgeht.[3] Je mehr der Zweite Weltkrieg eskaliert, desto mehr enttarnt sich der einstige Asylant aus Österreich, HITLER, ganz offen als gefährlichster Feind des deutschen Volkes: *„Rücksicht auf die Bevölkerung können wir nicht mehr nehmen."*

---

[1] Vergl. die ausführliche Darstellung in der 4. Folge des Projektes „MYRTEN FÜR DORNEN – Christsein am Scheideweg" im Kapitel *„Die geheime Bekenntnisgemeinde Weidenberg und andere Geschichten vom Pfarrer Redenbacher."*

[2] Siehe das Kapitel *„Die Evakuierung der Saarländer 1939 und 1944"* in dieser Folge.

[3] Vergl. vom selben Verfasser das Buch *„In Ängsten und siehe wir leben".*

Das Leid steigert sich auch für die anderen Deutschen millionenfach, als die provozierte Rote Armee und die unterjochten Völker ihrerseits auf Hitlers Aggression antworten: Deutsche Städte versinken unter apokalyptischem alliiertem Bombardement in Schutt und Asche. Evakuierte suchen Aufnahme.[4] Bald fluten die endlosen Flüchtlingstrecks aus dem Osten heran, und noch weit über das Kriegsende hinaus sind Vertriebene heimatsuchend unterwegs.

Dieser feindselige Kriegsalltag bildet den Hintergrund der sechsten Folge des Projektes „MYRTEN FÜR DORNEN“. Die Menschen ducken sich und gehorchen.

In Schule und Freizeit unterwerfen sich die Buben und Mädchen der „schwarzen Pädagogik“ der Nazis[5], sie marschieren in HJ und BdM, feiern Kriegskonfirmation ohne Väter[6] und werden zu Helfern bei Hitlers Geheimwaffeneinsatz.[7] Ausgebombte Großstadtkinder stranden bei der Kinderlandverschickung, Zwangsarbeiter müssen die Männer im Feld ersetzen.

Insbesondere dem Vordringen der Amerikaner kann HITLER aber nichts Entscheidendes mehr entgegensetzen. In seinem letzten Aufgebot im Volkssturm verbluten blutjunge Hitlerjungen und wehruntaugliche Männer gleichermaßen. Ermattet erleben die Davongekommenen die „Stunde Null“, froh, dass nun auch die Drangsal durch das Regiment von Hitlers Ortsgruppenleiter ihr Ende hat[8].

Mit dem Eintreffen der Sieger und der Kapitulation erwartet die Deutschen ein deprimierender Alltag. Schon bald beginnt die unangenehme Entnazifizierung, die auch in Weidenberg mancher für das Begleichen alter Rechnungen nutzt.

Das mühsame Lernen von Demokratie führt bei den neu gegründeten Parteien bald zu einem wüsten Hauen und Stechen, das auch noch nach Jahrzehnten nachwirkt.[9] Die Flüchtlinge und Heimatvertriebenen wehren sich freilich dagegen, dass sie für solche Querelen instrumentalisiert werden sollen. Als letzte große Gruppe erreichen die Gablonzer nach mancher Irrfahrt in Weidenberg ihren sicheren Hafen. Doch Eis und Kino trösten Einheimische und Neubürger über manches Leid hinweg.[10]

Bei der gewählten Methode der geschichtlichen Längsschnitte lassen sich begrenzte Wiederholungen nicht immer ganz vermeiden. Dafür bitte ich den Leser um Verständnis.

Jürgen Taegert, Kirchenpingarten 2020

---

4 Siehe das Kapitel *„Ferien ohne Heimkehr – Gestrandet bei der Kinderlandverschickung“.*

5 Siehe das Kapitel *„Hasenjagen – aber gelernt haben wir nichts.“*

6 Siehe das Kapitel *„BdM-Mädchen Marianne“.*

7 Siehe das Kapitel *„Hitlerjunge Hans“.*

8 Siehe das Kapitel *„Warten auf die Sieger“.*

9 Siehe das Kapitel *„Mit Ostspionen und alten Seilschaften zum neuen Aufbruch?“*

10 Siehe das Kapitel *„Die Rosenau-Lichtspiele im Wandel der Zeiten“.*

Inhaltsübersicht

„UNTERGEHEN UND AUFSTEHEN“
– Der Alltag unter Kriegsbedingungen und das Danach –

---

1. Buch: HITLERS GRIFF NACH DER JUGEND

Schule und Hitlerjugend im Dritten Reich
und der kleine Widerstand im Alltag

I. „HASENJAGEN – ABER GELERNT HABEN WIR NICHTS“
Schule und der kleine Widerstand im Alltag

Aufmarsch der Hitlerjugend 1933 auf dem Weidenberger Obermarkt

HITLERS GRIFF NACH DER JUGEND

– SCHULE UND HITLERJUGEND IM DRITTEN REICH UND DER KLEINE WIDERSTAND IM ALLTAG

I. „HASENJAGEN – ABER GELERNT HABEN WIR NICHTS“
Schule und der kleine Widerstand im Alltag

Inhalt:

DANK

Für die Hilfe bei der Erstellung dieses Kapitels danke ich insbesondere meinem Zeitzeugen WERNER FISCHER aus Sophienthal.

1. Warum eine resolute Mutter einen Nazilehrer verprügeln wollte

Die Schule am Fichtelgebirgsrand

Oft entsteht ja heute der Eindruck, abgesehen vom Widerstand des 20. Juli 1944 hätten die Menschen in der Hitlerdiktatur alles klaglos mitgemacht. Ohne sich zu wehren, hätten sie auch im Alltag alles ertragen, was ihnen zugemutet wurde.

Aber es gibt aus dem Raum um Weidenberg Alltagsgeschichten, die das Gegenteil belegen. Eine dieser Geschichten hat der Zeitzeuge WERNER FISCHER (*1927) aus Sophiental erzählt, die Geschichten über den Lehrer HOFER in Mittlernhammer. Er hat sie als Grundschüler selbst erlebt. Das Besondere: Üblicherweise sind Grundschüler ja eifrig und lassen sich von ihren Lehrern leicht verzaubern. Doch in diesem Fall lud ein Lehrer, der Mitglied in der Nazipartei war, die ganze Verachtung seiner Schüler auf sich.

Der kleine Ort Mengersreuth am nördlichen Rand des Marktortes Weidenberg betrieb damals zusammen mit dem benachbarten Sophiental eine Volksschule. Bewusst hatte man sie gemeinsam etwa in der Mitte zwischen den beiden Orten, also im oberen Teil von Mittlernhammer, errichtet. So lag sie auf der Anhöhe oberhalb der Staatsstraße und war von Sophienthal direkt über einen schmalen, heute aufgelassenen Fahrweg zu erreichen.

Fast jede größere Gemeinde hatte damals noch ihre eigene Schule, es gab ja auch überall genügend Kinder, so z.B. auch in Görschnitz, Ützdorf oder Döberschütz. Im letztgenannten Ort gingen damals die Kinder der einzigen evangelischen Familien von Kirmsees, ZERRENNER und OPITZ, aus der ansonsten katholischen Frankenpfalz zur Schule.

In der Volksschule in Mittlernhammer waren praktisch alle Grundschulkinder aus den Orten und Einzelnen am Fichtelgebirgsrand, vom Rügersberger Hang bis hin nach Waizenreuth und Altenreuth, eingeschult. Wie dieses Schulgebäude, ist auch die Vorgängerin dieser Schule ebenfalls baulich erhalten; sie liegt im Ort weiter unten.

Abb.: WERNER FISCHER als Konfirmand 1941

Zwischen den Gemeinden: Die Schule in Mittlernhammer

Die Volksschule von Mittlernhammer, um die es hier geht, barg in ihren fünf Unterrichtsräumen acht Schülerjahrgänge. Zum Gebäude gehörten auch die Lehrerwohnungen.

Als Lehrer haben in Mengersreuth unterrichtet: HOFER im 1. und 2. Jg., MEYER im 3. und 4. Jg., später kamen die Lehrer WIEDEMANN im 4. Jg. und KÖHLER hinzu. Oberlehrer DITTMAR unterrichtete bis zum Jahr 1941 im 5.-8. Jg. Viele Lehrer wurden dann im Krieg zum Militär eingezogen.

Der Zeitzeuge WERNER FISCHER kam im Jahr 1933 in die erste Klasse zu Lehrer HOFER. Sein Eindruck war, dass dieser Lehrer HOFER bereits zu diesem frühen Zeitpunkt von Hitlers Herrschaft „ein 200-prozentiger Nazi“ war. Er war auch bei der SA aktiv, wahrscheinlich schon aus den Jahren vor der Machtergreifung. Die typische braune Uniform trug er aber nicht in der Schule, sondern nur bei Aktionen der SA. Später, mit Kriegsbeginn 1939, kam er dann zum Militär.

Hasenjagen statt Unterricht

HOFER war ein kräftiger Mann. Er hatte lange Arme und breite Hände, von denen die Schüler bald schmerzlich lernen mussten, dass sie zuschlagen konnten. Bei ihm haben die Schüler nach Werners Aussage „alles gelernt, bloß nichts Gescheits“. So bewegte der Lehrer sich gern mit seinen Schülern im Wald und im Gelände. Doch empfanden die Kinder das nicht als eine jugendgemäße Art der Naturerkundung, sondern als Kriegsübung, obwohl der Krieg zu dieser Zeit noch weit weg war. WERNER erinnert sich da insbesondere an das „Hasenfangen“.

So ging der Lehrer einmal mit den Schülern am Rügersberger Hang hinüber zum kleinen Dörfchen Heßlach. Dort sahen sie einen Wildhasen umherspringen; offensichtlich hatte er sich verlaufen. HOFER stellte sich auf eine Erhebung. Wie von einem „Feldherrenhügel“ aus gab seinen Schülern von dort seine Anweisungen.

Die Schüler hielten ihren Lehrer für „feige“, denn er hielt sich bei solchen Aktionen selbst zurück und war nie „Vorbild“ oder Beteiligter. Tatsächlich gelang es den Schülern, den Hasen einzukreisen und zu fangen. Die erlegte Beute brachten sie allerdings ehrlicherweise zum Förster.

Der zuständige Oberforstverwalter GOTTLIEB MODSCHIEDLER in Sophiental war Mitglied im Kirchenvorstand Weidenberg.[11] Er war seit 1933 NSDAP-Mitglied und in Sophienthal bis 1936 zugleich Funktionsträger der NSDAP als „Stützpunktleiter". Dieses Amt entsprach dem des Ortsgruppenleiter in größeren Orten. MODSCHIEDLER gab nach dem Krieg vor, er sei als Beamter zum Parteieintritt gedrängt worden.

Auch beim Luftschutz war MODSCHIEDLER ein „großes Viech". Jeder Ortsbürger hatte einen Luftschutzausweis. Die Schüler führten die Namenslisten und bekamen dafür als Belohnung Honig oder etwas anderes zu essen. Zu diesem vielseitigen Amtsträger brachten sie also auch den erjagten Hasen und ernteten seine Anerkennung. Damit war die Sache folgenlos erledigt.

Ein andermal sagte Lehrer HOFER zu seinen Schülern: In der Steinach gibt's Forellen; fangt welche. Aber er gab keine Tipps, wie sie das anstellen sollten. Auch das nannten seine Drittklässler „feige"; sie hätten erwartet, dass er ihnen das Forellenfangen vormacht.

Kriegsübungen mit einem „Feigling"

Dieselbe Meinung hatten sie auch von der „Mutprobe", die HOFER ihnen bei anderer Gelegenheit abverlangte: So bot er 50 Pfennig jedem, der sich traute, vom Bienenhaus zu springen. 50 Pfennige waren damals ein gehöriger Betrag, mindestens vergleichbar etwa mit 4 € heute. Nun war dieses Bienenhaus aber nicht gerade klein, bestimmt 2,50 m hoch, also so hoch wie ein Wohngeschoss. Aber seine Rückseite war an den Hang angelehnt. So nahmen manche kleinen Schüler diese Herausforderung an, auch der kleine WERNER. Er kletterte vom Hang her auf das Dach, lief den Giebel entlang und sprang von der Vorderseite hinab. Doch bei der großen Fallhöhe blieben die schmerzhaften Folgen nicht aus, er verstauchte sich erbärmlich den Fuß. Das verstärkte seine Abneigung gegen diesen „feigen" Lehrer weiter.

Für seine Unternehmungen im Gelände verwendete Lehrer HOFER gern die reguläre Unterrichtszeit. Dann ließ er die Kinder auch auf Bäume steigen; sie sollten die „Beobachtung des Feindes" üben. Dabei konnte es nicht ausbleiben, dass die Kinder auch Zweige oder Spitzen von Bäumen abbrachen. Einmal kam der Besitzer des Waldgrundstücks. Er hat ganz fürchterlich geschimpft.

Auch ließ HOFER seine Schüler aus Steinwällen Burgen bauen. Dann sollte eine Teilgruppe der Kinder den Angriff üben. Harmlos denkende Beobachter würden solche Übungen im heutigen Sinn vielleicht als „Erlebnispädagogik" einstufen. Doch der

---

[11] Vergl. dazu in der 4. Folge des Projektes „MYRTEN FÜR DORNEN – Christsein am Scheideweg" das Kapitel *„Die geheime Bekenntnisgemeinde Weidenberg in der Zeit des Nationalsozialismus in den Protokollen des Kirchenvorstands Weidenberg 1933-1945"*.

Ein Weidenberger „Pimpf" 1939 (H. RABENSTEIN)

kleine WERNER empfand das anders. Er hatte schon als Kind eine kritischere Einstellung gegenüber dem Tun der Erwachsenen, die sich ihm auch durch die Beobachtungen über die Härte dieses Lehrers bestätigte. Aus seiner Sicht geschah hier bereits ein gezielter Missbrauch von Kindern für die Wehrausbildung, eine Ansicht, die sich ihm ja auch wenige Jahre später durch die Fortsetzung der Wehrerziehung in Hitlerjugend und Reichsarbeitsdienst bestätigte. Für ihn war dieser Lehrer deshalb alles andere als eine Respektsperson, vielmehr zunehmend verachtenswert.

Ärger bei den „Pimpfen"

Ab dem zehnten Lebensjahr musste WERNER, wie die anderen Buben seines Alters auch, bei den Übungen des „Deutschen Jungvolks" (DJ) teilnehmen.[12] Trotz der Abneigung, welche die Mutter gegen die Nazis hegte, duldete sie Werners Teilnahme.

„Pimpfe" nannte man diese 10-14-jährigen Jungen, was lautmalerisch nichts anderes bedeuten sollte als ein „leiser Furz". Demgegenüber hätte man die größeren Jungen „Pumpf", lauter Furz, nennen können, was sich aber nicht durchsetzte. Die Ausdrucksweise kam aus dem Österreichischen und war schon in der Bündischen Jugend der 1920-er Jahre der geläufige Ausdruck für die Jüngeren. Das zeigt einmal mehr, wie sich die Nazis die Praktiken dieser beliebten Jugendarbeit bedenkenlos aneigneten.

Dass der Sophienthaler WERNER FISCHER so kritisch gegenüber der Hitlerjugend eingestellt war, stellte damals fast eine Ausnahme dar.

---

[12] Am 1. Dezember 1936 hatte HITLER durch das „GESETZ ÜBER DIE HITLER-JUGEND" die Teilnahme an dieser Nazi-Organisation für alle Kinder und Jugendlichen ab 10 Jahren zur Pflicht gemacht. Der 1927 geborene Sophienthaler WERNER FISCHER war also trotz seiner Abneigung gezwungen, hier mitzumachen.

Unverblümt hatte HITLER erklärt, dass *„die gesamte deutsche Jugend ... auf ihre künftigen Pflichten vorbereitet werden"* sollte. Für die Jungen war das die Rolle der Krieger, für die Mädchen die Rollenerwartung der Hausfrau und Mutter, die sich um ihren heimkehrenden Helden sorgt und ihn wieder kriegstüchtig macht. Nach dem Wortlaut des Gesetzes sollte *„die gesamte deutsche Jugend ... außer in Elternhaus und Schule in der Hitlerjugend körperlich, geistig und sittlich im Geiste des Nationalsozialismus zum Dienst am Volk und zur Volksgemeinschaft"* erzogen werden.

Damit wurde die HJ für alle deutschen Jugendlichen ab dem 10. Lebensjahr zur einzigen Erziehungsinstitution neben Familie und Schule. Anderen Organisationen – auch den kirchlichen – wurde die herkömmliche Jugendarbeit unmöglich gemacht.

Die meisten Jungen erzählten auch nach dem Krieg noch gern von dieser Zeit, die sie mehr mit Fahrt, Lager und jugendlichem Abenteuer in Verbindung brachten, als mit den Schrecken des Krieges. Im Unterschied zu FISCHER haben viele von ihnen den Missbrauch nicht durchschaut.

Wie der Mut einer zornigen Mutter einem übergriffigen Nazilehrer die Grenzen aufzeigt

So ärgerte sich WERNER auch darüber, dass Lehrer HOFER den Dienst des Jungvolks gern auf den Nachmittag bzw. Abend legte und dann „Appelle" durchführte. Dabei erwartete er ein vollzähliges Erscheinen seiner Schüler.

Nun herrschte aber in den vielköpfigen Familien Sophienthals mit ihren vier, fünf oder mehr Kindern seinerzeit viel Armut. Und in vielen Häusern war es unumgänglich, dass die Kinder mithalfen. Sie sollten helfen, das schmale Budget der Familie aufzubessern und ein kleines Zubrot zu verdienen. Damals gab es in Sophienthal bei Familie MULZER eine Aufkaufstelle für Beeren. Wenn die Beerenzeit kam, schwärmten die Familien über den nah gelegenen Iskara bis Muckenreuth in der Frankenpfalz und nach Poppenberg aus und suchten so den ganzen Südhang des Fichtelgebirges entlang nach Schwarzbeeren und Preiselbeeren. Auch WERNER war an diesem Nachmittag mit seinen Geschwistern beim Beerenpflücken.

Anderentags ließ Lehrer HOFER alle Schüler antreten. Sie sahen ihn erregt vor Zorn. Gleich herrschte er die Brüder FISCHER an: *„Wo wart ihr?" „Beim Beerenreißen."* Da griff er sich Werners beide Brüder, den 8-jährigen MAX und den 11-jährigen HERMANN. Mit seinen starken Händen schlug er sie derartig kräftig ins Gesicht, dass beide zu Boden stürzten. Der Jüngere, MAX, raffte sich weinend auf und rannte davon. Er lief den ganzen Weg nach Sophienthal hinab, zur Mutter.

Die Mutter ließ sich die Geschichte erzählen. Dann griff sie sich wütend einen starken Knüppel. Beflügelt von ihrem Zorn eilte sie den Anstieg zur Schule hinauf. Schnaubend und den Knüppel schwingend rief sie schon von weitem: *„Du Nazisau, dich erschlag ich!"* Als Lehrer HOFER die wütende Mutter anrennen sah, ergriff er die Flucht. Er lief ins Schulhaus und verrammelte sich in seiner Lehrerwohnung. Doch die Mutter wollte nicht ablassen von ihrem Zorn. Sie verfolgte ihn wütend und drohte sogar, die Türe einzuschlagen.

Oberlehrer DITTMAR hatte das Geschrei der aufbrausenden Mutter mitbekommen. Er versuchte sie zu beschwichtigen: *„Frau Fischer, unterlassen Sie das, die könnten ins KZ eingesperrt werden. Sie gefährden Ihr eigenes Leben".*

Diese Warnung Dittmars war berechtigt, das wusste jeder. Denn bereits seit 21. März 1933, kurz nach der Etablierung der NS-Terrorherrschaft, war bei Dachau das erste Konzentrationslager eingerichtet worden. Zunächst sollte es dazu dienen,

„Kommunisten und andere Feinde des nationalsozialistischen Staates", also insbesondere linke Oppositionelle „unschädlich" zu machen. Doch inzwischen fühlte sich jeder bedroht, der das Regime zu kritisieren wagte. So machten bereits im ersten Jahr des Bestehens dieses KZs Gerüchte die Runde. Mit ersten Berichten von Inhaftierten in der Bevölkerung wurden sie auch an einem Arbeiterort wie Sophienthal natürlich überallhin weitergetragen.

Es gab auch andere Nazis

Was bewog Oberlehrer DITTMAR zur Vermittlung statt zur Anzeige? Er war zwar auch in der Partei, galt aber doch als sehr sozial eingestellt. So wird bezeugt, dass seine Ehefrau regelmäßig für die Armen gekocht habe, die in Sophiental wohnten.

Durch Dittmars Intervention an diesem Vormittag endete jedenfalls Frau Fischers Ausbruch glimpflich. Ihre Attacke auf den Nazilehrer blieb erstaunlicherweise ohne jedes Nachspiel. Dieser Fall verdient deshalb auch besondere Aufmerksamkeit bei der Spurensuche der Historiker. Es endete also nicht jeder vermeintliche Angriff auf das Hitler-System automatisch vor Gericht oder gar im Gefängnis.

Hier erwies es sich aber wohl als Vorteil, dass Lehrer HOFER, wie die Schüler ja immer wieder festgestellt hatten, auch „feige" war. Bei ihm hatte die Hinwendung zu den Nazis wohl nur zur Vergrößerung des eigenen Ich dienen sollen. Aber der Auftritt dieser zornigen Mutter vor versammelter Schülerschaft hatte ihm wohl die Grenzen seines Mutes bewusst gemacht. Seine Niederlage wurde so zu einer Peinlichkeit, die er vor den NS-Funktionären lieber vertuschte.

Natürlich kam der Wagemut dieser einfachen Frau nicht von ungefähr. Eltern waren damals für Kinder noch die unbedingten Respektspersonen. Vor allem die Mütter haben die Erziehung geleistet. Werners Vater hatte nach seinem Ausscheiden bei der Reichswehr eine privilegierte Anstellung als Postbote, allerdings im fernen Mainleus; d.h. er musste dort ein Zimmer nehmen und war unter der Woche nicht zu Hause.

So war es auch hier wie anderwärts die Mutter, die den Kindern die Grundbegriffe fürs Leben vermittelte: Höflichkeit, nachbarschaftliche gegenseitige Hilfsbereitschaft, Respekt vor Lehrern und Polizei. Auch der regelmäßige, zumindest 14-tägige Gottesdienstbesuch, war selbstverständlich.

Allerdings waren auch daheim körperliche Züchtigungen durch die Mutter, anderenorts durch den Vater, an der Tagesordnung. Aber es war doch etwas anderes, wenn die Eltern ihre Kinder schlugen, als wenn fremde Personen dies taten.

Werners resolute Mutter CHRISTIANE hatte sich also dem Lehrer gegenüber als eine resolute Frau und Gegnerin des Naziregimes erwiesen. Trotzdem hing auch hier ein Hitlerbild in der Wohnung. Als sie dann aber später, im zweiten Kriegsjahr, erfuhr, dass einer ihrer Söhne in Frankreich vermisst, d.h. an unbekanntem Ort gefallen war, riss sie vor den Augen des inzwischen 13-jährigen WERNER Hitlers Bild von der Wand, warf es auf die Erde und zertrat es mit so viel Wut, dass aufspritzende Splitter den Jungen verletzten.

2. Gegner und Opfer der Nazis

Der Sowjetstern über Sophienthal und der Fall Eisenhut

Es ist nicht der einzige Fall, an dem sichtbar wird, dass die machtbesessenen und rücksichtslosen Nazis sich von mutigen oder emanzipierten Frauen Angst machen ließen. Nicht auszudenken, wie die Naziherrschaft wohl weiter gegangen wäre, wenn noch viel mehr Frauen sich auch in anderen Fällen von Menschenrechtsverletzung mit dem Knüppel Aufmerksamkeit verschafft hätten.

Solchen Mut hätte man sich im ganzen Deutschen Reich auch wünschen können, z.B. als die Nazis die Regimegegner verfolgten oder ihr Euthanasieprogramm umsetzten, oder bei der Judenverfolgung.

Regimegegner gab es in Sophienthal in größerer Zahl. Der Einfluss von SPD und KPD bei der örtlichen Arbeiterschaft war hier auch nach deren Verbot spürbar. So gab es in Sophienthal damals keinen Verein, wohl aber bis 1933 eine frühe KPD und SPD, die jedoch nicht förmlich als Ortsgruppe formiert waren. Von hier gingen auch politische Regungen aus.

Da standen Fichten am Geißhügel oberhalb der Staatstraße. Eines Tages um das Jahr 1933 sah WERNER FISCHER als 7-jähriger, dass von der Spitze der stärksten Fichte ein über 1 m großer Gegenstand herableuchtete. Es war ein aus Holz gefertigter und farbig bemalter Sowjetstern mit Hammer und Sichel, der dort oben befestigt war. Man darf fragen, wer ihn gefertigt und in dieser luftigen Lage angebracht hat. Jedenfalls kam damals bald die Polizei. Aber keiner traute sich hinauf. Schließlich sägte man den Baum um.

Ein spannendes Beispiel von Widerstand und politischer Verfolgung ist auch der „Fall EISENHUT", der bereits in der dritten Folge des Projektes „MYRTEN FÜR DORNEN – Der Anstreicher" anklingt[13] und im Kapitel „Warten auf die Sieger" weiter unten in dieser vorliegenden sechsten Folge des Projektes ausführlicher aus der Sicht der

[13] Vergl. im Kapitel *„Ein Täter, der sich als Gutmensch sieht"* den Abschnitt *„Persilscheine auch von Nazi-Gegnern"* S. 33f.

Trauzeuge bei Werner Fischers Hochzeit 1952:
JOHANN EISENHUT (rechts)

Beteiligten erzählt wird.[14]

JOHANN EISENHUT war der Onkel von WERNER und auch sein Taufpate, ein auch körperlich eindrucksvoller Steinmetz, der beim Granitwerk Schiller arbeitete. Nach dem glücklich überstandenen Krieg durfte er auch als Trauzeuge bei Werners Hochzeit 1952 in Warmensteinach mit Pfr. KOBILKE amtieren.

EISENHUT war ein typischer „Wutbürger" der damaligen Zeit und wurde der verbotenen kommunistischen Linken zugerechnet. Offenbar lebte er einer Dauerfehde mit dem Naziregime. Er erlebte zahllose Verhaftungen, die manchmal auch seinem Jähzorn oder seiner Unbedachtheit geschuldet waren, und gefährdete sich dadurch ständig selbst. Wegen „Hochverrats" hatte der Weidenberger Ortsgruppenleiter RUMLER ihn bereits 1936/37 vor ein Sondergericht gebracht.

Er wäre damals sicher ins KZ Dachau gekommen und hätte damit sogar in Todesgefahr geschwebt. Er ließ sich aber nie kleinkriegen und genoss als tüchtiger Vorarbeiter auch bei seinem Chef CHRISTIAN SCHILLER großen Respekt. SCHILLER war dieser Mann so wichtig, dass er den Ortsgruppenleiter bestach und mit ihm eigenhändig zum Gerichtsgebäude nach München fuhr, damit dieser im Gerichtsverfahren seine Anzeige gegen EISENHUT widerrief.[15] Diese unerwartete Interzession, mit der RUMLER plötzlich für den Angeklagten „gut ausgesagte", bewahrte EISENHUT möglicherweise vor dem KZ. Auf die verhängte Strafe wurde die Untersuchungshaft angerechnet.

Der geheimnisvolle Fall „HEINRICH"

Nicht nur aus Weidenberg gibt es Berichte über die Ermordung von Euthanasie-

[14] Verl. unten das Kapitel *„NS-Unrecht und Widerstand im Spiegel der Entnazifizierungsverfahren: Die Fälle Eisenhut, Wunderlich und Bräunling"*.

[15] Diese Information stammt vor allem aus dem Spruchkammerverfahren gegen GEORG RUMLER, der beteuerte, er habe EISENHUT damit angeblich vor dem sicheren KZ bewahrt. Dieser ehemalige Weidenberger Ortsgruppenleiter wollte sein überraschendes Eintreten für EISENHUT für sein eigenes Verfahren als entlastende „Guttat" gewertet wissen.

opfern.[16] Sondern WERNER FISCHER berichtet auch von einer möglichen Deportation eines Euthanasieopfers aus Sophienthal, die er meint beobachtet zu haben, die aber bisher noch nirgends weiter erforscht ist.

So seien die Schüler durch Frau Dittmars soziale Initiative des Essenkochens für Bedürftige auch in die Häuser von Armen in Sophienthal gekommen. Freitags hätte WERNER den Auftrag, einen Topf mit warmem Essen in einer Tasche hinunter ins Dorf zu tragen. Auch wenn es ihm schwergefallen sei, seine Neugier zu zügeln, habe er doch nie in den Topf hineingeschaut, um zu sehen, was darin war. Anschließend habe er das Geschirr wieder abgeholt und auf den Hügel zurück ins Lehrerhaus gebracht.

WERNER habe bei dieser Armenspeisung zwei „Kunden“ gehabt; der eine wäre ein alleinstehender Austragsbauer gewesen, der andere ein sprachbehinderter Handwerker. Dieser habe im Haus Nr. 1 gewohnt. Alle hätten ihn nur „HEINRICH“ genannt. WERNER konnte nicht einmal sagen, ob es der Vor- oder Zuname war.

HEINRICH habe ein Zimmer im Haus an der Fabrik gehabt und einen Schuppen für seine Geräte zur Holzbearbeitung. Mit seinen geschickten Händen habe er aus Holz Leitern, Schlitten oder sogar Karrenräder gefertigt. Trotz seines Handicaps sei er von den Mitbewohnern im Dorf akzeptiert worden. Was allein aufgefallen sei, war sein Sprechen; es habe guttural geklungen, wie man es auch bei Menschen erleben kann, die spastische Lähmungen haben. Dabei liegt aber oft keine geistige oder vererbliche Behinderung vor. Schon Sauerstoffmangel bei der Geburt kann die Ursache sein. Der Verlust der Kontrolle über den entsprechenden Muskel führt zu dem eigentümlichen Sprechen.

Gleichwohl verfolgten die Nazis bereits seit ihrem Machtantritt aufgrund ihrer absurden Vorstellungen von Gesundheit und Reinhaltung der „arischen Art“ alle Arten von Behinderung. Mit Kriegsbeginn fingen sie an, Betroffene systematisch aus den Nervenkrankenhäusern abzutransportieren und zu ermorden.

Ist „Heinrich“ aus Sophienthal ein Euthanasieopfer?

Einmal, es muss wohl Anfang 1940 gewesen sein, habe der damals 12-jährige WERNER beobachtet, wie Fremde mit einem großen Auto in den Ort gekommen seien. Es könnte auch so eine Art Kastenwagen gewesen sein, wie ihn die Sanitäter haben, aber ohne Beschriftung und Zeichen darauf. Diese Männer seien WERNER suspekt erschienen, sie hätten auffallende Stiefel getragen, aber keine Uniformen.

Nach seiner Meinung könnten sie auch von der „schwarzen Polizei“ gewesen sein.

[16] Vergl. die Fälle „MARTIN“ und „ANNA MARGARETA“ in derselben Folge des Projektes.

So nannte man wegen der schwarzen Mäntel und Stiefel die Angehörigen der Geheimen Staatspolizei. Sie waren die Schergen und Vollstrecker des Naziterrors gegen alle Gegner und Verfolgte. Ihr Chef HEINRICH HIMMLER hatte bereits im Jahr von Hitlers Machtergreifung 1933 klargestellt: *„Wir haben die Kraft – gerade wir als deutsche Polizei und als SS –, gnadenlos jeden Deutschen an die Wand zu stellen, der uns geistig oder sonst in den Rücken fiele!"*.

Sie hätten HEINRICH aus seiner Wohnung geführt und ihn in den Wagen verfrachteten und weggeschafft. *„Den sieht man nimmer"*, hätten die Dorfbewohner gesagt. Sie hatten also offenbar vom speziellen Terror der Hitlerregierung gegen Behinderte gehört und das auch weitererzählt. Dieses später sogenannte „T4-Programm" wurde zentral von Berlin aus gesteuert und hatte die Tötung der „Euthanasie"-Opfer zum Ziel. Freilich wagte hier niemand öffentlich, die Stimme zu erheben oder gar den Knüppel schwingen, wie seinerzeit Werners Mutter gegen den Lehrer. Vielleicht sind Menschen auch nur mutig, wenn es, wie bei Tiermüttern, um die eigenen Kinder geht.

Tatsächlich sei HEINRICH nie wiedergekommen. Dass er getötet wurde, sei damals jedem im Ort klargewesen. Er könnte z.B. in der Gaskammer von Schloss Grafeneck in Gomadingen, Baden-Württemberg, umgekommen sein. Dieses ehemalige Jagdschloss, die Sommerresidenz der Württemberger Herzöge, war machten die Nazis zu einer der sechs großen Tötungsanstalten vor allem für Opfer aus Bayern und Baden-Württemberg. Sie hatte gerade im Januar 1940 ihren Betrieb aufgenommen.[17]

Welche Person sich hinter dem Namen „HEINRICH" verbirgt und ob er wirklich als Euthanasieopfer umgekommen ist, bedürfte noch eingehender Recherchen. Möglicherweise handelt es sich bei dem Opfer um den am 21. April 1871 geborenen HEINRICH EHMANN, dessen Tod für den 12. Juli 1941 offiziell registriert ist. Die Akten über die Getöteten wurden damals aber systematisch manipuliert und vernichtet, sodass Nachweise heute teilweise schwer zu führen ist. In diesem Zusammenhang sei auf die Fälle „MARTIN" und „ANNA MARGARETA" hingewiesen, die in Folge 5 des Projektes „MYRTEN FÜR DORNEN" exemplarisch bearbeitet sind und deren späte Aufklärung

[17] 1929 hatte die evangelische Samariterstiftung das Schloss gekauft und hier eine Heil- und Pflegeanstalt eingerichtet. 1939 hatten die Nazis diese Einrichtung für ihr Tötungsprogramm beschlagnahmt.

Das Wissen um das NS-Euthanasieprogramm war bald durchgesickert. Bald hatten die Nazis mehr als 70.000 Psychiatrie-Patienten und behinderten Menschen durch SS-Ärzte und -Pflegekräfte ermordet. Seit kirchlichen Protesten wurden diese Tötungen nicht mehr zentral, sondern dezentral und weniger offensichtlich fortgesetzt (vergl. dazu insbesondere den Fall *„Margareta – Spurensuche nach einem Opfer des Euthanasie-T4-Programms der Nationalsozialisten aus der Kirchengemeinde Weidenberg"* in der 5. Folge des Projektes „MYRTEN FÜR DORNEN – Spuren der Opfer".

dem Verfasser dieses Projektes auch nur mit erheblichem Aufwand und glücklichen Fügungen möglich war.

Bereits eine Woche nach dem Abtransport hat die Gemeinde Sophienthal jedenfalls damals Heinrichs ganze Habe versteigert. Es wäre sicher ein Anliegen der Menschenwürde, diesem Fall nachzugehen und einem möglichen Opfer Gesicht und Stimme wiederzugeben.

Wunschdenken nach dem SA-Überfall auf Kirchenpingarten

Vom SA-Überfall auf die Kirchenpingärtner Pfarrer im Frühjahr 1938[18], an dem Lehrer HOFER als Angehöriger der SA beteiligt war, hat der damals 11-jährige WERNER FISCHER persönlich nichts mitbekommen. Er weiß aber von in Sophienthal umlaufenden Gerüchten, die Bauern in Kirchenpingarten hätten sich gegen diese „Demonstration" gewehrt. Sie hätten die SA-Leute mit Steinen und Kuhmist empfangen.

Hier war aber wohl mehr das Wunschdenken der Vater des Gedankens. Denn dieser Nachricht von einer massiven Gegendemonstration der Bauern gegen die Nazis trifft nicht zu; solch ein Widerstand wäre ja damals reichsweit als Skandal betrachtet und aufs Schwerste geahndet worden. Man könnte aber fragen, wie es in Sophienthal zur Erfindung eines solchen Gerüchtes gekommen sein könnte.

Dabei ist die besondere politische und wirtschaftliche Situation Sophienthals zu bedenken. Je ärmer die Menschen sind, desto eher reagieren sie widerständig, zumindest in ihren Gedanken. Dazu kommt die Prägung des Ortes durch eine einst überwiegend kommunistische bzw. sozialistische Arbeiterschaft. Die Erinnerung an die Parteiverbote und an die rigide Verfolgung der Parteifunktionäre blieb hier lange frisch.

So kann sich in der Verbreitung von Gerüchten die Bürgerwut äußern und die geheimen Wunschträume der Menschen offenbaren: Wie gern hätten wohl viele Bürger Sophienthals gesehen, dass die Gliederungen dieses Willkürsystems mit Dreck beworfen werden! Einige haben es zumindest verbal tatsächlich versucht, wie der Fall des Granitarbeiters JOHANN EISENHUT oben beweist.

---

[18] Vergl. den Supplementband zum Projekt MYRTEN FÜR DORNEN: *„Als Hitlers Gottheit infrage stand – Der Widerstand der Frankenpfälzer und der Überfall der Weidenberger Nazis nach den Hitlerwahlen 1938".*

„UNTERGEHEN UND AUFSTEHEN“
– Der Alltag unter Kriegsbedingungen und das Danach –

1. Buch: HITLERS GRIFF NACH DER JUGEND

Schule und Hitlerjugend im Dritten Reich
und der kleine Widerstand im Alltag

II. „BDM-MÄDCHEN MARIANNE“

Hopfenernte in der Hallertau:
MARIANNE (li. vorn) mit Bayreuther Oberschülern beim BdM-Einsatz 1943

HITLERS GRIFF NACH DER JUGEND

– SCHULE UND HITLERJUGEND IM DRITTEN REICH UND DER KLEINE WIDERSTAND IM ALLTAG

II. „BDM-MÄDCHEN MARIANNE“

Inhalt:

DANK

Für die Hilfe bei der Erstellung dieses Kapitels danke ich insbesondere meiner Zeitzeugin MARIANNE MÖNCH, geb. SCHÜTZ aus Warmensteinach sowie ALBINE WOLF, geb. SCHILLING aus Weidenberg.

„BDM-MÄDCHEN MARIANNE“

PROLOG:

Eine Konfirmation unter Kriegsbedingungen

Am Palmsonntag im dritten Kriegsjahr 1941 war die Apothekerstochter MARIANNE konfirmiert worden.[19] Seit Pfarrer THEODOR HOFFMANN, der Inhaber der I. Pfarrstelle seit 1933, mit seinem Engagement für die Parteigruppierung „Deutschen Christen“ gescheitert und freiwillig als Offizier bei Hitlers Militär verschwunden war,[20] hielt Pfarrer GEORG REDENBACHER, der Inhaber der II. Pfarrstelle seit 1919, den Religions- und Konfirmandenunterricht und hielt auch die Konfirmationen für die damals noch sehr großen Gruppen der Jugendlichen ganz alleine.

KONFIRMATIONSZUG 1941 mit Pfarrer GEORG REDENBACHER am Obermarkt: vorn als Erste links MARIANNE SCHÜTZ, hinten bei den Buben WERNER FISCHER

Für die Mehrzahl der Kinder war es eine armselige Konfirmation. Seit Kriegsbeginn waren Lebensmittel und Kleidung rationiert; jeder benötigte nun die dafür herausgegebenen Karten und Marken. HITLER hatte zu der Zeit die

[19] Zur Geschichte der Weidenberger Apotheke, zum Leben von MARIANNE, geb. SCHÜTZ, als Apothekerstocher im Dritten Reich und zu ihren ersten Berührungen mit der weiblichen Hitlerjugend vergl. das Kapitel „Der Apotheker, Berater und Gastgeber“ in der 3. Folge des Projektes „MYRTEN FÜR DORNEN – Der Anstreicher und seine Lehrjungen“, S. 318ff.

[20] Vergl. insbesondere das Kapitel zur Vita von Pfarrer HOFFMANN „Das Trojanische Pferd der Nazis – Pfarrer Theodor Hoffmann und die Deutschen Christen“ in der 4. Folge des Projektes „MYRTEN FÜR DORNEN – Christsein am Scheideweg“.

meisten Länder Mitteleuropas zwischen den Pyrenäen und Russland, Nordkap und Alpen unterworfen oder suchte Bündnisse mit ihnen. Viele Väter standen irgendwo in den besetzten Ländern im Felde. Genau am Konfirmationstag, dem 6. April 1941, begann HITLER seine Überfälle auf die nicht bündnisbereiten Länder des Balkan Jugoslawien und Griechenland. Das zerstörte Belgrad wurde am 13. April, Athen am 27. April eingenommen.

Seitdem konzentrierte HITLER alle Kräfte auf den Überfall der Sowjetunion. Es sollte nach seinen eigenen Forderungen ein rassenideologischer Vernichtungskrieg werden, der ohne Rücksicht auf kriegsvölkerrechtliche Normen geführt werden sollte. Alle Befehlshaber sollten jegliche persönlichen Gewissensbisse überwinden.

So entstand am 22. Juni 1941 mit dem „Unternehmen Barbarossa" eine neue grausame Front im Osten Deutschlands. Sie forderte auf allen Seiten größte Opfer. Doch was dieses Gemetzel für die einzelnen Menschen und ihre Familien bedeutete, drang auch in Weidenberg erst ganz langsam in das Bewusstsein ein.

Auf dem Foto sieht man Mariannes Konfirmandengruppe der Achtklässler, wie sie am Obermarkt, vom II. Pfarrhaus herkommend, noch relativ unbeschwert zur Kirche zieht. In diesem Jahr gab es dann am Sonntag Trinitatis mit der Umstellung des Schulwesens im Dritten Reich eine zweite Konfirmation für die Siebtklässler.

1. Als Jungmädelführerin beim BdM

Eine Pfarrerstochter als Urheberin des Weidenberger BdM

Ihre Schulzeit in Bayreuth nach ihrer Konfirmation brachte MARIANNE in intensivere Berührung mit der Arbeit des weiblichen Zweiges der nationalsozialistischen Hitlerjugend, des „Bundes Deutscher Mädel" (BdM). Er war in der Festspielstadt sehr aktiv. Hier gab es einen „Jungbann" der männlichen Hitlerjugend und auch einen entsprechenden „Mädelring", in dem die Mädchengruppen des BdM zusammengefasst waren.

Auch in Weidenberg gab es zu dieser Zeit bereits eine BdM-Arbeit. Und es hat den Anschein, dass auch MARIANNE schon vor ihrer Konfirmation in dieser Weidenberger Jungmädelgruppe aktiv war. Sie hat aber darüber nichts mitgeteilt, sondern berichtete lediglich kurz über die Entstehung dieser NS-Gliederung. Danach habe die Pfarrerstochter HILDE SCHEIDING den BdM in Weidenberg bereits vor 1933 eingeführt. HILDE hat aber Weidenberg bereits im Oktober 1933 verlassen.

Ihre Nachfolgerinnen in der Leitung seien die damals 15 jährige ELSA FRÖBER von Mittlernhammer und ihre gleichaltrige Freundin JOHANNA SCHÖFFEL aus Weidenberg gewesen. MARIANNE hat sie als Leiterinnen wohl noch persönlich miterlebt. Die beiden Mädchen hatten anscheinend bis Kriegsbeginn diese Funktion inne. In ihren Erinnerungen schreibt diese ELSA einiges über die Entstehung und das Wesen der BdM-Arbeit in Weidenberg bis zu diesem Zeitpunkt [21]:

„In Weidenberg hat die Frau Pfarrer SCHEIDING einen Mädchenkreis gegründet, der sich einmal in der Woche im Pfarrhaus getroffen hat. Wir lernten Volkslieder, hörten Geschichten und machten Spiele. Das große Ereignis war ein sorgfältig einstudiertes, historisches Theaterspiel, das wir im Vogels-Saal vor einem dankbaren Publikum aufführen durften.

Aus diesem Kreis hat sich der BDM in Weidenberg entwickelt. Die Pfarrerstochter Hilde war nun zu unserer BDM Führerin geworden, sie wurde später hauptamtlich von der Hitlerjugend übernommen.

Erst trugen die Mädchen Braunkleider. Ich durfte mir keines bestellen, weil meine Mutter die Farbe nicht mochte. Mit dem dunkelblauen Rock und der weißen Bluse mit dem Dreieckstuch war sie einverstanden. Diese sogenannte Kluft war ja so praktisch und ersetzte ein offizielles Sonntagskleid.

Ich war ein eifriges BDM-Mädel, und ich denke heute noch gerne an die Zeltlager, die Sportfeste und an die Ski-Freizeit im Allgäu zurück. Es ist schön, jung sein zu dürfen in der Gemeinschaft mit Gleichaltrigen. Ich konnte auch im Rahmen meiner BDM-Aktivitäten einen Erste-Hilfe-Kurs machen und mein Sport-Abzeichen erwerben. Während einer Sport-Freizeit in Bamberg konnte ich in der Regnitz meine Freischwimmer- und die Fahrtenschwimmer-Prüfung ablegen.

Im Weltanschauungsunterricht bemühten sich Führungskräfte, die Ideale des Nationalsozialismus der Jugend zu vermitteln. „Härte gegen sich selbst, Hingabe und Opferbereitschaft und Treue zur Fahne“ waren die Schlagworte. Begeisterung und der Glaube an die Lichtgestalt des Führers tönten die Sprechchöre: „Führer wir danken Dir".

Die Zukunft hatte man uns versprochen, für den Frieden und ein glückliches Deutschland waren wir bereit zu kämpfen.

Als der Feldzug gegen Polen begann, war ich gerade 21 Jahre alt geworden. Das tägliche Leben gestaltete sich schwieriger und meine Arbeitskraft wurde im elterlichen Anwesen gebraucht. Damit war eigentlich mein Engagement für das Hitler-Regime beendet.“

---

[21] Die Autorin ist ELSA FRÖBER, verheiratete MÜGGE, geb. *1918. ELSA verließ Mittlernhammer 1950, weil ihr Ehemann in Rosenheim eine Stelle im Holztechnikum bekam. Dort ist sie im Jahr 2014 verstorben. – Der Text ist aus einer Facharbeit ihres Enkels ALBRECHT GILKA-BÖTZOW entnommen, die er 2002 im Fach Geschichte am Gymnasium Christian Ernestinum verfasste. Sie trägt den Titel: *„Der Fröbersche Betrieb in Mittlernhammer zur Zeit des ‚Dritten Reichs‘ unter Berücksichtigung der Zeitzeugenberichte von Elsa Mügge.“*

Auffallend ist auch in diesem Bericht, dass der Griff der Nazis nach der Jugend von betroffenen Jungen und Mädchen gar nicht als einengend, sondern als hoffnungsvolle Eröffnung neuer Freiheitsräume erlebt wird. Zwar spricht man in der Rückschau bei diesen Generationen der Heranwachsenden gern von der „verlorenen" oder „bestohlenen" Jugend und meint einerseits den Missbrauch, indem diese Jugendlichen seinerzeit zum Mittun beim NS-System verführt und schließlich im Krieg verheizt wurden. Andererseits unterstellt man aber auch, dass diese jungen Menschen keine eigene Jugend hatten. Das sehen die Betroffenen aber überraschenderweise meist ganz anders, wie auch in dieser Rückschau zu sehen. Man wird kaum jemanden finden, der sich kritisch über seine Zeit in HJ und BdM äußert.

Diese Zustimmung lag sicher auch an dem Geschick, mit dem v. SCHIRACH dieser Arbeit der HJ die Erfahrungen der „Jugendbewegung" zunutze machte. So kam in den meisten jungen Leuten gar nicht das Gefühl auf, hier „entfremdet" gewesen zu sein. Vielmehr verdrängten sie im Rückblick gern den Missbrauch, dem sie dann insbesondere im Krieg ausgesetzt waren, und erinnerten sich stattdessen der großartigen Gefühle bei ihrer Sozialisation in den frühen Jugendjahren. Die Zusammenkünfte kamen dem wichtigen Bedürfnis in diesem Alter nach einer eigenen Clique entgegen. Hier konnte sie ihre typische altersbedingte Kommunikation pflegen.

So finden auch bei dem Mädchen ELSA neben den Gemeinschaftserfahrungen mit Gleichaltrigen vor allem die Erlebnisse mit den „bündischen Elementen" Fahrt und Lager , sowie mit dem Sport Erwähnung. Stolz reflektiert sie das sportlich Erreichte: *Sportfeste, Sport-Abzeichen, Ski-Freizeit, Frei- und Fahrtenschwimmer, Erste-Hilfe-Kurs ...* Die damit verbundenen Herausforderungen haben ihrem Selbstbewusstsein gutgetan.

Eine Engführung des Frauenbildes im Sinn von „Hausfrau und Mutter", die man dem Nationalsozialismus unterstellt, ist hier nicht erkennbar. Vielmehr werden die im Weltanschauungsunterricht vermittelten Ideale „Härte gegen sich selbst, Hingabe und Opferbereitschaft, Treue zur Fahne" gern akzeptiert. Der begeisterte Dank an die „Lichtgestalt des Führers" wird nicht hinterfragt. Mit anderen Worten: Wir haben es bei den nach dem I. Weltkrieg Geborenen mit einer Generation zu tun, die den Nationalsozialismus verinnerlicht hat. Sie nahmen den totalitären Einfluss der HJ- bzw. BdM-Führung gar nicht wahr.

Psychologisch wichtig dabei war, wie man gar nicht oft genug betonen kann, das von der bündischen Jugendarbeit übernommene Leitungsprinzip „Jugend führt Jugend". ELSA oder nach ihr MARIANNE sind mit rd. 15 Jahren nur unwesentlich älter als die Mitglieder in den Gruppen, die sie leiten. So hatten die jungen Leute das Gefühl, „unter sich" zu sein.

Man redet ihnen in ihrer konkreten Arbeit auch nur wenig drein, sofern sie sich an die grundlegenden Richtlinien hielten. Im Gegenteil, man ermunterte sie sogar, gegenüber den Erwachsenen deutlich ihr eigenes Profil zu zeigen. So sahen sich die jungen Leute in ihrem Bedürfnis nach Freiheit gegenüber der Erwachsenenwelt gestärkt.

Auch kirchlich gehen diese Jugendlichen damals oft eigene Wege. Noch in den Jahren der „Kampfzeit" und in den ersten Jahren nach der Machtergreifung war es üblich, dass Parteimitglieder oder ganze SA-Trupps geschlossen an den Gottesdiensten teilnahmen. Doch HJ und BdM gingen hier von Anfang an eigene Wege. Sehr zum Leidwesen vieler Pfarrer und kirchlich eingestellter Eltern zogen die eben konfirmierten Hitlerjungen nun am Sonntag laut singend an der Kirche vorbei und machten während der Gottesdienstzeiten ihre Geländeübungen. Und die Mädchen schauten zur gleichen Zeit im Kino Propagandafilme an. Proteste und Eingaben hatten nur wenig Erfolg. Die Jugend entfremdete sich zunehmend von der Kirche.

Insbesondere die scheinbare Stärkung der Jugendrechte gegenüber den Ansprüchen der Erwachsenen hatte auf dem Land enorme Auswirkungen. Denn nun verweigerten sich die Jugendlichen immer öfter der Arbeit in Haushalt, Stall und auf dem Feld und verdrückten sich in ihre HJ- bzw. BdM-Clique. Dass die Mädchen sich dafür dann auch so erschreckende Filme wie „Jud Süß" zur Schulung ansehen oder bei den Aufmärschen die langweiligen Elogen der Parteiredner ertragen mussten, nahmen sie meist ohne Murren in Kauf. Erst in der Rückschau äußerten einzelne ihre Abscheu gegenüber dieser Art von Vergewaltigung.

So erwies sich diese Parteijugendarbeit als ein wesentliches Mittel der NS-Herrschaftssicherung. HJ und BdM entwickelten sich zunehmend zu eigenständigen Gegenkräften zu den alten Erziehungsinstanzen Elternhaus und Kirche. Dem Elan dieser Jugend hatten die Erwachsenen wenig entgegenzusetzen. Die überkommenen Normen wurden einfach fortgespült. Für die Jugendlichen rechnete sich ihr Engagement. Sie lernten und übten eigene Verantwortung. Und sie schienen einen Platz auch in der Erwachsenenwelt zu haben. Junge Frauen sahen sich auf Augenhöhe mit den Männern und gewannen so an Selbstbewusstsein.

Die Jugend dankte HITLER ihre hohe Bewertung mit ihrem jugendtypischen Fanatismus. Die Hitlerjungen folgten HITLER willig in den Krieg, sobald es ihr Alter zuließ. Oder sie leiteten Lager für die Kinderlandverschickung, versahen den Luftschutz und beteiligten sich als Flakhelfer am Krieg. – Kein Wunder, dass auch die Mädchen nicht nachstehen wollten. An der „Heimatfront" war auch auf sie Verlass. Sie leisteten soziale und landwirtschaftliche Hilfsdienste, betätigten sich im Rettungswesen oder sammelten Rohstoffe.

Mit Kriegsbeginn erreichte der Fanatismus dieser jungen Leute auch in Oberfranken traurige Höhepunkte. Spätestens als mit der Niederlage vor Stalingrad im Winter 1942 / Frühjahr 1943 die Stimmung in der Bevölkerung an der „Heimatfront" umschlug, reagierte die Führung zunehmend nervöser. Die Bedeutung kleinster Äußerungen im Alltag wuchs. Nun ging es nur noch darum, das NS-System um jeden Preis zu verteidigen, notfalls auch auf Kosten der familiären Bindungen. Fanatisch und zuverlässig hielten sich manche Hitlerjungen und BdM-Mädchen an ihren Treueschwur und betätigten sich bedenkenlos auch als Denunzianten in der Dorfbevölkerung oder in der eigenen Verwandtschaft, um Gegner des Nationalsozialismus auszuschalten.

So war es nicht zufällig auch im Fall des Weidenberger Opfers CHRISTIAN DENNERT eine gerade 20 Jahre alte, in der Nazijugend geschulte Angestellte, die ihren Kollegen bei ihrem gemeinsamen Chef denunzierte und ihn so vor den Volksgerichtshof brachte. DENNERT starb im Zuchthaus Tegel. Das Zeugnis dieser jungen Mitarbeiterin war das mitentscheidende Beweismittel.[22]

Unkritische Begegnung mit dem Nationalsozialismus

MARIANNE erlebte ihre entscheidende Prägung beim BdM in Bayreuth. Auch ihre Klassenkameradin MARIE-LUISE HAMM war nun beim BdM. Sie stammte aus Regensburg und wohnte seit 1936 in Bayreuth. Wie MARIANNE kam auch sie aus einem kirchlich eingestellten Elternhaus und war mit 10 Jahren erstmals zu Hitlers Jungmädeln gegangen.

Was sie dort an Schwung und Begeisterung erlebten, hinterließ bei den beiden Mädchen großen Eindruck. Die jungen Leute hatten das Gefühl, unter sich zu sein und ihr Leben selbst zu bestimmen, was natürlich Illusion war. Sie erkannten nicht, wie sie in Wahrheit von Anfang an für Hitlers Kriegsziele missbraucht wurden.

Die kritische Sichtweise auf den Nationalsozialismus, die wir heute haben, nämlich vom „Ergebnis der Katastrophe" und von den Folgen dieser menschenverachtenden Ideologie her, war den jungen Leuten fremd. Zwar kannte MARIANNE auch in Weidenberg einzelne Menschen wie ihren Nachbarn am Obermarkt, den Kaufmann OTTO PONATER, die mit ihren sensiblen Vorahnungen schon früh prophetische Voraussagen des Endes machten.[23] Den hatten aber seine Mitbürger aber immer

---

[22] Mehr dazu in der 5. Folge des Projektes „MYRTEN FÜR DORNEN" – „Spuren der Opfer" im Kapitel *„Jenseits der Roten Linie – Ein Weidenberger in den Klauen von Gestapo und Volksgerichtshof."*

[23] Vergl. unten im Kapitel *„Warten auf die Sieger"* den Abschnitt *„In der Vorahnung des Weltkriegs – Eine seltsame Nordlichterscheinung als Menetekel zum Weltkrieg".*

BdM-Führerin Marianne Schütz
mit Lehrerstochter Luise Heinz 1943

wieder gewarnt: *„Halts Maul, Otto, sonst kommst du nach Dachau."* Zumindest bis weit ins Jahr 1942 hinein nahm die Mehrheit der Menschen am Marktort Ponaters Sorgen nicht wirklich ernst.

Diese Naivität verwundert im Rückblick eigentlich. Denn Weidenberg hatte ja bereits im Jahr 1939 mit Kriegsbeginn die Evakuierung der Saarländer erlebt[24] und nahm seit 1941 auch an der Kinderlandverschickung aus den bombenbedrohten Großstädten teil[25]. Dazu kam bald auch eine immer größere Zahl von evakuierten Erwachsenen, die durch Bomben Haus und Habe verloren hatten. So kriegte auch die Bevölkerung auf dem Lande einiges mit von den Schrecken des Bombenkrieges, der nach und nach alle wichtigen deutschen Städte verwüstete.

Aber die wöchentlichen Nachrichten im Weidenberger Kino[26] klangen doch ganz anders; danach ging es ja im Ausland scheinbar immer nur vorwärts von Sieg zu Sieg. Obwohl immer mehr Väter oder Brüder seit 1939 im Krieg waren und die Listen der Gefallenen täglich länger wurden, dachten doch viele junge Leute im Überschwang ihrer Jugend lange: Wir werden das schon schaffen. Die Mehrheit von ihnen hatte in ihrer Kindheit niemanden anderen als Hitler an der Spitze des Deutschen Reiches erlebt und verehrte ihn vielfach wie einen Gott. Sie waren vom Führermythos so stark aufgereizt, dass sie die Gedanken an ein katastrophales Ende stets sogleich verwarfen.

Und diese durch die Hitlerjugend fanatisierten Jugendlichen bildeten in Deutschland bald die Mehrheit. Anfangs gehörten 60 %, am Ende gar 90 % von Mariannes Mitschülerinnen der weiblichen Organisation der HJ an. Niemand wollte gern abseitsstehen, sonst hätte man ja auch seinen Freundeskreis eingebüßt.

So ließen sich gerade unter den Oberschülerinnen etliche bald auch gern für eine

---

[24] Vergl. in dieser Folge des Projektes „Myrten für Dornen" weiter unten das Kapitel *„Die Evakuierung der Saarländer aus Ommersheim und Heckendalheim"*.

[25] Vergl. weiter unten das Kapitel *„Ferien ohne Heimkehr – Gestrandet bei der Kinderlandverschickung"*.

[26] Vergl. weiter unten das Kapitel *„Eis von der Oma, Kino vom Opa – Die Weidenberger Rosenau-Lichtspiele im Wandel der Zeiten 1926-1971."*

eigene Leitungstätigkeit werben und schulen, so auch MARIANNE. Diese Schulung war anfangs unaufdringlich, sie knüpfte an vorhandene persönliche Gaben der jeweiligen Jugendlichen an.

So war MARIANNE von Haus aus besonders empfänglich für Musik und insbesondere für das Singen und war glücklich, diese Gaben im Gruppenleben des BdM einbringen zu können.

Singen mit dem BdM-Liederbuch als Basis der Heimabende

Wie die Hitlerjungen, so hatten auch die Mädchen des BdM, ein eigenes Liederbuch. Es wurde zu Mariannes Lieblingsbuch. Stolz vermerkte sie auf der letzten Seite des Inhaltsverzeichnisses mit zartem Bleistiftstrich in Sütterlinschrift: *„Von diesen Liedern kann ich 100".*

MARIANNE hatte ja daheim oft erlebt, dass gemeinsam gesungen wurde. Und so war manches für sie wie ein Wiedererkennen, nun aber im Kreis von Gleichgesinnten und Gleichaltrigen. Denn dieses Liederbuch enthielt auch viel „klassisches" Liedgut aus den allgemein bekannten Volksliedern.
Dazu kamen aus dem „Zupfgeigenhansl" weitere schöne Lieder der Wandervogelbewegung und manches aus dem ganz anders und neuartig klingenden Liedgut der „Bündischen Jugend", die in der Zeit nach dem ersten Weltkrieg bis zu ihrem Verbot 1933 das Jugendleben revolutioniert hatte.

Mariannes Liederbuch: Neben Volksliedern aus Wandervogelzeite finden sich in auch viele martialische NS-Lieder und -Texte

Diese Bündische Jugend hatte in der Zeit der Weimarer Republik viele Impulse von ihren Auslandsfahrten bis zum Nordkap und von ihren Begegnungen mit anderen Völkern mitgebracht. Ihre kreativen Jugendleiter hatten aber auch alte und neue Ausdrucksformen für das altersbedingt typische kämpferische Element der Jugend gesucht. – All diese Errungenschaften einer emanzipierten und eigenständigen Jugendkultur

Kombiniert mit den bündischen Elementen von Fahrt und Lager: Lieder des Nazidichters HANS BAUMANN

hatte sich aber die NS-Staatsführung seit 1933 angeeignet und konsequent für ihre eigenen Ziele umgewendet. Den jüngeren Jugendlichen, welche die Arbeit der Bündischen Jugend nicht mehr kennengelernt hatten, war dieser völlige Paradigmenwechsel aber nicht bewusst. Sie fühlten sich bei ihren eigenen alterstypischen Gefühlen und Gedanken abgeholt und waren begeistert.

Nun finden sich in diesem Liederbuch eingestreut aber auch eine Reihe von Liedern mit deutlich deutsch-nationalen und martialischen Tönen. Hier hätte man schon aufmerksam werden können. Doch manche dieser Lieder erschienen damals und erscheinen auch heute noch im ersten Moment unverdächtig. Sie waren zum Teil lange vor der Hitlerzeit entstanden, und sie wurden auch von anderen, sogar sozialistischen Gruppen, vor der Machtergreifung gern gesungen. Andere auch ältere Lieder nehmen schon den nationalen Überschwang und das Machtgehabe vorweg, das dann für den Nationalsozialismus typisch wurde.

So gab es z.B. schon lange das bekannte sozialkritische Lied *„Wer jetzig Zeiten leben will.“* Es wurde vor der Hitlerzeit gern auch von unpolitischen Gruppen gern gesungen. Bereits im Jahr 1876 hatte FRANZ WILHELM FREIHERR VON DITFURTH dieses Lied veröffentlicht. In einer textlich gestrafften Fassung war es 1913, kurz vor dem Ersten Weltkrieg, wiedererschienen. Nach dem Krieg griff die Jugendbewegung das Lied auf und übernahm es in ihren Liederbüchern.

Es erfreute sich auch im ganzen Dritten Reich großer Beliebtheit. Dieses und etliche ähnliche kämpferische Lieder übernahmen die Nazis gern und stellten sie in ihren ideologischen Kontext. So kam *„Wer jetzig Zeiten leben will“* auch in das BdM-Liederbuch als ein Lied, in dem sich nach Meinung der Herausgeber „deutsche Standhaftigkeit und Wehrbereitschaft" bekunde. Damit endet freilich die erstaunliche Geschichte dieses Liedes nicht, denn auch in das Singen im späten Nachkriegsdeutschland der 1970er und 1980er Jahre fand dasselbe Lied *„Wer jetzig Zeiten leben will"* Eingang – nun erstaunlicherweise als „Volkslied demokratischen Charakters"!

So kann man die These aufstellen, dass ein Lied durch das ideologische Umfeld, in dem es verwendet wird, einen Sinn erfährt, der sich von der Intention seines Verfassers völlig unterscheidet, und dass es so eine von ihm gar nicht beabsichtigte Wirkung entfalten kann! So sind auch nicht unbedingt die Lieder bei solchem Missbrauch die eigentlich Schuldigen, sondern solche Nutzer, die etwas Menschenverachtendes daraus machen.

Andere BDM-Lieder sprechen da freilich schon eine deutlichere Sprache. Es sind insbesondere die typischen Lieder von Nazidichtern wie HERYBERT MENZEL und HANS BAUMANN, die sich ebenfalls in diesem Liederbuch finden; sie waren von vornherein darauf ausgerichtet, das Naziregime zu fördern. Dass diese Art von Musik ein scheinbar unverdächtiges emotionales Vehikel zum Transport der Naziideologie war, wird auch in der kritischen Literatur bislang zu wenig beachtet.

Vom letztgenannten HANS BAUMANN stammt nicht nur das populäre mystische „Weihnachts-Ersatzlied" *„Hohe Nacht der klaren Sterne"*, sondern auch das bekannte makabre Kampflied: *„Es zittern die morschen Knochen"*. BAUMANN verfasste es als 18-Jähriger während einer Wallfahrt mit dem katholischen Jugendbund nach Neukirchen in der Oberpfalz. Als typisches „Männerlied" fand es freilich nicht im BdM-Liederbuch Aufnahme, sondern wurde zum Lied der nationalsozialistischen Arbeitsfront DAF und kam auch in die Liederbücher von HJ und SS. Mit seinem Refrainvers: *„Denn heute gehört uns Deutschland und morgen die ganze Welt"*, dem auch die spätere Version „da hört uns" nicht seine Spitze nehmen konnte, ist es zum Lieblingslied der SA geworden. Noch heute wird gern die Gesinnung der Deutschen der damaligen Zeit mit diesem Lied gleichgesetzt.

Weiter enthält Mariannes Liederbuch fortlaufend kalligrafisch gestaltete Zwischentexte, die in ihrer ideologischen Ausrichtung für den heutigen Leser nicht zu übersehen sind und sicher auch damals nicht übersehen wurden. Sie gehen an den Festen und Feiern des Jahres entlang, die auch für die Jugend damals von Bedeutung sein sollten. Naziprominenz von ADOLF HITLER bis BALDUR V. SCHIRACH vermitteln den Jugendlichen hier mit Holzschnitz-Vignetten und entsprechend gestaltete Texten markige Leitbilder.

So sieht man HITLER persönlich unterm Hakenkreuzsymbol zum „Tag des Führers" am 20. April, „Führers Geburtstag", sprechen. Sein markiges Wort an die Jugend klingt nachdrücklich und soll mit seinem Bezug auf Gott scheinbar auch den

Der Führer

Worte von Herbert Böhme
Weise von Reinhold Heyden

1. Ei-ne Trommel geht in Deutschland um, und der sie schlägt, der führt, und die ihm fol-gen, fol-gen stumm, sie sind von ihm ge-kürt.

2. Sie schwören ihm den Fahnenschwur, Gefolgschaft und Gericht, er wirbelt ihre Schicksalsspur mit ehernem Gesicht.

3. Er schreitet hart der Sonne zu mit angespannter Kraft. Seine Trommel, Deutschland, das bist du! Volk, werde Leidenschaft!

Eigentum des Komponisten.

Lied der neuen Zeit

Worte und Weise
von Fritz Sotke

1. Ü-ber die Stra-ßen Ko-lon-nen ziehn, al-le ein Herzschlag, ein Schritt, kei-ner kann mü-ßig am We-ge stehn, müs-sen al-le mit.

2. Schreitet ein graues Arbeiterheer, Männer des Werktags, her-an, bilden sie alle die lebende Wehr: Alle, Mann für Mann.

3. Geht vor ihnen ein Führer her, bricht zur Freiheit die Bahn. Brausend ein Rufen überall: Hitler führt uns an!

Eigentum des Komponisten.

Nur für gemeinsame Feiern.

27

Zum höchsten HJ-Feiertag: Hitlers Geburtstag Merktext und Lied des „Führers"

religiösen Menschen ansprechen. Erst im zweiten Zusehen wird die geistliche Oberflächlichkeit und Selbstvergottung Hitlers in diesem Wort erkennbar: *„Mein Wille - das muss unser aller Bekenntnis sein - ist euer Glaube! Mein Glaube ist mir - genau wie euch - alles auf dieser Welt! Das höchste aber, was mir Gott auf dieser Welt gegeben hat, ist mein Volk! In ihm ruht mein Glaube. Ihm diene ich mit meinem Willen, und ihm gebe ich mein Leben."*

Die Erlebnispädagogik der Hitlerjugend war ein ideologisch überfärbtes Plagiat der verbotenen Bündischen Jugend

Doch es waren nicht nur viele **Lieder**, die sich die oben genannten freien Jugendverbände vor der Nazizeit in den Jahren seit der Wende zum 20. Jahrhundert und nach dem Ersten Weltkrieg in vielen Diskursen erdacht und in vielen Proben erarbeitet hatten; sondern auch viele bewährte **Inhalte** ihrer Jugendarbeit hatten die Nazis seit 1933 geraubt und zunehmend ihren eigenen Zwecken dienstbar gemacht. Zugleich verboten sie seit ihrem Herrschaftsantritt zunehmend alle nicht staatlich gelenkte Jugendarbeit, oder sie „schalteten sie gleich", d.h. sie unterwarfen sie ihren Strukturen und ihren Führern; so schalteten sie alle Konkurrenz aus.

Aus der alten **Wandervogeltradition** vor dem Ersten Weltkrieg übernahmen HJ und BdM neben dem Singen das Element des Naturerlebens und der Rückbesinnung auf die vermeintliche frühere Volkskultur.

Den Inhalten der **Bündischen Jugend** mitsamt der Pfadfinderarbeit entnahm die HJ die Elemente Fahrt und Lager, Naturerkundung und Orientierung, also alles, was man heute „**Erlebnispädagogik**“ nennen würde, sowie die Durchführung von „**Heimabenden**“, die Erlangung von praktische Fertigkeiten und den Hang zur Uniformierung und zur Verwendung gemeinsamer Symbole wie Wimpel und Banner.

Auch das Selbstgefühl der Jugendkultur der Bündischen Jugend, die sich von der bisherigen „verstaubten und rückwärtsgewandten“ Gesellschaft unterscheiden und einen eigenständigen Weg finden wollte, versuchten die Nazis zu kopieren. Dazu übernahmen sie auch, wie schon gezeigt, das damals neue pädagogische Prinzip: „Jugend führt Jugend“.

So lebte die Hitlerjugend im **Bewusstsein einer eigenen Jugendkultur**. Dieses Selbstbild war bei der HJ manchmal gepaart mit einem außerordentlich aggressiven Selbstbewusstsein der Jungen gegenüber der älteren Generation und dem eigenen Elternhaus. Manche Überheblichkeit gegenüber Eltern, Lehrern und Pfarrern trat hier zutage; sie wurde von der NS-Führung auch bewusst gefördert.

Doch wenn diejenigen, die diese Zeit als Jugendliche noch miterlebt haben, im Nachhinein trotz aller Kritik am Nationalsozialismus gern sagten, sie waren begeistert von ihrer Zeit bei der Hitlerjugend, dann meinten sie natürlich genau die Elemente, die die Nazis so ungeniert der früheren Jugendbewegung vor ihrer Zeit gestohlen hatten: eben das gemeinsame Naturerleben, Fahrt und Lager, Heimabende, Uniformierung, gemeinsame Symbole und das Selbstgefühl einer eigenständigen Jugendkultur.

Mit der geistigen Leistung ihrer Vorgänger, man würde heute sagen: mit „Plagiaten“ und mit gesetzlichen Mitteln verstanden es also die Nazis, die Zielsetzungen der Bündischen Jugendarbeit. An Stelle einer Emanzipation der Jugendlichen anstrebte, in ihr genaues Gegenteil zu verkehren. Sie fingen sie für die Ziele des Nationalsozialismus ein und missbrauchten sie. Das taten sie so geschickt, dass kaum einer von den jungen Leuten es wirklich wahrhaben wollte.

Diese Verführung wirkte auch auf die Landkinder, wie in Weidenberg. Die meisten hatten ja vorher eine solche Jugendarbeit mit neuen Formen an Erlebnis und Gruppenerfahrung, die von begeisterten Alterskameraden geleitet wurde, nie kennen gelernt. Sie waren es gewohnt, wie Knechte als Arbeitskräfte im elterlichen Anwesen oder Betrieb mitzuarbeiten. Umso begeisterter waren sie, wenn sie zum Zweck der Teilnahme an den Zusammenkünften der Hitlerjugend auf Weisung des höchsten „Führers“ den lästigen allgegenwärtigen häuslichen Verpflichtungen wenigstens zweimal in der Woche für ein paar Stunden entrinnen konnten.

Auch dass der Schulunterricht für die immer zahlreicheren Aufmärsche und Aktionen des Öfteren ausfiel, war ihnen recht. „Pisa“ als Testprogramm zur internationalen Schülerbewertung war ihnen noch kein Begriff. Was Defizite an schulischer

Bildung bedeuten, war ihnen eigentlich herzlich egal, darin waren sie sich mit dem damaligen System einig. Sie wussten höchstens, dass der Turm von Pisa schief ist.

Uniform und Selbstverständnis der Jungmädelführerin

Zöpfe, Kletterweste, Sammeldose: BdM-Mädchen in typischer Pose

MARIANNE war erst fünfzehn Jahre alt, also noch ganz am Anfang ihrer persönlichen Entwicklung, als man ihr auftrug, zusammen mit LUISE HEINZ, der Tochter von Lehrer HEINZ, die **Leitung einer sg. „Jungmädelgruppe"** in Weidenberg zu übernehmen. Nach dem bereits angesprochenen Prinzip der früheren Jugendarbeit waren ja die Gruppenleiter und -leiterinnen in der HJ und beim BDM in der Nazizeit oft nur wenig älter als die von ihnen geleiteten Jugendlichen selbst.

Beide Mädchen trugen nun stolz ihre **BdM-Uniform**. Man nannte sie bei den Mädchen damals auch „Tracht", im Unterschied zur „Kluft" der Jungen. Schon diese Kleidung war etwas Besonderes, denn Kleidung war ja durch die Zwangsbewirtschaftung seit Kriegsbeginn sonst nur auf Bezugsschein erhältlich. Deshalb betrachteten die Jugendlichen es auch als eine besondere Auszeichnung, dass sie nach ihrer Anmeldung zur HJ bzw. BdM einen solchen besonderen Zuweisungsschein ausgehändigt bekamen, der zum Kauf der Kleidung in einem sg. „Braunen Laden" berechtigte.

In BdM-Uniform: MARIANNE 1943

Die übliche Tracht beim BdM, die man auch als die „Sommeruniform" bezeichnen könnte, bestand aus einer weißen kurzärmeligen Bluse mit angeknöpftem, dunkelblauem Rock. Ein schwarzes Dreieckstuch um den Hals wurde mit einem Lederknoten zusammengehalten. Dieses Tuch stammte eigentlich aus der Tradition der Pfadfinderbewegung; es war ursprünglich als leicht mitzuführendes Allzweckmittel im Sinne des Pfadfindermottos „Allzeit bereit" für allerlei Not- und Reparaturmaßnahmen des Fahrt- und Lagerlebens gedacht. Beim BdM war dieses schwarze Tuch aber nun das Erkennungszeichen der Mädchen, das auffallendste Kleidungsstück ihrer Tracht. Erst die über 14-Jährigen durften es tragen.

Die weiße Bluse war mehr für feierliche Gelegenheiten gedacht, für die Heimabende gab es eine weniger empfindliche graue Bluse.

Über der Bluse trugen die Mädchen draußen bei kühlerer Witterung eine braune enganliegende „Kletterweste". Sie hatte aber mit dem „Klettern" nichts zu tun. Wegen ihrer Form und Farbe nannte man sie scherzhaft auch „Affenhaut". Sie war aus Velveton, einem kräftigen Baumwoll-Atlasgewebe mit samtartiger Oberfläche, leicht gefüttert, mit braunen Kunstharzknöpfen, unterschieden nach Jungmädchen oder BdM. Am Ärmel prangte die HJ-Raute. Außerdem war auf der Jacke ein Dreieck vernäht, welches das Wohngebiet der Inhaberin anzeigte.

Vorgeschrieben waren im Sommer weiße Söckchen, im Herbst und Winter graue Kniestrümpfe, dazu schwarze Halbschuhe. Bei kälteren Temperaturen konnten zur Tracht noch besondere Übermäntel und Kopfbedeckungen dazu kommen, eben die „Winteruniform".

Zum Turnen sollten die Mädchen eine schwarze Turnhose und ein weißes Turnhemd anziehen. Auf diesem Hemd prangte in der Mitte das Symbol der HJ, die Rhombe mit dem Hakenkreuz.

Der Ledergürtel, den die Jungen trugen, und auch ihr obligatorisches Fahrtenmesser, ihr jungentypisches Potenzsymbol, blieb dem BdM vorenthalten, auch wenn das manche Mädchen etwas ärgerte. Dieser Verzicht auf martialische Zeichen hatte aber mit dem Mädchenbild der Nazizeit zu tun, das freilich auch damals immer mal wieder diskutiert wurde: Mal bevorzugte man auch bei den Mädchen mehr den kämpferischen Typ, mal betonte man mit LENI RIEFENSTAHL mehr die ganz eigene Ästhetik des weiblichen Körpers.[27] So fordert GERDA ZIMMERMANN, die Schriftleiterin der BdM-Zeitschrift „Das deutsche Mädel" 1933: *„Das Mädel einsatz- und opferbereit zu machen für die Volksgemeinschaft, ist die Aufgabe, die der Nationalsozialismus dem BdM stellt. Wir wollen das gesunde,* ***stolze*** *Mädel, das bedingungslos Volk und Vaterland als oberstes Gesetz anerkennt und freudig die Verantwortung auf sich nimmt, Trägerin und Erzieherin der kommenden Generation zu sein".*

Anderseits betont wenige Jahre später 1937 die damalige Reichsreferentin des BdM TRUDE BÜRKNER: *„Die totale Erziehung der Jugend ist eine Erziehung zu äußer-*

---

[27] Vergl. den Abschnitt *„Leni Riefenstahl, eine faschistische Film-Ästhetin im Bund mit dem Teufel"* im Kapitel „Eis von der Oma, Kino vom Opa – Die Weidenberger Rosenau- Lichtspiele … " am Ende dieser vorliegenden 6. Folge des Projektes „MYRTEN FÜR DORNEN".

*ster Kraft, Gesundheit und **Schönheit**, zu Arbeitsleistung und Einsatz ... im Erziehungsbund BdM sollen die Mädel durch die intensiv betriebene Sportschulung zu einer straffen und schönen Körperbeherrschung gebracht werden. Für diese Arbeit gilt das Wort: ‚**Straff, aber nicht stramm – Herb aber nicht derb**'"*[28].

Betrachtet man die BdM-Uniform vom Standpunkt der Mode, die ja für Mädchen dieses Alters nicht ganz unwichtig ist, so kann man sie wohl kaum als „girly-like" oder „mädchenhaft" im üblichen Sinn bezeichnen. Man kann sie eher mit der Schuluniform vergleichen, die in manchen Ländern wie der Türkei oder China heute in Gebrauch ist. Diese Kleidung ist durchaus sportlich und praktisch. Sie verkörpert darüber hinaus hier wie dort auch ein Staatsziel, nämlich die Aufhebung der sozialen Unterschiede.

Freizeitaktivitäten des Weidenberger BdM: Auch Volkstanz gehörte dazu (Aufn. 1942)

Solche einheitliche Kleidung sollte also das Gesellschaftsbild der NS-Ideologie zum Ausdruck bringen. Dieses Bild unterschied nicht mehr nach Schichten oder Klassen, sondern maß den Einzelnen nun nach seiner Funktion oder seinem Rang in der HJ oder beim BdM und sprach ihm entsprechende Bedeutung zu. Auch konnte solche Kleidung durchaus das sportliche und zünftige Image, das die HJ für die Kinder und Jugendlichen ausstrahlen sollte, zum Ausdruck bringen.

Es gab genaue Vorschriften für das Tragen der HJ- bzw. BdM-Kleidung. Wer diese Kluft oder Tracht anzog, sollte sich der Bedeutung der Uniform als etwas Besonderem bewusst sein. Getragen werden sollte die Uniform auf Fahrten oder im Dienst der Gruppe und zu besonderen Anlässen. In der Schule sollte die „Tracht" des BdM nicht komplett getragen werden; nur einzelne Teile, wie Rock oder Bluse durften auch zu solchen zivilen Zwecken angezogen werden.

Uniform zu tragen, kam dem Wunsch vieler Jugendlicher entgegen, den man zu

[28] Zitate bei Schreckenbach, Erziehung ... S.212.

allen Zeiten beobachten kann: Junge Leute suchen nach Zeichen einer sichtbaren Zugehörigkeit zu „ihrer" Gruppe. Die Uniform bzw. Tracht waren solche äußeren Zeichen. Sie machten die Kinder und Jugendlichen sofort als Gruppe und darüber hinaus als junge Nationalsozialisten erkennbar. Den meisten war naturgemäß die Gruppe wichtiger.

Jungmädelarbeit im Alten Schloss

Neben dem Tragen der Uniform bzw. Tracht schätzten die Kinder das andere Erkennungszeichen dieser Staatsjugend, die regelmäßign Zusammenkünfte: Sie trafen sich zweimal in der Woche bei **Heimabenden** bzw. sportlichen Aktivitäten im Freien.

Ob diese Treffen bei den Kindern aber auch wirklich „ankamen", hing sehr von den Fähigkeiten der jeweiligen Leiterinnen ab. Waren sie untalentiert, so konnten Heimabende auch entsetzlich langweilig und die sportlichen Übungen verhasst sein.

Auf Mariannes Fotos sieht man öfters auch weitere Mädchen in BdM-Uniform: Eine von ihnen war ELI GERMAN, die in der Kriegszeit aus dem zerbombten Hamburg kam. Mit ihr hatte sich MARIANNE angefreundet und arbeitete bei der Leitung der BdM-Gruppe eng mit ihr zusammen.

Nach ihrer Evakuierung war ELI mit ihrer Familie in Weidenberg im Ersten Pfarrhaus untergebracht. Pfarrer HOFFMANN hatte seine Dienstwohnung in diesem Haus erst 1943, vier Jahre nach seinem Übertritt zum Militär 1939, endgültig verlassen, als er zugleich aus seiner Kirche austrat.[29] Eigentlich hätte zu dieser Zeit sein offizieller Nachfolger Pfarrer HELMUT HEIM im Ersten Pfarrhaus wohnen müssen. Tatsächlich kam er aber erst nach Kriegsende, da er sonst seine u.k.-Stellung verloren hätte. So konnte die Kirchengemeinde das Haus zwischenzeitlich für Evakuierte nutzen.

Treffpunkt der Weidenberger Jungmädchengruppe war ein kleiner Raum im Erdgeschoss des oberen Schlosses in Weidenberg. Hier trafen sich die Kinder von 10-14 Jahren zu den regelmäßigen „Heimabenden" mit ihren beiden Leiterinnen

Dieses **„Alte Schloss"**, das nach der Barockzeit und dem Auszug der letzten Adligen V. LINDENFELS[30] lange Zeit das Amtsgericht beherbergte, war zur Zeit des Dritten Reichs eine Art „Gemeinschaftshaus" der Weidenberger Nationalsozialisten, ähnlich dem Gemeinschaftshaus der Kommunisten in Guareschis „DON CAMILLO

---

[29] Vergl. den entsprechenden Abschnitt im Kapitel *„Das Trojanische Pferd der Nazis – Pfarrer Theodor Hoffmann und die Deutschen Christen"* in der 4. Folge des Projektes „MYRTEN FÜR DORNEN – Christsein am Scheideweg".

[30] Vergl. zur Geschichte der V. LINDENFELS in Weidenberg insbesondere das Kapitel *„Pfarrersein in Weidenberg, ein beschauliches Leben?"* in der 2. Folge des Projektes „MYRTEN FÜR DORNEN – Licht und Schatten der neuen Zeit" ab S. 155ff.

NSDAP-Zentrum und HJ-Treffpunkt im Dritten Reich:
Das Alte Weidenberger Schloss

UND PEPPONE".[31]

Wie alle Burgen und Schlösser in der damaligen Zeit, war auch dieses ehrwürdige und stattliche Weidenberger Gebäude für die NS-Partei ein willkommener Ausdruck ihrer kampf- und machtbewussten Ideologie. Hier trafen sich die kleinen und großen Funktionsträger und Amtswalter der NSDAP aus dem ganzen Parteikreis, der von Bayreuth bis Eschenbach reichte. Auch die Ortsgruppenleiter von Gesees und anderen Orten des Landkreises Bayreuth sah man hier regelmäßig zu ihren meist zweitägigen ideologischen Schulungen einrücken.

An solchen Wochenenden musste der Weidenberger Ortsgruppenleiter RUMLER, „unser Schorsch", der zugleich Kreisredner war, seine Beiträge liefern. Er selbst wohnte im II. Obergeschoss und empfing hier in seinem herrschaftlichen Ambiente auch gern Gäste.

Im ersten Stock des Hauses hatte auf der Nordseite der Kindergarten seine Räumlichkeiten. Hier leitete „Tante FRIEDEL" eine für heutige Verhältnisse riesige Gruppe mit 45 Kindern. Entsprechend auf Disziplin und Ordnung bedacht war die Pädagogik. – Die ganze Südseite nahm die große Wohnung des Lehrers und privilegierten Parteipropagandisten AUGUST KIEßLING ein.

Der Raum für die Mädchenarbeit der HJ lag im Erdgeschoss. Er hatte freilich einen etwas schaurigen Flair: Zu Zeiten des Amtsgerichts soll er als Ausnüchterungszelle für Betrunkene gedient haben. Auch mussten die Mädchen an den vergitterten Arrestzellen vorbei, die noch bis in die Nazizeit in Gebrauch waren und an ein Westerngefängnis erinnerten.

---

[31] Vergl. insbesondere das Kapitel *„Neues Leben im Alten Schloss"* in der 3. Folge des Projektes „MYRTEN FÜR DORNEN – Der Anstreicher ..." ab S. 220ff.

Der Heimabend als Basis der Jungmädelarbeit

An die „Heimabende" in diesem Haus erinnerte sich Gastwirtstochter MATHILDE ROTHE, verh. KRETSCHMER, auch später noch gern: Die Kinder waren damals begeistert, alle wollten bei den Jungmädeln dabei sein. Im Rückblick als Zeitzeugin sah MATHILDE ihre Zeit als Gruppenmitglied aber kritischer: Bei der HJ hätten die Kinder gelernt, „Krieg zu spielen", sagte sie.

Kinder wie BETTY SCHILLER, der der Vater mit den Worten: *„Mädchen, das ist nichts für dich"*, ohne weitere Begründung die Teilnahme verboten hatte, waren darüber außerordentlich traurig und beneideten ihre Alterskameradinnen sehr.

Spielgefährten und später Eheleute:
BdM-Jungmädel BETTY SCHILLING mit HANS RABENSTEIN

Bei Mariannes Heimabenden ging es nach ihrer eigenen Einschätzung stets lebendig zu. Wenn sie mit ihren Anbefohlenen draußen war, habe sie mit ihnen gern „Schnitzeljagd" oder Turnübungen gemacht. Drinnen hätte sie mit ihnen bekannte Volkslieder wie die „Schwarzbraune Haselnuss" gesungen. Allerdings sei von den Kindern auch verlangt worden, typische Nazi -Lieder auswendig zu lernen, wie das HORST-WESSEL-Lied „Die Fahne hoch". Es war bereits seit 1929 das Kampflied der SA und die Parteihymne der NSDAP und fungierte seit Hitlers Machtergreifung 1933 als „zweite deutsche Nationalhymne" für jede Gelegenheit.

Auch KUNIGUNDE RHAU, die aus dem ältesten bäuerlichen Anwesen in Weidenberg stammte – heute Sitz des „Armeemuseums direkt gegenüber dem ehem. „Unteren Schloss" an der Bayreuther Straße –, kam als 10-jährige gern zu diesen Heimabenden. Im Winter bastelten die Mädchen hier handwerkliche Artikel für den Weihnachtsverkauf. KUNI erinnert sich, dass sie z.B. „Kuscheltiere" für Kinder häkelten; diese Wolltiere wurden über Formen gezogen und ausgestopft. Auch sie bestätigt, dass sie viel miteinander gesungen und gespielt hätten und dass der Ablauf solcher Heimabende eher unverfänglich war. Die eigentliche politische Indoktrination erfolgte erst im Jugendalter.

Ein kleiner Stichwortzettel für einen solchen Heimabend von MARIANNE ist erhalten. Er zählt viele Lieder auf, die auch heute noch bekannt sind und gern gesungen werden. MARIANNE hatte sie aus ihrem geliebten BdM-Liederbuch „WIR MÄDEL SINGEN" herausgesucht. Zu Beginn begrüßte sie die Gruppe mit dem Lied *„Guten Abend,* *euch allen hier beisamm*'", dann folgte der Kanon, der auch das Motto abgab für den gemeinsamen Abend: *„Froh zu sein bedarf es wenig"*.

Als nächsten Programmpunkt übte die Gruppe eine Reihe von Sketschen ein, die bereits in der Bündischen Jugendarbeit vor HITLER beliebt waren und von denen viele bis heute „klassisch" sind, z.B. *„Die letzte Frist"* oder *„Das Testament"*. Auch Geschichten wurden erzählt und mit einander gespielt, z.B. *„Rumpelstilzchen"*. „Kurzspiele", so nannte man damals diese spielerische Form der Darstellung.

Im weiteren Verlauf des Heimabends folgte noch das schlesische Heimatlied *„Und in dem Schneegebirge"*. Die Begegnung schloss mit einem weiteren Kanon *„Lasst euch nicht verdrießen, einmal muss man schließen"* und mit dem Abendlied *„Ade nun zur guten Nacht"*.

Es scheint schwer vorstellbar, dass in ein solches Programm überhaupt aggressive Nazilieder und -elemente hineingepasst hätten, wie sie die Leitung des BdM ihren jungen Führerinnen gern vorschlug: In den Blättern zur Heimatabendgestaltung der Jungmädel visiert das bereitgestellte Material z.B. die gezielte Entchristlichung des Weihnachtsfestes an oder zielt auf rassistische Indoktrination. Freilich wäre eine Entheiligung des vertrauten Weihnachtsfestes im volkskirchlich geprägten Weidenberg auch gar nicht vermittelbar gewesen.

Und auch die geforderte antijüdische Propaganda hätte bei den meisten Kindern und Erwachsenen nur Stirnrunzeln ausgelöst; es gab in Weidenberg schon seit etlichen Generationen keine Juden mehr. Auch eine Kirchenfeindlichkeit, wie die Nazis sie von ihren BdM-Führerinnen forderten, wäre MARIANNE angesichts ihres kirchlichen Elternhauses fremd und verabscheuungswert gewesen.

Nachdem es also für den Kern der nationalsozialistischen Propaganda in Weidenberg kaum Anknüpfungspunkte gab, gab es auch wenig Grund, warum die Kinder und ihre Eltern über Mariannes Arbeit im Schloss etwas Böses denken sollten.

Mariannes Jungmädelarbeit 1942: Heimabende im Alten Schloss und Sport und Spiel auf den Waizenreuther Wiesen

Auch kam der kindgemäßere Entwurf der oben schon genannten BdM-Schriftleiterin GERDA ZIMMERMANN für ein ideales Lebenswelt-Panorama natürlich bei den Weidenberger Kindern gut an: *„Geachtet wird ein Mädel, das mutig und tapfer ist ... und keine Zierpuppe".* Wer wollte als 10-jährige schon eine Zierpuppe sein? So waren diese Mädchen bei entsprechender Witterung und natürlich im Sommer viel draußen. Man sah sie vergnügt beim Spielen und Wandern.

Im engen Rock und mit Gesang zum Johannisfeuer

Das Johannisfeuer an der Sommersonnenwende war für die BdM-Mädchen ein Hauptereignis. Die Gruppe marschierte dann in Uniform zum Culm über Weidenberg hinauf. Dort war schon der Holzstoß zum Abbrand aufgeschichtet; markige Reden des Ortsgruppenleiters RUMLER erwarteten die Teilnehmer.

Zum Aufmarsch waren die Kinder mit ihren Leiterinnen im Schulhof vor Mariannes Zuhause, der Apotheke, angetreten. Dann hatten sie ihren Marsch begonnen, das Propagandalied der Hitlerjugend singend *„Vorwärts! Vorwärts! schmettern die hellen Fanfaren".* Durch die Seybothenreuther Straße ging der Weg weiter und dann den Berg hinauf.

Wenn die Mädchen mit diesem Lied auf den Lippen so flott durch Weidenberg marschierten, dann waren auch die damaligen NS -Funktionäre begeistert. Doch darf man sich über einige Kuriosa am Rande auch wundern oder sogar über sie schmunzeln:

Nach seinem Kehrvers ist dieses 1933 erstmals veröffentlichte HJ-Lied auch unter der Zeile *„Unsre Fahne flattert uns voran"* bekannt. Die Melodie von HANS OTTO BORGMANN ist bewusst im eingängigen Marschtakt gehalten, sodass es jeder bald mitsingen und -gehen konnte. Sein Text stammt vom sg. „Reichjugendführer" BALDUR VON SCHIRACh.

Was viele nicht wissen: Erstmals veröffentlicht wurde dieses Lied bereits 1933. Es erklang auf der Tonspur im damals uraufgeführten Propagandafilm der Nazis „HITLERJUNGE QUEX".[32] Filmisch durchaus geschickt gemacht schildert der Film einen Eltern-Sohn-Konflikt: Der Sohn eines überzeugten Kommunisten schließt sich der Hitlerjugend an und stirbt schließlich für seinen Führer. Motive aus dem Lied werden im gesamten Film verwendet, sie untermalen musikalisch Szenen, wo sich die Hitlerjugend dargestellt. Im Gegensatz dazu werden die Szenen aus der sozialistischen „Kommune" musikalisch mit der „Internationalen" und mit Motiven des als

[32] Vergl. dazu auch das *Kapitel „Film im Dienst der geistigen Kriegsführung in kaputter Zeit"* über das Weidenberger Kino am Schluss dieser vorliegenden Folge des Projektes „MYRTEN FÜR DORNEN – Untergehen und Aufstehen – Der Alltag unter Kriegsbedingungen und das Danach".

„entartet“ gebrandmarkten Jazz unterlegt. – Im Zweiten Weltkrieg integrierte man den Refrain dieses Liedes dann in den Marsch der SS-Panzerdivision „Hitlerjugend“.

Kurioserweise wurde die Bezeichnung aus dem Propagandafilm „HITLERJUNGE QUEX“ in Reichswehroffizierskreisen dann spöttisch als Spitzname für den Reichswehrminister WERNER VON BLOMBERG verwendet, der sich HITLER gegenüber immer sehr willfährig gezeigt hatte. Das ist ein interessanter früher Beweis für die Tatsache, dass auch in den Offizierskreisen von Anfang an eine kritische Einstellung gegenüber HITLER vorhanden war, die dann im Attentat vom 20. Juli 1944 ihren deutlichsten Widerhall, aber in den zahlreichen folgenden Hinrichtungen auch ihr tragisches Ende fand.

Als weitere Kuriosität am Rande ist zu berichten, dass dem Dichter dieses Liedes BALDUR VON SCHIRACH homosexuelle Beziehungen zu Hitlerjungen nachgesagt wurden. Die Gerüchte waren in Deutschland so stark verbreitet, dass in der HJ seit etwa 1933/34 das abgeleitete Verb „quexen“ für „sich homosexuell betätigen“ gebräuchlich gewesen sein soll. Heute bezeichnet die gespaltene rechtsextreme Szene gern Skinheads als „die Quexe von heute“.

Für die Mädchen, die mit diesem Lied auf den Lippen durch Weidenberg marschierten, gab es freilich ein ganz anderes, typisch weibliches technisches Problem: Ihr Rock war für das Marschieren eigentlich zu eng. Dies hatte auch die Reichsjugendführung verstanden. In ihren wöchentlich erscheinenden Befehlen und Mitteilungen für die Führer und Führerinnen der Staatsjugend hatte sie deshalb ihre bis ins kleinste Detail gehenden Dienstbefehle ausgearbeitet.

So sollte beim Singen des Kehrverses dieses Liedes der Hitlerjugend die rechte Hand zum Gruß erhoben werden. Und wegen der zu geringen Schrittweite des Rockes der BdM- und Jungmädchen sollte dieser Rock zwei weitere Falten bekommen und der Bund einen Gummibandzug. Mit diesen praktischen, von oben befohlenen Vorkehrungen für die Kleiderordnung klappte das Marschieren dann anscheinend ganz gut.

Ganz unproblematisch empfanden andere Nazis dieses Marschieren der Mädchen freilich nie. Denn mit dem Fortschreiten der Zeit setzte sich auch das an Leni Riefenstahls Filmen geschulte Bild eines unterschiedlichen ästhetischen Menschenbildes für Mann und Frau[33] immer stärker durch.

Das hatte für den praktischen Alltag der Staatsjugendarbeit zwei interessante Folgen: Einmal wollte man auch den Gleichschritt der Mädchen unterbinden. Und zum

---

[33] Vergl. den schon genannten Abschnitt *„Leni Riefenstahl, eine faschistische Film-Ästhetin …* “im Kapitel über das Weidenberger Kino am Ende dieser vorliegenden 6. Folge des Projektes „MYRTEN FÜR DORNEN – Untergehen und Aufstehen“.

anderen versuchte man auch, das Zelten im Freien für Mädchen abzustellen. Während das Zeltlager mit seiner militärischen Disziplin weiterhin eine wichtige typisch männliche Erziehungseinrichtung für das Jungvolk bleiben sollte, dachte man, dass es für die weibliche Jugend angemessener wäre, sie in dem dichten Netz der Tausenden von Jugendherbergen Deutschlands unterzubringen.

Im Zwischentext des BdM-Liederbuchs erscheint dieser Tag des Johannisfeuers, der 21. Juni, als „Tag der deutschen Jugend". Der Holzschnitt des lodernden Holzstoßes ist begleitet vom kernigen Wort des „Führers" für diesen Anlass: *„Wer leben will, der kämpfe also, und wer nicht streiten will in dieser Welt des ewigen Ringens, verdient das Leben nicht."* Wenn Hitlers berüchtigtes Leitwort hier schwarz auf weiß im BdM-Liederbuch abgedruckt ist, zeigt das ungeschminkt auch jedem Jugendlichen die ganze Verachtung im Dritten Reich für „das Schwache"; diese Geringschätzung gipfelt dann ja im Befehl zur Vernichtung „lebensunwerten Lebens": er greift bereits seit Kriegsbeginn mit voller Wucht und kostet auch mindestens zwei Weidenbergern das Leben.[34]

Wer verdient zu leben? – Markiger Merktext vom Diktator zum Johannistag

Die BdM-Zeit war nicht harmlos

MARIANNE und auch ihre Eltern kannten zumindest das Euthanasieopfer „MARTIN" persönlich und wussten sicher auch von seinem Tod. Denn MARTIN wohnte seinerzeit mit seiner 10-köpfigen Familie im Armenhaus bei der Scherzenmühle direkt unterhalb des Gurtstein. Und MARIANNE hatte von ihrer Mutter den Auftrag, regelmäßig Essen für die vielen hungrigen Mäuler dort hinunterzutragen.[35]

---

[34] In der 5. Folge des Projektes „MYRTEN FÜR DORNEN – Spuren der Opfer" werden exemplarisch zwei Opfer aus der jeweiligen Phase der Euthanasie vorgestellt: *„ANNA MARGARETHA"*, die im Rahmen der T4-Aktion 1940 in Schloss Hartheim bei Linz ermordet wird, und *„MARTIN"*, der 1942 bei der „dezentralen Euthanasie" in der Psychiatrie in Kaufbeuren umkommt. Ferner berichtet WERNER FISCHER im Artikel *„Hasenjagen ..."* in dieser vorliegenden Projektfolge weiter oben von einem möglichen Opfer aus Sophienthal. – Es ist nicht auszuschließen, dass es in und um Weidenberg weitere Euthanasieopfer gab.

[35] Vergl. das Kapitel *„Der Angriff der Nazis auf die Unversehrtheit der Person"* in der

Trotzdem haben wohl nur wenige junge Leute, die in diesem Liederbuch damals geblättert haben, die Tragweite dieser überheblichen, menschenverachtenden Weltanschauung damals begriffen, obwohl ja das Ende des Dritten Reiches zu der Zeit schon nicht mehr weit und für jeden absehbar war.

Zu diesen eher kritisch eingestellten Jugendlichen gehörte auch ALBINE SCHILLING (verh. WOLF), die als Jungmädel bis zur Konfirmation beim BdM war. Sie kannte die schockierenden Wohnverhältnisse im Armenhaus aus eigener kindlicher und jugendlicher Anschauung und war auch die erste Zeitzeugin, die den Autor auf Martins damaliges plötzliches Verschwinden aufmerksam machte. Sie wusste von den diffusen Gerüchten über seine Ermordung und bestätigte zugleich, dass MARTIN keine erkennbare Behinderung gehabt habe.

ALBINE gehörte also zu den sensiblen Jugendlichen, die damals über das Erlebte und Gehörte beunruhigt waren. Das galt auch für ihre Teilnahme beim BdM.

„BdM war schlimm. Alle mussten hin", sagt sie in der Rückschau. ALBINE war in der Jungmädelgruppe, die MARIANNE SCHÜTZ leitete. Sie selbst war damals 11 Jahre alt. Sonntags trafen sie sich manchmal am Markt und marschierten dann, Hitlerlieder singend, zum Kino. Dort mussten sie auch den Propaganda-Film „JUD SÜẞ" anschauen.[36]

ALBINE sieht heute noch die Protagonistin CHRISTINA SÖDERBAUM vor sich, die vom Juden vergewaltigt wird. Er wird dann gehängt. Für das junge Mädchen ALBINE war es ein Schockerlebnis, das bei ihr viel Anteilnahme und Mitleid mit den Juden ausgelöst hat. Sie hätten damals auch andere Hetzfilme anschauen müssen, sagt sie. Man habe damals durchaus negative Nachrichten über das Schicksal der Juden erfahren. Es sei durchgesickert, dass es Transporte gab und viele vernichtet wurden. Das hat außer ihr auch manche anderen Bürger in Weidenberg empört.

Abb.: **Kritische Konfirmandin:** ALBINE SCHILLING

---

5. Folge des Projektes „MYRTEN FÜR DORNEN – Spuren der Opfer", insbesondere S. 109.

[36] Vergl. in der vorliegenden Folge des Projektes im Kapitel über das Weidenberger Kino den Abschnitt: *„Filme sollen einstimmen auf die „Endlösung der Judenfrage"*.

2. Die weibliche Hitlerjugend im zivilen Kriegseinsatz

Zum Hopfenzupfen in die Holledau

Zur Arbeit im Jungbann bzw. beim BdM Bayreuth gehörten auch Volkstänze oder Abschiedsabende, die man für die ins Feld ziehenden Soldaten veranstaltete.

Kräftezehrender waren die Einsätze in der Landwirtschaft, zu denen auch MARIANNE und ihre Mitschülerinnen erstmals 1942, bewaffnet mit Spaten, in die Umgebung ausschwärmten. Dank freundlicher Aufnahme durch die Dorfbewohner und guter Bewirtung blieben hier oft lebenslange positive Erinnerungen.[37]

Schwerwiegender war dann Ende August 1943 der Auftrag der Bayreuther Hitlerjugend an die Schülerinnen des vierten Jahrganges des Bayreuther Lyceums, also der achten Klasse, sich zum Hopfenzupfen in die Holledau zu begeben. Die Aktion hieß recht martialisch „Kriegseinsatz der HJ“. Gemeint war aber zunächst einmal der Einsatz der männlichen und weiblichen Hitlerjugend in der Kriegszeit in zivilen Lebensbereichen.

Landeinsatz von Schülerrinnen des RWG 1941:
MARIANNE SCHÜTZ sitzt in der zweiten Reihe rechts.

Mariannes Ernteeinsatz hatte eine gesetzliche Basis: Die **„Jugenddienstverordnung“** vom 25. März 1939 sah die Heranziehung der Jugendlichen zur Erfüllung von Kriegsaufgaben und zur Lenkung ihres Kriegseinsatzes vor. Sie war gefolgt von verschiedenen Erlassen des Reichsjugendführers und des Reichsverteidigungsministeriums, welche die Einzelheiten regeln sollten.

Das Spektrum der Einsatz-

---

[37] Einen Bericht über diese Aktion aus der Feder der damals mit beteiligten MARIANNE BEZZEL (verh. SPERL), der Tochter des damaligen Kreisdekans, hat der Autor im Jahr 2002 im Gemeindebrief von Gesees veröffentlicht; er wurde dort 2020 wiederholt. Interessant sind auch die Erinnerungen derselben Autorin über ihre BdM-Zeit und die Abgrenzungen zur Kirche bei NORBERT AAS *„Zwischen Weltanschauungskampf und Endzeitstimmung, Die Evangelische Kirche Bayreuths im Nationalsozialismus.“*

gebiete war weit gespannt, es konnte von der Mithilfe beim Postdienst bis zum Einsatz von BdM-Mädchen als Hilfsschaffnerinnen auf Straßen- und Eisenbahnen reichen. Berüchtigt war der sg. „Osteinsatz" zur Betreuung von Umsiedlern in den besetzten Gebieten; dies konnte im schlimmsten Fall auch die Mithilfe bei der „ethnischen Säuberung" der einzelnen Regionen sein, welche die SS zu verantworten hatte: Angestammte nichtdeutsche Einwohner wurden aus Haus und Hof vertrieben und ihre Anwesen für deutsche Siedler frei gemacht.

Mariannes Arbeit war unverfänglicher. Mit ihren Mitschülerinnen zusammen sollte sie die weiblichen Saisonarbeitskräfte unterstützten, die aus dem Raum München und Augsburg jedes Jahr zum Hopfenernteeinsatz in die Holledau kamen. MARIANNE war bei zwei Saisonen 1943 und 1944 dabei.

Dass es sich hier eigentlich um einen Einsatz der Hitlerjugend und nicht so sehr der Schule handelte, spiegelt sich in den Fotos wider, die MARIANNE damals gemacht hat. Man sieht BdM-Mädchen und Hitlerjungen in Uniform mit ihrem Gepäck beim Abschied. Allerdings war der Übergang von Schule und HJ fließend, nachdem ja die meisten Jugendlichen bei der Staatsjugend integriert waren. Auch bei den sonstigen Schulveranstaltungen und Feiern dominierten bei der Wahl der Themen, der Lieder und des Zeremoniells die nationalsozialistischen Elemente.

Dass freilich ausgerechnet die „Bierernte" damals für so besonders lebenswichtig gehalten wurde, gehört auch zu den Kuriosa der Zeit und mutet in der Rückschau seltsam an. Es gehörte aber mit zu der vom Nationalsozialismus verbreiteten Idealisierung des Krieges. Die Vorstellung, den Soldaten als den heimkehrenden Helden aus dem Felde auch in Mangelzeiten besonders zu versorgen, so auch mit dem kraftspendenden Bier, sollte in Familie und Jugend als Ehrensache gelten.

Abschied von der Hopfenernte 1943: Bayreuther BdM-Mädchen und Hitlerjungen (MARIANNE ist in der vorderen Reihe die Dritte v. li.)

Viele Jugendliche von Schulen aus ganz Bayern waren daran beteiligt. Sie reisten mit Sonderzügen jeweils schulweise unter

Aufsicht eines Lehrers an und wurden dann auf die einzelnen Hopfenbauern verteilt.

Herausfordernde Erfahrungen mit Arbeit und Unterkunft

Das Erlernen des Hopfenzupfens war mühsam und äußerst schmerzhaft. „Drulln zsamm' klaubn" hieß es, und ein häufiges sich-bücken war nötig, wenn wieder einmal etwas heruntergefallen war. Beim zweiten Einsatz im folgenden Jahr 1944 ging es schon leichter. Einige hatten ihre „Metzen", das Hopfenmaß, rasch gefüllt.

Als MARIANNE freilich später sah, mit welch geringem Aufgebot an Menschenkraft heute der Hopfen maschinell gezupft wird, musste sie wehmütig an ihre Hände denken, die hinterher noch wochenlang schmerzten. Bis Weihnachten konnte man auch die Ekzeme an der Haut betrachten; sie rührten von den ungesunden Spritzmitteln her, welche die Hopfenbauern zur Schädlingsbekämpfung anwandten.

MARIANNE wohnte und arbeitete in ihrer ersten Saison mit acht anderen Mädchen zusammen bei einer alleinstehenden alten Hopfenbäuerin. Ihr Name hat sich MARIANNE unauslöschlich eingeprägt: *„Frau Hutzelmayer aus Notzenhausen"*, ebenso das Quartier und die Arbeit dort. Denn zum Nachtlager wurden im Stadel einfach die Tische umgedreht, sodass die Beine nach oben standen. In die so entstehenden Vertiefungen wurde als Schlafunterlage Heu und Stroh gelegt.

Blutige Hände: MARIANNE beim Hopfenzupfen 1942

Die ganztägige ungewohnte Arbeit empfanden die meisten Mädchen als so anstrengend, dass sie sich abends am liebsten sofort zum Schlafen niedergelegt hätten. Als „blödsinnig" empfand es MARIANNE daher, dass sie einmal einen bunten Abend für die ganze Gemeinschaft gestalten sollten, obwohl doch alle so todmüde waren.

Zum Waschen gab es einen einzigen kalten Zulauf im Freien. Diese erbärmlichen äußeren Umstände waren auch beim zweiten Einsatz in Mainburg, nun mit der ganzen Klasse, nicht anders. Wieder schlief man auf solch umgedrehten Tischen. Nur waren diesmal Soldaten dabei, die das Ganze überwachen und ordnen sollten.

Erfahrungen unerwarteter Freiheit: MARIANNE mit ihrer Gruppe beim Biertrinken 1942

Die Erfahrungen mit dem Essen waren recht unterschiedlich. Da gab es wohlhabende Bauern, die den jungen Leuten eine üppige bäuerliche Verpflegung boten. Manche Mädchen, deren Mägen inzwischen an fettarme Kriegskost gewöhnt waren, mussten sich in den ersten Tagen ziemlich umstellen. Auch hatten die „Feldscher“ des Jungvolks, also die Sanitäter, oft alle Hände voll zu tun. Sie eilten von Hopfenfeld zu Hopfenfeld und verteilten Mittel gegen Magendrücken.

Es gab aber auch ärmere Bauern, die konnten ihren Helferinnen nur eine bescheidene Kost bieten. Es kam also ein bisschen auch darauf an, wohin man entsandt wurde.

Gefährliches Abhören von „Feindsendern“

Unterschiedlich gestaltete sich auch der „Familienanschluss“ und die damit gegebene Möglichkeit, über den eigenen Horizont hinaus zu schauen. An einigen einsamen Einsatzorten bekam man vom Leben draußen nicht viel mit. Aber es gab auch Bauernfamilien, die eine ausgezeichnete Information über die Kriegslage hatten. Obwohl es streng verboten war, hörten etliche doch mit ihrem Volksempfänger feindliche Frontsender oder das Schweizer Radio Beromünster ab.

Man konnte in der Holledau also nicht nur deutsche, sondern auch Auslandssender empfangen. Und damit stieg auch das kritische Bewusstsein, und der offiziell verbreitete Glaube an den Endsieg geriet zunehmend ins Wanken. Seitdem die VI. deutsche Armee in Stalingrad Anfang 1943 kriegsentscheidend vernichtet worden war, waren die Soldaten ja nicht mehr auf dem „siegreichen Vormarsch“, wie die NS Propaganda immer noch behauptete. Vielmehr wussten die Radiohörer immer schon ein paar Tage vor dem offiziellen Wehrmachtbericht, an welchen Frontabschnitten sich die deutschen Truppen wieder einmal „geordnet zurückgezogen" hatten.

Natürlich war das Abhören solcher sg. „Feindsender“ nicht ungefährlich. Schon wer nur beim Hören von verpönter Musik, wie dem amerikanischen Jazz oder Swing, erwischt wurde, dem nahm man das Radio weg. Beim Abhören der Nachrichten von Auslandssendern drohten sogar Gefängnisstrafen.

Noch schwerer konnte bestraft werden, wer abgehörte Nachrichten weitergab: Er kam ins Zuchthaus oder konnte sogar zum Tode verurteilt werden, wie es auch vom Sondergericht Bayreuth überliefert ist. Doch obwohl so viele Funktionsträger, Jugendliche und Unbekannte hier in der Holledau beieinander waren, hat doch niemand von ihnen Anzeige erstattet, ein Zeichen mehr dafür, dass die jungen Leute der Hitlerjugend und des BdM durchaus nicht so fanatisch waren, wie die Führung und die Propaganda sie gern gehabt hätte.

Eine Posse um die ärztliche Betreuung

Eine Posse um diese Einsätze bei der Hopfenernte, von der MARIANNE aber nichts mitbekam, ereignete sich 1943 während des ersten Einsatzes dieser Schülerin im Hintergrund in Bayreuth.[38] Es war ja nicht nur die Unterbringung der jungen Leute, die jeglicher Beschreibung spottete. Sondern auch die ärztliche Versorgung der Schülerinnen war völlig ungenügend, so empfand es jedenfalls die Studienrätin ILSE DRACH von der Städtischen Höheren Handelsschule in Bayreuth, die sich für ihre Mädchen verantwortlich fühlte. Gleichwohl wollte die Führung der HJ um jeden Preis Rekordleistungen beim „Hopfenzupfen" melden. Die Lehrerein griff daher die Führung vom Bann 307 der Bayreuther Hitlerjugend scharf an.

Wie Rechtspfleger HELMUT PAULUS später feststellte, habe der angesprochene HJ-Bannführer HAUSLADEN, durch den ungewohnten Widerstand gereizt, daraufhin den Gauleiter WÄCHTLER eingeschaltet und versucht, mit Verleumdungen die Entlassung dieser bewährten Lehrkraft zu erreichen. Sie und viele andere Lehrkräfte der Handelsschule würden *„nie zu einer Zusammenarbeit mit der Hitlerjugend fähig“* sein. Der Gauleiter habe daraufhin den Schulleiter der Handelsschule PAUL LOCHMÜLLER zur Stellungnahme aufgefordert. Dieser Alt-Parteigenosse mit dem Spitznamen „Bimbo“ habe sich jedoch eindeutig auf die Seite seiner Lehrkräfte gestellt und ihr Verhalten gebilligt.

Damit war die Sache vom Tisch. Nach dem Krieg stieg diese freimütige Lehrerin ILSE DRACH, die nach ihrer Heirat dann BADER hieß, zur Schulleiterin auf und war von 1972 bis 1978 auch Mitglied im Bayreuther Stadtrat.

---

[38] Vergl. dazu Mayer / Paulus, *Eine Stadt wird entnazifiziert*, S. 183.

Glücklich waren die Schülerinnen jedenfalls damals, wenn der Sonderzug sie wieder heil zu Hause abgeliefert hatte. Nicht nur, dass die Kleidung teilweise in Fetzen war, es hätte ja auch Opfer durch Bomben oder Tieflieger an den stets gefährdeten Bahnhöfen geben können.

Wenn in Mariannes Erinnerung überwiegt, dass dies Einsätze waren, „bis die Finger bluteten", dann klingt das nicht nach Selbstmitleid, sondern eher nach Stolz. Solche Anstrengungen, bei denen man für eine Sache bis an die Grenzen der körperlichen Leistungsfähigkeit gehen musste und die doch vom Erleben gemeinsamer Fröhlichkeit überstrahlt wurden, hallen im Leben lange nach.

Winken zum Abschied: In der Erinnerung überwiegt der Stolz auf die eigene Leistung

„UNTERGEHEN UND AUFSTEHEN“
– Der Alltag unter Kriegsbedingungen und das Danach –

1. Buch: HITLERS GRIFF NACH DER JUGEND

Schule und Hitlerjugend im Dritten Reich
und der kleine Widerstand im Alltag

III. „HITLERJUNGE HANS“

„Geländespiel“: „Pimpfe“ der Weidenberger Hitlerjugend um 1940 in der Frankenpfalz

HITLERS GRIFF NACH DER JUGEND

– SCHULE UND HITLERJUGEND IM DRITTEN REICH UND DER KLEINE WIDERSTAND IM ALLTAG

III. „HITLERJUNGE HANS“

Inhalt:

DANK

Für die Hilfe bei der Erstellung dieses Kapitels danke ich insbesondere meinen Zeitzeugen HANS und BETTY RABENSTEIN, GEB. SCHILLER aus Weidenberg.

1. „Flink wie Windhunde, zäh wie Leder und hart wie Kruppstahl!“

Hitlers Leitmotiv für die „deutschen Jungen der Zukunft“ hat einen langen Schatten

Im Jahr 2013 brachte sich der erfolgreiche „Volkssänger und Rockbarde“ HEINO alias HEINZ GEORG KRAMM – durch sein markantes Auftreten mit blonden Haaren und schwarzer Sonnenbrille sowie wegen seines charakteristischen Baritons für manchen zu einer „volksmusikalischen Ikone“ geworden – , selbst in Verlegenheit. Als er bei der Vorstellung seines Albums „MIT FREUNDLICHEN GRÜßEN“ in einem Interview[39] gefragt wurde, ob er sich vorstellen könne, eine weitere derartige Platte aufzunehmen, antwortete er: *„... noch bin ich ja hart wie Kruppstahl, zäh wie Leder und flink wie ein Windhund."* Er wollte damit allen seinen Kritikern sagen, dass er sich noch einiges zutraue und bereit sei, dafür zu kämpfen.

Daran anknüpfend machte ihn ein bekanntes Nachrichtenmagazin darauf aufmerksam, dass diese Formulierung ein Zitat aus einer Rede ist, die ADOLF HITLER beim NS-Reichsparteitag von 1935 vor 50.000 Hitlerjungen gehalten habe. Er habe damals gesagt: *„In unseren Augen, da muss **der deutsche Junge der Zukunft** schlank und rank sein, flink wie **Windhunde**, zäh wie **Leder** und hart wie **Kruppstahl!**“*. Seitdem betrachtete man dieses Zitat als Leitbild der damaligen Hitlerjugend oder setzte es gar gleich mit den Zielen der NS-Weltanschauung.

Ein bekanntes Boulevard-Blatt versäumte es in der Folge nicht, HEINO in die rechte Ecke zu stellen und unterstellte ihm: *„Heino hat einige Lieder in seinem Repertoire, die man durchaus als völkisch-verherrlichend bezeichnen kann. Ganz besonders bei dieser ‚Landser-Romantik‘, die HEINO in Liedern wie ‚Es steht ein Soldat am Wolgastrand‘ propagiert ...“*. – Das war natürlich etwas sensationslüstern hergeholt, denn mit seiner anrührenden Operettenmelodie aus seinem „Zarewitsch“, uraufgeführt bereits sechs Jahre vor Hitlers Machtergreifung im Jahr 1927, dachte FRANZ LEHAR natürlich noch nicht im Entferntesten an Landserromantik, Stalingrad an der Wolga und den einsamen deutschen Soldaten im russischen Winter.

„Heinos“ Bespiel gemahnt an verdrängte Kindheitserinnerungen der Kriegskinder

Doch was tat HEINO angesichts dieser Kritik an seinem ungewollten Hitlerzitat? Er ließ sein Management unschuldig beteuern, dass *„dieser historische Zusammenhang*

---

[39] Frankfurter Allgemeinen Sonntagszeitung" (FAS) 11.02.2013

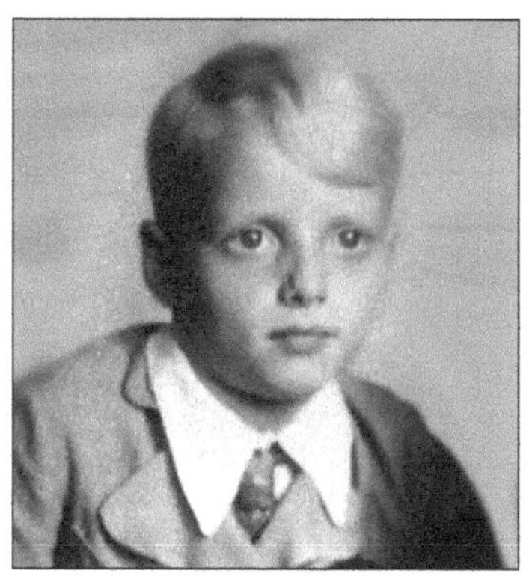

Unbewusst traumatisiert vom Krieg: „Heino" als Kind

... uns nicht bewusst" sei.[40]

Damit wird ein auffallendes Dilemma vieler Zeugen dieser Zeit sichtbar. Sie haben die Widerfahrnisse und Erfahrungen ihrer Kindheit und Jugend so sehr verinnerlicht, dass ihnen ihr Missbrauch als Opfer von Nazi- und Kriegszeit gar nicht bewusst ist. Erst das sehr junge Spezialgebiet der „Kriegskinderforschung" hat den Zusammenhang aufgedeckt: Ein seelischer Schutzmechanismus bewirkt, dass die zugrundeliegenden traumatischen Erfahrungen in der Kinderseele bewusst verdrängt und „vergessen" werden.[41]

Die Autoren gehen von der Überzeugung aus, dass die menschenentwürdigende Maschinerie des Dritten Reichs und der Krieg in diesen Kindern, die angeblich nichts mitbekommen haben, weil sie noch zu klein gewesen seien, dennoch deutliche Spuren hinterlassen haben. Um der eigenen Gesundheit willen, aber auch wegen des Weiterwirkens dieser Spuren in die nächsten Generationen hinein, sollten die Ursachen der Traumata und ihre Auswirkungen aufgedeckt werden.

Zu diesen unseligen Wirkmechanismen zählen insbesondere die „Schwarze Pädagogik" der Nazizeit, der pädagogische und ideologische Missbrauch der Kinder und Jugendlichen bei der Hitlerjugend, sowie die Erlebnisse des Krieges mit dem Verlust der Väter, der Zerbombung der Städte und den Erfahrungen von Evakuierung, Flucht und Vertreibung. Alle diese Ereignisse schreiben sich unerkannt als Erinnerungen in die Kinderseele ein und hinterlassen Einschränkungen und seelische Verletzungen, die oft erst im Alter sichtbar werden. Das ist auch im Fall HEINO nicht anders, auch wenn ihm das typischerweise gar nicht bewusst ist.

HEINO ist am 13. Dez. 1938 in Düsseldorf geboren. Er gehört also zu dieser oben genannten Generation der „Kriegskinder" und teilt exemplarisch auch ihre traumatischen Erfahrungen, auch wenn das in seinem Liederschaffen und in seinen Interviews bislang noch nicht zur Sprache kommt. An die Ereignisse sei kurz erinnert.

Bereits am 15. Mai 1940 fallen die ersten alliierten Bomben auf die Stadt Düssel-

---

[40] Vergl. https://www.spiegel.de/kultur/gesellschaft/heino-hart-wie-kruppstahl-zaeh-wie-leder-flink-wie-ein-windhund-a-882466.html.

[41] Als Schlüssellektüre gilt das 2004 erstmals erschienene Buch der Journalistin und Buchautorin SABINE BODE aus dem Jahr 2004 *„Die vergessene Generation – Die Kriegskinder brechen ihr Schweigen"*, das mittlerweile bereits in der 20. Auflage erschienen ist.

Kriegskinder-Trauma: Bomben auf Düsseldorf 12. Juni 1943, zerstörtes Kaufhaus Tietz an der Königsallee

dorf und markieren in der Stadtgeschichte einen viel größeren Einschnitt, als es den Zeitgenossen selbst zunächst wohl bewusst war. Von nun an wachsen die Kinder mit dem nächtlichen Sirenengeheul, dem Bombenlärm und den fortschreitenden Bränden und Zerstörungen auf. Waren die vereinzelten Abwürfe von Bomben zu Kriegsbeginn noch Anlass für einen Sensationstourismus, wo man mit Kind und Kegel aus Neugier Ausflüge zum Ort des Geschehens machte oder gar extra an den Rhein fuhr, um einmal einen Bombenangriff aus der Nähe mitzuerleben, so bekam doch die Naziführung selber bald so viel Angst um die Kinder, dass sie sie mit systematischen Evakuierungen in Sicherheit zu bringen versuchte.[42]

Nach dem verheerendsten Luftangriff am Pfingstsamstag 1943 pries der englischen Kriegsherr WINSTON CHURCHILL die Überlegenheit der britischen Luftwaffe. Allein dieses nächtliche Bombardement hat mehrere tausend Wohngebäude zerstört bzw. schwer beschädigt, dazu 16 Kirchen, 13 Krankenhäuser und 28 Schulen. Am Ende des Zweiten Weltkriegs war Düsseldorf großteils in Schutt und Asche gelegt.[43]

Bereits im August 1941 war Heinos Vater als Soldat im Krieg gefallen, da war das Kind erst im dritten Lebensjahr. Gemäß Hitlers Zielsetzung vom „Lebensraum im Osten“ wird die restliche Familie nach Posen ins besetzte Polen geschafft. Doch bereits 1944 müssen sie vor den andringenden Russen zurückweichen. Sie fliehen zunächst bis in die Nähe von Meißen an der Elbe. Dort, im sächsischen Großenhain, wird HEINO auch eingeschult.

---

[42] Vergl. dazu das Kapitel über die *„Kinderlandverschickung“* weiter unten in diesem sechsten Projektband.

[43] Vergl. die Webseite https://www.duesseldorf.de/stadtarchiv/stadtgeschichte/bombenkrieg.html.

Seine Schwester HANNELORE ist fünf Jahre älter als HEINO, sie gehört bei seinem Schuleintritt seit einem Jahr zu den „Jungmädeln“ von Hitlers BdM und trägt stolz deren Uniform.[44] Und auch der kleine HEINO dürfte von seinem zukünftigen Leben bei der Hitlerjugend geträumt haben. Diese Jungen, die da in ihrer Kluft singend und im Marschtritt durch die Straßen zogen, sich als Flakhelfer betätigten oder in den Häusern auf den Luftschutz achteten, sind gewiss auch sein großes Vorbild. Sie sind ja auch Hitlers Helden, welche die schlimmsten Gefechte für diesen ihren Halbgott führen wollen. Von ihnen hat der gerade eingeschulte HEINO Hitlers Loblied über den tapferen deutschen „Jungen der Zukunft“ aufgeschnappt und seitdem auf sich selbst gemünzt; er benutzt es bis ins hohe Alter, um damit die Kritiker seiner Lieder abzuwehren: *„... noch bin ich ja hart wie Kruppstahl, zäh wie Leder und flink wie ein Windhund."*

Man darf den erschütternden zeitgeschichtlichen Hintergrund bei der damaligen Umsetzung dieses Zitates nicht übersehen. Bereits im vierten Kriegsjahr 1943 lässt Hitler aus 17-jährigen Jugendlichen, die 1926 geboren und damit gerade einmal 12 Jahre älter sind als HEINO, die „12. SS-Panzerdivision Hitlerjugend" zusammenstellen. Sie erreicht Ende 1943 bereits eine Stärke von rd. 22.000 „Mann“; ihr fehlt es aber an militärisch kundigen Führern. So müssen die jungen HJ-Führer, die ihre Erfahrungen nur von Zeltlagern und Märschen, Geländespielen und Kleinkaliberschießen mitbringen, ohne Kampferfahrung einspringen und nur mit einer Kurzausbildung die militärisch heikelsten Aufgaben übernehmen. Was sie mitbringen, ist allein ihr zäher Fanatismus und ihre antrainierte Gefühllosigkeit.

Kanadischer Soldat mit Gefangenem der SS-Division Hitlerjugend am 9. Aug. 1944

Sie sollen im Westen zunächst die erstarkende französische Resistance in Schach halten. Als am 6. Juni 1944 die alliierte Invasion in der Normandie beginnt, werden sie mit an die Front geworfen. In den Kämpfen im Lauf dieses Jahres werden sie fast vollständig aufgerieben.

Doch werden die Verbände unter dem gleichen Namen stillschweigend immer wieder fast vom Nullpunkt her „aufgefrischt“, sodass sie in den Augen und Ohren der Jugendlichen als „unbesiegbar“ wirken. Immer wieder werden diese 20.000 fanati-

[44] Vergl. das vorstehende Kapitel *„BdM-Mädchen Marianne“.*

schen jungen Leute aufgeboten. Auf vielen Kriegsschauplätzen im Westen und Osten verlieren aber die meisten von ihnen ihre Gesundheit, oft kämpfen sie bis zum letzten Blutstropfen.[45] Sie meinen, ihre Leben dem Führer zu schulden.

„Windhund" Hitler kontra jüdische „Möpse"

Der fast unbekannte Fall „Heino" wird an dieser Stelle des Projektes „MYRTEN FÜR DORNEN" deshalb so exemplarisch dargestellt, weil er bezeichnend ist für viele, die mit der Hitlerjugend damals groß geworden sind. Er zeigt die andere Seite dieser Jugenderfahrung, die von vielen Angehörigen dieser Jahrgänge im Nachhinein gern idealisiert bzw. verdrängt wurde, nämlich das „Wozu", die Zweckbestimmung dieser Jugendarbeit: die Ertüchtigung zum Krieg. Der hier zutage tretende Fanatismus der Hitlerjugend ist das Ergebnis von Hitlers konsequenter schwarzer Pädagogik, die aus den „Jungen der Zukunft" gleich ihm selbst fanatische Krieger machen sollte.

Aber entgegen der Annahme des genannten Nachrichtenmagazins reicht das damit verbundene Hitlerzitat noch erheblich weiter zurück, als nur bis zum Reichsparteitag 1935. Es ist vielmehr ein fester Bestandteil von Hitlers Selbstreflexionen aus seiner Programmschrift „MEIN KAMPF" 1924/25, als er seine persönliche Mitwirkung im Jahr 1920 beim Umbau der winzigen „Deutschen Arbeiterpartei" in die alles aufsaugende NSDAP-„Bewegung" beschreibt. Da erscheint das Stichwort „Windhunde" schon sehr bezeichnend im Zusammenhang von Hitlers Reflexion über das Rasseprinzip.

Die „Rassenfrage" – und das war für ihn in erster Linie die Ausmerzung des Judentums – gibt ihm *„nicht nur den Schlüssel zur Weltgeschichte, sondern auch zur menschlichen Kultur überhaupt".* Im 12. Kapitel von „MEIN KAMPF" über die Anfänge der Parteigeschichte vergleicht der Schäferhundbesitzer HITLER die Menschen mit Hunderassen. Für ihn sind *„Völker, die das Rasseprinzip ignorieren"* Menschen, *„die **Möpsen** die Eigenschaften von **Windhunden** anlernen möchten, ohne zu begreifen, daß die Schnelligkeit des **Windhundes** wie die Gelehrigkeit des Pudels keine angelernten, sondern **in der Rasse liegende Eigenschaften** sind."*

Es ist an dieser Stelle durchsichtig, dass die „Möpse" hier abwertend für das Judentum stehen, während sich im „Windhund" HITLER selber spiegelt.

Hitlers rücksichtsloser Rachefeldzug für den „Verrat am deutschen Volk"

Das komplette dreiteilige Zitat *„Flink wie Windhunde, zäh wie Leder und hart wie Kruppstahl"* ist möglicherweise eine eigene verbale Schöpfung von HITLER. Sie hat zunächst gar nichts mit der Hitlerjugend zu tun, sondern erscheint in dieser

---

[45] Vergl. zu den Einsätzen der 12. Hitlerjugenddivision die Seite http://www.lexikon-der-wehrmacht.de/Gliederungen/PanzerdivisionenSS/12SSPD-R.htm

vollständigen Form erstmals im siebten Kapitel von „MEIN KAMPF“, in dem HITLER über die Novemberrevolution von 1918 reflektiert.

Er wertet diesen Umsturz als Verrat am Deutschen Volk und schwört Rache. Für diesen Revanchefeldzug will HITLER die kleine DAP kapern und ertüchtigen. Er fordert die Mitglieder zu einem großen missionarischen und durchsetzungsfähigen Denken auf: Man dürfe sich nicht mit der Rolle einer kleinen Splitterpartei begnügt, sondern müsse sich aufschwingen zu einer allesdurchdringenden Bewegung.

Dabei solle man sich nicht weniger vornehmen, als den **„neuen Menschen“** zu schaffen. Das erfordere aber Dreierlei: einen **fanatischen Glauben an den Sieg der Bewegung, unerschütterliche Willensenergie** und, wenn nötig, **brutalster Rücksichtslosigkeit**, um die Widerstände zu beseitigen, die sich dem Emporsteigen der neuen Idee in die Wege stellen möchten.

Dazu passten aber *„nur Wesen, in denen sich Geist und Körper jene militärischen Tugenden zu eigen gemacht hatten, die man vielleicht am besten so bezeichnen kann:* ***Flink wie Windhunde, zäh wie Leder und hart wie Kruppstahl.****“* Als einen Führer mit solchen Eigenschaften stellt HITLER in „MEIN KAMPF“ dann sich selber vor, unmittelbar nachdem er seine grundlegende persönliche Weichenstellung nach dem Ersten Weltkrieg rückschauend mit dem berühmten Satz geschildert hat: *„Ich aber beschloss, Politiker zu werden.“*

Diese geforderten Eigenschaften von unerschütterlichem Fanatismus und rücksichtsloser Härte sieht Hitler in den bisherigen Parteiführern der winzigen „Deutschen Arbeiterpartei“ nicht gegeben: Den Gründungsvorsitzenden der DAP, den Sportjournalisten und Kriegsinvaliden KARL HARRER, hat er schon bald erfolgreich kaltgestellt, weil diesem die rednerischen Begabung und der Schwung fehle. Und dem Mitgründer und Vorsitzenden der Ortsgruppe München Anton DREXLER, einem einfachen Eisenbahnarbeiter, hält er vor, **kein Soldat gewesen zu sein**. Ihm fehle *„die einzige Schule ..., die es fertigbringen konnte, aus unsicheren und weichlichen Naturen Männer zu machen.“* So seien beide Männer *„nicht aus einem Holz geschnitzt“*, dass sie zur überzeugungsstarken Führung der Bewegung befähigte, welche ja nichts weniger als die Schaffung eines neuen Menschen zum Ziel habe.

Hitlers rassistische Vision vom neuen Menschen als Gegenbild zum Christsein

Die Vorstellung von diesem neuen Menschen, die ja dann später einmündet in Hitlers Vision vom „Jungen der Zukunft“, muss man verstehen, um auch das rassistische und antisemitische Wesen der Hitlerjugend zu durchschauen, das den meisten Betroffenen gar nicht explizit bewusst war. „Neu“ heißt bei HITLER ganz unverblümt zunächst einmal: rassisch homogen. Der Weg, der dorthin führt, ist ein Prozess der Reinigung und der Hygiene des Volkes, seiner physischen Steigerung und zugleich der Säuberung, der „Ausmerzung" von „Vergiftungen" durch Rassenmischung, welches die „schlimmsten Sünden der Vergangenheit" gewesen seien.

Der Weg zum Heil, zur Erlösung – für die der „Führer" stehe – führe über die **biologische Regeneration** zur rassischen Gesundheit. Sie sei Voraussetzung für alles weitere. Sie diene als Basis für Willen, Härte, Disziplin und Kampfgeist, für Leistungs- und Opferbereitschaft, aber auch für große Kulturschöpfungen aus „arischem" Geist; ferner: für politische Loyalität und Identifikation mit der „Volksgemeinschaft"; für Glaube und Fanatismus im Dienst am neu entstehenden Reich.

Deutlich erkennbar ist **Hitlers Bild vom neuen Menschen** ein umfassender weltanschaulicher Gegenentwurf zum christlichen Menschenbild.[46] HITLER kopiert vom Christentum die Idee vom neuen Reich und der Erlösung der darin lebenden neuen Menschen, füllt aber diese Begriffe mit entgegengesetzten Inhalten.

So hat ja im Christsein der Mensch durch die Taufe sein altes sündiges Leben verlassen und ist mit Christus zum neuen Menschsein auferstanden. Dieser neue Mensch trägt die Züge von Jesus Christus. – Bei HITLER tritt man der Parteibewegung NSDAP bei und lässt sich ideologisch umformen. Dieser neue Mensch trägt die Züge von ADOLF HITLER.

In der Bibel ist das alte Menschsein, das man bewusst verlässt, diktiert von moralischen Verwerfungen wie Lüge und Nachrede, ungerechtem Zorn und Bitterkeit, Diebstahl und rücksichtloser Versündigung an den Menschenrechten. – Bei HITLER dagegen werden alle diese negativen Verhaltensweisen gerechtfertigt im Kampf für den Sieg seiner Bewegung.

Im Christentum ist der neue Mensch geistlich und sozial nach dem Bilde Jesu erneuert, er ist rechtschaffen, wahrheitsliebend, vergebungsbereit und liebevoll. Das christliche Gottesvolk verbindet Juden und Nichtjuden. – Bei HITLER ist die Erneuerung ein rein biologischer Prozess, vergleichbar der Zuchtwahl bei Tieren, bei der Menschen in Rassen eingeteilt und unpassend erscheinende Lebewesen, insbesondere Juden, ausgesondert werden.

Der Christ grenzt sich auch nicht von anderen ab und sieht sich überlegen, sondern baut Brücken des Friedens und der Liebe gerade auch zu Fremden, weil er in der Vielfalt auch das Geheimnis der menschlichen Schöpfung erkennt. – Demgegenüber lehnt der Hitlerismus die Vielfalt ab und verdächtigt alles Fremde.

---

[46] Je dreimal redet das Neue Testament vom „alten Menschen" (Röm 6,6; Eph 4,22; Kol 3,9) und vom „neuen Menschen" (Eph 2,15; Eph 4,24; Kol 3,10).

Hitlers Selbstbild: Geschliffen im Geist „militärischer Tugenden“

Ein zweites Mal verwendet HITLER in „MEIN KAMPF“ das vollständige Zitat *„Flink wie Windhunde, zäh wie Leder und hart wie Kruppstahl“* im 12. Kapitel über die Parteigeschichte, ebenfalls noch nicht bezogen auf das Konzept der Hitlerjugend, sondern wieder im Blick auf die eigene Person.[47] Er erzählt aus seiner Sicht über die erste erfolgreiche DAP-Versammlung, die mit 111 Teilnehmern am 16. Okt. 1919 im Keller des Münchner Hofbräuhauses stattfand.

Dabei will HITLER sei seine eigene Rolle und seine persönlichen Begabungen, wie die Rhetorik, ins rechte Licht rücken. Einmal mehr rühmt er seine besondere Redefähigkeit, die er angeblich erst an diesem Abend entdeckt habe, und die *„nach dreißig Minuten ... die Menschen in dem kleinen Raum elektrisiert“* habe. Dann wiederholt er fast wörtlich wie eine Stereotype seine abfällige Meinung über die beiden von ihm entmachteten Parteigründer und stellt ihren vermeintlichen Schwächen seine eigenen Fähigkeiten gegenüber, die er mit dem Zitat von Windhund, Leder und Kruppstahl zum Ausdruck bringen will.

Selbstbewusster Rassist und Rhetoriker: Hitlerbild 1929

Er nennt die drei verknüpften Eigenschaften „flink, zäh und hart“ **militärische Tugenden** und ist der Meinung, dass sein *„Äußeres und Inneres ... nahezu sechs Jahre lang“* in diesem Geist *„geschliffen worden“* sei. Er habe dabei auch das einschränkende *„Wort verlernt: Das geht nicht, oder das wird nicht gehen; das darf man nicht wagen, das ist noch zu gefährlich usw.“*

Wenn er dasselbe Zitat dann gut 10 Jahre nach seinem Zuchthausaufenthalt, am 14. September 1935, stolz den 54.000 in Nürnberg angetretenen Hitlerjungen zuruft und dabei fordert: *„Wir müssen einen neuen Menschen erziehen, auf dass unser Volk nicht an den Degenerationserscheinungen der Zeit zugrunde geht“*, dann meint er ein Menschsein nach

---

[47] Vergl. die Beschreibung über die tatsächlichen Umstände von Hitlers Parteieinstieg im Abschnitt „Wie die Reichswehr die NSDAP-Gründung fördert“, in der o.a. 3. Folge des Projektes auf S. 70 ff.

seinem Bilde, nicht anders, als wenn er sagen würdet: *„Werdet wie ich“*. Das zeigt, wie weit seine unhinterfragte Selbstvergottung zu diesem Zeitpunkt schon fortgeschritten ist.

Wie Hitler die „Jungen der Zukunft“ schaffen will

Geradezu gruselig wird es, wenn man für Hitlers Vorstellungen von der Schaffung der „Jungen der Zukunft“ zum Vergleich Hitlers bekannte „Reichenberger Rede“ hinzuzieht. HITLER hat diese verräterischen Worte am 2. Dez. 1938, zwei Monate nach dem Anschluss der Sudeten an das Deutsche Reich gesprochen, vor Kreisleitern in Reichenberg[48] im Norden Tschechiens. Der Diktator HITLER offenbart hier seinen totalitären und lebenslangen Anspruch, dem alle jungen Männer vom 10. Lebensjahr an bei der Hitlerjugend und den übrigen Parteigliederungen unterworfen werden.

„Diese Jugend, die lernt ja nichts anderes als deutsch denken, deutsch handeln, und wenn diese Knaben mit zehn Jahren in unsere Organisation hineinkommen und dort oft zum erstenmal überhaupt eine frische Luft bekommen und fühlen,
dann kommen sie vier Jahre später vom Jungvolk in die Hitlerjugend, und dort behalten wir Sie wieder vier Jahre.

Und dann geben wir sie erst recht nicht zurück in die Hände unsrer alten Klassen- und Standeserzeuger, sondern dann nehmen wir sie sofort in die Partei, in die

Die Jugend wird übertölpelt: Hitlerjungen auf dem Weidenberger Obermarkt beim Aufmarsch zum Hindenburg-Gedenken am 7. Aug. 1934 (Aufn.: AUG. KIEẞLING)

[48] Reichenberg, heute Liberec, Kreisstadt, damals Sudeten. – Die vollständige Rede wurde damals im „Völkischen Beobachter“ vom 4.12.1938 abgedruckt.

Arbeitsfront, in die SA oder in die SS, in das NSKK und so weiter.
Und wenn sie dort zwei Jahre oder anderthalb Jahre sind und noch nicht ganze Nationalsozialisten geworden sein sollten, dann kommen sie in den Arbeitsdienst und werden dort wieder sechs und sieben Monate geschliffen, alles mit einem Symbol, dem deutschen Spaten.
Und was dann nach sechs oder sieben Monaten noch an Klassen- und Standesdünkel da oder da noch vorhanden sein sollte, das übernimmt die Wehrmacht zur weiteren Behandlung auf zwei Jahre,
und wenn sie nach zwei, drei oder vier Jahren zurückkehren, dann nehmen wir sie, damit sie auf keinen Fall rückfällig werden, sofort wieder in die SA, SS und so weiter, und sie werden nicht mehr frei ihr ganzes Leben und sie sind glücklich dabei.
Und wenn mir einer sagt, ja, da werden aber immer noch welche übrig bleiben: Der Nationalsozialismus steht nicht am Ende seiner Tage, sondern erst am Anfang!"

Der Griff nach der Jugend ist eisern. Das wussten die Eltern. Das war der Grund, weshalb vielen Erziehungsberechtigten davor graute, ihre Kinder in den Fängen der HJ zu wissen und warum sie sich sträubten, sie bei der Kinderlandverschickung aus der Hand zu geben.[49] Denn der Eintritt in die Hitlerjugend markierte den Beginn einer lebenslangen Indoktrinierung mit dem Ziel des Kadavergehorsams. Diese Erziehung des Einzelnen zum überzeugten Nationalsozialisten war die wichtigste Voraussetzung für das Funktionieren des neuen Staates. Diesem Gehorsam dienen die konsequenten und umfassende Schulungsmaßnahmen auf allen Ebenen.

Hitlerjugend, Arbeitsdienst, Wehrmacht und Parteigliederungen sollen einander als Erziehungsinstanzen ergänzen

Als Erziehungsorganisationen für die männliche Jugend mit Zielsetzung und Altersstufen bzw. Zeitaufwand nennt HITLER hier:

- ab zehn Jahren das **JUNGVOLK** oder auch mit der gängigen Bezeichnung aus den Zeiten der Bündischen Jugend: die „Pimpfe". Die begrenzte Zielsetzung „zum ersten Mal überhaupt eine frische Luft bekommen und fühlen" ist bildhaft gemeint und dokumentiert den bewusst niederschwelligen Einstieg, der helfen soll, ein Klima des Vertrauens zu schaffen.

- von 14 -18 Jahren die eigentliche **HITLERJUGEND**,

- anschließend ohne Unterbrechung die Übernahme in die Parteigliederungen: **ARBEITSFRONT, SA, SS, NSKK** u.s.w., um die jungen Männer dem Einfluss der alten „Klassen- und Standeserzeuger" vorzuenthalten,

---

[49] Vergl. das Kapitel zur Kinderlandverschickung in dieser Projekt-Folge.

- nach anderthalb bis zwei Jahren **Arbeitsdienst**, dort wird er wieder sechs oder mehr Monate „geschliffen“,

- „zur weiteren Behandlung“ in die **Wehrmacht**, auf zwei Jahre,

- anschließend wieder die sofortige Rücküberweisung an die **Parteigliederungen** mit der Prognose der lebenslangen Unfreiheit.

Als **Erziehungsziele** der Partei benennt Hitler hier neben einem unverdächtigen „frische Luft bekommen“ auch klare politische und pädagogische Positionen, wie „deutsch denken und handeln“, „ganze Nationalsozialisten werden“, „geschliffen werden mit dem deutschen Spaten als Symbol“, sich „gegen Klassen- und Standesdünkel behandeln“ lassen, „auf keinen Fall rückfällig werden“, „nicht mehr frei werden fürs ganze Leben“. Er verbindet diese rigide Behandlung seltsamerweise mit der herausfordernden Vorstellung, dass die Männer dabei glücklich sind. Überraschend wenige der Betroffenen haben dem zu widersprechen gewagt. Sie haben wohl Hitlers Vision für die „übrig Bleibenden“ als Drohung verstanden, dass *„der Nationalsozialismus ... erst am Anfang“* stehe.

Das HJ-Werbeplakat von 1943 zeigt im Halbrund von links nach rechts das

„Führer, dir gehören wir“, Totalanspruch des „gottgegebenen Führers“ auf die Jugend von der HJ, über RAD bis zum Soldaten (HJ-Werbeplakat 1943)

gesamte Spektrum der nationalsozialistischen Jugendorganisationen bis zum Kriegsdienst. Vorangestellt sind links ein Junge des Jungvolks und ein Mädchen in BDM-Uniform. Es folgt der Lehrling in der Rüstungsproduktion mit Maschinengewehr, der Angehörige der Marine-HJ mit Signalflagge, das BdM-Mädel beim Krankenpflegedienst, HJ-Feuerwehrleute und Luftschutz- und Flakhelfer der Hitlerjugend. Ein Hitlerjunge ist für seine besonderen Leistungen mit einem Kriegsverdienstkreuz ausgezeichnet; ein Unteroffizier dokumentiert seine HJ-Laufbahn. Ein weiterer Junge aus der Flieger-HJ mit Hakenkreuzarmbinde und eine Erntehelferin bilden den Abschluss dieser propagandistischen Darstellung der Jugend im Krieg.

Den Glauben an den „Endsieg" soll ein beigefügtes Zitat des Reichsjugendführers festigen, ergänzt mit einem blasphemischen Missbrauch der Religion: „Weil uns der Herrgott unsern Führer gab." AXMANN war seit 1940 Nachfolger von V. SCHIRACH.

2. Wie Hitlers Konzept vom „Jungen der Zukunft" damals umgesetzt wurde

Eine kurze Geschichte der Hitlerjugend

Auch die Natur ist in Hitlers sozialdarwinischer Sicht ein Kampfplatz

HITLER hatte keine persönliche Erfahrung mit Jugendarbeit, sondern nur mit dem Militär. Deshalb war sein Blick auf die Jugend stets von seiner militärischen Sichtweise geprägt. Das Militär war für ihn die *„Hohe Schule der deutschen Nation"*.

Seine Feindbilder waren die liberale Demokratie, die es jedem in jungen Jahren erlaubte, *„müßig herumzulungern [und] Straßen und Kinos unsicher zu machen"* und die großstädtische Kultur, die den *„Unrat unserer sittlichen Verpestung"* schaffe.

Sein Idealbild hingegen war der kraftstrotzende junge Mann, der beim zweijährigen Wehrdienst *„die Weichheit der Jugend verloren und einen stahlharte Körper gewonnen"* hatte. So solle schon der Jugendliche *„nach seinem sonstigen Tageswerk **den jungen Leib stählen und hart machen**, auf dass ihn dereinst auch das Leben nicht zu weich finden möge. Dies anzubahnen und auch durchzuführen, zu lenken und zu leiten ist die **Aufgabe der Jugenderziehung**, und nicht das ausschließliche Einpumpen sogenannter Weisheit."*[50]

Wohl aber gab es seit der Wende zum 20. Jh. einen ganzen Strom an Jugendarbeit, der sich, ausgehend vom zugleich bürgerlichen und bürgerkritischen **Wandervogel**,

---

[50] Alle Zitate auch im Folgenden aus ADOLF HITLER *„MEIN KAMPF"*, I. Band.

als Trend über den ganzen deutschen Sprachraum ergossen hatte und im Wortsinn zu einer „Jugend-Bewegung“ geworden war. Impulse für die Jugendarbeit kamen sicher auch von der internationalen „**Lebensreformbewegung**“, die sich bereits zu Ende des 19. Jh. als Reaktion auf schädliche Entwicklungen der modernen Zivilisation entwickelt hatte und den Menschen durch Rückkehr zur „naturgemäßer Lebensweise“ heilen und erlösen wollte.[51]

Viele unterstützten die klaren Forderung nach einer eigenen „Jugendkultur“. Die Bünde der Jugendbewegung gossen ihre Überlegungen beim Fest auf dem Hohen Meißner 1913 unter dem Namen „Freideutsche Jugend“ in die Form eines lockeren Zusammenschlusses der Jugendbewegung.

HITLER selbst hatte als Jugendlicher nur deutsch-national geprägte Schülergruppen erlebt, wo man trotz Strafandrohungen *„durch Kornblumen und schwarz-rot-goldene Farben die Gesinnung“* betonte, mit »Heil« grüßte, und statt des österreichischen Kaiserliedes lieber »Deutschland über alles« sang; er war *„dadurch zum fanatischen Deutschnationalen geworden“.*

Aber er hatte sicher auch die Entstehung dieser zunächst mehr romantisch orientierten Jugendbewegung mitbekommen, auch wenn er sich an keiner Stelle von „MEIN KAMPF“ darüber auslässt. So lässt er zumindest durchblicken, dass ihm das typische Abenteuerleben in der Natur aus eigener Jugenderfahrung sympathisch ist und in ihm Erinnerungen weckt an eine *„glückselige Zeit“.* Allerdings war auch die Natur für ihn nicht romantische Idylle und „blaue Blume“, wie für viele Jugendbewegte, sondern **Kampfplatz in sozialdarwinschem Sinne**, und *„Wiese und Wald waren damals der Fechtboden, auf dem die immer vorhandenen Gegensätze zur Austragung kamen.“*

Sympathisch empfunden haben dürfte HITLER auch die Wiederbelebung von Volkslied, Volkstanz, Volksmusik und Brauchtum und das Leben in der kleinen und intensiven Gemeinschaft der Jugendgruppe, das viele Jugendgruppen damals praktizierten.

Insbesondere fällt die zweite Phase der Geschichte der deutschen Jugendbewegung genau in die Zeit der Abfassung von „MEIN KAMPF“. Denn nach dem I. Weltkrieg verbindet sich um 1924 diese bürgerliche Jugendbewegung des Wandervogels mit dem internationalen Pfadfindertum zur **Bündischen Jugend**. Sie entwickelt viele neuartige Formen des Jugenderlebens und sendet nachhaltige Impulse in die übrige

---

[51] Vergl. dazu auch in der 4. Folge des Projektes „MYRTEN FÜR DORNEN – Christsein am Scheideweg“ das Kapitel über den Weidenberger Pfarrer THEODOR HOFFMANN, der auch ein praktizierender Anhänger der Lebensreformbewegung war.

Jugendbewegung und Gesellschaft. Manche ihrer Leitfiguren gewinnen prägenden Einfluss auch auf die allgemeine Pädagogik, sowie auf die Sozialarbeit und die Volksbildung der Weimarer Republik.

Straffheit, bündisches Gruppenleben, Führerprinzip, aber nur eine Scheinfreiheit bei der Hitlerjugend

Insbesondere drei Aspekte dieser Bündischen Jugend dürften HITLER sicher besonders interessiert haben: Die Lebensformen der „Bündischen" waren straffer als die des Wandervogels. Und das Leben in der Gruppe sowie das Bewusstsein eines starken Bundes standen nun im Mittelpunkt jugendlichen Lebens. Zudem praktizierten die oft gleichaltrigen oder nur wenig älteren Leiter das „Führerprinzip"; es hatte bei der Bündischen Jugend allerdings noch keinerlei diktatorischen Anspruch, sondern sollte lediglich das Leitbild „Jugend führt Jugend" stützen und vor Chaos bewahren; keinesfalls sollte eine blindlings gehorsame Gefolgschaft erzeugt werden, wie es dann HITLER für die HJ umdeutete.

Kirchen und Parteien in der Weimarer Republik haben sich weit geöffnet für diese verheißungsvollen Ansätze der bündischen Jugendarbeit und vieles in die Praxis ihrer eigenen Jugendarbeit übernommen. Auch HITLER hätte sicher gern gesehen, wenn seine Partei eine so ausstrahlende Jugendbewegung besessen hätte.

Zum militärischen Appellplatz umfunktioniert: Weidenberger HJ-Lager mit „Pimpf" HANS RABENSTEIN auf der Schwedenstaude bei Muckenreuth

So ist es auch kein Zufall, dass sich seine HITLERJUGEND in dem Moment, als sie 1933 zur verbindlichen Jugendorganisation des Dritten Reiches erklärt wird, die attraktivsten

Formen der Bündischen Jugendarbeit ohne zu fragen oft 1 zu 1 übernimmt. Dabei erteilt sie aber zugleich den pädagogischen Wertvorstellungen der Jugendbewegung und ihrem eigenständigen Menschenbild eine radikale Absage. Denn dieses Bild eines emanzipierten freien und selbstbestimmten Geschöpfes, welches das eigentliche Geheimnis der bündischen Jugend ausmacht, widersetzt sich einem totalitären Zugriff.

In diesem völlig anderen Menschenbild einer freien Jugendarbeit liegt freilich auch das Problem, weshalb sich HITLER und seine Partei damals lange Zeit schwertun, ihrem Modell einer Parteijugend breiteren Zuspruch zu verschaffen. Denn das Freiheitsstreben der Bündischen Jugend widerspricht Hitlers bevormundendem Totalanspruch, mit der er den Menschen nach seinem Bild formen wollte. Er muss sein Modell schließlich mit Gesetzesgewalt durchsetzen und bei der Jugend und ihren Eltern erzwingen. Und vor allem muss er die Freiheiten dieser Bündischen Jugendarbeit durch Scheinfreiheiten ersetzen. Zu diesen dann bei der Hitlerjugend gern akzeptierten Scheinfreiheiten gehören die örtlichen Gruppenstunden, Heimabende und Unternehmungen. Sie gehen gerade auch in einem bäuerlichen Ort wie Weidenberg auf Kosten der ungeliebten Mitarbeit im Elternhaus und im elterlichen Anwesen.

Hitlers Anspruch auf die Jugend wird also gegen die elterliche Autorität und ihre Ansprüche ausgespielt und treibt einen Keil in die Familienbindungen. So spielt dann die HJ auch gegenüber der Schule und der Kirche ihren Anspruch provokativ aus. Die Schulen werden zunehmend gezwungen, bei Parteiveranstaltungen mitzumachen.[52] Auch sieht man im Dritten Reich immer öfter HJ-Gruppen, die gerade sonntags zur Gottesdienstzeit demonstrativ Nazilieder singend an der Kirche vorbeimarschieren und sich um die Kritik ihrer Pfarrer nicht scheren.

Frühe Jugendprojekte der NSDAP

Bereits sehr früh experimentierte der NSDAP-Vorläufer „Deutsche Arbeiterpartei“ mit Jugendarbeit. Im Jahr 1921 regte ein junger rechtsextremer politischer Aktivist, der 17-jährige GUSTAV ADOLF LENK (1903-1987), in München die Gründung einer DAP-Jugend an.

Dieser gelernte Klavierpolierer hatte zuvor mehrere Reden von HITLER gehört und stellte begeistert Antrag auf Aufnahme in die NSDAP. Weil er noch keine 18 Jahre alt war, wurde sein Ansinnen abgelehnt. Aber bei seinem Versuch, Jugendarbeit zu machen, stellte sich der Parteigründer ANTON DREXLER hinter ihn.

Doch das Projekt kam anfangs nicht recht voran. Erst unter Hitlers Parteivorsitz wurde im Parteiblatt „Völkischer Beobachter“, das Ende des Jahres 1920 erstmals

---

[52] Vergl. z.B. die Hopfeneinsätze der Schulen in der Holledau, von denen das vorangegangene Kapitel „BdM-Mädchen Marianne“ erzählt.

herausgegeben wurde, ein Aufruf zur Gründung eines Jugendbundes veröffentlicht. Man lud für den 13. Mai 1922 im Stammlokal der Partei, dem Münchner Bürgerbräukeller, zur Gründungsversammlung ein. Ein SA-Führer sollte die Organisation übernehmen; der inzwischen 19-jährige LENK, der nun auch Parteimitlied war, hatte die pädagogische Leitung. Im selben Jahr konnten weitere Ortsgruppen in Bayern und Mitteldeutschland gegründet werden. Sogar eine eigene Zeitung erschien.

Doch LENK ist auch am HITLER-LUDENDORFF-Putsch im November 1923 beteiligt. Nach dessen Niederschlagung wird mit der NSDAP auch diese Jugendarbeit verboten. Während HITLER in Landsberg einsitzt und seine Partei für einen zweiten Ansturm auf die Macht, nun auf einem demokratischen Weg, neu ordnet, versucht LENK, seine Jugendarbeit unter anderen Namen weiterzuführen. Doch gibt HITLER nach seiner Haftentlassung zunächst einer konkurrierenden Gruppe den Vorzug, der „Großdeutschen Jugendbewegung". LENK hörte mit seiner Arbeit auf.[53]

Als nächstem überträgt HITLER die Verantwortung dem Leiter der erfolgreichen rechtskonservativen „Schilljugend". Sie war erst 1923 vom elitären Freikorps-Führer GERHARD ROßBACH gegründet worden.[54] Der eigentümliche Name der Gruppe bezog sich auf einen Freikorpskämpfer, der als Märtyrer verehrt wurde. Doch auch diese Verbindung von NSDAP und vorhandener Jugendarbeit war nicht von Dauer. Ohnehin war HITLER stets skeptisch gegenüber jeder Form von Zusammenarbeit mit anderen Gruppierungen; er war besorgt, dass die eigenen Ziele verwässert würden.

So beschließen die Nazis auf ihrem zweiten Reichsparteitag im Juli 1926 in Weimar, ihre Jugendsektion unter der Bezeichnung **„Hitler-Jugend"**[55] (HJ) neu zu beleben. Das ist nicht einfach. Denn HITLER will ja einen treuen Nachwuchs für seine Schlachten heranziehen, der ihm auch ideologisch völlig ergeben ist. Die meisten jungen Leute wollen aber naturgemäß ihr Leben lieber frei und selbstbestimmt führen.

Anfangs leistet diese HJ gar keine Jugendarbeit, sondern lässt ihre die Jugendlichen an Straßenkämpfen und Aufmärschen der erwachsenen Parteimitglieder teilnehmen. So sehen die Nazis zunächst zu, wie attraktive Bünde wie die d.j.1.11. des

---

[53] LENK wurde später in der SA aktiv und arbeitete auch in deren Reichsleitung. Er hatte aber Neider, die schließlich 1941 seinen Parteiausschluss durchsetzten.

[54] ROßBACH, der zu HITLER immer eine gewisse Distanz hielt, wurde 1934 wegen der Röhm-Affäre kurzzeitig verhaftet und nach eigenen Angaben vor die Wahl gestellt, sich zu erschießen oder sich amtlich für tot erklären zu lassen. Er entschied sich für Letzteres und nahm unter neuem Namen eine Anstellung als Versicherungsvertreter an. Nach dem Kriege wurde er Mitarbeiter bei den Bayreuther Festspielen und 1949 Mitbegründer der Gesellschaft der Freunde von Bayreuth.

[55] Den Namen „HITLERJUGEND" hatte der einflussreiche nationalsozialistische Publizist JULIUS STREICHER vorgeschlagen.

Charismatischer Jugendführer: EBERHARD KOELBEL „tusk" in Jungenschaftsjacke

charismatischen „tusk", v/o EBERHARD KOELBEL [56] (1907-1955), auch ohne große Werbung viele Jugendliche gleichsam automatisch anziehen.

Immerhin versuchen die Nazis seit etwa 1928 mit Heimabenden, Gruppenfahrten, Ausflügen usw. einige Elemente der erfolgreichen Jugendbewegung zu kopieren. Bald entstehen auch HJ-Schülergruppen und der Zweig für die Jüngeren, das „Deutsche Jungvolk" für die 10-14-Jährigen. Aber Koebels Original ist doch anziehender als die Kopie.

Entsprechend dümpelt Hitlers Projekt der Parteijugend insbesondere bei den männlichen Jugendlichen noch eine ganze Zeit lang vor sich hin, während der weibliche Zweig der HJ, der als „Schwesternschaft" 1926 gegründet und 1930 in „Bund deutscher Mädel BdM" unbenannt worden war, auch in Weidenberg schon einige Zeit vor dem entscheidenden Jahr 1933 Fuß fassen konnte.[57]

Bei der männlichen Hitlerjugend dauert der Durchbruch genau genommen bis zu diesem Jahr von Hitlers Machtergreifung 1933. Zwar marschieren schon beim Reichsjugendtag der HJ in Potsdam im Jahr 1932 rd. 80.000 Jugendliche sieben Stunden lang in endlosen Kolonnen an HITLER vorbei. Doch erst die 1933 erfolgte

---

[56] Der Name „dj.1.11." bedeutet „DEUTSCHE JUNGENSCHAFT VOM 1. NOVEMBER 1929" und bezieht sich auf das Gründungsdatum. – Erste Überlegungen für dieses Projekt, das Elemente der CVJM-Arbeit mit der bündischen Arbeit vereinigte und sich selbst als „Dritte Welle der Jugendbewegung" sah, stellte der damals erst 17-jährige EBERHARD KOELBEL bereits 1924 an, zu einer Zeit, als er noch ein Bewunderer Hitlers war. Er studierte dann Grafik und Buchkunst und verwirklichte seit 1927 viele neue Ideen seines Projektes. Diesem begabten Jugendführer verdankt die Bündische Jugend bis heute einige ihrer wertvollsten und typischsten Merkmale, Lieder, Grafik, Schrifttum, die Kohte als ihr markantes Feuerzelt, die Jungenschaftsjacke und manches andere.

1932 trat „tusk" in die kommunistische Partei ein und versuchte zugleich, die Hitlerjugend zu unterwandern. Von der Gestapo verhaftet unternahm er zweimal einen Selbstmordversuch. Er konnte dann über Schweden nach England emigrieren. Von hier aus konnte er noch einige Zeit lang Kontakt zu illegalen Gruppen halten. – Vergl. zu diesem Komplex vom selben Verfasser das Kapitel *„tusk – Prototyp des wilden Mannes"* im autobiographischen Buch „WILD UND FROMM – Ein Beitrag zur Emanzipation der Jungen heute", Spurbuchverlag 2012, S. 79ff.

[57] Vergl. die entsprechenden Informationen im Kapitel *„BdM-Mädchen Marianne"* weiter oben in diesem vorliegenden Projekt.

Sieben Stunden Vorbeimarsch vor HITLER: Reichjugendtag Potsdam 1932

zwangsweise Gleichschaltung bzw. die mehr oder minder freiwillige Übergabe der Jugendverbände[58] führen der HJ wachsende Zahlen von jungen Leuten zu.

Den Rest am durchschlagenden „Erfolg" der Hitlerjugend bewirkt die Ausschaltung der bündischen Jugend und das totale Verbot jeglicher nichtstaatlicher Jugendarbeit. Ihm versucht sich nur die katholische Jugend noch eine Weile zu widersetzen. Die anderen Verbände gehen in den Untergrund.

Der ergebene Hitlerbewunderer Baldur von Schirach treibt die Erneuerung der HJ nach Vorbildern der Bündischen Jugend voran

Aber nicht nur äußere Gründe bewirken den HJ-Erfolg, sondern auch die Erneuerung von innen aus allzu starren Vorstellungen. Insgesamt gibt Hitlers Gespür für Menschen ihm einmal mehr recht. Er ernennt 1931 seinen glühenden Anhänger, den jungen Studenten BALDUR VON SCHIRACH[59] zum „Reichsjugendführer der NSDAP".

SCHIRACH ist mit dem erfolgreichen Jugendführer „tusk" gleichaltrig. Er ist zwar etwas rundlich und wenig militärisch straff. Aber die gewinnende Art des ursprünglich nur Englisch sprechenden und liberal eingestellten, wendigen Adligen führt ihm

[58] Eine besondere Tragödie ist die Übernahme der Evangelischen Jugend in die HJ. Ihre Führung schuf im Juli 1933 zur besseren Bündelung der Kräfte ein „JUGENDWERK", übergab aber die Schirmherrschaft leichtsinnigerweise an den „Reichsbischof" LUDWIG MÜLLER, welcher der hitlertreuen Parteigruppierung „DEUTSCHE CHRISTEN" angehörte. Dieser arbeitete mit Hitlers Reichsjugendführer BALDUR VON SCHIRACH einen Übergabevertrag an die HJ aus und machte diese Jugendarbeit HITLER zum Geschenk.

[59] SCHIRACH hatte als 17-Jähriger Hitler kurz nach dessen Haftentlassung 1925 erstmals getroffen und war ihm sofort verfallen. Sein Studium der Germanistik und Kunstgeschichte brach er ab. In dieser Zeit war er 1928 Führer des NS-Studentenbundes. 1932 heiratete er die Tochter von Hitlers Hoffotografen HOFFMANN und gehörte seitdem zum engeren Zirkel der Hitlervertrauten. Die Ehe wurde nach dem Krieg auf Betreiben der Ehefrau geschieden.

Jugendbewegung kopiert und instrumentalisiert:
BALDUR V. SCHIRACH mit HITLER, HJ-Parade 1934

viele Studenten und Jugendliche zu. Das verleiht Hitlers Jugend-Projekt neuen Schwung. Als „Jugendführer des Deutschen Reiches" ab 1933 steht Schirach bald an der Spitze fast aller in Deutschland noch tätigen Jugendverbände.

Die „Hitler-Jugend“ erfährt nun eine straffe Gliederung und neue inhaltliche Impulse. Vor allem können Jugendleiter aus der Bündischen Jugend gewonnen werden. Sie saßen aber dem Irrtum auf, sie könnten die HJ von innen her im Sinn der freien Jugendbewegung gestalten.

Mit Hitlers Amtsantritt am 30. Januar 1933 läuft auch eine gewaltige Werbekampagne an, die Jugendliche zum Eintritt in die HJ bewegen soll. Da wird mit den bündischen Elementen von Fahrt und Zeltlager geworben, aber auch mit Sondereinheiten wie Flieger-HJ, Reiter-, Marine-, Motor- oder Nachrichten-HJ. Solche Einheiten sollen auch technisch begabte bzw. sportliche Jugendlichen ansprechen. Für musisch Begabte gibt es Fanfarenzüge und „Spielscharen“.

Der Erfolg bleibt nicht aus. Zum Jahresbeginn 1933 hat die HJ 108.000 Mitglieder. Sie steigt im folgenden Jahr bereits auf über 3 Millionen. Die Zehn- bis 14-Jährigen werden in „Jungvolk“ bzw. "Jungmädel" organisiert, die 15- bis 18-Jährigen gehören zur eigentlichen HJ bzw. zum „Bund Deutscher Mädel“ (BdM).

SCHIRACH vermeidet, die Kinder und Jugendlichen allzu sehr mit Hitlers Visionen vom neuen Menschen und von todesmutigen Kriegern zu ängstigen und setzt bei ihnen stattdessen zunächst auf die bewährten erlebnispädagogischen Elemente der Jugendbewegung. SCHIRACH sagt zwar *„Alle gehören dem Führer und seinem Werk"*[60], schwächt aber Hitlers überzogene Ziele für eine Parteijugend vom „Jungen der Zukunft“ oder dem „neuen Menschen“ zu „junge Garde“ ab. *„Ihr sollt nun die junge Garde des Nationalsozialismus sein.“*

Das Versprechen von Kameradschaft und Abenteuerromantik verlockt die Kinder

---

[60] SCHIRACH 1935 im Braunschweiger Dom.

und Jugendlichen. Sie treffen sich nun regelmäßig zu Fahrten, Lagern, Geländespielen und Heimabenden. In ihrer Kluft bzw. Uniform tragen sie bei ihren Freizeitaktivitäten und Märschen das Bild einer einheitlichen und straffen Jugend nach außen.

Anfangs ist die Mitgliedschaft formell noch freiwillig, mit dem „Gesetz über die Hitler-Jugend“ wird sie aber im Dezember 1936 zur gesetzlichen Pflicht für alle deutschen Jugendlichen. Denn inzwischen erfüllt sie zunehmend Hitlers Erwartungen für den ergebenen und fanatischen „Jungen der Zukunft“. Die Kinder lernen schon im Kindergarten, für den „Führer“ täglich zu beten und trainieren in der Grundschule das zackige „Heil Hitler“. Für sie wird Hitler zunehmend Gott.

Zum Sterben für Deutschland geboren: „Ehrenwand“ beim HJ-Hochlandlager Aidling 1934

Mit dem Gesetz ist nun die gesamte geistige, körperliche und sittliche Erziehung außerhalb von Schule und Elternhaus an die Hitlerjugend übertragen. Ab März des Kriegsjahres 1939 gibt es sogar eine Dienstpflicht in der HJ, die dem Wehrdienst gleichgestellt ist. In dieser Phase tragen bereits weit über acht Millionen Kinder und Jugendliche die HJ-Uniformen. Sie singen ohne großes Nachdenken: *„Wir geloben Hitler Treue bis ins Grab.“* Und sie lassen sich ohne Widerstand für Kampf und Heldentod drillen.

3. Der Weidenberger Hitlerjunge Hans

Wie alle seine männlichen Klassenkameraden war auch der Weidenberger Hitlerjunge Hans (1929-2014) bereits in seiner Kindheit beim „Jungvolk“. Hans gehörte zum Geburtsjahrgang 1929, der im ersten Kriegsjahr ab dem 10. Lebensjahr entsprechend dem Gesetz auf besondere Weisung des „Jugendführers des Deutschen Reiches“ zu den „Pimpfen“ gerufen wurde.

Seine spätere Frau Betty war ein Jahr jünger als er und kam auch ein Jahr nach ihm in dieselbe Schule; dort sahen sie sich fast täglich. Aber sie kannten sich auch als Nachbarn in unmittelbarer Nähe des ehemaligen Armenhauses, das zu der Zeit noch direkt bei der Scherzenmühle stand. Dort hatten sie auch Kontakt mit anderen gleichaltrigen Kindern.

„Hände hoch!" – Kriegsspiele der Kinder 1939: HANS RABENSTEIN als Pimpf (links) und BETTY SCHILLER (rechts) mit Freunden

Die Eltern der beiden Kinder waren nicht in der Partei. *„Das braucht es nicht"*, erfuhr BETTY lediglich ohne weitere Begründung. Sie durfte auch nicht wie die Alterskameradinnen zum Jungmädelbund und zum BdM. Dass die Familie den Verzicht der Tochter durchsetzen konnte, war nicht selbstverständlich, denn auch für die Mädchen bestand ja seit 1936 eine Pflichtmitgliedschaft. Das Gesetz sah für widerständige Eltern empfindliche Geldstrafen bis zu 150 Reichsmark oder sogar Haft vor, ebenso *„wer böswillig einen Jugendlichen vom Dienst in der Hitler-Jugend abhält oder abzuhalten versucht."* Auch konnte die Ortspolizei die Jugendlichen anhalten, ihren Pflichten nachzukommen. Gleichwohl kann BETTY sich erinnern, dass auch andere Weidenberger Familien ihren Töchtern diese Mitgliedschaft verweigerten. Die Kinder waren darüber traurig. Sie empfanden sich deshalb auch in der Schule „von den Lehrern unterdrückt".

Das Leben dieser Weidenberger Kinder war meist sehr bescheiden, ja ärmlich. Sie wurden für den Unterhalt der Familie mit eingespannt. Der Dienst beim BdM wäre also so etwas wie eine Befreiung von diesen ungeliebten Pflichten empfunden worden. So erinnerte sich BETTY Zeit ihres Lebens an das „Beerenreißen", zu dem sie noch als 10-Jährige herangezogen wurde. Sie wurden mit anderen Kindern in den „Pfälzer Wald" bei Muckenreuth geführt[61]. Die Kinder mussten dort den ganzen Tag Blaubeeren lesen, doch für ein Eimerchen voll wurde nur wenig Geld erlöst, meist nicht mehr als 80 Pfennige.

---

[61] Als „pfälzisch wurde seinerzeit alles oberhalb der historischen Grenze bezeichnet, die östlich von Weidenberg vom Fichtelgebirge bei Muckenreuth hinab über Altenreuth und oberhalb Waizenreuth nach Kirmsees verlief und den fränkischen Radenzgau und bayerischen Nordgau sowohl kirchlich, als auch landsmannschaftlich trennte. Das Gebiet nennt sich seit einiger Zeit „FRANKENPFALZ IM FICHTELGEBIRGE".

Damals grenzte sich die Bevölkerung auch religiös noch stärker voneinander ab. Wenn diese Weidenberger Kinder nach Muckenreuth kamen, riefen ihnen die von ihrer Konfession überzeugten katholischen Muckenreuther nach: *„Die Lutherischen sind wieder da"*. Dabei waren sie bis zur Zwangskatholisierung im 17. Jh. selbst protestantisch gewesen.

HANS erinnert sich durchaus noch gern an die ersten Jahre bei der HJ. Denn die Hitlerjugendführer setzten gezielt die Elemente der Jugendbewegung ein, die sie von der Jungenschaft dj.1.11. und anderen bündiger Jugendverbänden kopiert hatten. Sie kaschierten geschickt den militärischen Zweck. Wenn alle wie aus einem Munde ihren Ruf anstimmten und brüllten: *„Was sind wir? Pimpfe! Was wollen wir werden? Soldaten!"*, dann begriff kaum jemand, was wirklich gemeint war.

„Kluft" und „Jugenddienstpflicht"

Natürlich weckte die „Kluft", die Uniform der männlichen Hitlerjugend, schon die Begierde der Jüngeren; so wollten sie auch einmal aussehen, wie ihre größeren Vorbilder. So war auch die Uniform der „Pimpfe" ein Schritt in diese Richtung.

Das schwarze **Halstuch** mit dem geflochtenen Lederring war ein unabdingbares Utensil der Uniform bei der männlichen und weiblichen HJ. Ansonsten aber unterschied sich die Kluft der Buben von der Uniform des BdM natürlich nicht nur hinsichtlich von Rock und Bluse, an deren Stelle die Jungen khakifarbenen **Blousons** und **kurze Hosen** aus schwarzem Cord trugen. Vielmehr besaßen die Kleidung und Ausstattung der männlichen HJ weitere markante Eigenheiten, welche dem Auftreten des jungen Mannes einen eher kämpferischen Charakter geben sollten.

So umschloss ein schwerer schwarzer **Ledergürtel** den Leib. Der Gürtel wurde von einem **Schulterriemen** gehalten. Auf dem metallenen **Koppelschloss** prangte über

Stolz auf die „Kluft": „Pimpf" HANS RABENSTEIN (rechts) mit Freund

dem Hakenkreuz-Adler die martialische Umschrift „Blut und Ehre"; sie hat allerdings in den jungen Mitgliedern wohl eher die typischen jugendlichen Fantasien von Abenteuern mit Seeräubern oder Landsknechten geweckt, als reale Vorstellungen von den Schrecken des Krieges erzeugt.

In einem Holster am Gürtel steckte bei den Größeren als besonders begehrtes Ausstattungsstück das „**Fahrtenmesser**". Manche interpretieren es auch als männliches Potenzsymbol. Es war ebenfalls der Tradition der Bündischen Jugend entlehnt und das Universalwerkzeug für alle Verrichtungen im Lager, vom Brotschneiden bis zum Holzspalten, vom Häringeinschlagen bis zum Dosenöffnen. Auf dem geriffelten Schaft dieses Messers befand sich das Emblem der HJ, das Hakenkreuz zwischen zwei roten Rauten auf einer weiteren Rautenform.

Das Fahrtenmesser war kein vorgeschriebener Bestandteil der HJ-Kluft. Doch der größte Teil der HJ-Mitglieder besaß ein solches Fahrtenmesser, es konnte für den nicht geringen Preis von vier RM, also entsprechend etwa 30 €, erworben werden. Wer beim Jungvolk war, also bei der Eingangsgruppe der 10-14-Jährigen bei der HJ, durfte dieses Messer erst nach bestandener „Pimpfenprobe" tragen. Doch selbst nach der Probe musste das Tragen des Messers noch von der Leitung genehmigt werden. Das hatte aber kaum sicherheitstechnische Gründe. Vielmehr galt die Erlaubnis zum Tragen des Fahrtenmessers als eine besondere Auszeichnung und Ehre.

Auf dem Kopf trug der Hitlerjunge die Sommermütze, ein grünlich-hellbraunes Schiffchen mit roter Paspelnaht und dem HJ-Emblem an der Stirnseite. Die Farbe der Paspel wechselte je nach Unterorganisation. Als HANS dann als 14-jähriger Hitlerjunge zur Ausbildung zur Flieger-HJ ging, war dies durch eine blaue Paspel kenntlich.

Solche HJ-Kleidung durfte nur in bestimmten Läden verkauft werden und musste ein Etikett der „Reichszeugmeisterei" tragen. Selbst die Knöpfe der Hemden, sogenannte Steinnuss-HJ-Knöpfe, waren mit "H.J./D.J." bezeichnet. Am linken Ärmel unter dem „Obergauarmdreieck" mussten die größeren Hitlerjungen eine Armbinde mit Hakenkreuz tragen.

In die Pflicht genommen

Der Eintritt in die HJ wurde stets bewusst mit „Führers Geburtstags" verknüpft und als besonders feierliches Zeremoniell begangen: Am 19. April, dem Tag vor Hitlers Geburtstag, fand nach einer „Musterung" die Aufnahme der Zehnjährigen statt. Wiederum am gleichen

HANS als „Feldscher"

Datum, aber genau vier Jahre später, wechselten sie in die eigentliche Hitlerjugend. Dabei erneuerten sie ihr Gelöbnis gegenüber „Führer“ und Fahne (!): *„Ich verspreche, in der Hitlerjugend allezeit meine Pflicht zu tun, und Liebe und Treue zum Führer und zu unserer Fahne."* Erst mit dieser Aufnahme wurden offiziell Halstuch, Lederknoten und das Abzeichens verliehen; so war die „Kluft“ komplett.

Schon früh wurden die Kinder in die Pflicht genommen. Mit 11 Jahren wurde HANS bei der HJ „Feldscher“, d.h. Sanitäter, das machte ihn stolz. Und bereits mit 13 Jahren war er „Rottenführer“ bei der Hitlerjugend, trug also jetzt auf seinem Schulterstück einen silberfarbenen Streifen.

Seit 1939 war eine „Jugenddienstpflicht“ gesetzlich eingeführt und geregelt. Ein „HJ-Leistungsbuch“ gab Rechenschaft über diesen „Jugenddienst“. Er war an zwei Tagen in jeder Woche abzuleisten.

Sportlicher Wettstreit und Kampf und die häufigen Geländeübungen im Freien begeisterten natürlich die Jungen besonders. Aber auch die „Heimabende“, die im Erdgeschoss des NS-Schulungsgebäudes Altes Schloss abgehalten wurden, boten nicht nur die langweiligen ideologischen Schulungsvorträge. Etwas interessanter waren schon die gemeinsam empfangenen Hörspiele aus dem **Rundfunk,** die „Stunde der jungen Nation“.

Darüber hinaus gab es aber auch Elemente, welche Knaben interessierten. So lernten sie den Umgang mit Kompass und übten das Gehen nach Geländekarte. Auch die verschiedenen Seilverbindungen mittels raffinierter Knoten, wie sie zur Trickkiste bei der Segelschifffahrt oder bei den Pfadfindern gehörten, waren ein beliebtes Übungsfeld. Werkarbeiten vertieften die manuellen Fertigkeiten.

Jugendliche Gemeinschaftsnildung und Selbstverwaltung waren wichtig.

Weidenberger HJ-Gruppe beim Marsch unterm Gänskopf (HANS vorn links)

Natürlich mussten die Jugendlichen das ganze Jahr über bei den zahlreichen Veranstaltungen des NS-Festkalenders präsent sein. Viele Aktivitäten hatten aber auch einen sozialen Anstrich und kamen so dem Wunsch junger Menschen entgegen, Gutes zu tun.

So führte die HJ das ganze Jahr hindurch Sammlungen auf der Straße und an Haustüren durch, sei es für die NS-Volkswohlfahrt oder für das „Winterhilfswerk", im Krieg dann auch „für die Frontsoldaten". Es gab einen „HJ-Streifendienst", der die die Einhaltung der „Dienstpflichten" kontrolliert, Bürger zu den Hitlerwahlen trieb oder auch mal oppositionell gesinnten Jugendlichen nachstellte. Ja, man durfte sogar in die Privathäuser eindringen und die Dächer wegen der Luftschutzsicherheit auf brennbares Material kontrollieren. So war die HJ auch Mittler für die Polizei.

Wilde Wasserspiele im Weiher: Weidenberger Hitlerjungen

Besonders beliebt waren bei den Jungen natürlich „Fahrten" und Zeltlager. Sie versprachen Abenteuer und Freude. Fahrten zu Fuß oder mit Fahrrad bieten ja Jugendlichen prägende Erlebnisse in der Natur; das Geländespiel darf nicht fehlen und auch nicht der Gesang am romantischen Lagerfeuer.

Die HJ hatte das Modell der Bündischen Jugend aber mit viel militärischem Drill versetzt. Große Zeltlager in allen Gauen sollten am Unmittelbarsten helfen, den Blick aufs Ganze zu richten und den Jugendlichen das NS-Gedankengut zu vermitteln.

Auf oft subtile Weise wurde die „arischen Rasse" in Wort, Bild, Lied und Spiel verherrlicht und die Slawen und die Juden als „Untermenschen" diskriminiert. Der Tagesablauf war militärisch geregelt und uniform. Niemand konnte aus der Reihe tanzen, alle waren der Beeinflussung ausgeliefert. Doch wurde diese ideologische Komponente nur von wenigen als belastend oder falsch empfunden.

HANS erinnert sich vor allem an die Zeltlager, die ihn und seine Kameraden begeisterten. Sie waren von Weidenberg aus leicht zu Fuß zu erreichen. Ein solches einwöchiges Lager fand z.B. auf einer weiten Wiese am Heinersbach oberhalb von Muckenreuth statt, in dem Taleinschnitt, der zum Kreuzstein führt. Dieser idyllische

Essenfassen: Hans' HJ-Jungenschaftsgruppe im Lager

Ort am Waldrand heißt auch in Erinnerung an den 30-jährigen Krieg „Schwedenstaude". Lagerleiter waren der Apothekersohn HERMANN SCHÜTZ als Jungstammführer, dessen Schwester Marianne BdM-Mädchen und Leiterin bei den Jungmädeln im Alten Schloss war. Fähnleinführer war FRITZ STUMPF, der dann später im Krieg gefallen ist. Beide waren auch aktive Mitglieder ihrer Kirchengemeinde.

Aus der HJ sollten die zukünftigen militärischen und politische Führer kommen. Der Weidenberger HJ-Jungstammführer war nicht der einzige, der dann bewusst zur SS ging. Überall in ganz Deutschland gab es bis Kriegsende Führerschulen für die Hitlerjugend. Doch im Mittelpunkt stand stets die Vorbereitung der Jungen auf den Dienst als Soldaten.

Am Lagerfeuer: HANS als Feldkoch

Sondereinheiten, die für junge Leute besonders attraktiv waren, wie die „Flieger-HJ", dienten der direkten Kriegsvorbereitung. Hieraus rekrutierten die Nazis ihren soldatischen Nachwuchs. Das erlebt auch der Hitlerjunge HANS.

Ausgebildet bei der Bindlacher Flieger-HJ

Mit 14 Jahren, direkt nach der Schule, kommt HANS 1943 aus persönlichem Interesse zur Flieger-HJ. Er gehört nun zur „Fliegergefolgschaft 307".

„Gute Ausbildung": HJ-Gruppe in Bindlach mit H. RABENSTEIN

Auf dem Bindlacher Berg östlich von Bayreuth unterhalten damals die Flugzeugführerschule und die „fliegertechnische Schule" der Luftwaffe eine große Reparatur- und Ausbildungswerft. Hier werden bis zu 1.500 Bordmechaniker gleichzeitig von 350 Unterführern an allen gängigen Flugzeugmustern der Luftwaffe ausgebildet.

Bis zum Jahr 1936 war diese Anhöhe nordöstlich von Bayreuth nur landwirtschaftlich genutzt worden. Seitdem hatte hat die Luftwaffe auf dem weitläufigen Gelände im Zuge der Aufrüstung einen Fliegerhorst eingerichtet. Der einzige hier oben ansässige Bauernhof hatte weichen müssen; große Waldstücke waren gerodet und der Hügel planiert worden. Weite ebene Flächen waren entstanden für eine 600 m lange Landebahn, Hangars, Werkstatthallen, Mannschaftsbaracken und ein geräumiges Lazarett. Es gab eine Instandsetzungskompanie für Flugzeugreparaturen und eine Ausbildungsstätte für Metallflugzeugbau.

Es ist für HANS zugleich die Lehrzeit als Flugzeugschlosser. Auch Segelfliegen gehörte zum Unterrichtsprogramm. Der Sport begeistert natürlich die jungen Leute. Sie wissen noch nichts vom Hintersinn dieses Projektes. Er offenbart sich ihnen aber schon bald bruchstückhaft. Es geht, wie HANS nachträglich erfährt, um eine von Hitlers Geheimwaffen, die den Krieg in letzter Minute wenden sollen. Für

Dem Himmel nahe: Segelflieger der Hitlerjugend in Bindlach

deren Anwendung sollen auch die jungen Leute trainiert und eingespannt werden.

HANS interessiert sich aber zunächst nur für eine möglichst qualifizierte Ausbildung am Bindlacher Flugplatz. Deren Qualität beurteilt er im Nachhinein als „einmalig". Daneben misst sich seine HJ-Gruppe auch bei Sportwettkämpfen in Bayreuth und tritt zu ihrem „normalen" Dienst auch bei Aufmärschen und Paraden an.

In der Erinnerung fallen HANS auch die „Jungstammaufmärsche" in Bad Berneck ein, zu denen „Hunderte aufmarschiert" seien. Mit Hakenkreuzfahnen seien sie vom Dorf Hohenknoden aus durch den kleinen Kurort gezogen, begleitet von Fanfarensignalen und Wirbeln auf den Landsknechtstrommeln. Sie hätte „das tolle Gefühl genossen, etwas ganz Besonderes zu sein."

Zeugen der Bombenangriffe auf die deutschen Kulturstädte

Schon allzu bald wird freilich aus dem Kriegsspiel der HJ blutige Realität: Obwohl nach der deutschen Niederlage in Stalingrad 1943 abzusehen ist, dass das „Dritte Reich" untergehen wird, werden die „Hitler-Jungen" noch mit Waffen ausgerüstet. Die 15- und 16-Jährigen erhalten Gewehre und Panzerfäuste und müssen damit auch gefährliche Übungen machen.

Heimweg von Bindlach unter Tieffliegergefahr
(links Hitlerjunge HANS)

Auch als Luftschutz- und Flakhelfer werden sie im Raum um Weidenberg und Bayreuth eingesetzt. Wenn die Warnsirene ertönt, muss die Bevölkerung zu den besonderen Luftschutzräumen geleitet werden. Als bombensicher gelten damals die Felsenkeller an der Scherzenmühle und die zahlreichen Sandsteinkeller am Obermarkt. Sie geben den Menschen ein leidliches Gefühl von Sicherheit in der latenten Bedrohung. Die Gegner werfen immer wieder Flugblätter ab, die die Moral der Bevölkerung beeinträchtigen sollten.

Immer öfter sieht man über Weidenberg riesige Bomberschwärme hinwegziehen; der nahe Sophienberg ist als weithin sichtbare Landmarke der Orientierungspunkt für die Flugzeugführer. So liegt auch der Marktort Weidenberg gewissermaßen in der „Einflugschneise" der Bomber. Ab August 1942 wurde allein 17-mal die Stadt Nürnberg angegriffen und jedes Mal weiter zerstört. Nach dem Vorsatz der Alliierten hatten die Angriffe das unmittelbare Doppelziel, Zerstörung und Todesfurcht zugleich zu produzieren.[62] Die Stadt sollte physisch unbewohnbar werden; zugleich sollten die Menschen im Bewusstsein einer ständigen persönlichen Gefährdung leben.

Das unheimliche Brummen der anfliegenden Bomberschwärme ist weit zu hören und wirkte. Auch die Explosionen der Einschläge hört man bis Weidenberg. Sie pulverisieren die Nürnberger Altstadt und vernichten Industrie- und Wohngebäude.

Auch der denkwürdige Angriff auf Dresden am Faschingsdienstag 13. Februar 1945 verläuft über Weidenberg. Vier Wellen von Bombern kommen an diesem und den folgenden zwei Tagen. Jedes Mal sieht die Weidenberger Bevölkerung auch die „Christbäume" aus Magnesium-Leuchtbomben und Leuchtraketen langsam herabfallen; mit ihnen markieren vorausfliegende Pfadfinderflugzeuge den Flugweg. Abgeworfene „Störstreifen" aus Stanniol sollen das Radar der Flugabwehrgeschütze irritieren; man findet sie nachher noch tagelang. Rd. 25.000 Menschen und unzählige unersetzliche Gebäude in der ganzen Stadt fallen diesen Angriffen zum Opfer.

Wie gleichgültig das Naziregime gegenüber der Zerstörung der „deutschesten der deutschen Städte Nürnberg", der Stadt ihrer Reichsparteitage, wie auch der anderen Städte ist, deren Verwüstung man billigend einkalkuliert, lässt sich aus einer zynischen Rede des NS-Propagandaministers Josef Goebbels schließen, die er noch im Juni 1944 auf dem Hauptmarkt der schwer angeschlagenen Stadt Nürnberg hält:

"Wenn dieser Krieg einmal zu Ende ist, werden wir uns einmal die Frage vorlegen: Wie viele Städte sind zerschlagen worden, wie viele wertvolle Gebäude, wie viele Krankenhäuser, Universitäten, Kirchen? Aber das ist dann nicht entscheidend, sondern entscheidend ist der Sieg ... Wenn ich so eine Stadt überblicke mit ihren zerstörten Straßen und Teilen, mit ihren verkohlten Häuserruinen, und ich überschlage kurz: Wie viel Arbeitskräfte und wie viel Zeit und wie viel Material ist nötig, um das mit unseren modernen Baumethoden wieder in Ordnung zu bringen? – so kann ich nur sagen: Na für Nürnberg knapp ein Jahr. ... Was bedeutet ein Jahr in der Geschichte Nürnbergs ...? Gar nichts. Spielt keine Rolle."

Auf den Markt Weidenberg fällt zum Glück nur eine einzige Bombe, bei SCHÖFFEL am Obermarkt. Es war ein Notabwurf, der weiter keinen großen Schaden anrichtet. Denn dieser Sprengkörper explodierte nicht.

Zum Kriegsdienst missbraucht

Die Hitlerjugend war zum Kriegsdienst erzogen und stand nun fanatisch zum Kampf bereit. So sitzen Hitlerjungen auch an Luftabwehrgeschützen, die beim Golfplatz am Rodersberg östlich oberhalb der Festspielstadt Bayreuth aufgestellt sind. Gegen die

[62] Die Ziele entstammen einem Arbeitspapier über die Strategie der Luftangriffe der Royal Air Force vom 23. September 1941.

unendlichen Ströme von gegnerischen Bombenflugzeugen können sie aber nichts ausrichten. Sie können auch Bayreuth nicht vor dem schweren Angriff kurz vor Kriegsende am Konfirmationstag 1945 bewahren.[63]

Wenn Bombenflugzeuge anfliegen, werden sie stets von tieffliegenden Jagdflugzeugen begleitet. Auch die **fliegertechnische Schule in Bindlach**, wo HANS in Ausbildung ist, wird im letzten Kriegsjahr öfter von Tieffliegerangriffen heimgesucht. Alle müssen sich draußen in Acht nehmen und rechtzeitig Deckung suchen. Auch der Heimweg ist gefährlich. Es bleibt aber im Wesentlichen bei Sachschäden an Flugzeugen und Hallen.

Viele ältere Lehrlinge dieser Schule werden in den letzten Kriegsmonaten noch zum aktiven Kriegsdienst in der Wehrmacht eingezogen. Auf das schreckliche Schicksal der 12. SS-Panzerdivision „Hitlerjugend" aus 16- bis 18-jährigen Hitlerjungen ist oben schon hingewiesen worden. Auch ihnen hilft ihr fanatischer Kampfeswillen nicht. Unzulänglich geführt und ausgerüstet sterben die meisten von ihnen.

4. Als in Weidenberg junge Leute für Hitlers Geheimwaffe, den „Volks(düsen)jäger", trainierten

Eigentlich war der Krieg für HITLER bereits mit seiner Kriegserklärung am 11. Dezember 1941 an die USA verloren. Die Amerikaner beantworteten sie wurde noch am gleichen Tag unzweideutig. Nach dem Steckenbleiben der deutschen Offensive auf Moskau in diesem Winter 1941 war dann die Katastrophe von Stalingrad im Winter 1942/43 nur ein weiteres drastisches Menetekel auf dem nun folgenden langen Weg in die Hölle.

Doch der Diktator und seine fanatischen Gesellen wollten ihr Scheitern nicht wahrhaben. Vielmehr wollte HITLER den Deutschen bis fast zuletzt weismachen, dass er noch genügend Asse im Ärmel hatte, um die Katastrophe abzuwenden. Nach dem ersten erfolgreichen Test der V1-Rakete im Oktober 1942 machten immer neue Nachrichten von geheimen Wunderwaffen in Deutschland die Runde.

Unverhoffte Zeugen von Hitlers Geheimprojekt

Seit Herbst 1944 wurden der Hitlerjunge HANS und seine Mitschülerin BETTY, ohne dass es ihnen damals bewusst war, in Weidenberg zu Zeugen der sinnlosen Anstren-

---

[63] Vergl. zu diesem Bombardement vom selben Autor im neuen Geseeser Heimatbuch 2021 den Exkurs *„Wie Gott die Hand hielt über seine Konfirmanden – Ein Tag, den man nie vergisst: Der 8. APRIL 1945 in Gesees"* im Kapitel *„Die Aufnahme der Fremden in Gesees und die Anfänge der Ökumene – Arbeitsmaiden, Kriegsgefangene, Zwangsarbeiter, Kinderlandverschickte, Bombenopfer, Flüchtlinge, Katholiken …"*

gung Hitlers, trotz allem auf wunderbare Weise eine Wendung herbeizuführen. Sie beobachteten, wie in den letzten beiden Kriegsjahren fremde junge Männer und Frauen nach Weidenberg kamen. Offiziell wusste man nichts von ihren Aufträgen. Doch versuchten sich die beiden Jugendlichen natürlich einen Reim auf das Gesehene und Gehörte zu machen.

Die inzwischen konfirmierte 14-jährige BETTY arbeitete zu der Zeit als Verkäuferin beim Konsum am Obermarkt im Eck neben dem heutigen Rathaus. Hier kauften auch die jungen, ortsfremden Soldaten und die jungen Frauen ein. Sie wohnten in den Baracken, welche die jugoslawischen Zwangsarbeiter zu diesem Zweck auf dem heutigen Gelände des AWO-Seniorenheims aufgestellt hatten. HANS RABENSTEIN hat davon später eine Zeichnung gemacht.

Fluko-Mädchen beim Marschieren
(aus „Die Mägdeburg" 1941)

Auch die jungen Frauen trugen Uniform. Im Ort waren sie als „Fluko-Mädchen" bekannt. – „Fluko" war seit der zuende gehenden Weimarer Zeit ein Kürzel für „Flugwachkommando".[64] Aus den heute zugänglichen Informationen wird deutlich, dass schon im Jahr 1931, also noch zur Zeit der Weimarer Republik, eine allgemeine Furcht vor Angriffen, insbesondere von französischen, polnischen oder tschechischen Flugzeugen, auf die deutsche Zivilbevölkerung bestand. Seitdem wurden z.B. bei den Postämtern Meldestellen eingerichtet, die dann im Krieg vor allem mit weiblichem Personal besetzt wurden, eben den „Fluko-Mädchen".

Dieses junge Personal hatte natürlich auch in Marktort Weidenberg, in dessen Nähe sich wichtige Flugschneisen kreuzten, alle Hände voll zu tun. Sie sollten die anfliegenden Bombenschwärme an die nächste Zentrale in Bayreuth melden und so die Luftabwehr zu steuern. Über ihren Dienst als uniformierte Frauen in einer kriegerischen Männerwelt machten sie sich aber selber manchmal lustig.

Weniger wusste man von den Aufgaben der jungen Burschen und munkelte daher so allerlei. So hat sich der 15-jährige HANS einmal auch auf das Gelände des Granitwerkes SCHILLER geschlichen und durch einen Spalt in eine der Hallen geblickt.

Diese Fabrik war kurze Zeit zuvor auf Initiative des Ortsgruppenleiters RUMLER

[64] Es gab auch bereits in der Weimarer Republik eine eigene Zeitschrift „Gasschutz und Luftschutz - Mitteilungsblatt amtlicher Nachrichten". Die als pdf greifbare Ausgabe vom August 1931 (http://download.gsb.bund.de/BBK/BBKNV193101.PDF) enthält viele aufschlussreiche Informationen zu diesem heute weitgehend unbekannten Thema.

stillgelegt worden, nachdem er mit dem Fabrikbesitzer im politischen und persönlichen Clinch lag. [65] Sie beherbergte nun die Fliegertechnische Schule 6 Bindlach. Die Führungskräfte wohnten in den Gebäuden der Fa. SCHILLER, insbesondere im vorderen Wohnhaus. Die jungen weiblichen Wehrmachtsangehörigen waren in den Baracken, die männlichen wohl mit in den Fabrikhallen einquartiert. In diesen weiten Hallen wurden auch die geheimen Aufträge für die Luftwaffe durchgeführt.

Das Barackenlager der fliegertechnischen Schule in Weidenberg. Es beherbergte später die „Batschka“-Flüchtlinge. – Zeichnung HANS RABENSTEIN 1994

Darüber, welchen Ärger diese betriebsfremde Nutzung der Gebäude verursachte, liest man einiges in den Spruchkammerakten des Fabrikbesitzers CHRISTIAN SCHILLER. Auch der Eigentümer der gegenüberliegenden Metzgerei PÖHLMANN wusste von der seinerzeitigen Belegung. Er besitzt einen Vertrag mit dieser fliegertechnischen Schule vom November 1944, der die zusätzliche Nutzung von Räumen in seinem Haus vorsieht, sowie weitere interessante Dokumente über diese Vorgänge.

Aber von dem, was damals in ihren Gebäuden vonstattenging, erfuhren die beiden neugierigen Kinder HANS und BETTY nie etwas, es gehörte zu Hitlers streng gehüteten Geheimnissen. So war also auch im Ort über die Aufgabe dieser Luftwaffenoffiziere und ihre auffallend jungen Schüler in Weidenberg im Jahr 1944/45 seinerzeit nichts bekannt, bzw. die etwas wussten, waren alle zur Verschwiegenheit verpflichtet. Die Aufklärung dieser Rätsel ist aber heute möglich. Der einstige Beobachter, Hitlerjunge HANS, gab bei seinen Zeitzeugeninterviews 2010/11 dem Autor den entscheidenden Hinweis. Als HANS nämlich damals wissbegierig durch den Spalt des Schillerschen Hallentores sah, meinte er zu seiner Verblüffung, Flugzeugteile zu sehen. Sie lagen am Boden und glichen Teilen von modernen Düsenjägern. Er mochte das damals kaum glauben. So behielt er dieses Wissen zunächst für sich, zumal er ja

---

[65] Mehr dazu weiter unten im Abschnitt *„Die zwei alten Rivalen Fabrikant Schiller und Ortsgruppenleiter Rumler bekämpfen sich weiter“* im Kapitel „Warten auf die Sieger“.

Schulungsort für Düsenjägerpersonal:
Das einstige Firmengelände der Granitwerke SCHILLER in Weidenberg vor 1983

Angst haben musste, der Spionage verdächtigt zu werden, und er erzählte auch später höchstens am Stammtisch davon. Heute zugängliche Unterlagen zeigen aber, dass HANS damals richtig beobachtet hatte. Er war auf der Spur eines der aufsehenerregenden Geheimprojekte Hitlers aus den letzten Kriegsmonaten 1944/45: dem He-162 „Volksjäger". Das Besondere: Dieses schnelle Flugzeug war damals in allerkürzester Zeit entworfen und aus leicht beschaffbaren Verbundwerkstoffen hergestellt worden; und es war zur Verwendung in größter Stückzahl durch die Hitlerjugend vorgesehen.[66]

Auf den Spuren des Projektes „Volksjäger"

Was HANS in den Hallen gesehen hatten, waren wesentliche Teile dieses Flugzeuges. Und die Aufgabe der Ausbilder in Weidenberg bestand darin, die ortsfremden jungen Leute, die den Bürgern in Weidenberg aufgefallen waren, als zukünftiges Bodenpersonal zu schulen.

Weil die Geschichte dieses Flugzeugs in den Annalen des Zweiten Weltkriegs so einzigartig und darüber hinaus auch auf makabre Weise mit dem Thema „Hitlerjugend" verknüpft ist, soll sie an dieser Stelle kurz erzählt werden.

So geht der Impuls zur Entwicklung dieses mystifizierten „Volksjägers" auf das Jahr 1943 zurück, als die Engländer und Amerikaner mit ihren Flugzeugen die

[66] Vergl. den gleichnamigen englischsprachigen Artikel von ARVO L. VERCAMER *„Der He-162 Volksjäger und die Hitlerjugend"*, zugänglich auf der Webseite https://www. axishistory.com/books/189-germany-political-organizations/youth/ 5059-hitlerjugend- the-he-162-volksjaeger-and-the-hitlerjugend. – Vergleichbare Informationen finden sich als Auszug auch in „Die deutsche Luftrüstung 1933- 1945" von Heinz J. Nowarra, Verlag Bernard&Graefe und auf http://www.balsi.de/Weltkrieg/Waffen/ Flugzeuge/he162.htm.

Kontrolle über den Himmel über Deutschland erwarben und Städte, Wirtschafts-, Industrie- und Militäranlagen fast nach Belieben bombardieren konnten. Die vorhandenen deutschen Jagdflugzeuge hatten sich einfach als zu langsam und zu aufwendig erwiesen. Die Rohstoffe zum Flugzeugbau waren knapp. HITLER hatte deshalb seinen Rüstungsminister ALBERT SPEER mit umfassenden Vollmachten ausgestattet, der hatte die deutschen Flugzeugkonstrukteure umgehend zu einem Wettbewerb für ein schnelles Flugzeuge der nächsten Generation aufgerufen. Ein Düsenjäger sollte es sein, gebaut aus „nicht-strategischen" Materialien, also insbesondere aus Holz. Zugleich sollte die Fliegerjugend der HJ mit einer Pilotenausbildung beginnen. Die Hitlerjungen sollten das Flugzeug fliegen.

Gewinner und damit Auftragnehmer war ERNST HEINKEL gewesen, ein genialer Flugzeugkonstrukteur. Er hatte Ende September 1944 seinen unkonventionellen Plan für seine „He 162" vorgelegt, einen leichten einsitzigen Jäger in Gemischtbauweise aus Holz und Metall mit nur einem Triebwerk. Dieses Antriebsaggregat trug das kleine Flugzeug auffallenderweise gleichsam auf seinem Rücken.

Bereits 1939 hatte HEINKEL das weltweit erste flugfähige Düsenflugzeug präsentiert und dabei Ideen des jungen Physikers HANS-J. PABST V. OHAIN aufgegriffen. Sein neuer Jäger sollte nun unter einfachsten Produktionsbedingungen in großen Serien gefertigt werden. Dank seiner überlegenen Geschwindigkeit sollte er fähig sein, erfolgreiche Gefechte mit den alliierten Bombern, Jagdflugzeugen und Jagdbombern auszutragen.

Zur besseren Dynamik besaß das Flugzeug ein Einziehfahrwerk und für die Sicherheit des Piloten bereits einen Schleudersitz. Es war mit zwei 20-mm-Maschinengewehren bewaffnet. Der Rumpf dieses neuartigen Jägers war aus Metall, für die Tragflächen und Teile des Leitwerks aus Holz mussten Möbelfabriken die Teile herstellen. Als besonders schwierig erwies sich die Verklebung der Werkstoffe.

Bodenpersonal in Weidenberg geschult: Volksjäger He 162

Noch im Dezember 1944 begannen in verschiedenen, meist unterirdischen Werken unter den Codenamen „Salamander" und „Spatz" die Vorbereitungen für den Serienbau der Maschine. Neben ungelernten Arbeitern wurden unter unwürdigsten Bedingungen Kriegsgefangene und Zwangsarbeiter eingesetzt.

Für Reichsluftmarschall HERMANN GÖRING war es ein Prestigeprojekt; er betrachtete den „Volksjäger" als das stolze Gegenstück zum ähnlich bezeichneten „Volkssturm" der Wehrmacht; beide, Volkssturm und Volksjäger sollten es noch in letzter Minute schaffen, den Feind zurückzuschlagen. 4.000 Exemplare dieses Wunderflugzeuges wollte man jeden Monat bauen und die alliierten Bomberflotten damit überfluten.

Und auch die Hitlerjugend setzte ihren ganzen Ehrgeiz darein und begann, junge Leute aus der Flieger-HJ zu schulen. Triebwerklose flugfähige Modelle dieses Jägers waren ihre Trainingsgeräte. Ja, die gesamte Klasse der HJ-Luftfahrtkandidaten von 1944 wurde angewiesen, ihre Segelflugtrainingspläne zu beschleunigen, damit sie so schnell wie möglich auf das Training mit Düsenflugzeugen umsteigen konnte.

Training der Bodenmannschaften in Weidenberg

Die Fliegertechnische Schule 6 mit Sitz in Neuenmarkt und **Weidenberg** bei Bayreuth wurde mit der Ausbildung der erforderlichen Bodenmannschaften und des Servicepersonals beauftragt und nahm an den Modellen sofort seine Arbeit auf.

Tatsächlich flog die erste Maschine bereits am **6. Dezember 1944. Ganze 69 Tage** waren vergangen, seit HEINKEL den Auftrag gewonnen hatte – sicherlich eine Rekordleistung in jeder Hinsicht.

Vergleichsbild der Fliegertechnischen Schule Jüterbog; hier lernte das junge Personal den Abwurf von Bomben

Allerdings erwies sich das Flugverhalten dieser Maschinen trotz etlicher Korrekturversuche als so heimtückisch, dass nur langjährige Flugzeugführer damit klarkamen. An einen Einsatz von kaum ausgebildeten Jungen der Flieger-HJ war nicht zu denken, und so versandete diese Idee des „Düsenjägers für die Hitlerjugend", während die Ausbildung von Bodenpersonal in Weidenberg weiterging.

Viele dieser jungen Leute wurden dann auch tatsächlich noch zu den geplanten Einsatzflughäfen abkommandiert. Nur ungefähr **120 Exemplare der He 162** kamen auf diese Flugplätze. Sie sollten sofort beim Frontdienst eingesetzt werden. **Im Februar 1945** nahm das erste „Volkssturm“-Geschwader den operativen Einsatz der He 162 auf, bald das zweite. Die Abschusserfolge von Feindflugzeugen blieben aber marginal. Neben Mängeln der Maschinen fehlte es auch an Treibstoff und erfahrenen Piloten. Kein Hitlerjugend-Mitglied flog jemals die He 162 im Kampf.

Kriegsweihnachten in Weidenberg – Sehnsuchtsort inmitten der Apokalypse

Vor Weihnachten 1944 kamen junge Burschen dieses Bodenpersonals in den Konsumladen am Weidenberger Obermarkt und fragten, ob sie irgendwo Weihnachten mitfeiern dürften. Bettys Vater war im Feld; das Mädchen fragte also bei ihrer Mutter. Sie sagte spontan zu und meinte: *„Vielleicht, dass sich jemand findet, der auch den fernen Vater zur Weihnacht aufnimmt.“*

So kamen zwei junge Soldaten ins Haus: der 21-jährige KARL-HEINZ DOMS, der aus Schlesien stammte und dessen Familie sich inzwischen wohl auf die gefährliche Flucht in den Westen begeben hatte, und GERHARD MACHE aus Dresden.

Zum Weihnachtsessen wurde ein Stallhase geschlachtet und zubereitet, dazu gab es Kartoffeln; die Kerzen am Tannenbaum wurden entzündet, und man plauderte gemütlich miteinander. Es war ein Weihnachtsfest, das niemand der Beteiligten je vergessen hat. Dem Schlesier hat die Mutter neue Finger an die kaputten Handschuhe gestrickt; er kam auch nach dem Krieg noch viele Jahre lang in dankbarer Erinnerung immer wieder zu Besuch nach Weidenberg und kampierte dann im Gasthof KILCHERT.

Der Dresdner hat sich Schier bei einem der örtlichen Schimacher, KONRAD WILL in der Bayreuther Straße, ausgesucht. Hier hatte BETTY als Pflichtjahrmädchen gearbeitet. Man hat ihm die Schier aufgehoben, weil zunächst noch die Bindung fehlten, und sie ihm dann nach Dresden nachgeschickt. Diese Stadt erlebte dann in einer einzigen Nacht vom 13. Februar auf den 14. Februar 1945 ihr Gomorrha. Von dem Dresdner hat man nichts mehr gehört. In diesem Februar 1945 wurden die jungen Leute zu ihrem Einsatz abkommandiert.

Davongekommen ...

Daheim in ihren Wohnorten müssen sich nun auch die „Hitler-Jungen“ zusammen mit den nicht wehrdienstfähigen Männern noch auf einen Einsatz im „Volkssturm“ vorbereiten. Es ist Hitlers letztes Aufgebot. Viele werden dabei getötet. Fast wäre es auch für den Hitlerjungen HANS so schlimm ausgegangen.

So wurden die Jüngeren, zu denen auch HANS gehörte, zwei Tage, bevor die Amerikaner in Weidenberg einmarschierten, vom Flugplatz Bindlach nach Hause geschickt. HANS hatte aber noch seine HJ-Uniform an; so hatte er Angst, verhaftet zu werden. Deshalb ging er auch nicht zu seinem Elternhaus an der Scherzenmühle, das im Bereich der vorrückenden Amerikaner lag, sondern ließ sich von zwei flüchtenden deutschen SS Leuten in Richtung Rosenhammer mitnehmen; er wollte in die nahe Frankenpfalz gelangen, die ihm von den HJ-Lagern her vertraut war.

Zu diesem Zeitpunkt feuerten amerikanische Panzer von der „Schied"-Treppe am Obermarkt her Warnschüsse über den Untermarkt hinweg in Richtung Königsheide und beschossen dabei auch mit ihren schweren MG am Rügersberger Hang flüchtende Soldaten. Ein zum Waizenreuther Weg ausscherender Panzer sichtete über die Brunnenwiese hinweg den uniformierten, flüchtenden HANS und seine beiden Begleiter in ihren schwarzen SS-Uniformen. Splitter eines Explosivgeschosses der Amerikaner trafen HANS an der Brust und verwundeten ihn schwer.

Trotzdem lief er zusammen mit den Soldaten über Waizenreuth weiter und kam noch über Muckenreuth bis nach Hahnengrün. Hier hoffte er vor den Amerikanern sicher zu sein. Man legte ihm einen Notverband an.

Doch anderntags musste HANS bei Dr. MÜLLER in Weidenberg Hilfe suchen, um nicht zu sterben. Zurück blieb eine große Wunde. Ein halbes Jahr dauerte damals seine Genesung. Die Narbe entstellte und behinderte ihn für ein ganzes Leben. Später betrachtete er diesen 14. April 1945 als seinen „zweiten Geburtstag".

Abb.: Der 15-jährige Hitlerjunge Hans Rabenstein im Frühjahr 1945.

„UNTERGEHEN UND AUFSTEHEN“
– Der Alltag unter Kriegsbedingungen und das Danach –

2. „GÄSTE UND FREMDLINGE“ (TEIL I)

Evakuierte in Weidenberg 1939-1945

ZWEITES BUCH:

„GÄSTE UND FREMDLINGE" (TEIL IA)

Evakuierte in Weidenberg 1939-1945

I. DIE EVAKUIERUNG DER SAARLÄNDER AUS OMMERSHEIM UND HECKENDALHEIM

Inhalt:

„Gäste und Fremdlinge“ in Weidenberg – eine Einführung

Das Thema dieses Kapitels „Gäste und Fremdlinge“ basiert auf drei Textstellen der Bibel:

Der Wortlaut stammt aus dem Epheserbrief 2, 19 *„So seid ihr nun nicht mehr* ***Gäste und Fremdlinge****, sondern Mitbürger der Heiligen und Gottes Hausgenossen“.* Das antike Bürgerrecht wird verglichen mit dem Raum der Kirche, in dem es keine zwei Klassen geben soll. Der Fremde hat bei Gott und in der Kirche das volle Bürgerrecht.

Für die Auslegung dieses Bürgerrechtes sind zwei Textstellen aus dem Alten und Neuen Testament maßgeblich: Erstens das Gesetz über die Heiligung des Alltages (3. Mose 19, 34). Moses fordert: *„****Der Fremde****, der sich bei euch aufhält, soll wie ein Einheimischer gelten, und du sollst ihn lieben wie dich selbst.“*

Noch weiter geht Jesus im Gleichnis vom Weltgericht (Matthäus 25, 25 und 35), wenn er sich vollständig mit den Fremden identifiziert. Er erklärt das Verhalten der Menschen gegenüber ihm als gleichbedeutend mit dem Verhalten gegenüber Fremden und macht dieses Verhalten zum Maßstab für Gottes Gericht über die Menschen: ***„Ich war fremd, und ihr habt mich aufgenommen*** *– Was ihr einem von diesen meinen geringsten Brüdern getan habt, das habt ihr mir getan“.*

Dieses Wort findet sich auch auf dem Holzrelief im Vorraum der katholischen St. Michaelskirche in Weidenberg-Rosenhammer, ergänzt mit der Ortsbezeichnung *„Ommersheim – Heckendalheim 5.9.1939 – 12.9.1940“* (Bild). Dankbare Evakuierte aus dem Saarland haben diese Tafel nach der Rückkehr in die Heimat gestiftet. Sie waren als Fremde ein Jahr lang unverhofft in Weidenberg.

Die Messlatte liegt also hoch für Christen im Umgang mit Fremden. In normalen Zeiten ist vieles durch die Bürgerrechte und die christlichen Gewohnheiten geregelt. Aber wie verhalten sich Menschen in besonderen Situationen, für die es keine oder nur unbefriedigende Regelungen gibt?

Barackenlager beim Autobahnbau 1936 am Bindlacher Berg, seit 1944 für tschechische Zwangsarbeiter genutzt

Diese Situation trat mehrfach in der Zeit des Nationalsozialismus ein:

Beim massiv vorangetriebenen Autobahnbau wurden eine große Zahl von **Arbeitern** eine Zeitlang zu Fremden, ebenso bei der Errichtung von Bunkern und Sperranlagen im Vorfeld des Krieges. Diese Arbeiter wohnten zumeist in Baracken, so auch beim Bau der Autobahn bei Bayreuth. Aber in ihrer Freizeit standen sie doch in Verbindung mit den Bürgern der umgebenden Gemeinden.

Beim seit 1935 verpflichtenden **Reichsarbeitsdienst** wurden Männer und Frauen in Lagern untergebracht. Man setzte sie beim Bau von Konzentrationslagern oder der Urbarmachung von Moor- und Heidelandschaften ein, aber auch – vor allem seit Kriegsbeginn –in der Landwirtschaft. Hier lebten sie in direkter Berührung mit den Einheimischen.

Wenig beachtet wird in der Erinnerung auch Görings 1938 eingeführtes Konkurrenzunternehmen zum RAD: die **„Pflichtjahrsmädchen"**. Alle Mädchen und jungen Frauen waren seitdem nach Abschluss der Schule zu einem Jahr Arbeit in der Land- und Hauswirtschaft verpflichtet. Sie sollten nicht nur ihre zukünftigen Rollen als Hausfrau und Mutter lernen, sondern in vielen Haushalten auch die fehlende Arbeitskraft der Kriegsdienst leistenden Männer kompensieren.

Von diesen beiden Gruppen Reichsarbeitsdienst und Pflichtjahrsmädchen berichteten die Zeitzeugen aus Weidenberg oft aus eigener Erfahrung. Aus Platzgründen wird hier aber auf eine gesonderte Darstellung verzichtet.[67]

Im Vorlauf zum Krieg und mit seinem Beginn erweiterte sich dieses Spektrum der

---

[67] Hingewiesen wird aber auf das Kapitel *„Arbeitsmaiden, Kriegsgefangene, Zwangsarbeiter, Kinderlandverschickte, Bombenopfer, Flüchtlinge ..."* desselben Verfassers für das Geseeser Heimatbuch 2021, in dem am Beispiel der Gemeinden Forkendorf und Gesees auch auf Einzelfälle eingegangen wird, vergl. insbesondere den Abschnitt *„Arbeitsmaiden und Pflichtjahrmädchen – nicht Sklavinnen, sondern Familienmitglieder"*.

Fremden in den Gemeinden. Im Frühherbst 1939 kam zunächst eine große Zahl von **Evakuierten** aus dem Westen. Denn entlang der Grenze nach Frankreich ließ Hitler kurz vor Kriegsbeginn die dort wohnenden Saarländer umquartieren.

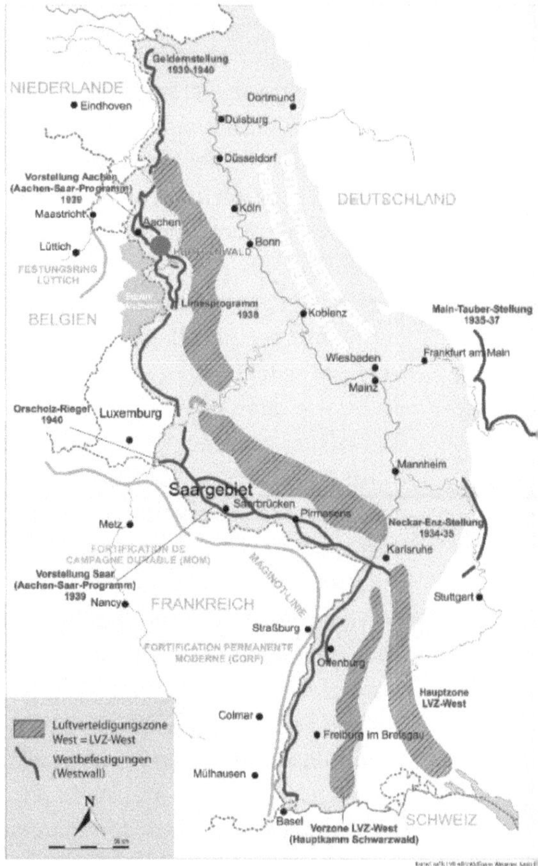

Bereits seit 1934 baute Deutschland Befestigungen gegen Frankreich:
Im August 1939 wird der Westwallbereich evakuiert

Die Gemeinde Weidenberg wurde damals ungefragt zur Gastgeberin einer ziemlich großen Gruppe aus dem Saargebiet. Sie musste erstmals lernen, mit dem fremden Dialekt der Saarländer, ihrer mehrheitlich katholischen Konfession und ihrem andersartigen Brauchtum umzugehen. Davon erzählt ausführlich der folgende Abschnitt: *„Die Evakuierung der Saarländer aus Ommersheim und Heckendalheim"*. Er entstand in enger Tuchfühlung mit dem „Arbeitskreis Dorfgeschichte Ommersheim", der auch ein entsprechendes Buch herausgegeben hat.[68] Die Gastgeberrolle Weidenbergs war damals eine „Vorübung" für die Aufnahme der vielen Flüchtlinge und Heimatvertriebenen nur wenige Jahre später.

Doch zunächst einmal kamen nun mit Hitlers Eroberungsfeldzügen seit September 1939 auch **Kriegsgefangene** aus den verschiedenen Ländern Europas nach Weidenberg. Im Einzelnen sind Franzosen, Jugoslawen, Polen, Serben, Russen und Tschechen nachweisbar. Sie wohnten überwiegend in den Gasthäusern und arbeiteten bei der Fa. SCHILLER, sowie im Bäckerhandwerk und in der Landwirtschaft, aber auch bei NS-Projekten, wie der Errichtung von Baracken.

Im Einzelnen schwer unterscheidbar waren auch die Gruppen der im Ausland freiwillig angeworbenen oder zwangsweise rekrutierten Arbeiter. Solche Arbeiter kamen aus Frankreich, aber auch aus den östlichen Ländern. So wurden dem Granitwerk

[68] Arbeitskreis Dorfgeschichte, *„Zeitzeugen II. Weltkrieg, Ommersheimer Zivilpersonen erzählen"*, 2009.

Schiller 20 französische „Zwangsarbeiter“ zugewiesen, welche die abgezogenen deutschen Arbeiter ersetzen sollten. Auch hier wird, wie bei den Kriegsgefangenen, auf eine gesonderte Darstellung verzichtet. Sie werden aber in den entsprechenden Kapiteln in diesem Band immer wieder mit angesprochen.

Allen den bisher genannten Gruppen, einschließlich RAD und Pflichtjahrmädchen, war ein mehr oder minder ausgeprägter Entzug der bürgerlichen Rechte von Amts wegen verordnet. Er reichte vom Verbot des gemeinsamen Essens an der Familientafel, über das Vorenthalten gewisser Nahrungsmittel und die Einschränkung der Freizügigkeit oder der Religionsausübung bis hin zum Verbot von sexuellen Kontakten mit der Bevölkerung. So kann es sein, das die Tätigkeit eines Deutschen beim Reichsarbeitsdienst in einzelnen Fällen ebenso als „Sklavenarbeit“ angesehen werden muss, wie das Los der Zwangsarbeiter, mit dem Unterschied, das ersteres befristet und stärker geordnet war, letzteres aber in Dauer und Willkürlichkeit aber ungeordnet.

Im Einzelnen kam es immer darauf an, wie sich die einzelnen Familien oder jeweilige Arbeitgeber gegenüber ihren Mitarbeitern verhielten. Von vielen ist bekannt, dass sie die Fremden nach den verinnerlichten Geboten der biblischen Gastfreundschaft behandelten und eine Kritik vonseiten der Parteileitung nicht fürchteten.

Andererseits konnte man beobachten, dass Kriegsgefangene vor allem aus Frankreich auch ein hohes Maß an Freiheiten genossen. Bei der Ausübung ihrer Tätigkeit wurden sie kaum bewacht. Und wenn sich trotz Verbot Nachwuchs einstellte, wurden die Frauen und Kinder auch von SS-Organisationen wie „Lebensborn“ unter besonderen Schutz gestellt, Hauptsache der Nachwuchs war „arisch“. Solche Nachsicht genossen slawische Väter nicht. Hier drohte den Beteiligten Haft oder Schlimmeres.

Eine neue Stufe bei der Inanspruchnahme der Gastfreundschaft bedeutete die schon bald beginnende Aufnahme von Bombenflüchtlingen aus Großstädten. Insbesondere auch Kinder wurden mit der „Kinderlandverschickung“ im oberfränkischen Hinterland in Sicherheit gebracht. Wegen der unermesslichen, aber meist unerkannten Traumata der Kinder wird exemplarisch ein Fall im nächstfolgenden eigenen Kapitel *„Ferien ohne Heimkehr“* geschildert. Die übrigen Evakuierten, auch nach den Bombengriffen auf Bayreuth, werden im Kapitel zum Kriegsende *„Warten auf die Sieger“* angesprochen.

Mit Kriegsende setzt dann auch der starke Zustrom von Flüchtlingen und Heimatvertriebenen aus dem Osten ein. Von ihnen wird in diesem Band wiederum aus Platzgründen exemplarisch nur die größte Gruppe, die „Sudetendeutschen“, herausgegriffen und ihnen ein eigenes Kapitel eingeräumt.[69]

[69] Für die Zahlen und Herkunftsländer der übrigen Flüchtlinge sei an dieser Stelle auf die Aufstellung bei JOACHIM KRÖLL, S. 182f, verwiesen.

I. DIE EVAKUIERUNG DER SAARLÄNDER AUS OMMERSHEIM UND HECKENDALHEIM

Geheimmaßnahmen zur Verschleierung von Hitlers Angriffskrieg

Wir waren gute Gastgeber. – Dieses Lob möchte jeder gern empfangen, der Gäste aufnimmt. Das ist die eine Seite der Medaille, die wir gern vorzeigen: Gastfreundschaft ist Christenpflicht, auch gegenüber Fremden.

Andererseits können sich zwischen Menschen, die einander bislang fremd waren, auch Aggressionen aufstauen, wenn sie sich nahekommen. Und die entladen sich bisweilen ungehemmt. Das ist die andere Seite der Medaille. Fremde in unserer Nähe irritieren uns, besonders dann, wenn wir sie nicht eingeladen haben.

In der Erinnerungsgeschichte der Marktgemeinde Weidenberg spielt der Umgang mit Fremden bislang kaum eine Rolle. Im Spruchkammerverfahren nach dem Krieg gegen den ehemaligen Bürgermeister und NSDAP-Ortsgruppenleiter GEORG RUMLER macht aber der Entlastungszeuge GRÖNINGER auf die Aufnahme von Fremden in der Gemeinde WEIDENBERG während der Kriegszeit aufmerksam und spielt auf die damit verbundenen menschlichen und logistischen Probleme an. Er gibt an, bei einem Zwischenfall mit einem Saarländer von RUMLER „anständig und korrekt behandelt worden" zu sein.

Es hat also damals Gereiztheiten zwischen Einheimischen und Fremden gegeben, wo der Bürgermeister anscheinend vermittelnd und schlichtend eingegriffen hat, wie der Zeuge sagen will. Was war los?

Weidenberg wird unfreiwilliger Exils-Ort auf Zeit

Begünstigt durch die sichere Lage im Hinterland des Dritten Reichs musste Weidenberg wie auch andere vergleichbare Gemeinden zwischen 1939 und 1945 wiederholt Evakuierte aus dem Saarland und Kinder und Erwachsene aus bombardierten Städten[70] aufnehmen. Dazu kamen, wie schon in der Einführung festgestellt, Fremde in kleinerer und größerer Zahl: Männer und Frauen vom Reichsarbeitsdienst, Pflichtjahrmädchen, Kriegsgefangene, Zwangsarbeiter, Ausgebombte und schließlich Flüchtlinge und Heimatvertriebene.

Natürlich will jeder Gast auf Händen getragen werden. Aber auch die „Amtswalter",

---

[70] Vergl. dazu das Kapitel *„Ferien ohne Heimkehr – Gestrandet bei der Kinderlandverschickung"*.

die von den Nazis eingesetzt waren, fühlten sich als Aushängeschilder ihrer Partei gefragt und waren besorgt um den Eindruck der Gemeinde: Fremdenfeindlichkeit wäre ein Urteil, das man sich ungern einfängt. Jeder will ja als Gastgeber gut dastehen.

Diese Seite der Medaille glänzt also in Weidenberg nun wieder nach der erfolgreichen Intervention des Ortsgruppenleiters. Damit erinnert der Zeuge an ein zeitgeschichtliches Ereignis aus der Nazizeit, das damals im wahrsten Sinn des Wortes viele Menschen bewegt hat, das aber in Weidenberg bis auf ein paar persönliche Freundschaften und Begegnungen von Sportvereinen wenige Spuren hinterlassen hat. Zu nennen wäre allenfalls noch das oben gezeigte Holzrelief im Vorraum der Kirche zum Gleichnis von den sieben Werken der Barmherzigkeit, welches die damaligen Gäste in dankbarer Erinnerung hinterlassen haben.

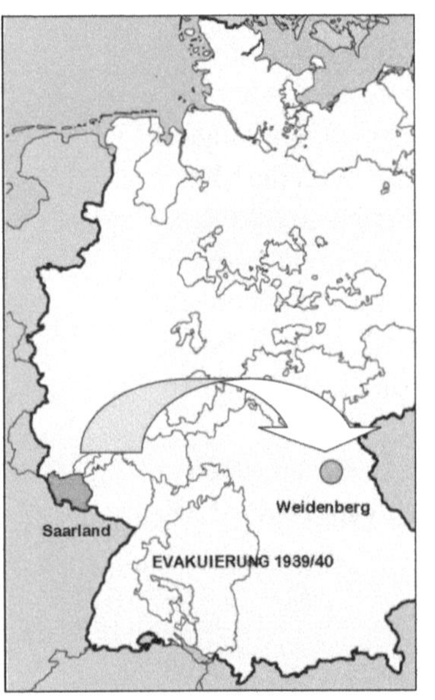

Evakuierung ins sichere Hinterland: Saarländer in Weidenberg 1939-40

Die Fremden in Weidenberg waren die Familien aus den beiden Dörfern OMMERSHEIM und HECKENDALHEIM aus dem Saargebiet östlich vom Flugplatz Saarbrücken, die auf dem Relief genannt sind[71] Sie mussten in den ersten Kriegsjahren 1939-1940 auf höhere Weisung ihre Heimat für eine zunächst ungewissen Zeit verlassen, weil ihre Orte in der hunderte Kilometer langen „roten Zone“ an der deutschen Westgrenze lagen, die aus Sorge vor Angriffe der Franzosen geräumt werden sollte.

Dieses Exil zu akzeptieren war den Saarländern nicht leichtgefallen. Denn nach der Volksabstimmung des Jahres 1935 waren die insgesamt rd. 800.000 Einwohnern des Saarlandes gerade erst aus der Vormundschaft des Völkerbundes ins Deutsche Reich „heimgekehrt“. Doch HITLER hatte bereits während der Sudetenkrise im Jahr 1938 die Sorge, dass Frankreich als Bündnispartner der Tschechoslowakei hier im Saarland einen militärischen Angriff vorbereiten könnte.

So hatte er im ganzen Land den Bau von umfangreichen Befestigungsanlagen angeordnet. Gleichzeitig hatte er für den militärischen Ernstfall einen Evakuierungsplan des Saargebietes

[71] Den folgenden Recherchen liegen u.a. authentische Zeitzeugenberichte von Einwohnern dieser Orte zugrunde. Deren Auswertung hat der zuständige „ARBEITSKREIS DORFGESCHICHTE“ freundlicherweise gestattet. Er hat im Jahr 2009 auch ein sorgfältig erstelltes, lesenswertes Buch als Band 2 der „OMMERSHEIMER DORFCHRONIK“ herausgebracht: *„Zeitzeugen II. Weltkrieg – Ommersheimer Zivilpersonen erzählen“.* Begegnungen des Verfassers von „MYRTEN FÜR DORNEN“ mit heutigen Einwohnern dieser Dörfer zeigen, dass die Ereignisse von damals durchaus noch in lebendiger Erinnerung sind.

vorbereiten lassen. Seitdem durchzogen immer massivere Sperranlagen und Bunker des „Westwalls“ das grenznahe Hinterland. Sie zerteilten die Fluren des einst behaglichen und idyllischen Bauernlandes und durchqueren auch manche Dörfer.

Aber dann will HITLER selber seinen lang geplanten Krieg beginnen. Unmittelbar bevor er am 1. September 1939 gegen Polen losschlägt, müssen die Saarländer auf Hitlers Anordnung fast über Nacht ihr angestammtes Zuhause verlassen.

Schachfiguren in Hitlers Kriegsplänen

Als sie gut vier Jahre zuvor, am 13. Januar 1935, beim Referendum in der Regie des Völkerbundes ihr Kreuzchen bei „Vereinigung mit Deutschland“ setzten, das hätte sich wohl nicht kaum einer der gut ½ Millionen wahlberechtigten Einwohner des Saarlandes vorstellen können, was die Hinwendung zu Deutschland alles an Schrecken für den Einzelnen und seine Familie mit sich bringen würde. Diese gutmütigen Menschen waren zu solchen schlimmen Befürchtungen gar nicht fähig.

Überwältigender Wahlerfolg der Nazis: Saarwahl 1935

Dabei hatte es von drei Seiten Warnungen vor dem Nationalsozialismus Hitlers gegeben: durch die massive französische Propaganda, durch die kleine Gruppe von Linken und durch Emigranten. Sie alle hatten daran erinnert, dass die Saarländer mit dem Votum für Deutschland unvermeidbar auch Hitlers Diktatur wählten. Die erste Schreckensbilanz dieser Gewaltherrschaft lag in diesem Jahr 1935 bereits längst vor aller Augen: Andersdenkende sahen sich massiv verfolgt und drastisch bestraft, die ersten KZs waren errichtet und füllten sich.

Doch solchen Warnungen hatten stimmberechtigten Saarländer keinen Glauben geschenkt. Sorglos – aus heutiger Sicht muss man sagen: leichtfertig – hatten fast alle ihr Herz weit für die Liebe zu Deutschland vorausgeworfen und sich an dieser Wahl beteiligt. Diese Euphorie schlug sich auch im Wahlergebnis nieder: Obwohl die Nazis keinen organisatorischen Einfluss nehmen, sondern nur propagandistisch wirken konnten, hatten 90,6 % der Wähler freudig und erwartungsvoll für den Anschluss an Deutschland gestimmt. Lediglich 0,4% hatten ein Interesse am Anschluss an Frankreich bekundet. Zu negativ wirkten die Folgen der französischen Besetzung nach. Weitere 8,9% hätten es vorgezogen, den bisherigen „Status quo" des bereits 15 Jahren währenden „Saarstatuts" unter Völkerbundaufsicht weiter beizubehalten.

Die überwältigende Mehrheit hatte freiwillig ihr weiteres Geschick in Hitlers Hände gelegt. Sie durchschauten nicht, dass HITLER gar nicht die Wohlfahrt der Menschen an der Saar am Herzen lag, wie er so großmäulig verkündet hatte, sondern nur ein strategisches Kalkül: Er strebte eine möglichst breite Pufferzone im Westen Deutschlands an, um für seine aggressive Kriegspolitik gegenüber Tschechien, Polen und Russland den Rücken frei zu haben. Er wollte ein freies Schussfeld gegenüber Frankreich. Das ahnten diese armen Opfer seiner Politik nicht; sie merkten es erst, als bereits im folgenden Jahr nach der Besetzung des Rheinlandes überall Bunkeranlagen aus dem Boden sprießten. Doch da wagte keiner mehr zu widersprechen.

Binnen weniger Jahre entstand entlang der Westgrenze Deutschlands ein über 600 km langer, massiver Verteidigungswall, der von der Nordsee bis zur Schweiz reichte. Er sollte ein Bollwerk sein gegenüber einem französischen Vorstoß über das Elsass, Luxemburg und Belgien bis hinauf zu den Niederlanden. Im Ernstfall sollte die zwischen 10 und 20 km breite „Rote Zone" im Vorfeld dieses „Westwalls" von der Bevölkerung ganz geräumt und dem Gegner preisgegeben werden. Ihm schloss sich dem Landesinneren zu die etwa 20 km breite „Grüne Zone" an. Hier lagen die Kampfbunker zur Verteidigung. So zerteilte der Westwall die idyllische Landschaft des wieder erworbenen Saarlandes mit jedem Jahr massiver.

Der Gigantismus dieses Projektes machte die Bevölkerung sprachlos und weckte auch im benachbarten Ausland enormes Misstrauen gegenüber Hitlers vermeintlicher Friedenspolitik. Dieser militärische Aufwand war bezeichnend für den Größenwahn des NS-Systems und verdient ein eigenes Augenmerk.

Nur scheinbar sicher: „Höckerlinie" des „Westwalls" bei Ommersheim 1939

Bereits unmittelbar nach der Saarabstimmung hatte HITLER die Planungen für den Bau dieser gigantischen Befestigungsanlagen befohlen. Als offizielle Bezeichnung wurde „Limes-Programm" gewählt, als Erinnerung an den römischen Grenzwall der Antike. Die Arbeiter gebrauchten den Begriff „Westwall“. Und im Verlauf des Krieges prägten dann die westlichen Alliierten den Ausdruck „Siegfried-Linie“.

Provozierend, gigantisch, aber nicht unverwundbar: die „Siegfriedlinie“

Weil das englische Worte „Line“ auch Wäscheleine bedeutet, sah sich ein Ire beim britischen Expeditionskorps dann zu einem ironischen Marschlied inspiriert: *„We're Going to Hang out the Washing on the Siegfried Line – Wir trocknen unsere Wäsche an der Siegfriedlinie“.* Er wollte die Verteidigungskraft der Anlagen ins Lächerliche ziehen. Wie recht er damit hatte, erwies sich dann ab Herbst 1944 beim alliierten Vorstoß.

Hitlers neu geschaffene „Organisation Todt“ macht sich also hier einiges vor, als sie dann im Jahr 1938, statt die Autobahnen weiter zu bauen, ihre Millionen Tonnen Beton in Abertausende Bunker und Panzersperranlagen gießt. Der einzige Nutzen ist eine gewaltige Arbeitsbeschaffungsmaßnahme, denn hier kann ein Heer von Arbeitern Hand anlegen. Der Staat geht darüber fast bankrott.

Hitlers Cheforganisator für dieses Projekt FRITZ TODT hat aus allen Teilen des Reichsgebietes fast 500.000 (!) Arbeiter zusammengetrommelt, zum größeren Teil zwangs- und dienstverpflichtet und deshalb nur begrenzt motiviert. Der soziale Friede gerät bei ihnen, wie auch bei den „gastgebenden“ Saarländern in Gefahr: Denn sie wohnen bei Familien, in Gasthaussälen, in beschlagnahmten Privathäusern, oder sie hausen unter primitiven Umständen in Barackenlagern, die z.T. vom Autobahnbau übriggeblieben sind.

Jubeln trotz Bedrängnis: Westwallarbeiter bei der Besichtigung durch HITLER 1939 (Bild: Bundesarchiv)

13 Stunden müssen diese Männer täglich arbeiten. Sie fühlen sich ausgebeutet. Einige werden unruhig. Sie zeigen ihren Unmut in streikähnlichen Protesten. So erhöht der Arbeitgeber den bescheidenen Verdienst schließlich auf bis zu 90 RM monatlich, ein für die damalige Zeit typisches Arbeitereinkommen. Immer wieder zeigt sich auch hier die Diskrepanz zwischen dem vollmundigen sozialen Anspruch des NS-Systems und seiner hemdsärmeligen Skrupellosigkeit, die ja auch in WEIDEN-

BERG schon beim Bau der Neuen Straße sichtbar geworden war; dort war es ebenfalls zu Unruhen gekommen.[72]

Die Spannungen setzen sich bis in die einzelnen Familien und Dorfgemeinschaften hinein fort. Um Platz für die Verteidigungsanlagen zu schaffen, werden gleich im ersten Baujahr über 30.000 Bauernfamilien gezwungen, ihre Betriebe dauerhaft zu verlassen. Für die militärische Nutzung sollen sie ihre landwirtschaftlichen Betriebsflächen in Größe von insgesamt 120.000 Hektar opfern. Es ist ein Raubbau mit volkswirtschaftlichen Folgen: Der Schaden für die Ernährung der deutschen Bevölkerung ist spürbar.

Auch für das soziale Miteinander im Saarland stellt das Bauprojekt einen immensen Prüfstein dar. Die örtliche Infrastruktur für das tägliche Leben sollte in den Gemeinden binnen kurzem auf fast die doppelte Anzahl von Menschen ausgerichtet werden. Kirmes und der Tanz im Dorfkrug müssen ausfallen; an die gewohnte Geselligkeit ist in dieser Zeit kaum mehr zu denken. Dagegen steigt die Kriminalität steil an. Chaos droht. Polizeilager und drastische Strafen sollen Ordnung bringen.

Unbeschreiblich ist der Schaden für die Natur, Die gewachsene idyllische Landschaft des Saarlandes ist bald nicht mehr wiederzuerkennen. Natürlich werden die Bunker und Betonhindernisse der „Höckerlinie“ mit Grün getarnt. Doch können die ungeheuren Mengen an verbautem Zement und Eisen nicht verborgen bleiben.

Etwa die Hälfte der gesamten Zementproduktion Deutschlands fließt zu dieser Zeit in den Bau des Westwalls! Sie fehlt natürlich anderenorts für private oder öffentliche Bauvorhaben. Der ungeheure Materialtransport belastet Bahn, Straßenverkehr und Rheinschifffahrt. Bis an die Leistungsgrenzen ist auch der Busverkehr für den täglichen Transport der Arbeiter zu ihren Baustellen beansprucht.

Geheimer Stufenplan zur Evakuierung der vergewaltigten Bevölkerung

Von den betroffenen Saarländern hört man seltsamerweise niemanden protestieren, jetzt nicht, und auch später nicht. Es ist ähnlich, wie bei Opfern von Vergewaltigung: Der bzw. die Geschändete schweigt oft aus Scham. Er bzw. sie sucht die Schuld eher bei sich selbst, als beim Täter. Dieser Täter wirkt zudem inzwischen so übermächtig, dass man jeden Widerstand für zwecklos hält. Begehrt einer dennoch auf, so wissen HITLER und seine Leute ihn einzuschüchtern, sei es mit einschmeichelnden Worten, sei es mit scharfen moralischen Appellen oder mit Strafandrohung.

Im Kriegsfall ist die Evakuierung der Bevölkerung vorgesehen. Verschleiernd wird das ganze Projekt „Rückführung der Bevölkerung“ genannt. Ein detaillierter Stufen-

---

[72] Vergl. das Kapitel über *„die Herrschaft der Nazis in Weidenberg“* in der 3. Folge des Projektes ‚MYRTEN FÜR DORNEN‘ „Der Anstreicher und seine Lehrjungen“, S. 234ff.

plan regelt den Ablauf. Er bleibt bis zuletzt streng geheim. Seine Phasen werden mit acht beziehungsreichen Kennwörtern codiert. Sie beschreiben die acht aufeinander folgenden Schritte für die Evakuierung der Bevölkerung.

Das Kennwort „Adventskranz" läutet die Phase der Vorbereitung ein; „Beleuchtung" ruft die Verantwortlichen zur Einweisung zusammen; „Drehbank" soll die Unterbringung und Verpflegung der „Rückgeführten" regeln; „Möbelwagen" dient der Sicherstellung von Sachwerten der Behörden und der Wirtschaft; „Frühlingsfest" regelt sinnigerweise die Umsiedlung von Krankenhäusern, Pflegeeinrichtungen oder Haftanstalten; „Geduldspiel" soll die Evakuierung von Menschen ordnen, die nicht marschieren können, sie dürfen Bahn fahren. Das Stichwort „Vorgarten" meint schließlich den eigentlichen Ernstfall, nämlich dass alle, die in der vorgelagerten „Roten Zone" wohnen, nun ihr Land endgültig verlassen müssen. Und der Plan „Hinterhaus" regelt vorsorglich auch die Räumung der Grünen Zone, falls entsprechende Angriffshandlungen des erwarteten Gegners erfolgen, er tritt aber bei dieser ersten Evakuierung noch nicht in Kraft.

Von der jeweiligen Stufe dieser Planung erfahren die Gemeinten erst in dem Moment, wenn es sie unmittelbar betrifft. Es soll ja über die langfristigen deutschen Vorplanungen für diesen Krieg nichts nach außen dringen. Er soll ja „überraschend" beginnen und sich einzig der polnischen Aggression in der Nacht zum 1. September 1939 verdanken, wie die Nazis dann behaupten werden. Doch belegt das bereits vorher anlaufende Programm, wie genau längst alles auf deutscher Seite geplant war. Hitlers Angriff auf Polen ist nur ein Akt in seinem langfristig angelegten Kampf um die Weltherrschaft.

Der Count-Down beginnt

So lädt auch der längst eingeweihte Landrat SCHWARZ des Landkreises BAYREUTH die Bürgermeister zu einer „vertraulichen Besprechung" bereits fünf Tage vor Kriegsbeginn, am 27. Aug. 1939, ein. Hier unterrichtet er sie von der nun anlaufenden „Rückführung der saarländischen Bevölkerung in die geplanten Bergungsgebiete".

Im anschließenden Rundschreiben teilt der Landrat unter anderen auch dem Ortsgruppenleiter RUMLER in WEIDENBERG seine Erwartung mit, dass die Einquartierung der Evakuierten *„seitens der Gemeinden rechtzeitig und sorgfältig vorbereitet wird und dass die aufzunehmenden Personen von allen freundlich und taktvoll behandelt werden"*.

Auch an die Kosten ist gedacht: Für jeden Aufgenommenen soll ein Quartierzettel

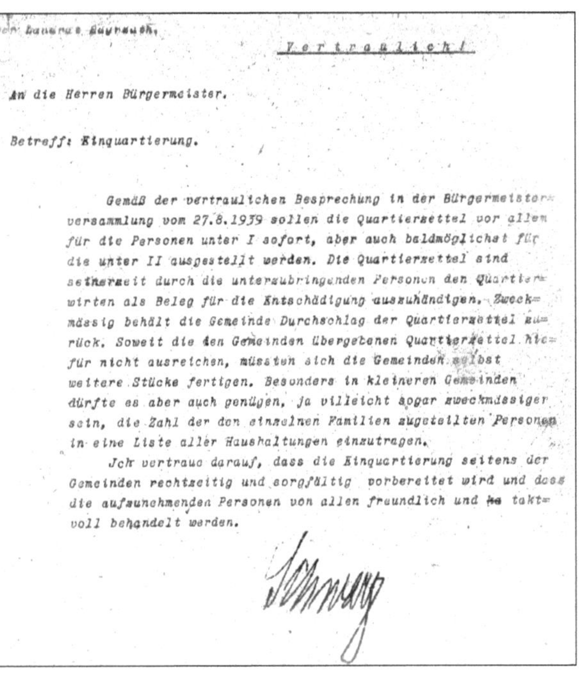

Der Landrat Bayreuth.

Vertraulich!

An die Herren Bürgermeister.

Betreff: Einquartierung.

Gemäß der vertraulichen Besprechung in der Bürgermeister=versammlung vom 27.8.1939 sollen die Quartierzettel vor allem für die Personen unter I sofort, aber auch baldmöglichst für die unter II ausgestellt werden. Die Quartierzettel sind seinerzeit durch die unterzubringenden Personen den Quartier=wirten als Beleg für die Entschädigung auszuhändigen. Zweck=mässig behält die Gemeinde Durchschlag der Quartierzettel zu=rück. Soweit die den Gemeinden übergebenen Quartierzettel hie=für nicht ausreichen, müssten sich die Gemeinden selbst weitere Stücke fertigen. Besonders in kleineren Gemeinden dürfte es aber auch genügen, ja villeicht sogar zweckmässiger sein, die Zahl der den einzelnen Familien zugeteilten Personen in eine Liste aller Haushaltungen einzutragen.

Jch vertraue darauf, dass die Einquartierung seitens der Gemeinden rechtzeitig und sorgfältig vorbereitet wird und dass die aufzunehmenden Personen von allen freundlich und taktvoll behandelt werden.

„Freundlich und taktvoll“ behandeln: Rundschreiben des Bayreuther Landrats an alle Gastgemeinden

ausgestellt werden, den dieser seinem Quartiergeber zur Abrechnung für die zugedachte Entschädigung aushändigen soll.

Die Einwohner der Orte OMMERSHEIM und HECKENDALHEIM sind katholisch. Sie werden auf Thüringen und Oberfranken verteilt. Etliche von ihnen werden zur Aufnahme dem evangelischen Markt WEIDENBERG zugeteilt.

Es ist konfessionell betrachtet ein Akt erzwungener Ökumene, der als Nebeneffekt Hitlers Lieblingsidee von *„Einer Christenheit im Einen Reich unter Einem Führer“* voranbringen soll. Die Vielfalt der Menschen in Kultur und Religion ist für HITLER „von gestern“, nur die absolute Einmütigkeit in allen Lebensbereichen, so auch in der Religion, kann in seinen Augen die Nation für die Vorherrschaft über Europa und die Welt stark machen.

Eine Evakuierung, welche die Zumutungen der Vertreibung vorwegnimmt

Östlich des Flugplatzes von SAARBRÜCKEN erstreckt sich der Landkreis St. Ingbert. Die beiden bäuerlich geprägten Orte OMMERSHEIM und HECKENDALHEIM, aus denen Einwohner zur Evakuierung nach WEIDENBERG vorgesehen sind, liegen direkt vor den Bunkern und Höckerlinien des „Westwalles". OMMERSHEIM hat in diesem Jahr 1939 1.407 Einwohner, im Nachbarort HECKENDALHEIM wohnen 762 Einwohner, die nun alle fortgebracht werden sollen. Sie kennen ihr Ziel nicht.

Die erste Phase der Evakuierung beginnt am 29. August 1939, drei Tage vor dem Überfall der deutschen Truppen auf Polen. Die Menschen sollen rasch ihre Sachen packen. 30 kg Gepäck, wie es in der Literatur meist heißt, nach Information von Zeitzeugen sogar nur 25 kg, also nicht viel mehr als ein bis zwei Koffer, darf jeder mitnehmen. Das ist weniger, als dann im Jahr 1946 den Sudetendeutschen bei der Vertreibung erlaubt werden, da waren es 40 kg.

Bis auf die Feuerwehr und einen Notdienst, der sich u.a. um die Bergung des Viehs kümmert, müssen alle ihren Ort verlassen. Die verlassenen Häuser müssen unverschlossen (!) bleiben.

Das Vieh soll komplett zurückgelassen werden und zunächst frei herumlaufen. Teilweise wird das Vieh in den folgenden Tagen ins Landesinnere abtransportiert, teilweise wandert es auch sofort in die Schlachthöfe. So können manche Wegziehende wenigstens noch etwas Fleisch mitnehmen. Von den Ommersheimer und Heckendalheimer Bauern sieht keiner sein Vieh wieder. Manche Bewohner verlieren ihren Besitz gänzlich.

Einst eine hübsche Dorfkultur:
Ommersheim vor seiner Verwüstung auf einer Postkarte von 1912

Sie sollen nun in ihre Auffanggebiete, offiziell „Bergungsgebiete“ genannt, befördert werden. So sind in diesen Tagen fast eine Million Menschen in Richtung Osten unterwegs. Busse gibt es fast keine, sie werden ja für die Westwallarbeiter gebraucht, die bis weit in die Kriegszeit hinein tätig sind. Auf der Pritsche von Fuhrwerken und Lastkraftwagen, mit einzelnen doch noch nutzbaren Bussen und dann mit der Eisenbahn, verlassen die Betroffenen über Nebenstraßen ihre Heimatorte

Ein „Sitzkrieg“ auf Kosten der Bevölkerung

Auf den Hauptstraßen begegnen ihnen reguläre Truppen; sie sind in entgegengesetzter Richtung unterwegs, um in den umfangreichen Grenzbefestigungen und in den offenen Häusern der verlassenen Dörfer ihre Stellungen zu beziehen und den Angriff der Franzosen zu erwarten.

Die Soldaten haben es gut, jedenfalls besser als die Männer dann später beim aufgeheizten und brutalen Vorgehen des deutschen Heeres im Osten. An der Westgrenze erwartet sie ein entspannter „Sitzkrieg". HITLER will zunächst seinen Vorstoß nach Polen erfolgreich hinter sich bringen. Angeblich will er ja nur die Transitverbindungen nach Ostpreußen festigen und die freie Stadt DANZIG „heim ins Reich holen", wie die wochenlange Propaganda im Rundfunk bislang immer wieder beschwichtigend betont hat.

Doch in Wahrheit sind Hitlers Ziele im Osten viel weitergesteckt: Er will Polen vollständig unterjochen und zerteilen. Seine Führung und Intelligenz sollen vernichtet werden. Schon hier will er beginnen, die „Judenfrage" endgültig zu lösen, die er in Friedenszeiten bisher noch vor sich hergeschoben hat.

Danach will HITLER auch im Norden, nach Skandinavien hin, seine Flanke sichern. Erst dann will er sich den Franzosen zuwenden. Nach deren Besiegung will er sich wieder nach Osten wenden und den Marsch nach Russland antreten, um den vielbeschworenen „Lebensraum im Osten" zu erobern.

HITLER hatte nach seinem Überfall auf Polen mit einer militärischen Reaktion Frankreichs gerechnet, daher die Errichtung und Bestückung des Westwalls. Doch überraschenderweise kommen die Franzosen ihrer Selbstverpflichtung zur Verteidigung Polens nicht nach. Zwar haben sie gemeinsam mit den Engländern Deutschland inzwischen offiziell den Krieg erklärt, sie riskieren aber nichts. Von einzelnen Spähunternehmen und kleinen Scharmützeln abgesehen, bleiben sie ihrerseits hinter den Betonwänden ihrer „Maginotlinie" in gebührendem Abstand verschanzt.

Und auch die Deutschen warten ab. Nicht zufällig heißt es: „Die Hälfte seines Lebens wartet der Soldat vergebens." Das heißt aber auch: Je länger, je mehr langweilen sie sich, und das über sieben lange Monate hinweg. Nichts ist schlimmer für einen Soldaten als Langeweile. Nichts ist vor seinen Exkursionen sicher. Die verlassenen Häuser der Evakuierten stehen ja einladend weit offen.

Lässt sich nicht hier ein Fläschchen Wein finden zum gemeinsamen Genuss mit den Kameraden? Steht dort nicht ein hübsches Möbelstück zur Verschönerung des kahlen Bunkers? Kein Wunder, wenn schon bald die verlassenen Häuser ziemlich ramponiert und leergeräumt sind. Ihre Besitzer im fernen „Bergungsgebiet" ahnen von dem Vandalismus nichts. Sie vertrauen Hitlers Führung.

Sie sehen erst nach ihrer Rückkehr, was die Soldaten angerichtet haben und es graust ihnen: In einem Haus haben die angeheiterten Kameraden z. B. in der Küche einen Kochtopf voll von Exkrementen hinterlassen, zur Verzierung haben sie einen Regenschirm hineingesteckt – der derbe Humor von Landsern ist eben nichts für zartbesaitete Zivilisten! Erst drastische Strafgerichte bis hin zu Exekutionen beenden dieses Lotterleben der unterbeschäftigten Landser wenigstens teilweise.

Aufbruch in die unbekannte Fremde

Von diesen Orgien ahnen die gutgläubigen Evakuierten wie gesagt nichts, als sie sich nachmittags vor ihrem Bürgermeisteramt einfinden. Hier warten sie auf die Lastwagen oder Fuhrwerke, die sie aus der Sperrzone bringen sollen. Nach einigen Verzögerungen starten die Transporte endlich im Lauf des Abends. Es ist bereits gegen 20.30 Uhr, als der letzte Lastwagen mit etwa zwanzig Personen, darunter auch Kinder, das Dorf in Richtung Fremde verlässt.

Zwiespältige Erfahrungen von Gastfreundschaft

Erster Sammelpunkt ist der kleine Ort EULENBIS bei Kaiserslautern. Das Dorf, erheblich kleiner als OMMERSHEIM, ist rasch überfüllt. Von einer planmäßigen Organisation kann nicht die Rede sein. Was die einen als wohlorganisiert empfinden, wirkt auf andere Zeitzeugen chaotisch und erbärmlich. Die meisten müssen zufrieden sein, wenn sie auf Stroh oder Matratzenlagern übernachten dürfen. Was nach außen als Organisationswunder der Nazis gerühmt wird, ist in Wahrheit banale Improvisation mitten im Chaos, unter Ausnutzung von Gutgläubigkeit und Idealismus der Betroffenen.

Den größeren Kindern mag das Erlebte wie ein Abenteuer erscheinen; auf die Kleineren wirkt es beängstigend. Manche Kinder weinen, als sie das primitive Strohlager im Tanzsaal des Dorfes beziehen sollen. Sie denken an ihr schönes Bettchen zu Hause zurück. Sie verstehen nicht, warum sie ihr heimeliges Dorf verlassen mussten und sogar ihre geliebte Puppe dort zurückblieb.

Die Letzten kommen mitten in der Nacht an. Sie werden mit der Information empfangen, dass alles hoffnungslos belegt sei. Der LKW-Fahrer wird beauftragt, sie zur nahe gelegenen Pfeiffermühle, einer Wasserpumpstation, zu fahren, an der sich neben einem Bauernhof auch eine Gaststätte befindet. Doch weil es schon mitten in der Nacht ist, lässt sich der Gastwirt nur mit Mühe

Transport auf dem Lastwagen:
Ommersheimer Familien, hier beim Rücktransport 1940

wecken und dazu überreden, die Tür zu öffnen. Widerwillig stellt er den späten Gästen das Nebenzimmer der Gaststätte zur Verfügung. Es besitzt keine Einrichtung, nur einen blanken Fußboden.

Der benachbarte Bauer ist trotz der vorgerückten Stunde mitleidiger und gibt den Quartiersuchenden Stroh, um sich ein Lager herzurichten. In den folgenden Tagen versorgt er seine unfreiwilligen Gäste sogar hie und da mit einer kleinen Mahlzeit.

Zur Hilfe eingeteilte Hitlerjungen und BdM-Mädchen bemühen sich ehrgeizig um Hilfestellung, sind aber überfordert. Auch Laienmitarbeiter der NSV sind am Werk, denen diese Aufgaben der Organisation und Hilfe zugeschoben wurden. Die Verpflegung kommt aus der Feldküche; ob man davon wirklich satt wird, scheint auf dem weiteren Weg eher dem Zufall überlassen.

Doch das Ganze ist ja nur ein erster Vorgeschmack auf die zwangsweise Völkerwanderung, die dann vor allem in den beiden letzten Kriegsjahren 1944/45 einsetzen wird und von der die mehr als zehnfache Zahl von Deutschen betroffen ist. Dann werden nicht nur Deutsche aus dem Osten Europas und Deutschlands unter primitivsten Umständen unterwegs auf der Suche nach einer Zuflucht sein; auch die gebeutelten Saarländer werden dann, was vielfach heute nicht mehr bekannt ist, ein zweites Mal vom Heimatverlust betroffen sein. Dann sind es die Amerikaner, die von Westen her auf den scheinbar uneinnehmbaren Westwall vorrücken, ihre „Wäsche auf die Siegfriedlinie" hängen. Vor ihnen werden die inzwischen Heimgekehrten ein zweites Mal „in Sicherheit" gebracht.

Doch im Jahr 1939, im damals noch scheinbar gut organisierten Deutschland, da verwundert solches Chaos, denn es widerspricht eigentlich so ganz grundlegend dem Selbstverständnis des Hitlerregimes, das sich stets seines überwältigenden Organisationstalents rühmt. Nach drei Tagen in dem völlig überfüllten Dörfchen geht der Transport zum Bahnhof und von dort mit dem Zug weiter, für die meisten in Richtung Franken. Manche Familien sind auseinandergerissen. Eine Zentralkartei soll helfen, die Evakuierten wieder zusammenzubringen. Notfalls dürfen Quartiere gewechselt werden, damit Angehörige sich finden.

Letzter Blick auf die Heimat: Abschied an der Eulenkopfwarte

Am Sonntagmorgen, dem dritten Tag des September 1939 und zugleich dritten Tag des Zweiten Weltkrieges, der zugleich der sechste Tag der unfreiwilligen Odyssee dieser Saarländer ist, zelebriert der Ommersheimer Kaplan EGLI für die sg. „Rückwanderer" an der „Eulenkopfwarte" eine bewegende Messe unter freiem Himmel. Der Platz ist ein markanter Aussichtspunkt in 420 m Höhe oberhalb von Eulenbis mit einem eindrucksvollen steinernen Turm von 1914 und einer erhebenden Aussicht. Es ist für eine ungewisse Zeit das letzte Mal, dass sie von hier oben ihre Heimat noch einmal sehen. Wie wird es den Heimatlosen in ihrer zugewiesenen Zwangsheimat gehen?

Weidenberg ist „Bergungsgebiet"

Jedenfalls bedeutet diese erste Welle von Unterkunftsuchenden eine spürbare Herausforderung für die kleine Marktgemeinde WEIDENBERG. Bis zu diesem Zeitpunkt hatte sie noch nie mit einem solchen Ansturm von Menschen zu tun.

Solche Erfahrung war auch für all die anderen Gemeinden Neuland, die in diese große Völkerwanderung zu Kriegsbeginn einbezogen waren. Die Wohnungsbesitzer sollen ja nicht nur lustlos Quartiere bereitstellen. Sie müssen vielmehr dafür gewonnen werden, einfühlsame, zuwendungsbereite „Gastgeber" zu sein. Was bedeutet es in der Praxis, „freundlich und taktvoll" zu sein, wie es der Landrat gewünscht hat? Und kann man Freundlichkeit und Taktgefühl so einfach anordnen?

Dreihundert Personen aus den beiden ländlichen Dörfern OMMERSHEIM und HECKENDALHEIM sind es schließlich, vom Kleinkind bis zur Oma, die nach Aufzeichnungen des mit betroffenen Saarländers OTTO ANDREAS WALLE in „Oberfranken in dem Marktflecken Weidenberg abgesetzt" werden.[73]

Weitere kommen seiner Erinnerung nach in den Dörfern rund um Weidenberg unter, so in GÖRSCHNITZ, GOSSENREUTH, HEßLACH, FISCHBACH, OBERWARMENSTEINACH und LANKENDORF.

Auch die oberhalb von WEIDENBERG gelegene FRANKENPFALZ mit KIRCHENPINGARTEN, TRESSAU, MUCKENREUTH und KIRMSEES ist Gastgeber. Für die katholischen Saarländer

Zu Gast im Mesnerhaus von Rosenhammer:
Saarländer Familien Hofmann, Hupert und Schnabel-
+ Die Kinder Otto und Marianne Hofmann ertranken 1941 in der Warmen Steinach

[73] Vergl. „Seinerzeit" Nr. 4/95 v. 31.03.1995.

dort oben entsteht ein bisschen Heimatgefühl, nicht wegen der grünen Landschaft am Balkon des Fichtelgebirges, weil auch die meisten Frankenpfälzer Katholiken sind und hier ihre hübsche Jakobuskirche haben. – Die in Weidenberg Wohnenden haben die damals noch winzige katholische Kirche am Rosenhammer als gottesdienstlichen Treffpunkt.

Im Ganzen sind es also mindestens 400 von den knapp 2.200 Einwohnern der beiden Heimatorte OMMERSHEIM und HECKENDALHEIM, also knapp 20 % der Bevölkerung, die nun in und um Weidenberg Zuflucht suchen, ein kleiner Vorgeschmack dessen, was dann fünf und mehr Jahre später an Menschenmassen in diese einst so ruhige und biedere Gegend Oberfrankens einströmen wird.

Ja, Fremdenverkehrsort hatte man in WEIDENBERG eigentlich schon lange sein wollen, jedenfalls nach den Visionen des Weidenberger „Verschönerungsvereins".[74] Einige vorausschauende Bürger unter dem Vorsitz von Pfarrer REDENBACHER hatten schon seit ein bis zwei Generationen einen Wandel von der Bauern- zur Fremdenverkehrsgemeinde angestrebt. Aber doch nicht unter diesen Umständen und in dieser Größenordnung! Der Ort war doch eigentlich noch gar nicht für solchen Zustrom bereit!

Ein noch größerer Anteil von 500 Menschen aus den beiden genannten saarländischen Orten wird freilich in die Gegend um das Wallfahrtskloster Marienweiher bei MARKTLEUGAST gebracht, darunter die Eltern des genannten OTTO WALLE. Die übrigen knapp 60% der evakuierten Bevölkerung von OMMERSHEIM und HECKENDALHEIM werden auf insgesamt über 30 weitere Orte in den oberfränkischen Landkreisen STADTSTEINACH, KULMBACH, KRONACH und COBURG aufgeteilt. Einige bleiben im mainfränkischen Gebiet bei WÜRZBURG, andere werden bis hinauf in die thüringischen Kreise GOTHA, ERFURT und GERA geschickt.

WEIDENBERG und seine Umgebung bilden aber bei den „Bergungsgebieten" für die Quartiersuchenden aus den beiden Gemeinden OMMERSHEIM und HECKENDALHEIM einen deutlichen Schwerpunkt. So nimmt es auch nicht Wunder, dass in den Erinnerungen der Zeitzeugen, die 70 Jahre nach diesem Ereignis vom „Arbeitskreis Dorfgeschichte" im Jahr 2009 in OMMERSHEIM befragt wurden, der Aufenthalt in der Gemeinde WEIDENBERG einen besonderen Platz einnimmt: In immerhin 13 von 49 Berichten finden Erfahrungen von der Aufnahme in WEIDENBERG z.T. ausführliche Erwähnung.

Einige tiefergehende Erfahrungen schälen sich dabei besonders heraus:

1. Die Bedeutung der selbstorganisierten geistlichen Betreuung,

---

[74] Vergl. das Kapitel über die Tätigkeit des Verschönerungsvereins Weidenberg in der 2. Folge des Projektes ‚MYRTEN FÜR DORNEN' „Licht und Schatten der neuen Zeit.

2. die schulische Betreuung,
3. der Umgang mit den Vorurteilen gegenüber den Saarländern,
4. die Suche der Saarländer nach einer Rolle im Ortsalltag,
5. der Umgang mit lebensgeschichtlichen Fügungen,
6. die Erfahrungen von Glück und Trauer.

In der Erinnerung der Saarländer haben diese Erfahrungen auch eine biblisch-religiöse Dimension. Sie kommt in dem geschnitzten Holzschild zum Gleichnis Jesu vom Weltgericht zum Ausdruck, das die Gäste im Nachhinein für die katholische Kirche in Rosenhammer stifteten: „Ich war fremd und ihr habt mich aufgenommen." Dieses Motiv „Gäste und Fremdlinge" ist bewusst auch das Thema des ganzen diesbezüglichen Kapitels im Projekt ‚Myrten für Dornen'.

Das Leben in der Fremde

Die Bedeutung der selbstorganisierten geistlichen Betreuung

Die Ommersheimer und Heckendalheimer, durchwegs der katholischen Kirche zugehörig, empfinden sich als „christliche Gemeinde in der Fremde". Sie haben bewusst ihre eigenen Geistlichen mitgebracht: Kaplan EGLI hat nicht nur eine bewegende Abschiedsmesse auf dem Eulenkopf in der Pfalz gefeiert, er begleitet auch seine Gemeinde und versucht, ihr seelsorgerlich beizustehen.

Kaplan EGLI hat in Rosenhammer sein Zentrum. Das dortige kleine, 1901 für die 112 Katholiken Weidenbergs erbaute Kirchlein ist nicht nur sonntäglicher Treff der Gläubigen, die nun jeden Sonntag, im Wechsel mit dem damaligen Geistlichen von Kirchenpingarten, MICHAEL GEIGER und seinem Kaplan ALOIS WINTER, ihre Messe feiern können; sondern der Ortsteil Rosenhammer und seine paar Häuser entwickeln sich darüber hinaus auch zum Kristallisationspunkt des Gemeinschaftslebens und der Geselligkeit der Saarländer, die hier am Geschick der Leidensgefährten Anteil nehmen.

Geistlicher Treff der Evakuierten: Röm.-kath. Kirche Rosenhammer 1939

Der eigentliche Gemeindepfarrer GEORG FRIEDRICH EBERLEIN kommt am 4. Sept. nach. Er sieht sich zuständig für seine ganze zerstreute Herde in Mittel- und Oberfranken und in Thüringen und ist deshalb ständig auf Reisen. Amtshandlungen wie Taufen, Trauungen und Beerdigun-

Pfarrer Georg Friedr. Eberlein
(1890-1967)

gen, die auch in der Fremde nicht ausbleiben, vollzieht Pfarrer EBERLEIN in der Regel persönlich; er feiert in Weidenberg auch sein Silbernes Priesterjubiläum, bei dem viele seiner verstreuten Gemeindeglieder es sich auch in Kriegszeiten nicht nehmen lassen, nach Weidenberg zur kleinen Kirche von Rosenhammer zu reisen.

EBERLEIN tritt damals, wie auch die Pfarrer der benachbarten Frankenpfalz, durch seinen klaren politischen Standpunkt hervor. Schon 1933 war er einer von 20 Verfassern eines „Beschwerdebriefs der katholischen Geistlichkeit des Saargebietes an Hitler", die die Stimmungsmache der Nationalsozialisten gegen die katholische Kirche zurückwiesen. Insbesondere hatten sie die „unerhörte Beleidigungen“, die HERMANN GÖRING „dem katholischen Volk an der Saar ins Angesicht geschleudert“ hatte, deutlich kritisiert.[75] Die Autoren waren aber wohl von den Nazis nicht verfolgt worden, um den Abschluss des Konkordats nicht zu gefährden.

Es trifft sich für die Saarländer Heimatsuche gut, dass auch einige Gemeindeglieder im unmittelbaren Bereich von Kirche, Wirtshaus und Brauerei Rosenhammer Unterkunft gefunden haben. Sie betätigen sich in der Gastwirtschaft und vertreten hier den zum Kriegsdienst abwesenden Wirt ROTHE. Neben dem hier gebrauten Bier können sie auch frischen Forellen aus den Wassern der Warmen Steinach anbieten. Das spricht sich natürlich rasch herum, sodass sich hier draußen in Rosenhammer zunehmend ein beliebter Treff auch für die anderen Evakuierten entwickelt. Bierdeckel wurden dann als Souvenir mit nach Hause genommen

Erinnerungsstück:
Bierdeckel aus Rosenhammer

Der geistliche Zusammenhalt der Saarländer war sicher für alle Beteiligten eine wertvoller Hilfe und Entlastung, um sich in diesem Jahr in der ungewohnten Situation in der Fremde zu orientieren und die Zeit fruchtbringend zu überbrücken.

Die schulische Betreuung

Dieselbe Absicht, nämlich die angespannte Infrastruktur in Weidenberg zu ent-

---

[75] Vergl. die Webseite https://www.regionalgeschichte.net/bibliothek/biographien/eberlein-georg-friedrich.html.

lasten, bezeugt auch eine Information der katholischen Pfarrchronik von Weidenberg. Danach haben „auch etliche Schulklassen mit ihren Lehrern in Weidenberg Quartier bezogen“. Sie seien aber nur ein halbes Jahr in Weidenberg geblieben und hätten sich in den Tanzsälen im Ober- und Untermarkt eingerichtet.

Zuckertüten ohne Hakenkreuze: Saarländer Erstklässler am Alten Schloss vor dem NSV-Kindergarten

Diese interessante Nachricht lässt sich aus den Berichten der Zeitzeugen des Arbeitskreises Ommersheimer Dorfchronik bislang nicht erhärten, was aber nicht heißen muss, dass sie nicht zutrifft. Allerdings zeigen Fotos von der Einschulung von saarländischen Kindern, dass sie zuvor den Kindergarten der NSV besuchten, den die Nazis im Alten Schloss eingerichtet hatten. Auch ergibt sich aus einigen Darstellungen, etwa von Saarländern, die als Kinder damals in Lankendorf auf dem Hof des dortigen Bürgermeisters Aufnahme fanden, dass sie offenbar ganz regulär in Weidenberg am Obermarkt in die Schule gingen und diesen Unterricht zusammen mit Weidenberger Mitschülern erlebten, und dass sie diesen weiten Weg von Lankendorf hinunter und wieder hinauf jeden Tag, bei Wind und Wetter, zu Fuß zurücklegten.

Vorurteile gegenüber den Saarländern

Ein Fremder fällt natürlich sofort auf, wenn er einen anderen Dialekt spricht als der Einheimische. Weitergehende Unterschiede, etwa in der Lebensart, werden uns dann später zusätzlich bewusst. Der Dialekt ist der Code, nach dem die Offenheit gegenüber dem anderen bemessen wird. Wer nicht das vertraute Weidenberger Fränkisch spricht, dem wird man keine Vertraulichkeiten mitteilen, sondern ihm zunächst eher abwartend begegnen.

Dabei sprechen auch die Saarländer „Fränkisch“, es klingt bei ihnen nur völlig anders. Während der Oberfranke seine Laute eher hart artikuliert und dadurch „direkt“

und „gerad heraus“ wirkt, formen Hessen und Saarländer ihre Laute eher weich, was gern als gleichbedeutend mit einer vorzugsweise spannungslosen, nachlässigen oder eigenbrötlerischen Person empfunden wird.

So bezeichnet der Ommersheimer seinen Herkunftsort als „Ummaschumm“, spricht die beiden „u“ aber fast wie offene „o“. Seine, wie auch die in Heckendalheim gesprochene Mundart „off Platt“ gehört, vereinfachend gesagt, zum Rheinfränkischen. Dabei hat jedes Dorf dieser Gegend seine ganz unverwechselbare, eigene Mundart, die sich besonders stark in den Mundartbegriffen aus der Landwirtschaft widerspiegelt.[76]

Über das „Befremdliche“ dieses Dialektes hinaus begegnen den Saarländern aber besonders in der Anfangszeit auch wertende Vorurteile. So werden die Neuankömmlinge gern als „Saarfranzosen" bezeichnet, auch in der Schule; und das wurde von ihnen durchaus als abwertend empfunden. Denn die Erinnerungen an das 1935 beendete „Saarstatut“ waren ja zu der Zeit noch ganz frisch. Und da hatte der Ausdruck „Saarfranzose“ eine große Rolle gespielt. Er war von den Franzosen in den Jahren nach dem Ersten Weltkrieg geprägt, als das Saargebiet unter der Verwaltung des Völkerbundes stand, aber zum französischen Wirtschaftsraum gehörte.

Mit dem Slogan „Saarfranzose“ hatte die französische Propaganda für eine „französische Saar“ werben wollen, dabei aber ihr Augenmerk weniger auf die Menschen, als auf die Ausbeutung der ertragreichen saarländischen Kohlegruben gerichtet. Der Schuss ging nach hinten los. Im Ringen um die staatliche Zugehörigkeit war „Saarfranzose“ mittlerweile eindeutig ein politisches Wort geworden, in deutschen Augen gleichbedeutend mit „Verräter“. Als solche Verräter ihres Landes wollten aber die Saarländer keinesfalls wahrgenommen werden. So waren die unbedachten Reden mancher Weidenberger für sie eine tiefe Kränkung.

In den Augen der Weidenberger erschien diese Empfindlichkeit aber widersprüchlich. Denn in Wahrheit hatten die Saarländer ja vieles von der französischen Kultur und Lebenseinstellung im Lauf von Jahrzehnten und Jahrhunderten angenommen und verinnerlicht. In dieser Assimilierung waren die Saarländer Meister. Sogar in ihre Sprache hatten sie manche französischen Ausdrücke übernommen.

So verabschiedet sich nach einem Plauderstündchen bei Kaffee und Kuchen eine

---

[76] Otto Walle, der seinerzeit mit nach Weidenberg evakuiert war und bei der Rückkehr in seine Heimat aus Rosenhammer die Oberfränkin Berta Korn als Ehepartnerin mit heimbrachte, hat 1977 eine kleine Broschüre mit dem Titel *„Die Ummerschummer Schbrooch“* herausgebracht; ein vergleichbares Heft mit dem gleichen Titel, nur mit „O“ statt „U“ im Anlaut, gibt es seit 1979 von Erwin Hartz, woran man sieht, dass die Meinungen selbst unter den Insidern auseinandergehen.

ältere Saarländerin mit den Worten: *„Allee dann, deckmols merci ach for Auer Gudhäd un hallen Auch kurasch!"* (*„Los dann, vielmals Dank auch für Eure Gutheit, und haltet Euch tapfer!"*).

Doch sprachen die Saarländer selbst meist kein gutes Französisch. Sie wollten eben bewusst *keine* Franzosen sein. Wenn während der französischen Besatzungszeit bis 1935 jedes Jahr am 14. Juli bei den Aufmärschen in den größeren Städten die Marseillaise erklang: *„Aux armes, citoyens!"*, dann sang man insgeheim im Saarland auf die gleiche Melodie: *„O jeh, ma sinn franzeesch!"*[77]

So sind auch ihre Charakterzüge, die sie in ihre Landschaft eingezeichnet haben, deutsch: Ihre bäuerlichen Dörfer sind nach der deutschen Art gebaut, ihre Bauernregeln gleichen den deutschen. Auch die Art der Feldbestellung war deutsch, ihre Art zu essen, zu trinken, zu arbeiten, zu beten und zu feiern – alles vom Französischen deutlich unterscheidbar.

Aber von den Weidenbergern werden sie zunächst eben doch als „Fremde" wahrgenommen, wozu auch, neben der Sprache, der Unterschied der Konfession beiträgt. Erst im Lauf von vielen Begegnungen nähern sich die beiden Volksgruppen menschlich ein wenig an.

Das Verständnis der Rolle der Saarländer und der Ortsalltag

Über die gegenseitigen Vorstellungen von der Unterbringung der Saarländer und ihre Rolle im Ortsalltag ergibt sich aus den Zeitzeugenberichten kein schlüssiges Gesamtbild. Es scheint so, dass sie von den Weidenbergern in erster Linie gar nicht als Gäste, sondern als mögliche Arbeitshelfer angesehen wurden. Immerhin waren zu der Zeit schon einige Weidenberger Männer zum Militär eingezogen, und so bestand in Gastwirtschaften, in handwerklichen und landwirtschaftlichen Betrieben zunehmend ein gewisser Bedarf an Arbeitskräften.

Gasthof Vogel am Obermarkt:
„Parteikirche" und erster Anlaufpunkt der Evakuierten

Entsprechend enttäuschend verläuft für viele Saarländer auch ihre Ankunft in Weidenberg. Mögen ihre Erwartungen auch

[77] Für die Hinweise auf die Feinheiten der Saarländer Sprache dankt der Verfasser insbesondere NORBERT HARTZ vom Ommersheimer Arbeitskreis für Dorfgeschichte.

nicht so hoch gespannt gewesen sein, so sehen sie sich vielfach doch, wie bei einer „Sichtung“ auf einem Viehmarkt, fast wie beim „Sklavenhandel“ auf einem antiken oder orientalischen Basar. Viele werden vom Bahnhof aus direkt in Gasthaussäle in Unter- oder Obermarkt geleitet.

Der Gasthof VOGEL ist am Obermarkt für viele der erste Anlaufpunkt. Hier hat sich 10 Jahre zuvor, im Februar 1929, die Ortsgruppe der NSDAP gegründet. Seitdem treten hier bei allen offiziellen Anlässen die Parteiredner auf. Das Podest der Eingangstreppe verwandelt sich zur hakenkreuzgeschmückten Kanzel. Der ganze Obermarkt mit seinen Hunderten aufmarschierter Parteimitglieder mutiert zur „Parteikirche“. Wie tragende Gewölbesäulen ragen die stämmigen Bäume zwischen den Teilnehmern auf.

Dort werden nun die Ankommenden aus dem Saarland von den potentiellen Gastgebern auf ihre Tauglichkeit gemustert und ausgewählt. „Die nehme ich nicht!" hört eine Zeitzeugin; gemeint ist die 11-jährige Liesel, die sich damit abgewertet fühlt. Im Auftrag von Ortsgruppenleiter RUMLER ordnet sein zuständiger Mitarbeiter KARL SCHLEGEL an, dass sie mit Oma „Becker-Käth" dann immerhin im Haus gleich neben den Eltern untergebracht wird.

Dann werden die Ausgesuchten mit heimgenommen. Die einen kommen zum Schmied, andere zum Bäcker, andere zum Metzger, viele zu Bauern. Dort müssen sie den Gastgebern zur Hand gehen, wenn es um das Melken der Kühe oder ähnliche handwerkliche Tätigkeiten geht, welche die aus er Landwirtschaft kommenden Gäste beherrschen.

Die Zugewanderten gewinnen allmählich selbst den Eindruck, dass man sie als willige und billige Arbeitskräfte betrachtet. Obwohl sie scheinbar an der Quelle leben, haben sie des Öfteren das Gefühl, nicht ausreichend zu essen zu bekommen. Aber auch wenn einige der neu Angekommenen diese Behandlung als entwürdigend empfinden, verkneifen sie sich doch jeden Kommentar. Sie machen sich Sorgen, dass ihre Meinungsäußerung in der Bevölkerung falsch ausgelegt wird. Ja, Denunzianten könnten sie vielleicht sogar bei der Partei melden.

Manche Saarländer werden auch direkt vom Bahnhof durch ihre zukünftigen Arbeitgeber oder deren Mägde oder Knechte per Pferdefuhrwerk oder mit dem Handwagen abgeholt.

Autos haben zu dieser Zeit nur wenige Kaufleute und der Doktor. Der Inhaber der I. evangelischen Pfarrstelle, Pfarrer THEODOR HOFFMANN, hat sich trotz seines fortgeschrittenen Alters genau in diesem Monat August 1939 zum Kriegsdienst beim Militär gemeldet; er hatte sein Auto vor allem für seine oberfrankenweite Werbetätigkeit für die hitlerhörigen „Deutschen Christen“ genutzt. Sein Kollege GEORG

REDENBACHER, der sich zur Bekenntnisgemeinde gehörig fühlt, macht die weitesten Wege zu Fuß.[78] Außerdem ist die private Nutzung von Kraftwagen wegen des Krieges nur sehr eingeschränkt erlaubt.

Fügungen

Ein Saarländer hat auch Glück, wie er es als Familienvater in der prekären Situation empfindet, er bekommt als gelernter Buchhalter Arbeit bei der Parteigewerkschaft DAF, der „Deutschen Arbeitsfront", in Bayreuth. Er hatte das Gefühl des dauernden weltanschaulichen Terrors im Hitlerregime längst verinnerlicht und wusste: In der völlig neuen Umgebung und insbesondere am Arbeitsplatz ist es ratsam, politische Stellungnahmen am besten ganz zu vermeiden. Dafür ist für ihn als DAF-Angestellten der Besuch der Generalprobe auf dem Grünen Hügel zur Aufführung der Wagner-Oper „Rheingold" sozusagen gern geübte Pflicht; dabei kommt er auch dem vom Volk längst entrückten „Führer" zum Anfassen nahe.

Langsam bessert sich auch das Verhältnis der Neuankömmlinge zur einheimischen Bevölkerung, deren altgewohnte Lebensumstände sie ein wenig aus dem Tritt gebracht hatten. Die Vergütung für die Weidenberger Vermieter ist gering. Immerhin profitieren die Gastgeber aber von der Arbeitsleistung der Gäste. So findet man Saarländer in vielen Häusern und Anwesen in und um Weidenberg. Manche erleben auch eine größere Odyssee von Ort zu Ort.

So ist eine Familie mit ihren vier Kindern zunächst im Einzelanwesen Ziegelhütte südlich von Weidenberg einquartiert. Doch die Mutter leidet schon seit Jahren an Asthma, der Gesundheitszustand verschlechtert sich hier draußen. Die Tochter will sie nach Rottenburg holen, wo sie selbst Aufnahme gefunden hat, die Luft soll dort besser sein. Doch als die Familie in Rottenburg eintrifft, ist dies den dortigen Quartiergebern gar nicht recht; sie weisen ihnen zwei winzige Zimmer zu, die sich eher als ungeheizte Abstellkammern entpuppen. Auch kochen können sie dort nicht selbst. Bald machen sie sich mit der Bahn auf den Weg nach Oberfranken und finden schließlich in Nordhalben im Frankenwald freundliche Aufnahme, Arbeit und Familienanschluss, sodass man die Rückkehr im August 1940 „mit einem weinenden und einem lachenden Auge“ vollzieht, „denn man lässt inzwischen lieb gewordene Freunde zurück.

Auch die kleine Liesel und ihre Familie finden im Winter einen neuen Unterschlupf. Die Schreinerfamilie LOCHMÜLLER am Weidenberger Obermarkt bietet eine

[78] Vergl. dazu auch die entsprechenden Kapitel über Pfarrer HOFFMANN bzw. Pfarrer REDENBACHER in der 4. Folge des Projektes „MYRTEN FÜR DORNEN“ „Christsein am Scheideweg – Weidenberg im Kirchenkampf.“

geräumigere, wärmere Wohnung an. Das Zusammenleben funktioniert gut. Es entwickelt sich eine ganz besondere Freundschaft zwischen den beiden Familien. Dann wird Liesels Familie plötzlich vorzeitig ins Saarland zurückgerufen. Der Onkel ist bei einem Rettungsversuch für einen Arbeitskollegen im Gasometer der Halberger Hütte in Brebach erstickt. Der Vater, ein Bruder des Verunglückten, wird bei der Wiederinbetriebnahme der Hütte dringend gebraucht. Doch ihr Saarländisches Zuhause, in dem die Wehrmacht zwischenzeitlich eine Schlächterei eingerichtet hatte, ist völlig verwüstet. Bis zur Herrichtung können sie bei einer befreundeten Familie unterkommen, die ebenfalls vorzeitig heimgekehrt ist.

Sich am Gastort nützlich machen: „Weidenberger Nähstube"

Doch als mit dem Vordringen der Amerikaner der Krieg vier Jahre später ins Saarland zurückkehrt, werden erneut Kinderreiche, Kranke und Alte evakuiert, unter noch chaotischeren Bedingungen wie beim ersten Mal. Glücklicherweise ist Schreiner DANIEL LOCHMÜLLER vom Weidenberger Obermarkt Nr. 9 erneut bereit, die Familie aufzunehmen. Die heranwachsende, inzwischen 14-jährige Tochter LIESEL, die bei Nachbarn mittlerweile eine Schneiderlehre begonnen hat, kann dort weiterlernen.

Doch der Vater hat eine schwere Lungenentzündung mitgebracht. Die große Metzgerei ESCHBACH in der Nähe bietet Fleisch und Fleischbrühe zur Stärkung des Kranken über das geringe Maß der Lebensmittelmarken hinaus an. Doch die Mutter ahnt nichts Gutes: „Wenn er stirbt, soll er in seinem eigenen Bett sterben!" Es gelingt ihr tatsächlich, von Ommersheim sein Bett nach Weidenberg zu holen.

Am 23. November 1944 stirbt HERMANN KEMPF im Alter von erst 46 Jahren. Er ist, wenn man die beiden 1940 ertrunkenen Kinder mitrechnet (s.u.), der fünfte der evakuierten Saarländer, der in Weidenberg stirbt. Erst 1947 wird er mit den anderen verstorbenen Ommersheimern in die Heimat überführt. Die Familie erlebt am 14. April 1945 noch die Einnahme des Marktortes durch die Amerikaner mit. Obwohl die Besatzungssoldaten keine körperliche Gewalt anwenden, beklagen doch die Evakuierten, dass ihnen von den Siegern Fingerringe und Uhren weggenommen wurden.

Als es dann irgendwann im Sommer 1945 heißt: „Wir können heim!", machen ihnen die gastlichen Wirtsleute einen ungewöhnlichen Vorschlag. Sie bieten ihnen an: „Bleibt hier, wir schenken euch unser Haus. Ihr könnt uns im Alter dafür pflegen!" Doch die Mutter ist nicht zu bewegen. Egal, wie es in der kriegsverwüsteten Heimat aussieht, sie will nach Hause.

Integrationsarbeit in Rosenhammer

So kommen also mit der Unterbringung der Saarländer auf den Landkreis und die örtliche Organisation in Weidenberg jedenfalls viel Arbeit und herausfordernde Aufgaben der Einfühlung zu, die nur mit einem Anspruch an Autorität gemeistert werden können. Hitlers vielfach propagierte „Volksgemeinschaft“ erlebt ihre erste Bewährungsprobe. Hauptverantwortlich dafür ist der Ortsgruppenleiter, der in diesen Tagen und Monaten viel Vermittlungsarbeit leisten muss und der offenbar, zusammen mit seinem von den Saarländern ausdrücklich genannten Mitarbeiter KARL SCHLEGEL, in dieser Hinsicht einen ordentlichen Job macht.

Nach einer Konsolidierungsphase, bei der sich die unterschiedlichen Volksstämme erst einmal beschnuppern und „riechen“ lernen müssen, leben sich die Betroffenen in den Auffangquartieren im Allgemeinen gut ein.

Dabei spielen die örtlichen Gasthäuser eine wichtige Rolle. Insbesondere der Weiler Rosenhammer mit seinem Gasthof ROTHE entwickelt sich zu einem geistlichen und geselligen Mittelpunkt, der die Verstreuten zusammenhält.

Die Zeitzeugin IDA KETTENBAUM, geb. BERGER, erinnert sich, wie damals die Ankömmlinge zunächst im Gasthaus „Vogel" von Quartiergebern aus der Umgebung abgeholt und mitgenommen wurden. Unter ihnen ist ihre 11-köpfige Familie. Ihr „Hausname“, mit dem sie daheim bekannt ist, lautet „AMME“. Auch ihr Haus nannte man in Ommersheim nur das „Amme Haus". Denn die Großmutter MARIA-

Kommunikativer Treff der Saarländer:
Rosenhammer mit (v.li.) Kirche, Pfarrhaus, Gasthaus, Brauerei und Schloss

ANNA war Hebamme, und so nannte man auch den Vater „Amme-Josef“, und die Kinder und Enkel waren nur die „Amme Buwe" und „Amme Märe."

Die damals sechsjährige IDA erzählt später im Rückblick auf ihre Kindheit: *„Wir saßen dort fast bis zuletzt. Wer wollte schon eine Familie mit neun Kindern aufnehmen? Aber dann hatten wir doch großes Glück und fanden Aufnahme bei sehr lieben Leuten in dem kleinen Weiler Rosenhammer bei Weidenberg. Mit einem großen Pkw der in Rosenhammer ansässigen Brauerei wurden meine Eltern, Mariechen und ich in unser neues Domizil gefahren. Die anderen Geschwister gingen zu Fuß und zogen den Handwagen mit, auf dem sich die gesamte Habe meiner Familie befand. In Rosenhammer waren wir alle zusammen und wohnten im Gasthaus Rothe und in zwei Nachbarhäusern."*

In der einzigen katholischen Kirche der gesamten näheren Umgebung in Rosenhammer[79] treffen sich viele Ommersheimer und Heckendalheimer sonntags bei der Frühmesse oder im „Amt". *„Die kleine Kirche platzte dann fast aus allen Nähten"*, erzählt Ida.

„Nach der Messe traf man sich dann bei Rothes, um die neuesten Nachrichten, Informationen und Grüße auszutauschen. Dann war unsere Wirtschaft immer brechend voll. Davor hatten wir um die schöne Tanzlinde Tische und Bänke aufgestellt. Auch dort herrschte Hochbetrieb. So mancher hat den Frühschoppen bis zum frühen Abend ausgedehnt und ging dann recht wackelig nach Hause. Frau Rothe war der gute Geist des Hauses".

Rosenhammer hat nur fünf Häuser, aber es sind dort damals eine Gerberei, eine Weberei und eine Brauerei ansässig. Deren Arbeiter wussten ein kühles Bier nach der Arbeit zu schätzen. Deshalb lief die Gaststätte auch sehr gut. Darüber hinaus erfreute sie sich schon seit jeher großer Beliebtheit bei der Bevölkerung bis hinein nach Bayreuth. Oft gab es Angebote musikalischer oder geselliger Art, für die auf Plakaten geworben wurde. Der beliebte Tanz unter der Linde war aber seit Kriegsbeginn verboten. Für viele Menschen blieb die GASTSTÄTTE ROTHE dennoch vor allem am Sonntagnachmittag ein beliebtes Ausflugsziel.

Hier lebt also in diesem Jahr, neben anderen Saarländer Familien, auch die Familie von „Amme-Josef“. Der Pächter der Wirtschaft war bereits mit Beginn des Krieges eingezogen worden, Frau ROTHE ist allein, so dass ihr Gasthaus nun ohne Wirt

[79] Die 5 km entfernte katholische Pfarramt St. Jakobus d. Ä. in Kirchenpingarten betreut zwar das Kirchlein in Rosenhammer von Anfang an mit und gehört politisch zu Oberfranken; diese Gegend der Frankenpfalz ist aber sprachlich und kulturell pfälzisch-bayerisch geprägt und wird auch von Weidenbergern als fremd empfunden, vergl. vom selben Verfasser das Buch „WO KÖNIG UND HERZOG EINFACHE LEUTE SIND – SPURENSUCHE FRANKENPFALZ“.

dasteht. Da treten die Leiter der Brauerei Rosenhammer an JOSEF BERGER und seine Frau MARIA heran und bitten sie, nun das Amt der Wirtsleute zu übernehmen. Die Brauerei schlägt auch vor, Bier vom Fass anzubieten, vorher gab es nur Flaschenbier. Die ältesten der neun Kinder helfen in der Gaststätte mit. Spezialität des Hauses sind Forellen, die in den hauseigenen Weihern gezüchtet werden.

Anfang des Jahres 1940 kommt der Vater ins Krankenhaus nach Bayreuth. Er leidet schon seit Monaten an Lungenkrebs, und jetzt ist die Krankheit im Endstadium.

IDA erzählt über ihren Vater JOSEF: *„Da er um die Schwere seines Leidens wusste, hatte er den Wunsch geäußert, in Rosenhammer im Kreis der Familie zu sterben. Frau Rothe war einverstanden, und wir brachten ihn zu uns. Kaplan EGLI gab ihm die letzte Ölung, während wir Kinder im Flur vor dem Sterbezimmer beteten."*

An Ostern 1940 stirbt „Amme Josef". Er ist nicht einmal 45 Jahre alt geworden. Er wird in Weidenberg vom oben schon genannten „Reisepfarrer" GEORG FRIEDRICH EBERLEIN beerdigt, der zusammen mit anderen Priestern, die aus der „Roten Zone" kommen, für die evakuierten Saarländer in Oberfranken und Thüringen die seelsorgerliche Begleitung übernommen hat. Im Blick auf sein nahes Ende hatte JOSEF gebeten, in Ommersheim bestattet zu werden. So wird er nach dem Krieg mit den anderen verstorbenen Saarländern zusammen in seine Heimat überführt und umgebettet.

Josefs Tod und seine erste Bestattung in Weidenberg wirken in der Erinnerung der Kinder noch nach: *„Das Leichtims war für uns Kinder ein schönes Fest"*, erinnert sich Ida. *„Mein Vater war jetzt im Himmel, und es tat ihm nichts mehr weh. Es gab Kuchen und ausgezogene Krapfen, eine Spezialität der Gegend. Es waren in Fett gebackene Kiechelcher."*

Der Landrat des Kreises Bayreuth, SCHWARZ, wünscht Idas Mutter am 31. März 1940 in einem Kondolenzbrief Kraft „zum Tragen des schweren Verlustes und zur Erfüllung der großen Doppelaufgabe, den Kindern Vater und Mutter zu sein."

Nach der Beisetzung beschließen die Familien, dass die Schwägerin REGINA HOFMANN, die bislang in NAILA im Frankenwald untergekommen ist, mit ihren beiden Töchtern auch nach ROSENHAMMER ziehen solle. Hier ist mehr Platz, und auch die Lebensbedingungen sind besser. Außerdem ist die Verwandtschaft dann zusammen. Kurz nach Ostern ziehen sie in die Wirtschaft „Rothe" ein.

REGINA hilft ihrer verwitweten Schwägerin MARIA im Haushalt und in der Gaststätte. Ohne Mann und mit neun Kindern gibt es viel zu tun. An den Wochenenden, wann immer es möglich ist, besucht auch Reginas Mann JOSEF von Nürnberg aus seine Familie in Rosenhammer. Sonntags hilft auch er in der Gaststätte und zapft Bier.

In ROSENHAMMER freundet sich REGINA mit der Einheimischen BERTA KORN an. Sie wohnt in dem kleinen Weiler Rosenhammer und arbeitet beim Gericht in Bayreuth. BERTA heiratet später den schon genannten Ommersheimer OTTO WALLE, „Arms Otto", der ebenfalls in Weidenberg einquartiert ist; dies ist eines der Beispiele, wie freundschaftlich sich die Beziehungen zwischen den Einheimischen und den Saarländern allmählich entwickeln. Die beiden haben sich im Zug nach Bayreuth auf dem Weg zu ihren Arbeitsstellen kennengelernt.

Eine erschütternde Tragödie, an der alle Weidenberger Anteil nehmen

Quartier der Saarländer: Im alten Mesnerhaus in Rosenhammer wohnen die zwei kinderreichen Familien von GEORG SCHNABEL und „Spielmanns-Otto“ HOFMANN. Sie erleben eine Tragödie.

Ein Ereignis, wie es schlimmer eine Familie kaum treffen kann, ist für die Ommersheimer bis auf den heutigen Tag unvergessen. Im „alten Mesnerhaus“ der Kirche, dem ehemaligen Gesindehaus der Mühle, hatte der 42-jährige OTTO HOFMANN, genannt „Spielmanns Otto“, mit seiner Frau FRIEDA und den drei Kindern WERNER, OTTO und MARIANNE Zuflucht gefunden.

Hier wohnte schon die Familie SCHNABEL mit zweien ihrer vier Kinder. Der Vater, der 46-jährige GEORG SCHNABEL, hatte als Nazigegner 1936 die traditionsreiche Gastwirtschaft der Familie in Ommersheim nach einem Boykott durch die Nazis aufgeben müssen. Seine Frau BERTA war eine geborene WALLE. Das Mesnerhaus stand zu dieser Zeit leer, weil der Mesner der Michaelskirche Rosenhammer an dem vorbeifließenden, kleinen Flüsschen Steinach tragisch verunglückt und ertrunken war.

Die Kinder der Hofmanns hatten bei den Hausgenossen und Nachbarn rasch Anschluss gefunden. Die landschaftlich reizvolle Gegend zwischen Mühlkanal, Fluss und dem steilen Waldhang am anderen Ufer hatten sie umgehend als ihren Abenteuerspielplatz in Besitz genommen.

Im Juli 1940 war das Wetter allgemein ungemütlich und deutlich zu kalt. In der Nacht vom 24. zum 25. Juli hatte es im Fichtelgebirge oberhalb von Rosenhammer ein Gewitter mit Starkregen gegeben. Die „Warme Steinach", ein sonst meist ruhig dahingleitendes Flüsschen, das, aus dem engen Steinachtal austretend, bei Rosenhammer durch die Hügelkante aufgefangen und an einigen Mühlen vorbei durch

Weidenberg zum unteren Steinachtal geleitet wird, war durch die nächtlichen Sturzbäche an Regen gewaltig angeschwollen. Oft standen bei solchen wiederkehrenden Hochwassern die Wiesen der Au und die angrenzenden Gebäude bis hinunter zur Scherzenmühle unter Wasser.

Am Morgen des 25. Juli, einem Mittwoch, verließen die neunjährige MARIANNE und der sechsjährige OTTO die elterliche Wohnung. Wahrscheinlich waren sie neugierig und wollten das Naturschauspiel der Überschwemmung, das sie wohl erstmals erlebten, genauer betrachten. Vielleicht hatten sie auch die Absicht, Kinder aus der Nachbarschaft zu besuchen und mit ihnen zu spielen. Die Steinach fließt ja unmittelbar hinter der damaligen Wohnung der Familie vorbei. Um an das gegenüberliegende Ufer zu gelangen, musste man einen schmalen Holzsteg überqueren.

Vergeblicher Mut: Der kleine OTTO HOFMAN und seine Schwester MARIANNE

Das Furchtbare geschah. Beide Kinder kamen in dem reißenden Gewässer ums Leben. Der genaue Ort und die näheren Umstände konnten nie geklärt werden, es waren keine Augenzeugen dabei.

Die Familie geht in ihren Erinnerungen wohl davon aus, dass der kleine OTTO versucht hat, über den glitschigen Steg unterhalb des Rosenhammers zu gehen und dabei abgerutscht ist. Die Chronik der Katholischen Gemeinde dagegen vermutet als Unglücksort die Straßenbrücke, wo die Kinder gespielt hätten, dies ist aber weniger wahrscheinlich. In der Pressemitteilung heißt es nur, dass der Junge, der hier als fünfjährig bezeichnet wird, dem Wasser zu nahegekommen, vom Ufer abgerutscht und in die Steinach gestürzt sei. Wie auch immer, die Schwester sei dem Jungen ins reißende Wasser nachgesprungen, um ihn zu retten, sei aber dabei ebenfalls ertrunken.

Als man gegen Mittag das Fehlen der Kinder bemerkt, startet man sofort eine Suchaktion, in die man die Steinach als möglichen Unglücksort sofort einbezieht. Es ist nicht das erste Mal, dass Menschen in der Steinach ertrunken sind; erst kurz vorher hatte ja der Mesner hier sein Leben verloren. Der Fluss ist an mehreren Stellen von Mühlwehren aufgestaut. Tatsächlich findet man den Jungen bereits um 12 Uhr, wohl an einem der Mühlwehre „treibend“; die Hilfe kommt für ihn zu spät. Der

Leichnam der Schwester wird erst vier Stunden später fünf Kilometer weiter flussabwärts bei Görschnitz entdeckt und aus dem Wasser gezogen. Trotz mehrerer Wehranlagen und vieler enger Windungen der Steinach hat sich der Körper erst hier an der Lochmühle verfangen.

Welch ein schrecklicher Tod für dieses mutige Mädchen! Es ist mit Worten kaum zu fassen, was es für das dritte Kind, den überlebenden Bruder und die übrige Familie bedeutete, einen solchen Schicksalsschlag, und dazu noch in fremder Umgebung, hinzunehmen. Hier war damals der Beistand des Seelsorgers Pfarrer EBERLEIN und das Mitgefühl der Gemeinde besonders gefragt. Und auch die Anteilnahme der Weidenberger Gastgeber, der Nazi-Partei und der übrigen Bevölkerung tat der Familie in ihrem Unglück damals gut.

Als Familie HOFMANN im August 1940 vorzeitig heimdarf, möchte sie, dass auch die beiden ertrunkenen Kinder nach Hause überführt werden. Dies geschieht kurze Zeit später am Bahnhof Weidenberg. Bei dieser Überführung hält der Mitbewohner des Mesnerhauses, HERMANN KEMPF, eine bewegende kurze Abschiedsrede.

Lasset die Kleinen zu mir kommen.

Zur frommen Erinnerung
an unsere herzlieben Kinder

Marianne u. Otto Hofmann

·oren am 23. Mai 1931 und 9. Oktober 1934
zu Ommersheim/Saar
·torben am 25. Juli 1940 als Rückgeführte in
Rosenhammer bei Bayreuth

iliger Gott, Du hast Deine Kinder Marianne d Otto so früh aus dem Kreis ihrer Lieben Dir gerufen. Wir beugen uns demütig vor inem unerforschlichen Ratschlusse und sprechen: rr, Dein Wille geschehe, wenn ich es auch nicht stehe! Herr, Dein Wille geschehe, tut es auch n ch so wehe! Nimm Deine treuen Diener auf in Deine ewige Ruhe, daß sie für die Ihren, die sie so früh verlassen mußten, an Deinem göttlichen Gnadenthrone beten. Durch Jesus Christus unsern Herrn. Amen.

Pilger-Druckerei Speyer

Erschütterndes Totenbildchen: Fürbitte für OTTO HOFMANN und seine Schwester MARIANNE

Trostlose Heimkehr und der tapfere Widerstand der kleinen Leute

Die meisten Saarländer erwartet, als sie ein Jahr nach ihrem Aufbruch, im September 1940 wieder heimkehren dürfen, eine massive Enttäuschung. Wie sieht es hier aus? *„Wie e Reiwerhehl!"* sagt LIESEL.

Die Nazis haben ihr Versprechen, dass den Häusern und Grundstücken nichts geschieht und dass man sie unbesorgt in geöffnetem Zustand zurücklassen könne, trotz Drohung mit Todesstrafen nicht durchsetzen können. Die Verwüstung, insbesondere durch die zwischenzeitlich hier hausenden, gelangweilten Soldaten, sind groß, ja nahezu unbeschreiblich. Kein Haus, kein Zimmer ist von Vandalismus verschont, der Unrat und der Gestank sind gewaltig. Manche müssen in den ersten Wochen Zuflucht bei Freunden suchen.

Für die meisten Deutschen ist HITLER nach seinem zwischenzeitlichen Sieg über die Franzosen der „größte Feldherr aller Zeiten“ und unantastbar. So wagen die gepeinigten Saarländer auch nicht offen zu protestieren. Doch zeigen sie sich Hitlers „Bodenpersonal“ gegenüber alles andere als gemütlich. Mag ihre Sprache auch weich und sanft klingen, in ihrem Widerstand zeigen sie Charakter. Doch die Regierung hat noch weitere schlimme Überraschungen für sie parat.

Wie die Nazis das Dorf Ommersheim umgestalten wollen

Am 14. September 1940 kommt Familie BERGER wieder in Ommersheim an. Als die Kinder voller Aufregung die „Hohl“, die Talstraße zu ihrem Elternhaus hinunterlaufen, entdecken sie: Am Haus ist mit schwarzer Schrift die römische Ziffer vier und „OT", das Kürzel für Hitlers rabiate Rüstungstruppe „Organisation Todt“, angeschrieben. Das hat nichts Gutes zu bedeuten, wie sich alsbald herausstellen wird. Bürgermeister JOSEF TUSSING erklärt der Familie, dass sie nicht mehr einziehen dürfe. Es sei eine breite Straße von „.Auguschts Bäckerei" zum Friedhof geplant. Das Haus stehe diesen Plänen im Wege und solle deshalb abgerissen werden; mit anderen Worten: Die Familie soll enteignet werden.

Tatsächlich sollten damals auch einige weitere Häuser im Dorf abgerissen werden. Hier will die Nazipartei ein „Braunes Haus" und Raum schaffen für einen „Adolf-Hitler-Platz". Diese ungenierten Pläne der Nazis in Ommersheim hatten im Ort einige Aufregung verursacht.

Zwar war manches nachvollziehbar, denn die alte Durchgangsstraße im Dorf war wirklich sehr eng und kurvig. Der Bus musste an einer Stelle sogar regelmäßig ein Stück zurücksetzen, um dann in einem zweiten Anlauf die Kurve zu passieren. Aber bei solchen Maßnahmen wie Enteignungen erregte die Bürger in dieser Zeit oft weniger das „Was“, als vielmehr das „Wie“: Man stellte die Betroffenen einfach vor vollendete Tatsachen und zeigte so dem Volk deutlich, wer „Herr im Haus“ sei. Widerstand schien zwecklos

„Petros Haus", das Haus von PETER WACHALL, auf der anderen Seite war bereits abgerissen worden. Nun droht also auch dem Haus der Bergers das gleiche Schicksal. MARIA STRACK, die „Stracke Bas", bietet spontan der großen Familie die Aufnahme: *„Marie, verzweiwel net met deine Kinn, ehr komme jetzt all zu uns!"*

So wohnt die Familie für die nächsten Monate bei „Stracke". Der Abriss ihres Hauses scheint sich aber zu verzögern. Zunächst richtet eine Firma für den „Wiederaufbau" dort ein Lager und eine Werkstatt ein. Dann werden nach einigen weiteren Monaten plötzlich Gitter an die Fenster montiert. Man hört: Die Parteileitung will dort jetzt ein Lager für französische Kriegsgefangene einrichten. – Doch die Franzosen sollen erst am Montag kommen. So steht das Haus an diesem letzten Wochenende im April 1941 ab Samstag leer. Das nutzt die Familie für einen Handstreich.

Wie eine betroffene Familie resolut Widerstand leistet

Kurzentschlossen besetzen die fünf Buben der Familie das Haus, ohne auf Widerstand zu stoßen. Am Sonntag packen alle mit an. Eilig tragen sie Möbel in das Haus. Sogar der Küchenherd wird von „Stracke" herübergeschafft. In seinem Feuerraum glühen noch die Kohlen. Wichtig erscheint allen, dass ein möglichst wohnlicher Eindruck hervorgerufen werden soll.

Dann kommt der Montag. Bürgermeister TUSSING und der Ortsgruppenleiter GRAUVOGEL stehen wie erwartet mit Parteifreunden und Arbeitern vor dem Haus. Sie wollen als letzten Schritt ihrer Initiative einen Stacheldraht um das Haus ziehen. Dann wollen sie das Quartier für die Franzosen eröffnen. Doch dann staunen sie nicht schlecht: Hier wohnt ja jemand! Und diese Familie, die ja praktisch „über Nacht" eingezogen ist, macht auch keine Anstalten, ihr Haus wieder zu verlassen. Auch gutes Zureden und Drohungen können sie nicht umstimmen.

Die Mutter steht auf der Treppe und droht sogar mit der Axt: *„De erscht, wo die Trepp hochkommt un uns erausschmeiße will, demm schloon ich de Kopp ab!"* Als man ihr nochmals eindringlich sagt, dass das Haus zehn französische Kriegsgefangene beherbergen müsse, meint die Mutter: *„Wo die zehn Gefangene wohne solle, kann ich a wohne. Ich hann kenn Mann un selwer neun Gefangene dehemm!"*

Der Auftritt von Idas Mutter hinterlässt bei den Parteileuten Wirkung. Sie ziehen unverrichteter Dinge wieder ab und lassen die Familie unbehelligt. Vielleicht ist ihnen das Schicksal der aus der Evakuierung heimgekehrten Familie auch nicht ganz gleichgültig. Die französischen Kriegsgefangenen werden dann im Nachbarort Heckendalheim untergebracht, und Idas Familie wohnt fortan wieder in ihrem Haus.[80]

Ihr Beispiel macht Schule. Als 1944 die Aussicht bestand, der Krieg könnte mit dem Vormarsch der Alliierten verloren gehen und jeder, der unmittelbar am Westwall wohnte, das Schlimmste befürchteten musste, da beharrten doch viele auf dem Standpunkt: „Wir gehen hier nicht mehr fort." Die Erinnerung an die Schreckensbilder nach ihrer Heimkehr 1940 war zu überwältigend. So trafen diesmal manche überhaupt keine Vorbereitungen für eine Flucht. Stattdessen erprobten sie nun weiter eigene Techniken des Widerstandes und des Überlebens.

---

[80] Text nach dem Bericht von IDA KETTENBAUM, geb. BERGER in der Ommersheimer Dorfchronik, Bd.2, S. 396ff. Auch viele weitere Informationen in diesem Kapitel über die Evakuierung der Saarländer sind mit freundlicher Genehmigung der Autoren diesem Buch entnommen.

Wie die Ommersheimer den Angriff der Amerikaner erleben und einen deutschen Soldaten verstecken

So berichtet die damals 20-jährige FRANZISKA BASTUCK, geb. STRACK, vom Überleben kurz vor Kriegsende im Keller ihres Elternhauses. Sie gehörte übrigens zu denen, die von Weidenberg enttäuscht waren, weil sie und ihre Familie dort „nicht genug zu essen bekamen".

„Im Keller bereiteten wir uns zwischen Steckrüben und Kohl ein Lager, um vor bevorstehenden Angriffen der Alliierten geschützt zu sein. In der Waschküche befand sich der Herd und im Keller der Zimmerofen. Zusätzlich wurde das Zimmer über unserem Schutzraum mit einer hohen Schicht Getreide vollgestopft, um Granatsplittern vorzubeugen.

Im Dorf befanden sich nun nur noch etwa sechzig Menschen, die ihr Dasein ab jetzt entweder bei uns im Keller oder im Pfarrhaus fristeten. Einige leer stehende Häuser wurden von deutschen Soldaten belegt ... Sie bezogen im Schichtrhythmus die Stellungen bei Gräfinthal. Fast jeden Tag kamen sie zu uns in den Keller und schilderten die Lage aus ihrer Sicht. Dadurch hat sich langsam auch bei uns die Erkenntnis durchgesetzt, dass der Krieg verloren ist und der Angriff der Amerikaner unmittelbar bevorsteht.

Die deutschen Soldaten hatten schlechte Verpflegung. Daher aßen sie auch bei uns im Keller die eine oder andere Mahlzeit. Aber auch bei uns wurden die Vorräte knapp. So beschlossen wir mit den Soldaten, eine unserer Kühe zu schlachten, damit wir Fleisch zum Essen hatten.

Tatsächlich begann in der Nacht zum 15. März 1945 das Bombardement auf unser Dorf. Die ganze Nacht hindurch flogen Granaten über unsere Köpfe. Zitternd saßen wir im Keller. Es war furchtbar.

In dieser Nacht war auch ein Soldat bei uns im Keller. Als der Morgen anbrach und das Bombardement vorbei war, ging dieser vor die Tür, um zu sehen, was passiert war ... Er berichtete, dass der Kirchturm zum Teil beschossen und eingestürzt ist und die Schreinerei brannte. In der Talstraße lag ein großer Nussbaum quer über der Straße. In der Nähe ein von Granatsplittern zerfetztes Pferd und ein toter Soldat. Überall Glasscherben und Dachziegel.

Der Soldat in unserem Haus hatte Angst vor der immer wahrscheinlicher werdenden Gefangenschaft und fragte, ob wir ihm nicht Unterschlupf gewähren könnten. Er würde sich auch als Frau verkleidet bei uns verstecken. Mein Vater willigte ein. Als MATTHIAS LATZ das mitbekam, klärte er meinen Vater auf, mit welchen Konsequenzen er und die ganze Familie rechnen müssten, wenn herauskommt, dass er Wehrmachtssoldaten bei sich versteckt hatte.

Der Soldat hörte das Gespräch mit und entschied sich schweren Herzens, sich doch zu stellen, um Schaden von der Familie abzuwenden. Ich sehe es noch heute, wie die Amerikaner ihn abführten, die Hände im Nacken und sich ständig nach uns umsehend. Er tat mir sehr leid.

Als es hell war, sah man, dass die Amerikaner Ommersheim besetzt hatten. Sie legten fest, dass alle Männer ab 16 Jahren im Pfarrhaus eingesperrt werden und die Frauen in den Kellern bleiben sollen. Das Pfarrhaus und das umliegende Gelände wurden bewacht. Lediglich zwischen 12 und 13 Uhr konnten wir die Keller für die nötigsten Versorgungen verlassen. Matthias Latz blieb in seinem Haus, aus welchem Grund auch immer.

Die Höckerlinie hält nicht:
Amerikanische Soldaten durchbrechen den Westwall

Tage später, am 20. März nach 13 Uhr zogen die Amerikaner in Richtung Westwall weiter. Eine Tante … und ich hielten uns gerade im Oberschoss unseres Hauses auf, als wir sahen, wie ein Amerikaner auf das Hoftor von Matthias Latz kletterte und eine Granate in das Haus warf. Im Haus hielten sich zu diesem Zeitpunkt Herr und Frau Latz auf. Vermutlich haben die Amerikaner Matthias Latz am Fenster gesehen, und da eigentlich alle Männer im Pfarrheim sein sollten, vermutete man wohl einen Heckenschützen.

Am anderen Tag um 12 Uhr gingen die Töchter von Familie Latz in deren Haus und fanden den Vater im Flur in einer Blutlache liegend, das Gesicht mit einer Jacke bedeckt. Frau Latz saß die ganze Nacht betend im Keller und traute sich nicht mehr hoch in den ersten Stock.

Am 22. März, als die Amerikaner den Westwall durchbrochen hatten, wurden die Sperrzeiten aufgehoben und die Männer im Pfarrheim freigelassen. Sie konnten nun das Dorf notdürftig aufräumen und die Toten bestatten.“

„UNTERGEHEN UND AUFSTEHEN“
– Der Alltag unter Kriegsbedingungen und das Danach –

2. Buch: „GÄSTE UND FREMDLINGE“ (TEIL Ib)

Evakuierte in Weidenberg 1939-1945

II. „FERIEN OHNE HEIMKEHR“
Gestrandet bei der Kinderlandverschickung

SPURENSUCHE: *Wie Kinder aus bombengefährdeten Gebieten 1943 in die Gegend um Weidenberg kamen*

Der Lessauer Landwirt FRITZ WITTAUER mit seinen beiden Töchtern ANNA und ELISABETH um 1930

„GÄSTE UND FREMDLINGE" (TEIL IB)

Evakuierte in Weidenberg 1939-1945

II. „FERIEN OHNE HEIMKEHR"

GESTRANDET BEI DER KINDERLANDVERSCHICKUNG

SPURENSUCHE: Wie Kinder aus bombengefährdeten Gebieten 1943 in die Gegend um Weidenberg kamen

Inhalt:

DANK

Für die Hilfe bei der Erstellung dieses Kapitels danke ich insbesondere meinen Zeitzeugen KARL EDLER aus Seulbitz, sowie BETTY KÜFNER, FRITZ WITTAUER und MICHAEL ZIMMERMANN aus Lessau.

KINDERLANDVERSCHICKUNG – FERIEN OHNE HEIMKEHR

1. Die Kinder aus Hamburg

Wenn Georg Redenbacher Gottesdienst hielt, saßen oft auch Kinder unter der Kanzel. Denn gesonderte Kinder- oder Familiengottesdienste bot die Kirchengemeinde Weidenberg damals noch nicht an. Die Erwachsenen nahmen ihre anvertrauten Kinder halt einfach zum Gottesdienst mit, auch wenn sie von der Predigt noch nicht allzu viel verstanden.

Nicht alle Kinder stammten aus Weidenberg. In den 40-er Jahren waren mit der sg. „Kinderlandverschickung" der Nationalsozialisten auch Kinder aus Hamburg in den Marktort transportiert worden. Später kamen auch Kinder aus Köln und anderen bombengefährdeten Gebieten nach Weidenberg und in die umgebenden Außenorte. Sie lebten dort nun in Pflegefamilien oder in sg. „KLV-Lagern". Einer von ihnen war der damals siebenjährige Karl Edler.

Ein Hamburger Junge: Karl Edler, März 1943

Eine Hamburger Familie

Karl stammt aus Hamburg, er ist dort am 26. April 1936 geboren. Er verbrachte seine ersten Kindheitsjahre in der Mietshausgegend an der Süderstraße, wenige 100 m von der damals noch bestehenden Hochbahn-Station beim Nagelsweg entfernt.

Die Süderstraße erstreckt sich im Stadtteil Hammerbrook 2,5km lang bogenförmig in ostwestlicher Richtung und verläuft parallel zum Südkanal und zum Fluss Bille. Die Bille erweitert sich hinter dem Hammer Deich zu einem kleinen Hafen und mündet unweit flussabwärts in den Elbhafen. Das ganze Gebiet liegt im ehemaligen Urstromtal der Elbe. Das einstige Marschland der Elbe war hier durch Jahrhunderte entwässert, als Viehweide genutzt, dann eingedeicht und seit Mitte des 18. Jh. planmäßig besiedelt worden.

In den fünf- bis siebenstöckigen Gründerzeithäusern, oft mit Balkon, boten sich den Bewohnern preisgünstige Mieten und ein gewisser Komfort. Die Nähe zum Hafen machte das Gebiet vor allem für Hafenarbeiter und dort tätige Verwaltungsleute zu einer günstig gelegenen Wohngegend. Daher gehörte dieser Stadtteil Hammerbrook zu den am dichtesten besiedelten Gebieten Hamburgs.

Gern beobachtete Karl von der Wohnung der Edlers aus, die im

Dicht besiedeltes Marschland: Hamburgs Stadtteil Hammerbrook um 1930

vierten Stock lag, die Schiffe am Wasser. Noch lieber machte er mit seinen Eltern und Geschwistern Spaziergänge am Wasser und bestaunte die großen vorbeiziehenden Schiffe.

Die Mutter ERNA stammte aus Posen und war eine geborene MACHANDER, ein alter Name aus der Zeit der Schwedischen Besetzung Posens. Mit der Umsiedlung der Deutschen nach dem Ersten Weltkrieg war sie zunächst mit ihrer Familie in den Raum Großenbrode–Heiligenhafen an der Ostsee gekommen. Dort waren die Oma und die Tante geblieben. Die Mutter war aus beruflichen Gründen nach Hamburg gegangen und hatte dort seinerzeit Karls Vater kennengelernt und mit ihm die Familie gegründet. Sie war auch an der häuslichen Nähmaschine sehr geschickt und verstand es, aus Stoffresten hübsche Kleidung für alle Familienmitglieder zu nähen. Sie wollte, dass ihre Kinder immer adrett aussehen.

Der 1909 geborene Vater, der wie sein ältester Sohn KARL hieß, war ebenfalls ein gebürtiger Hamburger und von Beruf Friseur. Dessen Vater, Karls Großvater, hatte in der Nähe des Sterntores ein Transport-Unternehmen mit Pferdefuhrwerken. Der Vater litt in der Zeit der großen Arbeitslosigkeit sehr unter der verbreiteten Armut.

Mit Papa an Bille und Hafen: Der 6-jähr. Karl Edler mit Geschwistern

Die Weltwirtschaftskrise erreichte 1932 in Deutschland ihren Höhepunkt und trieb viele Wähler zu den Nationalsozialisten. Mit ihrer unverhohlenen Kriegswirtschaft in Friedenszeiten stoppten die Nazis allmählich diese Krise. Karls Vater arbeitete zeitweilig als Zeitungsausträger.

Im Jahr 1936 kam KARL als Ältester zur Welt, ihm folgten 1938 sein Bruder KLAUS und 1939 seine Schwester LISA. Der Vater hatte sich mit Kriegsbeginn als Berufssoldat gemeldet und war nur noch selten daheim. So durfte der Sohn im Bett des Vaters schlafen, ein unvergessliches Privileg.

Bei den militärischen Kampfhandlungen im Verlauf dieses Krieges wurde Karls Vater Krieg schwer verwundet, er verlor sein rechtes Auge; die ganze rechte Gesichts- und Körperhälfte waren durch Operationen entstellt. Trotzdem musste er nach seiner Wiederherstellung erneut einrücken. Selten kam er auf Urlaub. Wenn er mal daheim war, dann ging er aber stolz mit seinen Kindern an die nahe Bille oder zum Hafen.

Bomben auf Hamburg

Zur Tragödie Hamburgs, und damit zugleich zum Unheil für die Familie EDLER, wird der Bombenkrieg über Deutschland. Er war der größte und grausigste Kriegsbeitrag der Briten.

Dieser Luftkrieg begann beiderseits bereits unmittelbar nach Kriegsanfang. Nachdem die Briten am 3. September 1939 Deutschland im Gegenzug zum Überfall auf Polen den Krieg erklärt hatten, hatten sie zwei Tage später Bomben über Wilhelmshaven abgeworfen. Es war ihre erste „symbolische" Kriegshandlung und sollte als Antwort auf den deutschen Angriff auf Polen verstanden werden, denn bereits seit den ersten Kriegstagen hatten die Deutschen ihre Sturzkampf-Bomber nicht nur benutzt, um militärische Ziele zu zerstören, sondern auch um Städte mitsamt ihrer Zivilbevölkerung anzugreifen.[81]

Tödliche Fracht: Lancasterbomber beim Abwurf von Stabbrandbomben und Luftminen

Seit 12. Mai 1940 wird dieser Luftkrieg über den deutschen Städten intensiviert. Bereits am 18. Mai 1940 wird zum ersten Mal Hamburg bombardiert. Nachts um 0.28 Uhr dringen rund 30 Kampfflugzeuge der britischen Royal Air Force von der Nordsee kommend in Hamburgs Luftraum ein. Sie klinken über Altona, St. Pauli, dem Hafen und Harburg 400 Brand- und 80 Sprengbomben aus. Häuser und Schuppen gehen in Flammen auf. 34 Menschen sterben, 72 werden verletzt.

Anfangs wird dieser Angriff von vielen Hamburgern noch als Sensation empfunden und wie ein Nadelstich weggesteckt. Doch sind Lebens- und Arbeitsablauf dieser Großstadt erstmals spürbar beeinträchtigt, und bald ist auch klar, dass die Bombenlasten aus den Schächten der britischer Lancaster-Maschinen nicht nur die deutsche Kriegswirtschaft, sondern auch die Zivilbevölkerung zum Ziel haben würden. Seitdem werden Sirenengeheul, Flakfeuer und die Flucht in die Luftschutzkeller in Hamburg auch für die Kinder zum bedrückenden Alltag.

Im Juni folgen Angriffe auch auf Frankfurt und Köln, im August auf Berlin. Die prompte Reaktion der Deutschen mit dem „Blitz" – der Bombardierung von Birmingham, London und Coventry seit August 1940 – führt nicht, wie erhofft, zu Verhandlungen, sondern verschärft noch die Wut auf beiden Seiten. Von diesem Zeitpunkt an weiten die Engländer ihren Bombenkrieg, der bislang vor allem gegen kriegswichtige Industrieanlagen gerichtet war, massiv aus und steigern ihn zum bewusst geplanten Bombenterror gegen die Zivilbevölkerung. Manchmal sind 1.000 Flugzeugen

[81] So hatten deutsche Flieger in den ersten Stunden des Krieges die grenznahe polnische Stadt Wielún durch Bombenangriffe großteils dem Erdboden gleichgemacht, angeblich um die 28. polnische Division und eine Kavalleriebrigade, die am Vorabend des Angriffs durch einen Aufklärer entdeckt wurden, zu vernichten, tatsächlich wohl, um die Schlagkraft ihrer Bomber zu testen. Ferner hatten die Deutschen am 25. Sept. 1939 über 1.000 Bomber für den Angriff auf Warschau und die dort eingekesselten polnischen Truppen eingesetzt; 26.000 Soldaten und Einwohner waren dabei ums Leben gekommen.

zugleich unterwegs. Churchills Regierung hatte sich damals ausdrücklich entschlossen, den Tod von Zivilbevölkerung nicht nur billigend in Kauf zu nehmen, sondern die Luftangriffe auf die Tötung oder Schädigung einer möglichst hohen Zahl von Menschen auszurichten.

Ihr Kalkül war, mit dieser Strategie des „moral bombing“ die Moral der Bevölkerung brechen zu können. Die Menschen sollten den Verlust ihrer Wohnungen und materiellen Lebensgrundlagen als so existenzbedrohend wahrnehmen, dass sie ihre Hitlerbegeisterung und jede Arbeitsmoral verlören. Vielleicht gelänge es ja so, die Zuversicht der Deutschen auf einen Endsieg in Frage zu stellen und das Vertrauen der Bevölkerung in die Hitlerregierung untergraben.

So erforschten die Briten auch bewusst die Wirkung von alles vernichtenden „Feuerstürmen“ und kalkulierten die vorausgesagten hohen Opferzahlen ein. Diese Strategie der Briten zeigte bei der Naziführung tatsächlich Wirkung, wenn auch nicht in der von Briten erhofften Art, und erzeugte eine hektische Tätigkeit. Denn die Nazis machten sich ernsthafte Sorgen um die Kinder, die ja nach dem bald erhofften Kriegsende die Zukunft Deutschlands sein sollten.

Die Evakuierung der Kinder

Im Herbst 1942 war KARL eingeschult worden. Das Drama für die Familie EDLER begann im Frühjahr 1943. Der Bombenterror der Alliierten nahm in diesem Jahr dramatisch zu.

Bereits im Herbst 1940, als klar wurde, dass England nicht zur Kapitulation bereit war und dass alle deutschen Städte in der Reichweite von britischen Bombern lagen, hatte HITLER persönlich angeordnet, die Kinder zu evakuieren. Hamburg und Berlin bildete den Anfang, viele andere Städte folgten: In Essen und weiten Teilen des Ruhrgebiets, Düsseldorf, Köln, Hannover – also in Orten, die allesamt als besonders "luftgefährdet" galten –, überall dort sollten die Kinder evakuiert werden.

Vier verschiedene Aktionen liefen an:

1. der Transport von Schulkindern,
2. die Evakuierung von Müttern mit Kleinkindern,
3. die langfristige private Verschickung für Kinder jeden Alters zu Verwandten,
4. die Unterbringung von Grundschülern im Alter bis zu zehn Jahren bei „Pflegefamilien“.

Die erste Aktion[82] betraf die zehn- bis vierzehnjährigen Schüler und Schülerinnen. Unter dem schönfärberischen Begriff „Unterbringungsaktion“ bzw. „Erweiterte

[82] Vergl. zum Folgenden auch den Artikel bei https://de.wikipedia.org/wiki/Kinderland-verschickung.

Kinderlandverschickung“ wurden für die Unterbringung sg. „KLV-Lager“ in vermeintlich bombensicheren Gebieten geplant und beworben. Die „Aufnahmegaue“ lagen sowohl im Süden und Osten des Großdeutschen Reiches, als auch in annektierten Gebieten. So gab es solche KLV-Lager in reichsdeutschen Gebieten wie Bayern und Thüringen, in Ostpreußen und Schlesien, aber auch im besetzten Ausland, wie im polnischen Beskidengebiet, in Tschechien und in Ungarn.

Wie ein heiterer Ferienaufenthalt:
Nazi-Werbung für die Kinderlandverschickung

Die Bezeichnung „Lager“ ist irreführend, verbindet man damit doch die Vorstellung von Zeltlagern. Vielmehr erfolgte die Unterbringung in festen bestehenden Häusern unterschiedlichster Ausstattung, zu Ende des Krieges auch in Baracken. Zu Lagern umfunktioniert wurden Jugendherbergen, Klöster, Internate, Hotels, Pensionen, große Schulhäuser oder Krankenhäuser.

Auch die Heil- und Pflegeanstalt in Bayreuth wird seinerzeit zum KLV-Lager. Hier zieht am 29. Okt. 1940 die Kinderlandverschickung für rd. 500 Mädchen mit etwa 18 Lehrerinnen und 21 BdM-Führerinnen ein. Um dafür Platz zu schaffen, waren kurz vorher die damaligen Bayreuther Patienten in die Heil- und Pflegeanstalten Ansbach, Erlangen und Kutzenberg verlegt worden. Viele von ihnen wurden von dort weiter in Tötungsanstalten verbracht. Im Rahmen der Euthanasieprogramme der Nazis wurde die Mehrzahl dieser Patienten ermordet, so aus der Kirchengemeinde Weidenberg die aus Grund stammende Anna Margarete, über deren Schicksal ein gesondertes Kapitel des Projektes „MYRTEN FÜR DORNEN“ berichtet.[83]

In abgeschiedenen ländlichen Gegenden war die Ausstattung der KLV-Lager oft recht primitiv. Dagegen konnten die Verschickten in Orten mit Fremdenverkehr bisweilen erstklassige Unterkünfte vorfinden. Doch besonders in Kurorten aber verweigerten die Gastwirte gern die Zusammenarbeit mit der KLV-Leitung, und einige

---

[83] Vergl. das Kapitel „Anna Margareta – Gedenken des Unbegreiflichen – Spurensuche nach einem Opfer des Euthanasie-T4-Programms aus der Kirchengemeinde Weidenberg“ in der 6. Folge des Projektes „MYRTEN FÜR DORNEN – Spuren der Opfer“.

Hoteliers widersetzten sich erfolgreich der Beschlagnahme ihrer Häuser, weil sie um ihre Existenz fürchteten.

Ein solches KLV-Lager bestand auch in der Nähe Weidenbergs im Ort Fichtelberg im Fichtelgebirge. Ein weiteres großes Lager war offenbar auch in Weidenberg selbst geplant. Denn auf den Stadelwiesen mussten tschechische Zwangsarbeiter im Auftrag der HJ im letzten Kriegsjahr drei große Baracken, errichten.[84] Das Kriegsende durchkreuzte aber die angestrebte Nutzung.

Im KLV-Lager lebten die Schüler meist gemeinsam mit ihren Klassenkameraden mehrere Monate lang von ihren Familien getrennt und waren so in einer wichtigen Phase ihrer Entwicklung dem unmittelbaren Einfluss der Naziideologie ausgesetzt. Junge Führer der Hitlerjugend organisierten unter der Leitung von regimetreuen Lehrern das straffe Lagerleben und die Freizeitgestaltung.

Die Verschickung der Mütter und der jüngeren Kinder

Die zweite Gruppe der Evakuierten waren Mütter mit Säuglingen und Kleinkindern. Zusammen mit ihren noch nicht schulpflichtigen Kindern sollten sie in sicheren Gebieten bei Gastfamilien aufgenommen werden. Für die Organisation war die nationalsozialistische Volkswohlfahrt (NSV) zuständig, ein Konkurrenzunternehmen der Nazis zu den wenigen noch verbliebenen kirchlichen und freien Trägern der Wohlfahrtspflege. Als Tarnbegriff wurde diese Aktion „Mutter-und-Kind-Verschickung“ genannt.

Ebenfalls von der NSV organisiert und staatlich finanziert wurde die dritte Aktion der langfristigen privaten „Verschickung zu Verwandten“ für Kinder jeden Alters.

Die vierte Aktion betraf Grundschüler im Alter bis zu zehn Jahren, die in großer Anzahl bei „Pflegefamilien“ untergebracht werden sollten. Dabei sorgte die NSV für Transportmöglichkeiten und trug die Fahrtkosten. In den Aufnahmegebieten warb sie dafür, dass Privatleute „Familienfreistellen für Erholungskinder“ spenden sollten.

Bis Kriegsende waren es insgesamt etwa 2 Millionen Kinder, die die verantwortliche „Reichsdienststelle KLV“ in sg. KLV-Lagern evakuierte, dabei vermutlich 850.000 Schüler im Alter zwischen zehn und 14 Jahren. Bei den Mutter-Kind-Evakuierungen und bei den betroffenen Schulkindern bis 10 Jahren sind die genauen Zahlen nicht bekannt. Sie dürften aber ebenfalls erheblich sein.

Zahlreiche Zeitzeugenberichte, die in gedruckter Form oder im Internet greifbar

---

[84] Vergl. zu dieser Information den Bericht über die Beschlüsse des Weidenberger Kirchenvorstandes im Kapitel „Die geheime Bekenntnisgemeinde Weidenberg und andere Geschichten vom Pfarrer Redenbacher“ in der 4. Folge des Projektes „MYRTEN FÜR DORNEN – Christsein am Scheideweg – Weidenberg im Kirchenkampf.“

sind, legen heute ausführlich Zeugnis ab über das Leben der älteren Kinder und Jugendlichen in den sg. „KLV-Lagern" und ihre Erfahrungen fern von daheim. Dagegen gibt es bislang nur wenige Berichte wie den vorliegenden im Projekt „Myrten für Dornen", von Kindern, die in „luftsicheren Gebieten" bei ihren Verwandten oder in Pflegefamilien untergebracht waren. Auch hat die Forschungsliteratur, die sich in den letzten Jahren verstärkt der „Kriegskinder" angenommen hat, bis heute die psychoneurologischen Kriegsfolgen bei den Betroffenen der „Verschickungen" noch kaum untersucht.

Spender gesucht! Werbung um Pflegefamilien für Grundschüler

Daher sind auch die hier verarbeiteten Erinnerungen von Karl Edler von besonderem Wert. Sie erzählen von Karls Aufnahme als 7-jähriges Kind in einer Pflegefamilie im Raum Weidenberg und seinen Erfahrungen mit Land und Leuten im fremden Oberfranken und werden hier erstmals veröffentlicht.

Eine wenig bekannte Form von Widerstand

Nach der vertraulichen Weisung von NSDAP-Reichsleiter Martin Bormann sollte die Zustimmung zur „Verschickung" der Kinder für die Erziehungsberechtigten freiwillig sein. Man wollte vermeiden, dass Ängste vor einem desaströsen Kriegsausgang aufkommen und Misstrauen gegenüber der Führung entsteht. Doch es war unvermeidlich, dass die Gerüchteküche brodelte. In der Bevölkerung wurde von einer „getarnten Zwangsevakuierung" gesprochen; die Nazi-Führung erwarte „offenbar noch sehr schwere Schläge". Im Volksmund war bald sogar von der „Kinderlandverschleppung" die Rede. Die Stimmung war außerordentlich ängstlich und misstrauisch.

Auch warnten die Kirchen in Kanzelabkündigungen und Hirtenbriefen die Eltern: Dem Staat käme nicht darauf an, die Kinder in Sicherheit zu bringen, sondern sie ihren Eltern zu entfremden und ihrem ideologischen Einfluss auszusetzen.

Viele Eltern sahen das genauso. Sie befürchteten eine jahrelange Trennung und sahen kaum eine Möglichkeit, ihre Kinder in den weit entfernten Gebieten zu besuchen. Auch hatte man von mangelhafter Verpflegung und unzureichender Unterbringung gehört. Überdies befürchtete man eine schlechte Behandlung der Kinder.

Der katholische Bischof Clemens Graf von Galen, der 1941 auch gegen den Massenmord der Euthanasie gewettert hat, warnte zudem in einem mutigen Hirtenbrief, im Lager gäbe es eine religionslose Erziehung ohne jede kirchlich-religiöse Betreuung. Tatsächlich setzte ja die nationalsozialistische Kinder- und Jugendorganisation der Hitlerjugend ja in den Lagern ihren ganzen Eifer darein, den Nachwuchs systematisch auf seine Bestimmung im Sinne der NSDAP zu drillen. So boten die jungen HJ-Führer den Lagerinsassen zur Gottesdienstzeit am Sonntagmorgen gern bewusst konkurrierende Geländespiele und attraktive Freizeitvergnügen an. Sie wollten die „Pimpfe" auf ihre zukünftige Rolle als Krieger, die Jungmädels auf ihre Sendung als deutsche Mütter vorbereiten.

Adolf Hitler hatte die Erziehungsziele der Hitlerjugend unmissverständlich formuliert: *„Meine Pädagogik ist hart. Das Schwache muss weggehämmert werden ... Stark und schön will ich meine Jugend. Ich will eine athletische Jugend. Ich will keine intellektuelle Erziehung. Mit Wissen verderbe ich mir die Jugend."*[85]

Die Sorge der Eltern war also durchaus berechtigt. Ein deutlicher Rückgang bei den freiwilligen Meldungen für die Kinderlandverschickung war die Folge. Auch holten immer mehr Eltern ihre Kinder vorzeitig zurück. Der Nazi-Geheimdienst SD musste im Jahr 1943 nach dem fürchterlichen alliierten Bombenangriff auf Hamburg eingestehen, dass „trotz aller Werbeaktionen ... bei dem weitaus überwiegenden Teil der Elternschaft eine starke Ablehnung gegen die Kinderlandverschickung unter Trennung vom Elternhaus" bestehe. „Von den z.Zt. etwa 70.000 in Hamburg anwesenden Schulkindern ... [hätten] sich nur 1.400 für eine Verschickung bereit erklärt".[86]

So versuchten die Nazis, diesem Widerstand durch erhöhten moralischen Druck gegenzusteuern: „Ihr Eltern seid schuld, wenn die Kinder unter Bombentrümmern sterben!" Sanktionen wurden angedroht und auch durchgeführt. Vorzeitig heimgekehrte Jugendliche wurden von der Oberschule verwiesen; Kindern konnten die Behörden die Zuteilung von Lebensmittelkarten verweigern. Doch wollten die Nazis aus propagandistischen Gründen den Grundsatz der Freiwilligkeit wenigstens formal wahren. Sie mussten also zu anderen Mitteln greifen.

Wie Weidenbergs Obermarkt in die KLV-Propaganda der Nazis kam

Jetzt gingen die Nazis in die Schulen und suchten die Eltern auf, um die Familien vom Wert ihrer „Kinderlandverschickung" zu überzeugen. Informations- und Werbeveranstaltungen sollten Eltern und Kindern Informationen über den Ablauf der

---

[85] Nach Hermann Rauschning: *„Gespräche mit Hitler"*, in: Walther Hofer (Hrsg), Der Nationalsozialismus Dokumente 1933 – 1945, Frankfurt/Main, 1957, S. 88. – Rauschnings Zitate werden heute in der Forschung allerdings mit Zurückhaltung betrachtet und teilweise als bewusste Anti-NS-Propaganda bewertet.

[86] Vergl. Heinz Boberach (Hrsg.) „Meldungen aus dem Reich 1938–1945. SD-Berichte zu Inlandsfragen." Herrsching 1984, Bd. 14, S. 5917f. (25. Oktober 1943).

Verschickung geben. Als die Anzahl freiwilliger Meldungen dennoch unter den erwarteten Zahlen blieb, verstärkten sie den Druck auf die Schulleiter, sie sollten ihre Werbebemühungen vergrößern. Auch die Schulaufsichtsbehörden sollten dafür sorgen, dass die KLV-Transporte aufgefüllt würden.

Erstaunlicherweise wurden aber zunächst eine öffentliche Berichterstattung und Werbung für die Kinderlandverschickung in der Presse ausdrücklich verboten. Nur aus den Aufnahmegauen durften kurze Notizen über die Einrichtung der „Erweiterten Kinderlandverschickung" abgedruckt werden, auch die Auslandspresse sollte nichts erfahren, – ein Schuss, der letztlich nach hinten losging. Denn was man nun hinter vorgehaltener Hand zu berichten wusste, erschien nun umso verdächtiger. So hoben die Nazis das Presseverbot schließlich auf, gaben aber genaue Anweisungen über die Art der Berichterstattung.

Die Kinderlandverschickung sollte als fröhliche Ferienspielaktion erscheinen. Entsprechende Fotos zu bekommen, war nicht schwer. Für Großstadtkinder, die nur Straßen und Mietshäuser zum Spielen hatten, erschien ja das Leben auf dem Lande wie ein einziges Abenteuer. Ausgeblendet wurden dagegen alle Schwierigkeiten, insbesondere die Angst einiger Kinder vor dem Ungewohnten. Vom Heimweh durfte nicht die Rede sein, und natürlich auch nicht vom immer bedrohlicher werdenden Kriegsalltag.

Die ganze Werbung nutzte wenig. „Da weite Kreise der Bevölkerung heute einer Landverschickung ablehnend gegenüberstehen", sah sich auch Goebbels' Propagandaministerium zu einer großen und auf Dauer angelegten Kampagne genötigt, die Verschickung „mit Nachdruck durch geeignete Propagandamaßnahmen" zu fördern.

Da gab es ja noch das Kino. Filme anzuschauen war beliebt im Dritten Reich, insbesondere wenn sie die neuen bunten Bilder und Geschichten zeigten, die vom trostlosen Alltag ablenkten. Eigens zu Werbezwecken ließ GOEBBELS daher ein KLV-Film produziert. Er bekam den Titel *„Außer Gefahr"*. Der Propagandastreifen wurde am 1. November 1941 in Berlin uraufgeführt und kam danach in alle Kinos des Reiches.

Werbung für BdM und HJ: Propagandafilm für die Kinderlandverschickung 1941/42

Auch die Weidenberger lernten im Kino an der Warmensteinacher Straße diesen Propagandafilm kennen, da er wegen seiner Kürze von nur 24 Minuten mit einem Spielfilm gekoppelt gezeigt wurde. Im Elternbrief heißt es dazu: Der Film *„zeigt in bunten, lebenswahren Bildern und Szenen, wie glücklich unsere Jungen und Mädel in den KLV-Lagern leben, wo sie wirklich außer Gefahr vor den Angriffen britischer Luftpiraten sind. Eine Spielhandlung gibt dem Bildstreifen einen eindrucksvollen und unterhaltsamen Rahmen.“*

Es ist ein langweiliger Tonfilm in Schwerz-weiß. Man kann ihn heute über Youtube ansehen und erhält so einen Einblick in die „schöne heile Welt“ von HJ und BdM, während draußen der Bombenkrieg tobt. Das Drama der Väter, deren Sturm auf Russland sich im Jahr der Ausstrahlung dieses Films 1942 vor Moskau festfrisst und dann auf die Katastrophe von Stalingrad zueilt, sowie die Gräueltaten an Juden und anderen Völkern bleiben natürlich ausgeblendet. Stattdessen wird ironischerweise zugleich die Völkerfreundschaft der KLV-Kinder mit den Slawen im besetzten Gastland Slowakei gepredigt.

Zu sehen ist, wie statt eines Tischgebetes der „Chinesentusch“ zelebriert wird. Da drehen sich die Mädchen in Volkstänzen anderer Nationen und musizieren Abendlieder auf der Blockflöte, während die Buben sich im wilden Indianerspiel austoben. Am Schluss dürfen sie sogar ehrfurchtsvoll aus der Ferne den Führer in seiner Alpenfestung grüßen.

Auch im wirkungsstärksten Propagandamittel des Dritten Reiches, dem Rundfunk, wurde für das Projekt geworben. Außerdem ließ der Propagandaminister eine Million Handzettel verteilen sowie Plakate in einer Gesamtauflage von 500.000 Stück in den Entsendegebieten aufhängen. Für Vorträge wurden farbige Diapositive erstellt. Ein solches Farbdia für Propagandavorträge ist das umseitig abgedruckte **Foto**, das die Nazis 1943 in Weidenberg extra anfertigen ließen:[87]

Zu sehen ist eine etwa acht Jahre alte „Gänseliesel“ mit blonden Zöpfen und rotweiß kariertem Kleid. Sie treibt mit dem Stecken ihre Gänseherde über die Obere Marktstraße. Sie ist unterwegs zur Gänseweide am Scherzenbach gut 1 km jenseits des Oberen Schlosses. Hinter dem Mädchen ist ein für Weidenberg lange Zeit typisches doppelbespanntes Ochsenfuhrwerk unterwegs. Im Hintergrund reihen sich die alten Sandsteingebäude der oberen Marktstraße aneinander. Über den Dächern erhebt sich die welsche Haube der Markgrafenkirche St. Michael. Das Bild ist natürlich gestellt, der Markt ist menschenleer. Die Kinderlandverschickung sollte wie ein Ferienaufenthalt auf dem Lande wirken.

Als besonderen Vorteil der Kinderlandverschickung stellte die Propaganda den Erholungswert heraus, dazu die gute Ernährung, den unbeeinträchtigten Nachtschlaf,

---

[87] Das Bild fand 2008 auch eine zweckentfremdete Verwendung als Cover für das Buch *„Barfuß übers Stoppelfeld - 59 unvergessene Dorfgeschichten“*, Herausgeber JÜRGEN KLEINDIENST. Enttäuschenderweise kommt aber Weidenberg in keiner dieser Geschichten vor.

einen ungestörten Unterrichtsbetrieb und – im Lager – die Gemeinschaftserziehung. Außerdem war die Unterbringung ja kostenlos und entlastete die Haushaltskasse der Eltern. Mit solchen Argumenten ließen sich doch manche Eltern überzeugen.

Doch nicht immer gelang es den Eltern auch sogleich, ihre Entscheidung den Kindern schmackhaft zu machen. Manche Kinder wehrten sich mit Händen und Füßen. An das fast tägliche Heulen der Sirenen, an die dröhnenden Motoren der Bombenflugzeuge, an die stickige Enge der Luftschutzkeller, ja sogar an das krachende Schütteln von Einschlägen waren sie scheinbar gewöhnt. Doch zu unheimlich war vielen kleinen Kindern die Vorstellung, in dieser schrecklichen Zeit weit weg von Vater oder Mutter zu sein.

Schwerer Abschied von daheim

Verlorenes Familienleben:
Karls (rechts) Abschied von Mutter und Geschwistern

KARL erfuhr von dem „Urlaub auf dem Lande“ durch seine Mutter. Es sei schön dort in dem kleinen Dorf Lessau bei Weidenberg, wo eine freundliche Bauernfamilie auf ihn warte. Da würde die Sonne scheinen und er könne viel draußen spielen. KARL ließ sich überreden.

Außerdem gehöre der Ort zum berühmten „Gau Bayreuth“, was immer sich ein Kind darunter vorstellen sollte. KARL war ja schon in der ersten Klasse, da hörte man so manches, es klang nach Abenteuer. Mit seinen sieben Jahren gehörte er schon zu den „Großen“, da musste man auch ein bisschen tapfer sein. So war KARL rasch „umgepolt“ und neugierig. Und die Mutter war froh, dass sie ihren Ältesten in Sicherheit wusste. Die beiden Jüngeren kamen zur Großmutter nach Heiligenhafen.

Der Abschied von den Geschwistern und dann am Bahnhof von der Mutter war bewegend. Niemand ahnte, dass die Entscheidung, die Kinder zu verschicken, sich am Ende zwar als richtig herausstellen würde, dass es aber ein Familienleben wie früher daheim in Hamburg nie mehr geben würde. Als KARL seine Mutter noch einmal ganz kräftig drückte, da erwartete er natürlich wie selbstverständlich, dass das nur ein Abschied auf Zeit sein würde.

„Ein halbes Jahr", so war ihm versprochen. Das war für ein Kind ja sowieso schon ein halbes Leben, aber nach dieser Zeit hatten die Organisatoren zumindest einen Heimaturlaub versprochen, das würde man also gerade noch aushalten können. Außerdem war ja die Lehrerin der ersten Klasse als Betreuerin beim Transport mit dabei, das beruhigte.

Der 27. März 1943 ist ein Samstag, ein grauer kühler Frühlingstag. In der Frühe des Tages macht sich KARL also im dicken Mantel, die kesse Baskenmütze auf dem Kopf, mit der Mutter zum nahen Bahnhof. Er ist bepackt mit einem Karton für seine Utensilien Noch fährt die Hochbahn am Nagelsweg trotz Bombengefahr. Bislang konnten die Zerstörungen immer wieder gerichtet werden. Genau vier Monate später, am schicksalsträchtigen 27. Juli 1943, wird hier zum letzten Mal für immer ein Zug abfahren.

Zwei Stationen weit fahren sie, zunächst auf der Hochbrücke am Nagelsweg entlang. Die Aussicht über die anliegenden Stadtteile und Kanäle ist grandios. Die Zerstörungen sind noch nicht wahrnehmbar, Das große Haus an der Süderstraße, in dem Edlers wohnen, entschwindet rasch dem Blick. Es ist das letzte Mal überhaupt, dass KARL dieses Haus sieht. Dann verschluckt sie der Tunnel zum Hauptbahnhof, Hamburgs ältester U-Bahntunnel. Über eine vielstufige Treppe gelangen sie direkt zu den Bahnsteigen des Hauptbahnhofs. Der Bahnhof ist noch unzerstört, nur Glasscheiben der mächtigen Bahnhofshalle sind bei den bisherigen Bombenangriffen zersprungen.

KARL begrüßt die Lehrerin und seine Mitschüler am Bahnsteig. Der Zug mit der rauchenden Dampflok davor wartet schon. Die Bahn hat extra einen Sonderzug aus Personenwagen zusammengestellt. Manche Wagen sehen durch Beschädigungen des Bombenkrieges und Tieffliegerangriffe schlimm aus, aber darauf achten die Kinder jetzt nicht. Erst unterwegs, wenn durch die zerbrochenen Fenster die kalte Frühlingsluft hereinweht oder im Tunnel der stickige Ruß der Lokomotive das Abteil füllt, merken sie, was alles nicht in Ordnung ist.

Als KARL und die anderen Kinder ihr Abteil suchen, geht die Mutter zunächst noch mit. Dann heißt es Abschied nehmen. Draußen hebt der Aufsichtsbeamte am Bahnsteig die Kelle und stößt in seine Trillerpfeife. Die Kinder drängen sich alle an die Fenster, manche strecken die mitgegebenen Hakenkreuz-Fähnchen hinaus und winken ihren Eltern zu. Schnaufend und mit Dampfwolken und Pfeifen ruckt die Lokomotive an, ächzend setzen sich die Wagen in Bewegung. Immer schneller werdend

Winken mit Hakenkreuzfähnchen: KLV-Zug in Berlin 1943

verlässt der Zug die Halle. Eine Zeit sieht Karl die Mutter noch winken. Dann verschwindet sie aus seinem Blick.

Dass dies ein Abschied für immer sein könnte, kam KARL nicht in den Sinn. Es ist ein frischer Frühlingstag. Der Himmel ist grau bewölkt. Doch es regnet nicht. Im Lauf des Tages wird die Temperatur von 7 auf 13° ansteigen.

In diesen Tagen verlässt fast zur gleichen Zeit auch ein Güterzug den „Hannoverschen Bahnhof" in der Hamburger Hafencity, nicht weit entfernt vom Hauptbahnhof.

Nicht alle sind freiwillig unterwegs

Dieser 1872 eröffnete Hannoversche Bahnhof, der zunächst „Pariser" und „Venloer Bahnhof" hieß, war Hamburgs erster Bahnhof für den Personen und Güterverkehr nach Süden. Seit der Eröffnung des Hamburger Hauptbahnhofs 1906 waren einige Teile abgerissen worden. Der Rest diente nun vor allem als Güterverladebahnhof, so dachten jedenfalls die meisten. Kaum jemand ahnte, dass seit 1940 hier ganz andere Transporte verladen wurden und dass dieser Bahnhof einmal zum Gedenkort des Grauens werden würde.

Denn eingepfercht in diese scheinbar unverdächtigen Güterzüge sind viele Menschen: Hamburger jüdische Mitbürger. Das Ziel in diesen Tagen ist das berüchtigte Konzentrationslager Theresienstadt.

Es ist bereits der 13. Transport, der von diesem Hannoverschen Bahnhof in Hamburg startete. Der Weg der unfreiwilligen Passagiere führte in ein Ghetto, in ein KZ oder hin zu einer Vernichtungsanstalt. Der erste Zug war hier knapp drei Jahre zuvor abgefahren, am 20. Mai 1940. Er hatte 910 Personen aus Hamburg und Schleswig-Holstein in das gerade erst von den Deutschen errichtete Vernichtungslager im polnischen Bełżec gebracht. Sie hatten nur noch kurze Zeit zu leben. Denn ab Herbst 1940 organisierten hier in Bełżec die gleichen Helfer die systematische Menschen-

Hannoverscher Bahnhof in Hamburg, Gedenkort des Grauens: Judentransporte im Güterwagen

vernichtung, die schon zuvor in Schloss Hartheim bei Linz die Ermordung von Euthanasieopfern durch Gas erprobt hatten. Nun waren sie zu Verantwortlichen aufgerückt. Ihrem Wüten war in Hartheim am 22. Nov. 1940 auch das Weidenberger Gemeindeglied ANNA MARGARETA aus Grund zum Opfer gefallen.[88]

Zunächst waren es vor allem Roma und Sinti gewesen, die von Hamburg aus zur Vergasung verschleppt wurden. Am Ende würden über 6.000 Hamburger Bürger, vor allem Juden, unter den Ermordeten sein. Doch davon ahnten weder diese Hamburger Kinder etwas, die zur „Kinderlandverschickung" unterwegs waren, noch ihre Eltern.

Trotz der Gefahren von Bombenangriffen oder Tieffliegern unterwegs fühlten sich die Kinder sicher. Kinder waren HITLER etwas wert, so war ihnen von früh an eingeschärft worden, darauf vertrauten sie. Denn HITLER war für sie wie Gott. Ihr Zug durchquerte die norddeutsche Tiefebene und erreichte das Mittelgebirge. Immer wieder musste er wegen der Bombenflugzeuge oder der Tiefflieger seine Fahrt stoppen, die Reise erschien endlos. Am Ende wurden es 24 Stunden. Die Landschaft, die draußen im aufkeimenden Frühling am Fenster vorbeiflog, mag schön gewesen sein, doch Karl nahm sie gar nicht wahr. Er achtete auf sein Gepäck in der Einkaufsschachtel. Manchmal schlief er auch ein.

Wenn er wach war, dann gab es ja spannende Gespräche mit den Mitschülern: Was würde sie am Ziel erwarten? Die Kinder waren ja schon vor Reisebeginn den Gastfamilien zugeteilt worden. Doch was waren das für Leute? Und was war das für eine Landschaft in dem Mustergau Bayreuth in Oberfranken, würde man den Hamburger Dialekt dort überhaupt verstehen? Und würde es wirklich so schön werden,

---

[88] Ihre erschütternde Geschichte erzählt das Projekt „MYRTEN FÜR DORNEN" in seiner 5. Folge „Spuren der Opfer" ab S. 9.

wie alle versprochen hatten? Diese erste weite Reise so ganz ohne Eltern, das war für alle abenteuerlich und aufregend.

2. Das neue Leben in Lessau

Ankunft in Lessau in Oberfranken

Sie fahren die ganze Nacht hindurch. „Bayreuth Hauptbahnhof, bitte umsteigen," tönt es auf einmal. Es ist Sonntagvormittag. Man kann die Kirchenglocken läuten hören. Die Gruppe wird getrennt. Für KARL und einige Mitschüler dampft schon der Zug nach Kirchenlaibach am anderen Bahnsteig. Die Kinder winken einander noch einmal zu. Die meisten würden sich kaum je wieder sehen.

Schon kurz hinter Bayreuth, am kleinen Bahnhof von Stockau, heißt es auch für KARL und ein paar andere Kinder aussteigen. Mit ihm verlassen auch seine Mitschüler BERNHARD GAEVERT und HEINZ KÜHL zusammen mit der Lehrerin den Zug. Die Lehrerin bezieht die Wohnung im Schulhaus bei der Kirche in Stockau. Hier also würden die Kinder in der nächsten Zeit Unterricht haben.

BERNHARD kommt zur Gastfamilie WOLFRUM. Er wird als Waise einmal ganz in Stockau bleiben, dort seine Familie gründen, den Mesnerdienst an der Stockauer Kirche übernehmen und eines Tages dieses Schulhaus als Wohnsitz übernehmen. Heinz Kühls Gasteltern sind damals die Wirtsleute ANGERER in Glotzdorf, hier wächst HEINZ auf und bleibt dort auch noch einige Zeit nach dem Krieg.

Für Karl geht die Reise noch weiter. Auf ihn wartet am Bahnhof bereits ein kleiner Bauernwagen. Er hat kurze Bänke auf beiden Seiten hinter dem Kutscher. Der SENGERSBAUER ist gekommen, um die Kinder abzuholen. Karls Gasteltern haben ihn geschickt. Sie sind zwar seinerzeit auch Bauern, besitzen aber keine eigenen Pferde. Sie arbeiten vielmehr, wie die meisten Bauern damals in und um Weidenberg, wie das Coverbild zu diesem Kapitel zeigt, nur mit Kühen.

Pferde sind damals etwas Besonderes: Kuno Raabs Kutsche in Lessau

Auch KUNO RAAB von der

Mühle in Lessau besitzt eine Pferde-Kutsche; sie hat sogar ein Faltdach gegen den Regen, sowie Lampen wie ein Auto, zum Fahren bei Dunkelheit. So toll ausgestattet ist Karls Fahrzeug nicht; aber er ist stolz, dass er mit seinem Mitschüler ROLF SCHULZ auf dem Wagen sitzen darf.

Zügig geht die Fahrt die Landstraße unterm grünen Pensenberg entlang. Der Gebhardtshof fliegt vorbei. Zur Kurve zieht das Pferd den Kutschwagen hinauf, dann geht's hinunter zum Ortseingang von Lessau.

Auf dem Gemälde „Lessau" von RÜDIGER NEUBIG breitet sich der Ort vor dem rechts im Hintergrund gelegenen Waldgebiet des Pensen aus; das helle Anwesen der Gastfamilie Wittauer liegt im Bild oben vor dem linken Waldstück. Geradeaus in die offene Landschaft geht der Schulweg der Kinder nach Stockau.

Blickt man in die andere Richtung nach rechts nordwärts, dann schmiegt sich das malerische kleine Dorf Lessau in den engen Taleinschnitt zu beiden Seiten des Würgersbaches, oder wie die Leute auch sagen der „Würgerin". Die Leute wissen, warum sie so reden. Denn wenn einmal der Bach nach starkem Regen über die Ufer tritt, erwürgt er alles, was ihm in den Weg kommt.

Lessau im Bild: Gemälde von RÜDIGER NEUBIG

Außerdem teilt ein Zulauf zu diesem Bach den Ort in zwei Teile. Und das hat Bedeutung sowohl für das kirchliche Leben, als auch für die Schule. Wer nördlich des Zulaufs wohnt, gehört schulisch zu Döberschütz und kirchlich zu Weidenberg, ein Weg von ½ bzw. fast 1 Stunde zu Fuß erwartet ihn jeweils dorthin. Und wer südlich wohnt, der muss zur Schule und zur Kirche nach Stockau, das ist ein Weg von 45 Minuten auf der Landstraße. Nach Neunkirchen, dem eigentlichen Kirchort, ist es noch ein Stückchen weiter.

Es gibt freilich einen Pfad, der führt vom Haus der Pflegeeltern über einen Höhenrücken durch Felder und Wiesen direkt hinab nach Stockau, er ist ein ganzes Stück kürzer. Denn die Pflegefamilie wohnt auf einer Einzelnen, einem alten bäuerlichen Anwesen einen halben Kilometer oberhalb des Ortes. Das weiß gestrichene Anwesen ist links oben auf dem Gemälde von NEUBIG gut zu erkennen.

Für Buben sind solche Wege durch die Natur sicher viel reizvoller als auf der Landstraße. Im Sommer kann man unterwegs auch mal von den Kirschen naschen, darüber schimpft niemand, und im schneereichen Winter schnallen die Jungen auch mal die Bretter mit den brüchigen Lederbindungen unter die Füße; den letzten langen Hang geht's im Schuss hinab bis fast zum Schulhaus. Nur heimwärts bergauf ist es natürlich ein bisschen anstrengend; dafür ist der Appetit beim Essen umso größer. Und wenn der Schnee allzu tief ist, dann müssen auch mal die kräftigen Ochsen helfen, den Weg zu spuren.

Felder, Sandsteine und ein reges gesellschaftliches Leben

In der Landwirtschaft sind fast alle tätig: Gastwirtsfamilie SCHWENK um 1940

Etwa 240 Menschen wohnen damals in Lessau, man kann sie nach kurzer Zeit alle kennen. Die meisten sind Bauern. Im Sommer sieht man jeden irgendwo auf dem Feld. Doch auch Handwerker sind am Ort. Dazu lebt Lessau von seinen für den Häuserbau gesuchten Steinen, die in den **Steinbrüchen** um den Ort gewonnen werden. Etwa 500 m ostwärts des Ortes am Möe ist der wertvollste Steinbruch. Seit den 20-er Jahren helfen auch Lastwagen beim Abtransport der schweren Steine.

Nach getaner Arbeit trifft man sich zur Stärkung und Geselligkeit in den traditi-

Wertvoller Lessauer Stein: Bruch am Möe um 1920

onellen Dorfwirtshäusern im Ortskern. Da ist immer etwas los. Lessau, obwohl vom Bach in zwei Teile geteilt, hat schon immer eine bemerkenswerte Dorfgemeinschaft. Nicht nur bei der traditionellen Kerwa, sondern auch bei den groß gefeierten Hochzeiten ist das ganze Dorf dabei.

Aber der kleine Ort hat auch zwei Armenhäuser, eines oben bei der Kreuzung, ein weiteres mitten im Dorf am Bach, die geheimnisvolle „**Porderleshüttn**". Sie spielt im Projekt „MYRTEN FÜR DORNEN" eine eigene Rolle. Dieses kleine Gebäude der Porderleshüttn gehörte zur Raabmühle, die rd. 500 m weiter unten liegt.

Dieses Armenhaus wurde um 1965 abgerissen. Hier wohnte als Kind einst die MARGARETE SCHILLING, welche eine der Leitpersonen dieses ganzen Projektes „MYRTEN FÜR DORNEN" ist. Dass sie hier mit ihrer verwitweten und armen Mutter und den Geschwistern einst **Perlen für Bekleidung** verarbeitet hat, um für die Familie zum Lebensunterhalt beizutragen, und dass dieses alte Haus von diesen hier verarbeiteten Perlen seinen Namen hat, wussten die Kinder allerdings 30 Jahre später zur Ankunftszeit des Hamburgers KARL schon nicht mehr.[89]

Geheimnisvolle „Perlenhütte": Heimstatt für Arme

Dafür kennen die Kinder zu seiner Zeit noch die „Mehlmaig" persönlich, die Zieglers MARGARETE, welche im und nach dem Zweiten Weltkrieg bis etwa 1960 in dem kleinen

[89] Vergl. zum wechselvollen Leben der MARGARETE SCHILLING insbesondere das Kapitel *„Tannen für Hecken"* in der 1. Folge des Projektes „MYRTEN FÜR DORNEN – Am Vorabend der Urkatastrophen" den Abschnitt *„Eine einfache Frau aus Lessau als Stifterin"* ab S. 30.

Haus wohnte. Sie verdiente ihren bescheidenen Lebensunterhalt als Marketenderin. Dorthin wurden die Kinder manchmal geschickt, um für ein Zehnerl Hefe zu kaufen. Dann fiel manchmal auch eine kleine Süßigkeit für sie selber ab.

Die Mehlmaig hat den Bauern damals Butter und Eier abgekauft. Vieles davon hat sie dann mit dem „Coburger Korb“ auf dem Rücken zur Bahnstation Stockau und weiter zu Kunden nach Bayreuth geschleppt. Der Korb war trichterförmig geflochten, d.h. oben breiter als unten. Oben drauf kam ein Aufsatzkorb speziell für die Eier.

Auch die „Mehlmaig“ war verwitwet. Einer ihrer Söhne, HANS, war im zweiten Weltkrieg gefallen. Sie hatte noch drei weitere Kinder, GEORG, CHRISTIAN und MARGRET. GEORG war im Krieg bei der SS. Im Haus gab es einen offenen Schlot. In der einzigen Stube stand ein Kachelofen. Im ehemaligen Stall war das Holzlager, von dem aus mit dem „Huckelkorb“ Holz ins Haus getragen wurde.

Geselligkeit und Tanz: Lessauer Kerwa mit Kapelle Wagner aus Nemmersdorf

Steinkreuz und Bekenntnismarter

Alle Lessauer Kinder kannten auch das auffällige Steinkreuz auf dem Hügelgrat nördlich des Ortes. Hier kreuzt der uralte karolingische Handelsweg von Franken nach Prag. Auf seinem höchsten Punkt am Lessauer Berg grüßt den Kirchgänger und Wanderer ein Ensemble geheimnisvoller Steine, die bestimmt schon 700 oder mehr

Jahre alt sind: Das fälschlich auch „Heydenaaber Stein“[90] genannte Steinkreuz gemahnt als Sühnestein an einen Totschlag und trägt in seiner Mitte ein „Seelenloch“, es soll der Seele des seinerzeit Erschlagenen Zuflucht gewähren.

Zielpunkt des Kemnather Geleits: Steinkreuz am Lessauer Kirchweg

In ein paar Metern Abstand ragt eine Stele auf, die gern als „Geleitstein“ bezeichnet wird und vielleicht anzeigt, dass das kostenpflichtige Kemnather Geleit einst bis zu diesem Punkt ging. Möglicherweise handelt es sich aber auch um eine Pestmarter, deren laternenförmiger Kopf irgendwann abgeschlagen wurde, weil man das Zeichen für „zu katholisch“ hielt.

Neugier weckt auch ein zwischen diesen beiden Zeichen stehender Steintrog mit einer quadratischen Öffnung; er diente wohl als Sockel für die Stele, aber wohl nicht als Tiertränke, wie andere vermuten.

Mahnung im Kirchenkampf: Marterl der MARGARETE SCHILLING von 1937

Wer von Lessau auf dem alten Kirchweg über St. Stefan zur Weidenberger St. Michaels Kirche wanderte, der kam an diesen Steinen vorbei. 100 m weiter, am Beginn des Abstiegs nach Weidenberg, wird er an der Böschung auf ein viertes geheimnisvolles Zeichen stoßen, das „evangelische Marterl“ mit den Zitaten der Lutherbibel, das die oben genannte MARGARETE SCHILLING aus der Porderleshütte im Jahr 1937 am Höhepunkt des Kirchenkampfes hier aufstellte. Es ist ihr Mahnmal für den Glauben an Gott in der Kirchenkampfzeit und Zeuge ihres Dankes für Gottes Geleit in allem Schweren des Lebens.

---

[90] Vergl. zur Richtigstellung das Kapitel *„Der stumme Schrei zum Himmel – Die Steinkreuze um Weidenberg und in der Frankenpfalz“*, in derselbe Folge ab S. 362.

Ausgedehnter Kirchweg: St. Michael um 1942

KARL lernte dieses „Denkmal“, wie die Leute es nannten, bald kennen. [91] Denn auch dieser Kirchweg von Lessau über die Bocksleite nach Weidenberg gehörte für KARL bald zu den Erlebnissen in seiner neuen Heimat.

Neue Wege und neue Menschen

KARL war ja in eine fromme Familie gekommen, das merkte er bald. Sonntags ging eigentlich immer jemand aus der Familie zur Kirche, und dann durften üblicherweise auch die Kinder mitgehen. Da das südliche Lessau kirchlich zu Stockau gehörte, dort aber nur alle 14 Tage Gottesdienst war und der Weg zum Hauptort Neunkirchen sich noch ein Stückchen weiter hinstreckte, hatte die Familie die Michaelskirche in Weidenberg häufig als sonntägliches Ziel ausgewählt.

Bis heute in Lessau bester Erinnerung: Pfarrer REDENBACHER

So lernte KARL in seiner Zeit in Lessau auch den damaligen II. Pfarrer von Weidenberg, GEORG REDENBACHER, kennen. Der I. Pfarrer, THEODOR HOFFMANN, war zu dieser Zeit 1943 schon eine Weile verschwunden. Als Anhänger der hitlerhörigen Sekte der „Deutschen Christen“ war er bei seinem Versuch, im Bayreuther Land eine solche Gemeinde aufzubauen, gescheitert und hatte sich mit Kriegsbeginn zum Militär gemeldet. Im Jahr 1943 war er ganz aus der Evangelischen Kirche ausgetreten. Im nun leerstehenden I. Pfarrhaus waren ebenfalls Evakuierte aus Hamburg untergebracht. Seitdem musste sich Pfarrer REDEN-

[91] Vergl. dazu in der genannten 1. Folge des Projektes „MYRTEN FÜR DORNEN“ die Einführung sowie das ganze erste Kapitel, dazu insbesondere die Kapitel über den Kirchenkampf in der 4. Folge dieses Projektes „Christsein am Scheideweg – Weidenberg im Kirchenkampf“.

BACHER allein um die große Gemeinde kümmern.[92] Doch eine persönliche Erinnerung an diesen Pfarrer REDENBACHER hat sich KARL nicht eingeprägt.

Hingegen kann sich sein gleichaltriger Lessauer Freund und Schulkamerad MICHAEL ZIMMERMANN zumindest erinnern, dass REDENBACHER von stattlicher Statur war und gern mit einer Schürze bekleidet im Garten hinterm zweiten Pfarrhaus unter dem Alten Schloss arbeitete. Auch sei er sehr gesellig gewesen, habe sich auch bei der Kerwa gezeigt und sei auf die Leute zugegangen. Aber wahrscheinlich interessieren sich Kinder in diesem Alter wohl eher für Natur und Abenteuer am Weg zur Kirche oder das festliche Kircheninnere und alles Mögliche andere, als dass sie den noch so wortgewaltigen Predigten eines Pfarrers lauschen.

Die Pfarrer der eigenen Gemeinde in Stockau und Neunkirchen hatte KARL jedenfalls zeitlebens besser im Gedächtnis, besonders dann natürlich seinen Konfirmator Pfarrer LAUTER, der die gemeinsame Konfirmation der Kinder aus den verschiedenen Gemeindeteilen in Neunkirchen leitete.

Immer aber, wenn Karls Gastfamilie in der wärmeren Jahreszeit den Gottesdienst in Weidenberg besuchte, statteten alle Wanderer auch dem Kaufmann KÜHNERT am Obermarkt noch einen interessanten Besuch ab, oder sie schauten beim Kaufmann Sack in der Kantorsgasse vorbei. Denn nicht nur der Apotheker, sondern eben auch manche Kaufleute hielten nach der Kirche ihren Laden offen. Das war praktisch, so konnten die Auswärtigen das Nötige mitnehmen. Michaels Patentante hatte z.B. immer ihren Huckelkorb dabei und gab ihn vor Gottesdienstbeginn im Laden zusammen mit ihrer Bestellung ab. Nachher konnte sie dann alles fertig gepackt auf die Schultern nehmen. Außerdem fiel auch für die kleinen Schleckermäuler meist eine Süßigkeit mit ab.

Immer wieder neue Menschen lernt KARL auf diese Weise kennen. So prägen sich ihm viele spannende Eindrücke von einem Leben dicht an der Natur ein, eine Lebensform, die so ganz anders ist, als die bislang vertraute Atmosphäre in einem Mietshaus in der Großstadt. KARL gefiel dieses neue Dasein, er würde sich leicht auch auf Dauer eingewöhnen.

Doch zunächst einmal geht es ja für KARL darum, seine Familie und sein neues Zuhause genauer kennen zu lernen. Sein Gastvater FRITZ WITTAUER ist mit 53 Jahren schon etwas älter, er könnte leicht sein Opa sein Doch KARL wird ihn bald „Papa" nennen, so gut kommen die beiden miteinander zurecht.

Dieser FRITZ war im Ersten Weltkrieg als Soldat eingezogen worden. Er war zwar unverwundet geblieben, hatte aber einige gefährliche Krankheiten mit heimgebracht.

---

[92] Vergl. dazu insbesondere die Kapitel über den Kirchenkampf in der 4. Folge des Projektes *„Christsein am Scheideweg – Weidenberg im Kirchenkampf"*.

Hochzeit in schwerer Zeit:
FRITZ und MARGARETE WITTAUER 1922

Diese gesundheitliche Schwächung hing ihm nun Zeit seines Lebens an; sie behinderte ihn vor allem bei der Bewegung.

Seine Frau MARGARETE ist 10 Jahre jünger, seit 21 Jahren sind die beiden zu der Zeit schon verheiratet. In der Inflationszeit nach dem Ersten Weltkrieg haben sie sich in der Kirche von Stockau das Ja-Wort gegeben und anschließend mit den Verwandten und der ganzen Dorfbevölkerung ein großes Fest gefeiert.

MARGARETE ist ein bisschen strenger als FRITZ. Deshalb hat KARL großen Respekt vor seiner Pflegemutter. Da gibt es ja auch einen Reiserbesen im Haus. Und wenn man als Kind respektlos ist oder etwas falsch macht, oder wenn sich die Buben untereinander allzu lautstark streiten, dann kann es sein, dass die strenge Margarete einem damit den Nacken streicht. Manchmal genügt auch schon ihre angedeutete Handbewegung, um die Achtung herzustellen. Aber herzensgut und gottesfürchtig sind sie alle beide. Und KARL wird auch zur Gastmutter bald „Mama" sagen, und das hat für ihn dann eine ganz besonders tiefe Bedeutung.

Da sind dann noch die beiden Töchter ANNA und ELISABETH, sie sind zu der Zeit schon fast im heiratsfähigen Alter. Auch Fritz' Sohn HANS ist schon etwas größer, aber auch er ist mit seinen 12 Jahren noch richtig im Jungenalter. Er ist Karl gleich sympathisch, mit dem würde er sich bestimmt verstehen. So wird der 7-jährige Junge aus Hamburg mit seiner Familie auf Zeit hier in Oberfranken prima auskommen.
Familie WITTAUER hatte sich als Gasteltern gemeldet, als die NSV, die nationalsozialistische Volkswohlfahrt, gefragt hatte, ob jemand Familienfreistellen für Erholungskinder zur Verfügung stellt. Als Gastfamilie erhalten sie nun neben den Lebensmittelkarten des Pflegekindes auch einen Kostenbeitrag von täglich zwei Reichsmark von der NSV, das entspricht etwa 10-20 € nach heutigem Geldwert.

Und da die Verschickungsdauer ja nur ein halbes Jahr beträgt, kann man ja getrost dieses gegenseitige Wagnis einer vertrauensvollen Beziehung eingehen. Dass daraus einmal viel mehr werden würde als nur ein Erholungsurlaub auf Zeit für bombengeschädigte Großstadtkinder, nämlich ein Urlaub ohne Heimkehr und eine Weichenstellung für das ganze weitere Leben, das konnte damals wirklich niemand ahnen.

Tränen zum Einzug

Die ersten Eindrücke von der Gastfamilie und vom neuen Zuhause, das so erhaben mitten in der Natur über dem kleinen Ort Lessau liegt, waren also gut. Dass dennoch gleich am Ankunftstag die Tränen kullerten, geschah ohne jede Absicht. Das Heimweh war halt noch übermächtig. Doch die Familie wusste das Schluchzen richtig zu deuten.

Erhabene Naturlandschaft: Der Wittauerhof seinerzeit

Zur Beruhigung nahm der Bauer den kleinen KARL auf den Arm. Um ihn abzulenken, führte er ihn in den Stall. Beim Anblick der lebenden Tiere, der Kühe und Schweine müsste das kleine Großstadtkind doch auf andere Gedanken kommen. Doch, o Schreck, im Eck lagen „Rangers“.

Den Ausdruck kannte KARL zu der Zeit noch nicht, wohl aber das Aussehen und den Geschmack dieser Futterpflanzen. Seit Beginn des Zweiten Weltkrieges – und das war für KARL eigentlich solange er denken konnte – war die Steckrübe immer häufiger auf den Speiseplan seiner Familie und auch vieler seiner Freunde gekommen. Sie sah genauso aus wie die normale Futterrübe. Und viele fanden, sie schmeckt auch so erbärmlich.
Mit Bezeichnungen wie „Ostpreußische“ oder „Mecklenburgische Ananas“ hatte man zwar versucht, sie den Menschen irgendwie schmackhaft zu machen. Auch sollte ihnen klar sein, wie gesundheitlich wertvoll ihr hoher Vitamin- und Kohlenhydratgehalt gerade in dürftigen Zeiten sei. Trotzdem war schon allein das Anschauen dieses Gemüses insbesondere für die Kinder ein wahrer Graus.

Da war es auch kein Trost, wenn ihre Eltern und Großeltern erklärten, dass sie dieses „Arme-Leute-Essen“ auch schon hatten verzehren müssen, damals im Ersten Weltkrieg, insbesondere als im Jahr 1916 die Kartoffelernte so schlimm missraten war. Damals gab es gar keine andere Wahl, um nicht zu verhungern. Die Steckrüben, die vorher hauptsächlich als Schweinefutter angebaut worden waren, mussten damals als Ersatz für alles Mögliche herhalten: „Früh Kohlrübensuppe, mittags Koteletts von Kohlrüben, abends Kuchen von Kohlrüben“. Es gab Rezepte für Steckrüben-Suppen, -marmelade, -aufläufe. Ja sogar Steckrüben-Sauerkraut wurde eingelegt. Und geraspelte und im Ofen getrocknete Rüben verwandelten sich mit heißem Wasser zu Steckrübenkaffee. Doch irgendwann hatten die meisten Menschen die Steckrüben im wahrsten Sinne des Wortes „satt".

Aber hier im Stall lagen diese Rüben nun wieder zu Bergen! Der Gastvater sah den kleinen KARL heftig schlucken und die Augen aufreißen. Doch er konnte ihn beruhigen: „Bei uns bekommen die Rüben die Kühe und Schweine, und du kannst mir beim Füttern helfen.“

Als Jüngster im Haus: KARL mit Gastfamilie WITTAUER um 1946

Anderntags waren alle Tränen getrocknet und aller Kummer verflogen. Am Himmel lugte nach den grauen Tagen zaghaft die Frühlingssonne hervor. Das neue Leben roch nicht nur intensiv nach Landluft, sondern noch mehr nach Freiheit, wie es das Herz jedes Jungen ersehnt. Der duftende Wald mit seinen geheimnisvollen Pfaden und die saftigen Wiesen mit ihrer Weite weckten beständig neue Neugier. Viele interessante Geräte und Fahrzeuge forderten die Entdeckerlust des kleinen Buben geradezu heraus. Da hat dann der KARL auch gleich sein „erstes Stück geliefert“.

Karl liefert sein erstes Stück und muss in die Schule

Auf dem abschüssigen Weg vor dem Anwesen stand ein gummibereifter Bauernwagen, bereit zum Anspannen. Karl kannte so etwas nur aus dem Bilderbuch. Da war doch eine metallene Stange mit einer Kurbel am Vorderrad, und so eine Kurbel musste doch drehbar sein, auch für einen Siebenjährigen. Sollte man das nicht mal ausprobieren? Tatsächlich, es ging eigentlich ganz leicht, besondere links herum.

Versteck hinter der Scheune:
WITTAUER-Anwesen und Bergweg seinerzeit

Doch nun geschah das Unerwartete, der Wagen setzte sich in Bewegung, er begann, hangabwärts zu rollen! Erschrocken sprang Karl weg, soweit er konnte. Niemand sollte ihn entdecken. Er rannte hinter die Scheune, kroch durch eine Lücke zwischen den Zaunlatten und verbarg sich mit klopfendem Herzen hinter einem Gebüsch hinter der Scheune. Was hatte er da nur angerichtet! Nun würde ihn der Gast-Vater bestimmt kräftig schimpfen oder gar ohrfeigen!

Aus sicherer Entfernung beobachtet KARL das weitere Geschehen. Der Bauer hat den anrollenden Wagen bemerkt. Der beschleunigte inzwischen schon auf der Wiese unterhalb des Weges und fährt geradewegs auf einen steilen Abhang zu. Trotz seiner alters- und kriegsbedingt eingeschränkten Beweglichkeit ist der Bauer behände hinterhergerannt. Der Wagen hatte von selbst rechts eingeschlagen und war so etwas langsamer geworden. So kann der Bauer gerade noch die ominöse Kurbelstange am Vorderrad erreichen. So schnell er kann, zieht er damit die Bremse an. Dicht vor dem Steilabfall im Gelände kommt das Gefährt zum Stehen.

KARL bleibt vor Aufregung fast die Luft weg. Wäre der Wagen nicht in Trümmer gegangen, wenn er das Steilstück hinuntergestürzt wäre? Nun suchen alle nach KARL. Hoffentlich war dem Kleinen nichts passiert! Aufatmend finden sie ihn. Sein Gesicht leuchtet hochrot.

Unvergesslich ist für den kleinen KARL ein Leben lang aber das Folgende: Der Gast-Vater schimpft nicht! Nachdrücklich, aber doch sachlich erklärt er ihm die Funktion einer Bremse an einem Bauernwagen. Dann geht er in die Scheune, sucht Holz, sägt, hobelt und bohrt. Und am Ende ist eine kleine Schubkarre entstanden. Der Bauer überreicht dieses kindgemäße Gefährt dem Buben. Nun besitzt der Siebenjährige ein eigenes Fahrzeug. Er belädt es eifrig mit „Ranges" für die Schweine und hat seitdem etwas Nützliches zu tun.

Bald ruft auch die Schule. Der tägliche Hin- und Rückweg in die einklassige Volksschule nach Stockau neben der Kirche ist für einen kleinen Erstklässler noch ein bisschen anstrengend, vor allem bei schlechtem Wetter. Oft ist KARL auf dem ersten Wegstück ganz allein, bis sich dann vom nächsten Gehöft an Klassenkameraden zu ihm gesellen. Und der Schultag will an manchen Tagen auch nicht recht vorbeigehen.

Täglicher Schulweg: Kirche und Schule in Stockau

Der Unterricht begeistert den mehr praktisch veranlagten Buben nicht sehr. Vor allem das Schreiben findet KARL ziemlich mühsam. Und auch sonst bringt er meist recht mäßige Noten heim. Deswegen, so erinnert sich KARL, hätten ihn seine Pflegeeltern auch öfters kritisiert. Da sie selbst sehr religiös und kirchlich eingestellt waren, wünschten sie natürlich gute Noten, vor allem in Religion. Dann setzten sie sich auch mal hin und übten mit ihm die aufgegebenen Liederverse und die Texte aus dem Katechismus.

Die alte Sprache war für Jüngere schwer verständlich. Auch Bibelgeschichten musste Karl auswendig hersagen können, auch wenn er die Inhalte vielleicht nicht so richtig erfasst hatte. Beim Schulabschluss später erhielt er dann doch in Religion eine „2“ und in der Berufsschule eines Tages in der Christenlehre bekam er sogar eine „1“. Darauf ist er heute noch stolz.

Mit der Lehrerin, die KARL bis Kriegsende hatte, Fräulein HENNICKE, kam er gut zurecht. Sie war nicht allzu streng, und sie hat die Kinder auch nie geschlagen. Auch Lehrer FRANKENBERGER war in seinen Augen ein feiner Mann, ein richtiger Dorfschullehrer, und alles andere als ein Nazi. Aber seine Frau war eine schlimme Hitler-Verehrerin. Deswegen soll sich der Lehrer dann auch freiwillig in den Krieg gemeldet haben. Er ist leider gefallen.

Als Vertretung unterrichtete dann zunächst Lehrer RODER aus Neunkirche die Schüler. Der war auch ein „ganz schlimmer Nazi“. Bis dahin hatten die Buben in Betragen meist 1-er oder 2-er bekommen. Er gab allen Jungen erst mal eine 3, das war ein ziemlich vernichtendes Urteil, für das man daheim Rechenschaft geben musste.

Hitlergruß und Jugendgruppierungen

Auch Lehrer STUDENROTH war ein Nazi, er brachte den Kindern das Salutieren mit dem Hitler-Gruß bei. Sonst aber war er nach Meinung der Kinder „ein guter Lehrer“; er kam später nach Bayreuth.

Der tägliche Schulunterricht in der Stockauer Grundschule begann mit dem nun eingeübten Gruß „Heil Hitler“, und die inzwischen acht oder neun Jahre alten Buben betrachteten das Ritual bald irgendwie als eine Schau. Jeder versuchte, möglichst zackig zu grüßen; sie knallten die Hacken zusammen, rissen den rechten Arm empor und brüllten laut „Heil Hitler“, fast wie in einem Wettbewerb, je weiter der Krieg fortschritt, desto ärger.

Oder sie verballhornten die Worte, wie sie es damals von vielen Erwachsenen hörten, die aus heimlichem Protest „Hei–tler“ sagten oder „Heilt Hitler“. Die manchmal erfolgende Antwort „Ist er denn krank?“, „Bin ich denn Arzt?“ oder „Heil du ihn doch!“ verstanden sie allerdings nicht, ebenso wenig wie sie wohl verstanden hätten, dass für solche Verballhornungen seit 1937 wegen Verhöhnung oder Herabwürdigung des „Führers“ 18 Monate Gefängnis oder Schlimmeres winkten. Ob sie demzufolge auch vom Widerstand des damals angesehenen Schriftstellers ERNST JÜNGER wussten, der berichtet, dass man sich mit einem schnell gesprochenen „Drei Liter!“ ungestraft aus der Affäre ziehen konnte, wenn einem die offizielle Grußformel nicht über die Lippen wollte?

Bewusst untersagte damals die Reichsregierung auch den Gebrauch des Hitlersgrußes beim Karneval und vermied ihn auch in den beliebten Unterhaltungsfilmen. Nur in Heinz Rühmanns Komödie „Der Gasmann“ 1941 sagt der Filmschauspieler in seiner Rolle als Gaskassierer einmal ironisch beim Abschied zu einer Dame, die ihre Gasrechnung nicht zahlen will: *„Na dann – Heil Hitler!“* Viele Filmbesucher erkannten den Hintersinn, der den offiziellen Filmschaffenden des Dritten Reiches entgangen war.

Über das, was falsch war im Nationalsozialismus, machten sich die Kinder damals noch keine Gedanken, sie kannten es ja nicht anders. Praktisch alle Lessauer Buben, die das entsprechende Alter hatten, waren bei der „Hitlerjugend“. Auch der inzwischen vierzehnjährige HANS, Karls unmittelbarster Freund, war dort aktiv.

Auch die Lessauer Mädchen zeigten sich stolz beim „Bund Deutscher Mädchen“. Sie trafen sich in den verschiedenen Gruppen. Neben den Jungmädelgruppen für die 10-13-Jährigen gab es die Mädelgruppen des BdM für die vier Jahrgänge von 14-17 Jahren. Hier sah man auch Wittauers ANNA und ELISABETH, die damals etwa 16 Jahre alt waren, ebenso wie KUNI ENGELBRECHT, die wohl schon über 16 war, vom Wirt SENGENBERGER die Töchter MARGARETHE und TRINA, und von SCHWENK die Töchter DOROTHEA und JOHANNA.

Während für die Jüngeren noch das Spielen, Singen und Basteln neben viel unverstandener Indoktrination im Vordergrund standen, bereiteten sich die Älteren auf das allgegenwärtige Kriegsgeschehen vor, indem sie z.B. Sanitätskurse abhielten.

Eine verschworene Lessauer Jungmädel-Gruppe:
Bild aus dem Köhler-Nachlass, Lessau um 1940

Für die Jüngeren war natürlich das Leben in ihrer nur aus Mädchen bestehenden verschworenen Gruppe eine willkommene Abwechslung von Stallarbeit, Kartoffelernte oder Gänseliesel-Dienst. Denn zwar wird das Gänsehüten auf dem oben gezeigten KLV-Werbe-Dia, das in Weidenberg aufgenommen ist, als ländliche Idylle beworben; in Wahrheit war es aber doch ziemlich langweilig.

Dagegen konnten die Mädchen beim Heimabend oder beim Spiel draußen in weißer Bluse mit Rock und Halstuch unterm gruppeneigenen Wimpel ihre eigene Form von Gemeinschaft und Freiheit verwirklichen, und da wagte ihnen kein Erwachsener hineinzureden oder sie von dort zur Arbeit zu rufen. Denn „dem Führer zu dienen“ war ja für manchen fast wie Gottesdienst.

Nazi-Lehrer RODER kam aber bald woanders hin. Geheimnisvolle Gerüchte besagten, er wäre umgebracht worden, ohne dass man sagen konnte, warum. Für ihn kam nun der interessante Lehrer GEIS aus dem Rheinland an die Schule nach Stockau.

Christliche und Nazi-Weihnacht

Lehrer GEIS war überhaupt kein Nazi, sondern überzeugter Christ. Als erstes machte er den Schülern klar, dass sie bei ihm nicht mehr mit „Heil Hitler“ grüßen mussten. Schon seit 1941 kam der Hitlergruß in ganz Deutschland zunehmend aus der Mode; stattdessen wurde wieder häufiger mit „guten Tag“ gegrüßt oder in Süddeutschland mit dem vertrauten „Grüß Gott“.

Im Dezember, kurz vor Weihnachten, fragte GEIS seine Schüler einmal: „Welches Fest feiern wir?“ Doch für ihn unerwartet gaben die Schüler keine Antwort, keine Hand rührte sich. Hatte er es mit Trotteln zu tun? Lehrer GEIS ereiferte sich: „Wisst ihr denn nicht, dass wir das Fest der Geburt Christi feiern?“ Da ging ein erleichtertes Lächeln über das Gesicht der Kinder. Sie waren einfach noch so eingeschüchtert von ihrem Nazilehrer und hatten befürchtet, dass als Antwort vielleicht „Wintersonnenwende" oder „Mütterweihnacht" oder „Deutsche Kriegsweihnacht" oder gar „Fest der Helden- und Totenverehrung" verlangt würde.

„Sunnwendmann": Finsteres Gegenbild zum Nikolaus

Denn einige radikale Funktionäre in der höchsten Naziführung wie MARTIN BORMANN hatten in den Jahren der NS-Herrschaft versucht, auch in den Schulen zunehmend die christliche Prägung des Weihnachtsfestes zu bekämpfen. Sie wollten es allmählich durch ein „Fest der Volksgemeinschaft unter'm Lichterbaum" ersetzen, oder, wie sie es sonst noch nannten: „Fest des werdenden Lebens" oder eine „Deutsche Weihenacht" mit ganz ideologisch gefärbten Inhalten. So sollten Elemente der germanischen Mythologie die althergebrachten Gebräuche, Traditionen und Symbole des christlichen Weihnachtsfestes „germanisieren". Statt des Nikolaus sollte der „Sunnwendmann" die Gaben bringen, und statt des Christbaums sollte in den Stuben die „Jultanne" stehen. Als Höhepunkt dieser „artgerechten Feier" sollte statt der Geburt Jesu nun ADOLF HITLER als der gottgesandte Heiland und Erlöser gefeiert werden.

Hakenkreuz statt Weihnachtsstern:
Nazikarte zur „Deutschen Weihenacht"

Dass hinter solchen neuen Gestalten ein ganzes Erziehungsprogramm der Nazi-Zeit stand, lässt sich an der Erfindung des „Sunnwendmanns" ganz gut zeigen. Das helle Bild des Hl. Nikolaus von Myra, der ein Freund der Kinder und der Armen ist, soll durch das finstere Bild des Sunnwendmanns verspottet und abgelöst werde. Er ist ja der dunklen Gestalt des „Ruprecht" und der Perchten entlehnt. Dieser

Gefährte des Nikolaus galt schon seit dem Mittelalter als der „gezähmte Teufel“ und ist das bewusste Gegenbild zum gläubigen Christusnachfolger Nikolaus.

Ruprecht ist der „Kinderfresser,“ der die Seelen der Sünder verschlingt. Als Kinderschreck bewusst eingesetzt, ist er Mittel der elterlichen Erziehung im Dritten Reich. Denn Kinder sollen vor allem Gehorchen lernen; sie sollen dazu erzogen werden, ihre eigenen Wünsche zu unterdrücken. So verteilt auch der Sunnwendmann Ruten für unartige Kinder.

Besuch von Untoten:
NS-Weihnachtskarte 1944

Und seit der Katastrophe von Stalingrad zu Weihnachten 1942 sollen die Kinder auch daran glauben, dass einmal im Jahr die toten Soldaten ihre „ewige Wacht für Deutschlands Zukunft“ verlassen. In der Heiligen Nacht kommen sie ins Haus, um nach dem Leben und der Ordnung in der Familie zu sehen. Sie werden als Gäste erwartet. Schweigend treten diese Untoten dann ein in den festlichen Raum und stellen sich still zu Eltern und Kind. Für sie brennt eine Kerze an der Jultanne. Am Tisch finden sie einen Stuhl und ein Gedeck mit einem Glas Wein. Nach dem Niederbrennen der Kerzen legt der tote Soldat seine erdverkrustete Hand jedem der Kinder leise aufs Haupt und raunt ihm zu: „Wir starben für euch,“ und bezieht dann wieder seine „ewige Wacht“.

Die Schulkinder von Stockau waren von Geis‘ Vorgänger voll im Sinn solcher gruseligen Nazi-Lehren indoktriniert und mussten auch die jährlichen Rundfunkansprachen von Propagandaminister GOEBBELS zur „Deutschen Volksweihnacht“ über sich ergehen lassen. Sie getrauten sich einfach nicht, auf Geis‘ Frage nach dem bevorstehenden Fest mit „Christi Geburt“ zu antworten, obwohl es ihnen natürlich auf der Zunge lag.

Eines steht fest: Trotz intensivster Bemühungen einiger Nazioberen, das christliche Weihnachtsfest umzufunktionieren, gelang ihnen das bei weiten Teilen der Bevölkerung nicht.

3. Hamburg im Inferno von „Gomorrha“

Eine schockierende Nachricht, die das Leben verändert

KARL war in den ersten vier Monaten seit seiner Ankunft in Lessau eigentlich schon recht gut eingewurzelt, zumal er auch als pfiffiger Junge galt, der gern zupackte. „Der kommt aus einer sauberen Familie“, sagten die Gasteltern anerkennend. Da brachte der Postbote zu Anfang August 1943 einen Brief von Karls Vater.

Die Gasteltern öffnen ihn und erfahren betroffen: Karls Mutter ist tot, umgekommen bei einem Bombenangriff in Hamburg wenige Tage zuvor! Wie sollen sie dem Kind diese schockierende Nachricht begreiflich machen?

Sie rufen die ganze Familie zusammen, alle sind sehr ernst. Die Pflegemutter drückt KARL ganz fest in ihre Arme. Sie erzählt ihm vom traurigen Inhalt des Briefes und dass seine Mutter gestorben sei. Doch kann ein Kind eine solche Nachricht wirklich erfassen? Es vertraut doch ganz fest darauf, dass eine „Kinderlandverschickung“ wirklich nur eine Art Ferienzeit ist, die nun bald zu Ende geht.

Fast trotzig wischt KARL die Nachricht mit einer Handbewegung weg und sagt zu seiner Pflegemutter nur diese fünf knappen Worte: *„Ich habe ja noch dich!“* Seitdem ist MARGARETE WITTAUER seine Mutter.

„Ich habe ja dich“: MARGARETE WITTAUER

Was war daheim geschehen, und welche Konsequenzen würden die Ereignisse für KARL haben? Natürlich, der Junge hatte inzwischen davon erfahren, dass seine Heimatstadt Hamburg unter dem ständigen Bombenhagel der Alliierten litt. Die ganze bewusste Phase seiner Kindheit hindurch hatte er ja solche Schrecken wiederholt selbst miterlebt. So tief hatten sich ihm selbst die Ängste in die Seele eingegraben, dass er in den ersten Wochen im friedlichen Oberfranken nachts immer wieder im Schlaf hoch gefahren war. Laut hatte er geschrien: „Alarm!“ und war die erste Zeit kaum zu beruhigen gewesen, so angegriffen waren seine Nerven. Doch diese Ängste waren inzwischen allmählich von ihm gewichen. Bilder voll Frieden und kräftigem Leben hatten sich an ihre Stelle geschoben.

Nun aber waren die Ängste schlagartig wieder da. Hatte sich nicht die Mutter mit den anderen beiden Geschwistern zusammen bei der Oma in Heiligenstadt in Sicherheit bringen wollen?

So war es auch wirklich gewesen, wie sich jetzt herausstellte. Auch der Vater, der für den Geburtstag seiner Frau am 31. Juli Sonderurlaub bekommen hatte, war eigentlich davon ausgegangen, dass er seine Familie an diesem sicheren Ort vorfinden würde. Doch in den Tagen vor ihrem Geburtstag war seine Frau noch einmal nach Hamburg in die alte Wohnung zurückgekehrt. Hatte sie dort noch etwas gesucht? Hatte sie sich abmelden wollen?

In diesen Tagen des zuende gehenden Juli hatte es in Hamburg wieder ständig Bombenalarm gegeben. Aus den anfänglichen Nadelstichen war eine dauernde Qual für Ohren, Augen und Seele geworden. Häuser um Häuser, ganze Straßenzüge sahen die Menschen in Schutt und Asche stürzen. Anfangs hatten die Hamburger noch versucht, damit zu leben. Sie suchten nach ihren Habseligkeiten und räumten immer wieder die Straßen frei.

Was sie jedoch nicht wussten, war, dass die Briten und Amerikaner sich zur Demütigung Hitlers für diese große Stadt eine neue, besonders heimtückische Variante ihrer bisherigen Bombenkriegsführung ausgedacht hatten, den „Feuersturm". Wenn man die unterschiedlichen Arten der Sprengkörper und feuerauslösenden Brandbomben in geschickter Weise kombiniert und nacheinander detonieren lässt, so hatten sie durch gezielte Versuche herausgefunden, entsteht durch die erzeugten thermischen Winde eine zusätzliche Sog- und Brandwirkung von ungeheurem Ausmaß.

Bewusst hatten sie für ihr Vorhaben den Namen „Gomorrha" gewählt, nach dem biblischen Schreckensort, der wegen der Sünden seiner Bewohner einst in Feuer und Rauch aufgegangen war. Als Zentrum dieser Operation „Gomorrha" hatten sie mit Absicht die bevölkerungsreichsten Stadtteile Hamburgs ausersehen, insbesondere Hamm und Hammerbrook, wo auch die Familie EDLER zu Hause war.

Karls einstiges Zuhause wurde zur Wüste: Die alte Süderstraße, Nähe Auschlägerweg

Im Inferno von „Gomorrha"

Die Aktion „Gomorrha" begann mit Angriffen durch 791 britische Flugzeuge in der Nacht zum 25. Juli 1943 und erstreckte sich auf die ganze Stadt und den Hafen. Die entstehenden Brände konnten zunächst noch gelöscht werden. Tagesangriffe durch amerikanische Bomber am 25. und 26. Juli 1943 trafen das Hafengebiet und geringe Teile der Stadtgebiete. Weitere Nachtangriffe folgten am 27. - 28. Juli.

Die dritte große Angriffswelle in der Nacht vom 29. zum 30. Juli 1943 mit 739 britischen Bombenflugzeugen war die schwerste. Sie erfasste besonders das östliche Hamburger Stadtgebiet mit Rotenburgsort, Hammerbrook und Hamm und löste den eigentlichen Feuersturm aus. Diese dicht bevölkerten Stadtteile sind von zahlreichen Kanälen durchzogen, die das Flüchten erschweren. So konnte trotz Einsatz aller verfügbaren Kräfte nur eine geringe Zahl von Menschen aus dem Flammenmeer gerettet werden.

Weitere Angriffe bis zum 3. August 1943 erreichten nun auch Stadtteile im Norden der Stadt, die zuvor verschont geblieben waren und die Innenstadt. Außerdem fielen wiederum große Mengen von Spreng- und Brandbomben in die bereits zerstörten Wohngebiete.

Die damaligen höheren SS- und Polizeiführer Hamburgs fertigten nach diesem Bombardement einen geheimen Bericht an. Er zeigt den „Erfolg" und das ganze dramatische Ausmaß der Katastrophe. Danach wurde Hamburg zwischen dem 25. Juli und 3. August 1943 in mehreren Angriffswellen jeweils über viele Stunden hinweg von insgesamt weit über 3.000

Wüste Süderstraße: (Bild: Alliierte Luftaufnahme nach „Gomorrha" 1943)

Flugzeugen heimgesucht. Die erstmals eingesetzten Stanniolstreifen machten die Funkmessgeräte der deutschen Flugabwehr wirkungslos.

Dann warfen die Bombenpiloten über der Stadt nach dem ausgeklügelten Plan ihre tödliche Last ab: zunächst 12.000 Sprengbomben und 600 schwere Minen, um die Gebäude zum Einsturz zu bringen, als nächstes 1,5 Mio Stabbrandbomben, um das Feuer zu legen. In das Inferno schleuderten sie weitere über 80.000 Phosphor- und Flüssigbrandbomben und 130 Phosphorkanister, um die Brände weiter aufzuheizen.

30.000 Menschen verloren in dem Feuersturm ihr Leben. Der ganze Stadtteil Hammerbrook und viele angrenzende Gebiete wurden ausgelöscht. In der Gesamtstadt waren 70% aller Häuser betroffen.

Dieser Geheimbericht beschreibt auch die Taktik der Alliierten: *"Bei allen Angriffen wurde immer wieder beobachtet, dass der Gegner bestimmte Flächen durch Leuchtbomben markierte und in wechselnder Folge Minen-, Spreng- und Brandbomben in diese Gebiete warf. Diese planvolle Angriffstaktik trat im Besonderen in Hammerbrook und in Hamm in Erscheinung. Die Gebäude wurden durch Spreng- und Minenbomben aufgerissen, stürzten auf die Straße, und die folgenden Brandbomben entfachten nunmehr in den Trümmerstätten die Brände, sodass diese Schadensgebiete in etwa 20 Minuten einem Flammenmeer glichen. Beim dritten Angriff entwickelte sich ein sehr starker Feuersturm, bei dem teilweise große Bäume umgerissen wurden und ein Passieren der Straße unmöglich war. Bei allen Angriffen konnte*

Verlorene Idylle: Zerstörtes Hammerbrook 1943

die Bevölkerung infolge der zahlreichen Flächenbrände und des Feuersturmes nur unter Einsatz aller verfügbaren Kräfte aus ihren Wohngebieten geborgen werden. Die Sammelwasserleitung fiel bereits beim ersten Angriff aus; die Versorgung mit Licht und Gas ist heute noch unterbrochen."

Wie Karls Mutter ums Leben kam

Am Donnerstag, 29. Juli, war Karls Mutter ERNA trotz der Bombenangriffe der vergangenen Tage nach Hamburg gefahren. Es war ein warmer Sommertag. Schon wochenlang hatte eine Hitzewelle über der Stadt gelastet. Alles Gras war verdorrt, die Bäume begannen zu vertrocknen. Noch immer lag Brandgeruch in der Luft von den schlimmen Angriffen der letzten Tage. Und vom Hafen und über anderen bombardierten Stadtteilen stieg Rauch auf. Doch der Hauptbahnhof, die Hochbahn und die Süderstraße lagen ruhig da.

Die Wohnung der Edlers lag im vierten Stock eines Wohnblocks aus der Gründerzeit, nicht sehr weit von der Hochbahn und von der Bille. Bald hatte die Mutter die gesuchten Sachen beieinander und schickte sich an, das Haus zu verlassen. Doch da merkte sie, dass noch eine Nachbarin mit ihrem Kind da war. Die Wohnungen lagen jeweils zwei und zwei einander gegenüber. Das Kind war noch nicht lange auf der Welt. ERNA wollte die Bekannte nicht allein lassen, so blieb sie noch eine Nacht. Es waren nicht mehr allzu viele Bewohner im Haus. Wer nicht unbedingt in der Rüstungsproduktion oder bei Feuerlöschdiensten benötigt wurde, hätten eigentlich die Stadt verlassen sollen. In der Nacht gab es wieder Alarm. Wie man es seit drei Jahren gewohnt war, eilten sie mit einigen anderen älteren Bewohnern, die ebenfalls noch im Haus geblieben waren, die Treppen hinunter zum Keller.

Im Souterrain des Hauses hatte auch ein Schuhmacher seine Werkstatt. Er hatte auch allerhand anderes Gerät dort. Doch nun war seine Frau dort allein. Als sie Erna vorbeilaufen sah, winkte sie, sie sollte doch bei ihr Zuflucht suchen. Die Kellerräume waren ja nicht besonders geschützt, das wussten alle. Vielleicht war es besser, nicht zu tief unter dem Haus zu sein. Doch die meisten dachten, ein Keller sei besser als nichts und stiegen tiefer hinab. – Der Angriff traf den Stadtteil Hammerbrook mit voller Wucht, mit allen seinen Häuser in weitem Umkreis.

Von der aufgehenden Sonne am nächsten Morgen merkte man hier in Hammerbrook nach der verheerenden Feuersturmnacht nichts, die Luft war finster vom Rauch, an allen Ecken und Enden brannte es. Verrußte Mauerreste standen entlang den trümmerübersäten Straßen, soweit das Auge reichte. Dies war wenige Stunden zuvor noch eine urbane Gegend gewesen; nun starrten nur noch leere Fensterhöhlen aus bizarren Steinskeletten

Nur wenige Menschen waren diesem Inferno entkommen. Die Schustersfrau aus Edlers Haus war zwar auch verschüttet, hatte sich mit den Geräten in der Werkstatt ihres Mannes selbst befreien können. Es hatte sich für sie als Glücksfall erwiesen, dass ihre Wohnung im Souterrain halb unter, halb über der Erde lag. Doch Karls Mutter blieb verschollen, sie war wohl verschüttet, wie die anderen Vermissten auch. Noch tagelang ging die meist erfolglose Suche nach diesen Verschütteten weiter.

In seinem Nachkriegs-Hörspiel „Bill Brook sucht Billbrook" hat WOLFGANG BORCHERT die vergebliche Suche nach diesem alten Stadtteil und seinen Menschen verewigt. 40 Jahre lang blieb der ehemalige Stadtbereich eine Wüste. Erst in den 1990er Jahren begann man, hier ganz neue Straßen mit Bürokomplexen anzulegen. Doch wohnen will hier kaum jemand.

Wiedersehen in der neuen Heimat

Karls Vater war auf die Nachricht, dass seine Frau noch einmal nach Hamburg gefahren sei, ihr nachgefahren. Er hatte gehofft, sie zu Hause anzutreffen. Doch er fand nur noch Trümmer vor. *„Einen Tag zu spät"*, – so klagte er seitdem laut immer wieder.

Er versuchte umgehend, Karls Pflegeeltern zu erreichen, um sie von der Tragödie zu unterrichten. Was nun werden sollte, wusste niemand. Denn der Vater musste trotz der schweren Verwundung und der Sorge um die halbverwaisen Kinder gleich wieder ins Feld. Erst im späten Herbst gelang es ihm noch einmal, Urlaub zu bekommen. So kam er im November 1943 nach Lessau und blieb dort über Nacht. Er sah keine andere Möglichkeit und bat die Gastgeber schweren Herzens, KARL noch eine Weile behalten.

KARL war das recht. Er war in Lessau ja inzwischen voll beschäftigt. Und außerdem hatte er längst begonnen, seine Wirtsleute als Eltern zu betrachten, immer öfter redet er sie nun so an. Seine Erinnerung an Hamburg, die erste Schulzeit dort, die Nazi-Fahnen auf den Straßen und an den Häusern, die vielen Bombenangriffe, die Ruinen, die kaputte Kirche anlässlich einer Taufe, die Alarme, zwei oder dreimal in mancher Nacht, die wiederkehrenden nächtlichen Ängste, auch die Erinnerung an die Geschwister, – alles das verblasste allmählich und machte einem neuen Gefühl von Heimat und Geborgenheit Platz.

Manche Begebenheiten festigten das neue Selbstverständnis. Ein Jahr nach dem Verlust seiner Frau hat der Vater wieder geheiratet. Seine neue Frau war eine gutaussehende blonde Kriegerwitwe: Sie brachte zwei Töchter mit in diese Ehe. Sie holten Karls jüngeren Bruder und seine Schwester von der Oma in Heiligenhafen in die neue Familie.

Doch diesen beiden Geschwistern, die inzwischen auch schon sechs und sieben

Jahre alt waren, fiel es schwer, die fremde Frau an Vaters Seite zu akzeptieren, sie verstanden die Entscheidung des Vaters nicht. Das Bild der bösen Stiefmutter aus den Märchen drängte sich ihnen immer wieder in den Sinn, und obwohl es ungerecht war, beeinträchtigte es ihre Bereitschaft, sich der neuen Situation zu öffnen. So empfanden sie ihre weitere Kindheit in dieser Patchwork-Familie als belastend und spannungsreich.

Nach dieser Wiederverheiratung musste der Vater gleich wieder in den Krieg; und am Ende geriet er in Gefangenschaft. Die Kinder waren lange Zeit ohne Nachricht von ihm. Wie sie später mitbekamen, war auch für ihn die neue Beziehung nicht ohne Spannungen. Denn wahrscheinliche suchte jeder der beiden Erwachsenen im anderen den früheren Ehepartner. – Die Familie zog dann nach Harburg und lebte zunächst unter primitiven Umständen in einer Baracke.

Es war schon einige Jahre nach Karls Konfirmation, dass er erstmals seine Geschwister wiedersah. Vom schönen und großen Bauernhof in Lessau verwöhnt, war er schockiert über ihre ärmliche Wohnsituation. Aber zugleich war er glücklich, die Geschwister zum ersten Mal nach fast zehn Jahren nach all diesen Umbrüchen wieder in die Arme schließen zu können.

Keine Zeit im Krieg für die Kinder:
KARL EDLER-senior als Soldat

4. Kriegsende und neues Leben

Bomben über Bayreuth, Tiefflieger über dem Land

Noch kurz vor Kriegsende wurde Bayreuth in den Ostertagen von mehreren Bombenangriffen heimgesucht. Sie forderten insgesamt über 700 Todesopfer und vernichteten viel Wohnraum. Der unbeliebte Gauleiter FRITZ WÄCHTLER hatte sich geweigert, die Stadt und den letzten noch nicht eroberten Gau des Reiches an die Alliierten zu übergeben. Vielmehr hatte er zu Ostern 1945 die Bayreuther per Zeitung noch zum Endkampf aufgefordert: *"Jetzt ist jeder Hof eine Burg, jede Fabrik eine Festung, jedes Haus ein Bollwerk."*
Auch die Menschen im Umland waren in Aufregung, weil zu befürchten war, dass Tieffliegerangriffe oder sogar Bombenabwürfe auch sie bedrohen könnten.

Das Osterfest selbst blieb ruhig. Doch am Donnerstag nach Ostern, dem 5. April, erfolgte in der Mittagszeit ein erster großer Angriff. Er hatte die Gleisanlagen am Bayreuther Bahnhof, die Kasernen und die Baumwollspinnereien zum Ziel: Hierhin war u.a. die kriegswichtige Kugellager-Produktion aus Schweinfurt verlegt worden. Für die kulturbeflissenen Amerikaner galt es zwar, des „Führers“ geliebtes Festspielhaus zu schonen. Doch wurden viele Wohngebäude im weiten Umkreis zerstört. Auch Feuerwehrleute starben bei ihrem Einsatz an diesem Tag.

Vor jeder Angriffswelle suchten Tiefflieger auch das Umland von heim. Zu dieser Jahreszeit mussten die Felder zur Kartoffellege vorbereitet werden. Doch trauten sich die Bauern nur in aller Herrgottsfrühe hinaus und bemühten sich, bis 9 Uhr vormittags mit ihrer Arbeit fertig zu sein.

Tödliche Gefahr aus der Luft: Britischer Spitfire-Tiefflieger

So war auch HANS WITTAUER in Lessau noch auf seinem Felde, als plötzlich ein britisches Jagdflugzeug vom Himmel herabstieß. Es flog dicht über ihn hinweg. HANS konnte die runde blau-weiß-rote Kokarde der britischen Royal Airforce am Leitwerk genau erkennen. Er hatte den Jäger, eine der gefürchteten „Spitfire“, gar nicht kommen hören. Er erwartete, das Mündungsfeuer der Bordkanone aufblitzen zu sehen, das ihm den Tod bringen könnte. Doch unweit des Feldes überspannte eine Hochspannungsleitung die Felder. Der Jäger flog direkt darauf zu, es schien, als ob er sich in den Strom führenden Drähten verfangen müsste. Doch er zog kurz hoch und stieß erneut hinab, dann bellte wirklich die Bordkanone. Die Salve traf einen auswärtigen Bauern auf dem Traktor, der gerade auf der Landstraße unterwegs war.

Die Lessauer selbst hatten keine Personenschäden zu beklagen. Ein Bauer, in dessen unmittelbarer Nähe eine Granate in die weiche Erde einschlug, war über und über mit der aufspritzenden Erde bedeckt. Noch in über 100 m Entfernung kamen die Brocken herunter. Aber Schaden wurde keiner angerichtet.

Einen weiteren schweren Angriff auf Bayreuth erlebten viele Konfirmanden in und um Bayreuth am Weißen Sonntag, dem 8. April 1945, dem traditionellen Konfirmationssonntag, beim und nach dem Gottesdienst in der Kirche. Bereits vor Beginn der Gottesdienste flog ab 9:20 Uhr eine Vorhut der Bomber Richtung Hof und Grafenwöhr. In vielen Kirchen, so auch in Gesees, saß bereits die Gemeinde. Die Glasfenster erzitterten von dem Motorengebrüll. Doch nirgendwo wurde der Gottesdienst abgebrochen. Ab 10.45 Uhr visierten die Bomber auch Bayreuth an, und wieder kurvten gefährliche Tiefflieger herum. Viele Konfirmanden im Umland erinnerten sich ihr Leben lang an diesen Tag und berichteten auch nach Jahrzehnten, wie sie auf dem

Heimweg nach dem Gottesdienst in Konfirmandenkleidung Deckung in Straßengräben gesucht hatten.[93]

Zur Zielmarkierung warfen damals die Pfadfinderflugzeuge „Christbäume“ und rote Leuchtfeuer ab. Stanniolstreifen sollten die gegnerische Radarabwehr verwirren.

Zur Essenzeit ab 11:30 Uhr erfolgte der eigentliche Bombenangriff auf Bayreuth, diesmal hatte er seinen Schwerpunkt auf der südlichen Altstadt. In der Klavierfarbik Steingraeber an der Dammallee entfachten die Brandbomben einen Großbrand. Ebenso flackerten Brände im Bereich Jean-Paul-Platz, Ludwig- und Friedrichstraße und im Kasernenviertel auf. Sie konnten drei Tage lang kaum unter Kontrolle gebracht werden. Die Zahl der Toten und Verletzten und die Schäden an den Gebäuden waren erheblich.

Ruinen am Wilhelmsplatz: Bayreuth nach dem Bombardement vom 5. April 1945

Das war noch nicht alles. Weitere Angriffe am 10. und 11. April galten der nördlichen Altstadt Bayreuths und den angrenzenden Stadtteilen. Sie richteten auch dort erhebliche Zerstörungen an. Über 100 m hoch loderte eine gewaltige Feuersäule zum Himmel auf. Der Rauch stieg bis in die Wolken.

Auch die schockierten Bewohner des Umlandes versuchten sich einen Eindruck von diesem apokalyptischen Geschehen zu verschaffen. So kamen etliche Lessauer extra vom Dorf herauf, um vom Rand der Hügel am Wittauerhof die dramatischen Ereignisse am Horizont zu beobachteten. In diesen Tagen suchten viele Bayreuther, die ihr Zuhause verloren hatten, Schutz und Aufnahme auf dem Lande und kamen so auch in den Weidenberger Raum.

---

[93] Vergl. dazu auch im neuen Geseeser Heimatbuch 2021 im Kapitel *„Die Aufnahme der Fremden in Gesees und die Anfänge der Ökumene“* den Abschnitt *„Wie Gott die Hand hielt über seine Konfirmanden“* vom selben Autor.

Ein gefährlicher Schuss zum Kriegsende

Mit dem gleichzeitigen zügigen Vorrücken der kampfstarken 3. US-Army unter General Patton kam aber nun auch ein vorzeitiges Kriegsende näher. Am 14. April 1945 hatten die Amerikaner Bayreuth erreichten. Auch die „Lessiger" wagten aufzuatmen; nun würde auch für sie der Krieg bald zu Ende sein. Darum trugen sie Sorge, dass nun kein unnötiger Schuss mehr fiel.

Doch da gab es im Ort auch einen „richtigen" Nazi, JOHANN BAUERNFEIND, einen Fanatiker, der gern in Uniform ging und dadurch auffiel, dass er immer zackig grüßte. Er hatte schon vorher im Ort dadurch auf sich aufmerksam gemacht, dass er Flüchtlinge, die ab 1944 auch nach Lessau kamen, bewusst herabsetzte und schikanierte. Nun, im letzten Kriegsjahr war er es, der auch in Lessau die Jungen und Alten zusammenrufen ließ, um sie als sg. „Volkssturm" einzusetzen.

So war das überall in Deutschland in diesen letzten Kriegsmonaten und -wochen: Die Nazis rekrutierten Leute, die wegen ihres Alters von Gesetzes wegen gar nicht zum regulären Wehrdienst einberufen werden konnten, dennoch als Soldaten. Dieser armselige „Volkssturm" sollte Deutschland bis zur letzten Patrone verteidigen!

Treue Freunde in praktischer Kleindung:
HANS, KARL und Hofhund BELLA um 1946

Das Mindestalter war eigentlich 16 Jahre. Doch auch dem 14-jährigen HANS WITTAUER hatten sie zunächst Kleinkaliberwaffen und dann gar einen Militärkarabiner in die Hand gedrückt, um ihm das Schießen beizubringen. Besonnene Ältere unterbanden aber schließlich solchen Unfug.

Umso besorgter waren sie, als sie erlebten, dass eine deutsche berittene Kompanie in Lessau einzog. In allen Anwesen brachten die Soldaten ihre Pferde unter. Zum Glück zogen sie sich zurück und verließen Lessau wieder, als sie mitkriegten, dass die Amerikaner anrückten.

Einer der Männer ließ eine Wehrmachtsdecke bei Wittauers zurück; die brauche er jetzt nicht mehr, sagte er. Der Mutter war der Stoff willkommen, sie nähte ihrem Sohn HANS daraus eine strapazierfähige warme Jacke. Stolz präsentieren sich HANS und KARL in ihrer modischen Kleidung mit dem Hofhund Bella.

Als die Amerikaner mit ihren Panzern dann auf der damals noch geschotterten Straße von Bayreuth über Seybothenreuth heraufkommen und einige Soldaten auch die Hofeinfahrt hinauffahren, geht ihnen der Bauer mit dem weißen Betttuch entgegen, das er am Besenstil befestigt hast. Es sollte das Zeichen sein, dass sie Frieden wollen.

Dennoch bringen es die Zeitumstände mit sich, dass in Lessau damals dennoch ein Schuss fiel, freilich unter ganz andersartigen tragischen Umständen. Da hatte ein schlesischer Flüchtling namens PAUL KAUL, der in Lessau bei Familie ENGELBRECHT ein neues Zuhause gefunden hatte, seinen ehemaligen polnischen Helfer mitgebracht. Er war nicht der einzige Ausländer in Lessau und Umgebung. Auf vielen Höfen, zumindest dort, wo die Männer bei den Soldaten waren, arbeiteten ausländische Kriegsgefangene und Zwangsarbeiter, aus Frankreich, aus Polen, aus Tschechien. Doch als die Amerikaner kamen, suchten die meisten Ausländer das Weite. Doch in der Nacht kam der Pole zurück.

Er kannte sich ja in dem Haus gut aus, in dem er gewohnt hatte und in dem KAUL noch wohnte. Er wollte den Besitzer ausrauben. Das Haus gehörte GEORG ENGELBRECHT. ENGELBRECHT war gehbehindert und zu diesem Zeitpunkt 55 Jahre alt. Der Hund im Hof blieb ruhig, er kannte ja den Polen. Mit einer Pistole im Anschlag schlich der Pole die Treppe hinauf.

Doch ENGELBRECHT hatte Geräusche gehört und tappte vorsichtig zur Treppe. Als der Einbrecher gerade oben war, packte er ihn am Hals und stieß ihn mit voller Kraft die Treppe hinunter. War es Zufall, war es Absicht – aus der Pistole des Angreifers löste sich ein Schuss und – traf seinen eigenen Freund KAUL am Hals. PAUL KAUL war in den Flur hinaus gegangen, weil er ebenfalls die Geräusche gehört hatte. Das Geschoss durchschlug seinen Hals neben der Kehle und verfehlte die Schlagader nur um Haaresbreite. Er wäre fast verblutet. Sogleich schleppt man ihn zum Doktor nach Weidenberg. KAUL konnte gerettet werden.

Noch heute erzählt man sich diese Geschichte vom letzten Schuss in der Gegend um Weidenberg. Doch weil man den Flüchtling inzwischen vergessen hat, wird nachträglich oft ENGELBRECHT selbst zum Opfer gemacht.

Eingewurzelt

An Spielen und Freizeit war für die Kinder und Jugendlichen in dieser Zeit kaum zu denken, zu viel gab es am Hof für alle zu tun. Jeder musste mit anfassen, Rangers einfahren und schnetzeln, Stallarbeit verrichten, Heu machen … Auch der inzwischen 9-jährige Karl hatte sich längst und gern daran gewöhnt.

Die Jahre vergingen. Mit der Zeit wurde KARL ein richtiger Franke; er nahm sogar den hiesigen Dialekt an. Manches in der Natur und im ländlichen Leben erinnerte ihn an die Ferienzeit, die er in seiner Kindheit bei Verwandten in Heiligenhafen auf erlebt hatte. In dieser Kleinstadt an der östlichen Spitze der Halbinsel Wagrien an der Ostsee hatte es auch einen großen Garten, der freilich am Wasser lag. Von dort konnte man die Insel Fehmarn sehen.

Die ganze Bandbreite ländlichen Lebens:
Gastgeber FRITZ WITTAUER beim Säuschlachten 1947

Doch nun zog KARL auch das ländliche Leben in Franken immer mehr an. Er wurde Zeuge der umfangreichen praktischen Tätigkeiten in der Landwirtschaft und lernte damit umzugehen, von der Saat bis zur Ernte, von der Viehzucht bis zum Schlachten. Die bewährte Zugkraft der Ochsen wurde von den ersten Traktoren abgelöst. Bald durfte auch er mal lenken. Das alles kam seiner eigenen praktischen Veranlagung entgegen. Auch der etwas raue und doch liebenswerte Menschenschlag gefiel ihm. Er fühlte sich in seiner „Ersatzfamilie“ voll akzeptiert. So blieb er gern für sein weiteres Leben.

1950 feierte KARL in Neunkirchen mit vier Mädchen und neun weiteren Jungen seine Konfirmation. Da traf er auch seine Klassenkameraden BERNHARD GAEVERT und HEINZ KÜHL wieder, die damals mit ihm in Stockau ausgestiegen waren. Nachdem sie die bittere Nachricht erhalten hatten, dass ihre Eltern bei den Bombenangriffen auf Hamburg umgekommen und sie nun Waisen war, waren sie in Stockau bzw. Glotzdorf geblieben. Andere, die mit der Kinderlandverschickung aus Hamburg nach Oberfranken gekommen waren, sind damals gleich nach dem Krieg oder zumindest ein paar Jahre später wieder zurückgekehrt.

Der Konfirmator, Pfarrer LAUTER, blickt auf dem Konfirmationsbild mit seiner tiefen Narbe an der Wange recht grimmig drein; aber eigentlich war er nach Aussage der Zeitzeugen ganz nett.

Beim Fest zu diesem Ereignis, das seine Gasteltern liebevoll gestalteten, sah KARL auch seinen Vater und seine Stiefmutter wieder. Sie gaben sich beide viel Mühe, den großen Abstand zu überwinden, der sich naturgemäß im Lauf der Jahre zwischen ihnen gebildet hatte. Und KARL zeigte ihnen gern seine neue Heimat rund um den Wittauerhof.

Konfirmation mit Pfarrer LAUTER in Neunkirchen: KARL im Bild ganz rechts, links neben ihm seine Hamburger Mitschüler HEINZ KÜHL und BERNHARD GAEVERT

Doch so ganz wollte der Funke nicht mehr überspringen, sie begegneten sich letztlich wie Fremde. KARL gehörte jetzt zu Lessau und zu seiner neuen Familie. Und so beschränkten sich die Beziehungen im Grunde auf solche Feste.

Der Wittauerhof war auch ein landwirtschaftlicher Lehrbetrieb. So begann KARL hier im folgenden Jahr eine Ausbildung zum Landwirt.

Wie üblich musste er im dritten Jahr den Hof wechseln. Nun kam er zum Betrieb ENGELBRECHT-BAUERNFEIND, wo einst sein Hamburger Schulkamerad KARL SCHULZ bei der Kinderlandverschickung Aufnahme gefunden hatte. Die beiden hatten sich aber danach aus den Augen verloren. Nach weiteren 2 ½ Jahren war KARL als landwirtschaftlicher Gehilfe anerkannt.

Zaghafte Annäherung: KARL mit seiner Stiefmutter bei der Konfirmation 1950

Im Jahr 1955 ging KARL EDLER nach Seulbitz auf das Anwesen von Fritz Wittauers Tochter ANNA STRÖMSDÖRFER, um dort mitzuarbeiten. Dort lernte er am Nachbarhof seine zukünftige Frau kennen. Sie trug eigentümlicherweise denselben Familiennamen wie er. Deren Vater war kurz vorher gestorben. KARL war der richtige Mann, um den Hof weiterzuführen. 1957 heirateten sie. Sechs Kinder gingen aus der Ehe hervor und acht Enkel.

Ob bei KARL die Wunden der Kindheit verheilt sind? Wenn er zurückschaut und sich zu erinnern sucht, kommen ihm immer noch die Tränen, besonders wenn er an das tragische Geschick der Mutter denkt.

Doch blickt man genauer hin, so sieht man verwundert, wie Gott auch in diesem Fall auf krummen Linien gerade schreiben kann. Dieser Gott verhindert nicht das Leid und das böses Tun der Menschen, denn das gehört zum Bereich menschlicher Freiheit, die auch Unvollkommenheit und Sünde beinhaltet, aber er nimmt doch den Menschen auf unerklärliche Weise immer wieder an die Hand und schenkt ihm eine unerwartete Zukunft. Aus einem „Ferien ohne Heimkehr", die der Menschenfeind HITLER verfügt hatte, war durch den Menschenfreund Gott letztendlich ganz neues Leben in einer neugewonnenen Heimat erwachsen.

In der Landwirtschaft zu Hause: KARL EDLER um 1960

„UNTERGEHEN UND AUFSTEHEN“
– Der Alltag unter Kriegsbedingungen und das Danach –

3. Buch: ***„WARTEN AUF DIE SIEGER“***

Naziübergriffe, Widerstand, Krieg, Kriegsende und Neubeginn in Weidenberg

Braunes Herrschaftszentrum in der Nazizeit: Das Alte Weidenberger Schloss

DRITTES BUCH:

„WARTEN AUF DIE SIEGER“

NAZIÜBERGRIFFE UND WIDERSTAND, KRIEG UND KRIEGSENDE UND NEUBEGINN IN WEIDENBERG

= Rumler-Biographie Teil III (1936-1945 und danach)

Inhalt:

III. „WARTEN AUF DIE SIEGER“

- mit der Biographie von Ortsgruppenleiter Georg Rumler, Teil III, für die Zeit von 1936-1945 und danach

1. NS-Unrecht und Widerstand im Spiegel der Entnazifizierungsverfahren: Die Fälle Eisenhut, Wunderlich und Bräunling

Seit dem Jahr 1933 ist der 1929 eingesetzte NS-Ortsgruppenleiter GEORG RUMLER[94] (Foto 1936) auch als Bürgermeister tätig. Politisch zieht er seit dem Herbst 1936 die Zügel gegenüber der Bevölkerung weiter an: Er schädigt regierungskritische Ortsbürger wirtschaftlich oder liefert sie gar der Justiz aus.

Wird derselbe GEORG RUMLER dann bei seinen Entnazifizierungsverfahren nach dem Krieg nicht vollmundig behaupten: *„Politische Gegner hat es in meinem Kreis schon gegeben, doch ist keinem etwas passiert?“.* Doch konnten auch diese Spruchkammer-Gerichte RUMLER damals systematische Beschönigungen und Unwahrheiten über seine tatsächliche Rolle in der Nazizeit nachweisen.

So kam heraus: Unter der Maske des fürsorglichen Bürgermeisters verübte RUMLER viele verdeckte Übergriffe auf seine ahnungslosen Mitbürger. Der krasseste Fall war sicher die Auslieferung des Weidenberger Fabrikanten CHRISTIAN DENNERT an den Volksgerichtshof, die tödlich endete; dieser Fall wird wegen seiner exemplarischen Brisanz in einem eigenen Kapitel *„Jenseits der roten Linie“* in der 5. Folge des Projektes „MYRTEN FÜR DORNEN – Spuren der Opfer ausführlich beschrieben.

Weitere bemerkenswerte Fälle, die auch nach dem Krieg noch Kreise zogen, sind der „Fall Eisenhut“ und der „Fall Wunderlich“, die sich 1936/37 ereignen.

---

[94] Vergl. zu Rumlers Werdegang die Kapitel „Seit 1933 sind wir alle nicht mehr normal – Georg Rumler und der Aufstieg der Nazis in Weidenberg von 1929 bis zu ihrem Durchbruch 1933“ und „Bei mir ist niemand zu Schaden gekommen – Die Herrschaft der Nazis in Weidenberg und ihre Gegner“ in der 3. Folge des Projektes „MYRTEN FÜR DORNEN – Der Anstreicher und seine Lehrjungen“.

Eisenhut – ein wilder Mann aus Sophienthaler Widerstandskreisen

Der 1898 in Sophienthal geborene Granitarbeiter JOHANN EISENHUT wohnte mit seiner Familie seinerzeit in Görschnitz und arbeitete im Granitwerk SCHILLER. Er war von kräftiger Gestalt, besaß gutes Fachwissen und war als tüchtiger Arbeiter vom Firmenchef und den Mitarbeitern sehr geschätzt. Aber er war von seinem Naturell her ein sehr wilder Mann, der in kein Schema passte. Er wusste mit seiner Kraft manchmal nicht wohin. In seiner Unbeherrschtheit kannte er bisweilen keine Grenze und gefährdete dann sich und andere.

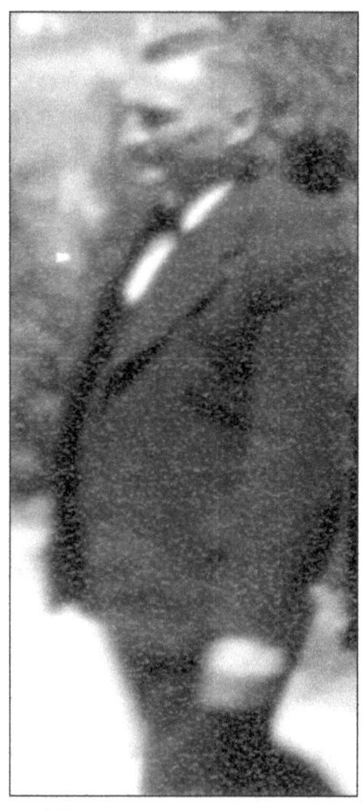

Wilder Mann: JOHANN EISENHUT (Aufn. 1952)

So ist es auch kein Wunder, dass über ihn ein gerichtliches Sündenregister existiert. Es umfasst neun Einträge zwischen 1927 und 1947, darunter zwei wegen Jagdvergehen, einen wegen verbotenem Glücksspiel, zwei wegen Diebstahl und strafbarem Eigennutz, und zwei während seiner Militärzeit wegen verbotenem Waffengebrauch, einmal sogar verbunden mit einem angeblichen Totschlagsdelikt. Die meisten Delikte gingen mit Geldstrafe ab, drei Monate aber musste er ins Gefängnis bzw. in verschärften Arrest und dann in Frontbewährung.

Sein tragisches Lebensende „passt", so möchte man fast sagen, zu seinem wilden Leben: Laut Eintrag in den Weidenberger Kirchenbüchern stirbt EISENHUT am 16. Mai 1953 an einem Schädelbasisbruch, den er sich durch Sturz bei einer Schlägerei im Gasthaus zum Lamm in der Nähe der Weidenberger Schuhmühle zugezogen hat. Wenn man vor Zeitzeugen seiner Familie seinen Namen nannte, zuckten sie zusammen; er dürfte es ihnen allen nicht leicht gemacht haben.

EISENHUT hatte auch nach seinem Wohnsitzwechsel nach Görschnitz weiter Kontakt zu seinem Geburtsort Sophienthal gehalten, hier hatte er Angehörige und Freunde. In der Zeit der 20-er Jahre, als hier die Porzellanfabrik entstand, hatten hier auch die SPD und die frühe KPD erfolgreich ihre Parteienwerbung betrieben, ohne sich freilich förmlich als Ortsgruppe zu formieren. EISENHUT hatte sich damals der KPD angeschlossen und war ihr auch über das Verbot unmittelbar nach dem Reichstagsbrand hinaus innerlich stets treu geblieben.

Die Nazis hatten hier in Sophienthal anfangs auch keinen Stand. Die ersten Parteimitglieder am Ort, der Lehrer und der Oberforstverwalter, waren beide keine gebürtigen Ortsbürger.

EISENHUT gehörte zu dem kleinen subversiven Kreis der Sophienthaler, die aus dem Untergrund heraus mit ihren bescheidenen Mitteln gegen die Nazis agitierten. Jeder wusste davon oder ahnte zumindest etwas, doch keiner verriet die Gruppe. So beobachtete einmal um 1933 ein Sophienthaler Zeitzeuge[95] als 7-jähriger Grundschüler, dessen Weg zur gemeinsamen Schule in Mengersreuth die Staatsstraße kreuzte, dass am Geißhügel oberhalb dieser Straße ein auffallendes Zeichen über dem Wald leuchtete: An der Spitze der stärksten und größten Fichte war ein Sowjetstern mit Hammer und Sichel befestigt. Er war aus Holz gefertigt und über 1 m groß. Die Polizei und die Parteifunktionäre kamen, um das anstößige Corpus Delicti zu entfernen, doch die Leitern waren zu kurz. So erging schließlich der Befehl, den ganzen Baum umzusägen. Natürlich wollte man herausfinden, wer das verfängliche Symbol der Kommunisten gefertigt und in dieser luftigen Höhe befestigt hatte, doch alle hielten dicht.

Auch der Chef der Porzellanfabrik, FRANZ JOSEPH CZECH, der von auswärts stammte, schätzte seine Sophienthaler Arbeiter. Aber in seinen Erinnerungen sagte er ihnen auch nach, dass sie früher keiner geordneten Arbeit nachgingen, sondern alle von Wilddieberei lebten.[96]

„Alle lebten von Wilddieberei": Sophienthal mit Porzellanfabrik

So genossen sie eine gewisse Zeit lang ihre selbstbestimmte Freiheit, wie Asterix und seine Gallier in ihrem Winkel. Ähnlich wie seinerzeit die Römer wusste auch Ortsgruppenleiter RUMLER nicht recht, wie er ihrer Widerständigkeit Herr werden sollte; er beschränkte sich daher auf Einzelmaßnahmen, von denen insbesondere die Aktionen gegen EISENHUT und kurz danach gegen den Forstarbeiter LORENZ WUNDERLICH bekannt wurden.

---

[95] Vergl. dazu das Kapitel oben *„Hasenjagen – aber gelernt haben wir nichts – Schule und der kleine Widerstand im Alltag"*. HANS EISENHUT war der Pate und auch der spätere Trauzeuge dieses Zeitzeugen WERNER FISCHER.

[96] Vergl. dazu das Kapitel *„Geschirr aus Sophienthal"* in der 2. Folge des Projektes „MYRTEN FÜR DORNEN – Licht und Schatten der neuen Zeit", S. 242 ff.

Eisenhut kommt durch Rumler ins Gefängnis, wird aber durch seinen Chef vor dem KZ bewahrt

Beginnen wir mit dem Fall des JOHANN EISENHUT. Sein rasch entzündbares, cholerisches Temperament bescherte ihm immer wieder, wie oben gezeigt, die notwendigen Eingriffe des Gesetzgebers. Es brachte diesen „Wutbürger" aber auch in Konflikt mit den Nazis. Man kann den Eindruck gewinnen, dass EISENHUT in einer ungebremsten Dauerfehde mit dem Naziregime lebte. *„Ich war schon lange als Kommunist verschrien und griff das System der Nazis sehr an"*, so schildert er selbst rückschauend den Anlass für das Eingreifen des Ortsgruppenleiters. Er wollte sich aber nie kleinkriegen lassen und brachte dadurch sich selbst und auch andere in Todesgefahr.

Die folgenreiche Auseinandersetzung mit den Nazis brachte ihn für ein halbes Jahr ins Gefängnis und hätte fast im KZ Dachau geendet. An diesem Beispiel lässt sich das typische doppelbödige Spiel von Ortsgruppenleiter und Bürgermeister GEORG RUMLER besonders gut beobachten. Zwar wäre er gern ein „guter Nazi" gewesen, wie er später immer wieder beteuerte. Aber immer wieder stolperte er dabei über seine eigene Kleinlichkeit und Rachsucht.

Nicht zufällig tritt auch bei dieser Begebenheit als Gegenspieler Rumlers Erzfeind CHRISTIAN SCHILLER auf. Er ist zugleich Eisenhuts Chef im örtlichen Granitverarbeitungsbetrieb. SCHILLER schildert bei den Spruchkammerverhandlungen 1947 in der Rückschau den Fall, der sich 1936 ereignete.

Der Chef des Weidenberger Granitwerkes:
CHRISTIAN SCHILLER 1938

Auch der Leiter des örtlichen Gendarmeriepostens HEINRICH WAGNER hat hier einen seiner bezeichnenden Auftritte. Da man an diesem Fall sehr gut das Vorgehen der Nazis beobachten kann, aber auch die Spielräume sieht, die widerständige Einzelne, wie hier der Chef der größten Weidenberger Fabrik, nutzen, wird Schillers Aussage im Wortlaut widergegeben:[97]

„Nach dem Tode meines Vaters im Jahre 1933 übernahm ich die Betriebsleitung unseres Granitwerkes. Die Belegschaft betrug im Jahre 1936 etwa 180 Arbeiter und setzte sich aus allen Schichten der Bevölkerung zusammen, die einst Angehörige der ehemaligen und

[97] Dokument im Spruchakt SCHILLER, verfasst am 27. März 1947 von CHRISTIAN SCHILLER in Weidenberg, der zu dieser Zeit als erster frei gewählter Bürgermeister des Marktortes amtierte.

nach 1933 aufgelösten verschiedensten Parteien waren. ... Unter anderen hatte ich einen erstklassigen Arbeiter, früher Angehöriger der KPD, der meine besondere Sympathie genoss, weil er über das Maß hinaus in seinem Fach als Steinschleifer als Könner anzusprechen war, und der den Mut hatte, auch in den Zeiten des Terrors seine politische Einstellung zu bekennen. Es war der Steinschleifer JOHANN EISENHUT aus Görschnitz. Er hatte in Gegenwart von Andersgesinnten, Angehörigen der Weidenberger SA und sonstigen nazifreundlichen Elementen, anlässlich einer Materialausgabe im Betrieb, als gerade wieder die Rede auf die allgemeine Wehrpflicht kam, geäußert: »Wenn sie mir ein Gewehr geben, dann schießt's nach hinten« und in Verbindung mit diesem Ausspruch weiter: »Wenn Hitler die Sache so weiter treibt, dann gibt's Krieg.«

Dieser Ausspruch wurde dem Ortsgruppenleiter RUMLER durch zwei SA-Männer zugetragen. Er wiederum verständigte hiervon, ohne eine Rücksprache mit mir als dem Betriebsführer, sofort die Kreisleitung und die politische Polizei, sodass EISENHUT am 18. Dezember 1936, ohne dass ich in Kenntnis gesetzt wurde, **verhaftet** *worden ist. Nach der Verhaftung des EISENHUT wurde ich durch den Gendarmerie-Meister WAGNER in dieser Sache einvernommen und über die Tätigkeit des EISENHUT und seine politische Einstellung befragt. Ich gab an, dass ich EISENHUT dringend zur Ausführung meiner Exportaufträge benötige, und dass es sich bei ihm um einen jähzornigen Mann von einwandfreier Gesinnung handele, der, durch andere Arbeitskameraden gereizt, etwas gesagt habe, was er gar nicht sagen wollte und was auch nicht seine Überzeugung sei. In Wirklichkeit war es die Überzeugung des EISENHUT gewesen, so wie auch die meine.*

WAGNER wies mich darauf hin, dass meine Aussage im Gegensatz zu anderen Zeugenaussagen stehe, jedoch blieb ich dabei ... Am 19. Juli 1937 wurde vor dem l. Sondergericht in München die Verhandlung gegen Eisenhut angesetzt und er wegen Vorbereitung zum Hochverrat angeklagt. Ich war, als sein Betriebsführer, als Zeuge geladen, und weil meine Aussage anlässlich der Vernehmung durch den Gend.-Meister WAGNER in Widerspruch zu den eidlichen Aussagen der beiden Angeber und des Ortsgruppenleiters stand. Die Angaben des Ortsgruppenleiters und das von diesem als 'Hoheitsträger' ausgestellte politische Führungszeugnis waren von vornherein unumstößlich, und deshalb wurde der Ortsgruppenleiter auch nicht mehr als Zeuge vorgeladen.

Ich habe mich deshalb hinter den Gend.-Meister WAGNER gesteckt; der seinerzeit noch nicht vollends das Werkzeug des Ortsgruppenleiters war, und ihn durch einige Versprechen dazu gebracht, dass er den Ortsgruppenleiter zur Mitfahrt nach München und zu einer erneuten Zeugenaussage bringen möge. Dabei wurde das Einfahren

Mit Nichte Henriette und dem 4 Jahre alten Opel P4:
Ortsgruppenleiter Rumler 1936

eines neuen Wagens des Ortsgruppenleiters[98] *auf eine lange Strecke als besonders günstig hingestellt. Er stimmte auch wirklich zu. Ich habe damals auch die* ***sämtlichen entstandenen Kosten dieser Fahrt bezahlt****, sodass den beiden Herren keine Unkosten entstanden sind.*

Auf der Fahrt von Weidenberg nach München bot ich alles auf, um den Ortsgruppenleiter zu überzeugen, dass er in Unkenntnis der Person des Eisenhut und durch einseitige Informationen ein vielleicht nicht ganz den Tatsachen entsprechendes ***Führungszeugnis*** *abgegeben habe und der Zweck seines unaufgeforderten Erscheinens die* ***Änderung und Richtigstellung dieses Zeugnisses*** *sei.* ***Das hat er dann auch zu meiner Zufriedenheit getan.***

Ich selbst stellte die gleichen Behauptungen wie in meiner ersten Einvernahme auf und fügte weiter hinzu, dass ich Eisenhut dringendst für die Fertigstellung meiner überaus wichtigen Exportaufträge benötige. Ich nahm den Tatsachen entsprechend an, dass für den Hitlerstaat Devisen eine brennende Angelegenheit seien, für die man auch einen politisch schwer Verdächtigten wieder zur Arbeitsleistung freilassen konnte. Da ich zum seinerzeitigen Zeitpunkt noch nicht Mitglied der NSDAP war[99]*, hatte ich bei einer Freilassung des Eisenhut einige Versicherungen über die weitere Beaufsichtigung zu geben, was ich auch tat.*

---

[98] Schiller hatte mit einem Kredit dem klammen Ortsgruppenleiter bei der Finanzierung unter die Arme gegriffen. Hier und auch im Fall des Gendarmeriemeisters Wagner sieht man, dass das Nazi-Personal durchaus nicht so unbestechlich war, wie es die Führung gern gesehen hätte. So genoss Wagner auch in der angrenzenden Frankenpfalz den Ruf der Bestechlichkeit, wie der dortige *„Fall Pfarrer Geiger"* zeigt, vergl. den Supplementband zum Projekt Myrten für Dornen: *„Als Hitlers Gottheit infrage stand – Der Widerstand der Frankenpfälzer und der Überfall der Weidenberger Nazis nach den Hitlerwahlen 1938"*..

[99] Schiller trat erst Ende 1937 unter dem nicht nachlassenden Druck von Ortsgruppenleiter Rumler in die NSDAP ein. Das hielt aber Rumler nicht davon ab, Schiller weiter mit Repressionen zu überziehen. Sein „erfolgreichstes" Stück war dann 1944/45 die gänzliche Stilllegung des Betriebes Schiller und die Nutzung der Fabrikräume für Hitlers Geheimprojekt des „Volksjägers", vergl. die Schilderung in der vorliegenden Folge des Projektes „Myrten für Dornen" im Kapitel über den *„Hitlerjungen Hans"*.

Das Urteil lautete: Eine Gefängnisstrafe von 8 Monaten ist durch die erlittene Untersuchungshaft verbüßt. Der normale Weg eines Verurteilten wäre nun das Konzentrationslager[100] *zur Besserung gewesen. Ich stellte deshalb nochmals einen Antrag auf beschleunigte Zuweisung zur Arbeitsleistung und erreichte dann aufgrund meiner Anstrengungen seine Freilassung.“*

Rehabilitiert, aber nicht wiedergutgemacht

Rumlers doppelbödige Strategie zeigt sich in diesem Fall gleich mehrfach: Er behauptete später vor der Spruchkammer einerseits, dass bei ihm niemand zu Schaden gekommen ist, andererseits ist er der Vollstrecker, der EISENHUT zur Anzeige und damit vorsätzlich vor Gericht bringt. Dass daraus nicht auch noch eine Einweisung ins KZ wird, verdankt EISENHUt einzig dem hartnäckigen Verhandlungsgeschick seines Chefs CHRISTIAN SCHILLER, der ihn trotz seiner unangepassten Wildheit schätzt und den mächtigen und bösartigen Ortsgruppenleiter herumkriegt und zu einer Änderung seines Anklagevorwurfs überreden kann.

Kleine Ungenauigkeiten in Schillers Bericht, der ansonsten korrekt ist, können nachträglich durch die Einsicht in die Akten zu diesem Fall geklärt werden. So fand der Prozess nicht am 19., sondern bereits am 1. Juli 1937 vor dem I. Strafsenat des OLK München statt.[101] Verhandlungsgegenstand war Eisenhuts angeblich ausgesprochene „Aufforderung zu militärischem Ungehorsam“. Sie wurde gem. § 112 StGB mit sechs Monaten Gefängnis bestraft, nicht, wie von SCHILLER angegeben, mit acht, und diese Strafzeit galt durch die Untersuchungshaft als verbüßt. Allerdings dauerte diese Untersuchungshaft tatsächlich dann fast sieben Monate.

Über diesen Fall wurde übrigens nach dem Krieg noch einmal am 5. Dezember 1949 verhandelt. Das Urteil von 1937 wurde als Fall nationalsozialistischer Willkürjustiz kassiert und durch Verfügung der Generalstaatsanwaltschaft München aufgehoben.[102] Damit sollte der Rechtsfriede nachträglich wiederhergestellt werden; konkrete Wiedergutmachungsleistungen an EISENHUT waren allerdings damit nicht verbunden. Insofern war diese Rehabilitierung nur ein symbolischer Akt.

Wie sich Nazis von ihrem Opfer Eisenhut „Persilscheine“ geben lassen

Geradezu unverfroren aber wird das Vorgehen Rumlers und seines korrupten Gendarmen und Propagandaleiters WAGNER dann nach dem Krieg. Beide wollen nun von

---

[100] Gemeint ist hier das KZ Dachau.

[101] Aktenzeichen I 4 OJs 12/37.

[102] Gem. § 9, 1 des Gesetzes zur Wiedergutmachung nationalsozialistischen Unrechts in der Strafrechtspflege.

EISENHUT entlastende Erklärungen. Unter völliger Verdrehung der Tatsachen soll er ihnen bescheinigen, dass sie damals das Freikommen Eisenhuts erreicht hätten. Sie glauben, EISENHUT mit seinem großen Sündenregister immer noch in der Hand zu haben. Tatsächlich geht der Verängstigte auf ihren Wunsch ein.

Abschrift!

Johann Eisenhut

Görschnitz Nr. 24, den 25.1.1946.
bei Weidenberg/Oberfranken

Eidesstattliche Erklärung!

Ich, Johann Eisenhut, geb. am 30.[illegible].1898 erkläre an Eides statt:

Im Dezember 1936 wurde ich von der Gendarmerie Weidenberg wegen angeblicher Vorbereitung zum Hochverrat verhaftet. Ich wurde mit 7 Monaten Gefängnis bestraft. Die Strafe wurde durch Untersuchungshaft abgebüsst.

Schon bei der Gerichtsverhandlung gegen mich vor dem Sondergericht München, wozu der ehemalige Bürgermeister und Ortsgruppenleiter von Weidenberg, herr Georg R u m l e r, geb. am 8.4.1893, als Zeuge geladen war, sagte dieser so gut für mich aus und setzte sich so voll und ganz für mich ein, dass das Urteil nur über 7 Monate lautete. Als ich nach Abbüssung der Strafe in das KZ-Lager Dachau gebracht werden sollte, hatte ich es nur der persönlichen Initiative des Herrn Georg Rumler zu verdanken, dass dies nicht geschah. Herr Rumler fuhr eigens zu diesem Zweck nach München und verhinderte bei der Gestapo auf Grund seiner Aussagen über mich meine Einlieferung in das KZ-Lager.

gez.: Johann Eisenhut.

"Dieser sagte gut für mich aus": Erpresstes Entlastungsschreiben von HANS EISENHUT für Ortsgruppenleiter RUMLER 1946

So erklärt EISENHUT am 25. Januar 1946 für das Spruchkammerverfahren gegen RUMLER an Eides statt, bei der Gerichtsverhandlung 1937 vor dem Sondergericht München habe RUMLER für ihn gut ausgesagt und sich so voll und ganz für ihn eingesetzt, sodass das Urteil nur über sieben Monate lautete. Als er nach Ablösung der Strafe in das KZ-Lager Dachau gebracht werden sollte, habe er es nur der persönlichen Initiative des Herrn GEORG RUMLER zu verdanken gehabt, dass dies nicht geschehen sei. Herr RUMLER sei eigens zu diesem Zweck nach München gefahren und habe bei der Gestapo aufgrund seiner Aussagen über ihn verhindert, dass er in das KZ-Lager eingeliefert wurde.

Auch Gendarmeriemeister WAGNER lässt sich von EISENHUT am 16. März 1946 ein positives Zeugnis ausstellen. Danach habe sich WAGNER niemals als aktives Mitglied der NSDAP und Nationalsozialist politisch betätigt. EISENHUT meint, es wäre in seinem Fall für WAGNER ein leichtes gewesen, ihn in ein politisch sehr ungünstiges Licht zu setzen und ihm dadurch zu schaden.

Solche Zeugnisse schreibt EISENHUT gleich reihenweise für belastete ehemalige Nazis. Offensichtlich haben viele, die von seinem abenteuerlichen Vorleben als Wilderer und jähzornigem wilden Mann wussten, versucht, ihn mit ihrem Wissen unter Druck zu setzen.

Gut ein Jahr später stellt EISENHUT in der Entlastungserklärung für SCHILLER den Fall dann ganz anders und nunmehr korrekt dar. Er erklärt, wiederum an Eidesstatt, dass sein früherer Betriebsführer CHRISTIAN SCHILLER ihn durch seine Zeugenaussage zu seinen Gunsten vor dem Sondergericht in München vor dem Konzentrationslager geschützt habe. Sein Antrag auf beschleunigte Zuweisung als Arbeitskraft unter dem Vorwand der Dringlichkeit des Exportes habe seine Freilassung erwirkt.

Hat Schiller Rumler mit einem neuen Auto bestochen?

Natürlich war SCHILLER für seinen Coups auf die Kooperation mit dem Ortsgruppenleiter angewiesen. Doch wie er es einfädelt und schafft, diesen so zu beeinflussen, dass er sein gnadenloses Handeln gegenüber EISENHUT aufgibt und sich zum fürsorglichen Verteidiger dieses „wilden Mannes" machen lässt, das ist eine wirklich außerordentliche, reife, diplomatische Leistung Schillers, die man durchaus in den denkwürdigen Bereich des „kleinen Widerstands im Alltag" rechnen kann. Inwieweit SCHILLER als versierter Geschäftsmann neben seiner Diplomatie auch noch die anderen Mittel einsetzt, die er als reicher Firmenbesitzer zur Verfügung hat, nämlich das Geld, deutet er hier nur vage an. So gibt SCHILLER zu, den bestechlichen WAGNER durch „einige Versprechen" dazu gebracht zu haben, den Ortsgruppenleiter zur Mitfahrt nach München und zu einer erneuten Zeugenaussage zu bewegen. Eine große Rolle spielt dabei auch die Anschaffung eines neuen Autos für Rumler, für dessen damals noch übliche Einfahrtzeit eine lange Strecke besonders günstig sei. SCHILLER habe damals „die sämtlichen entstandenen Kosten dieser Fahrt bezahlt".

Woher kam das Geld? GEORG RUMLER mit Opel Olympia vor dem Elternhaus am Obermarkt (Montage)

Wenn man bedenkt, dass RUMLER, mit einem Gehalt von 190 RM als Kraftwerksleiter – das zusammen mit seinem Bürgermeistersold gerade eben an die Einkünfte seines beamteten Gendarmeriemeisters WAGNER von 240 RM heranreichte – keine großen Sprünge machen konnte, und dass er auch von seiner betagten Mutter und seinem Bruder nichts erwarten konnte, fragt man sich tatsächlich, woher das Geld für dieses neue Auto gekommen ist. Denn das Fahrzeug, ein Opel „Olympia" Modell 1936, kostete in der gewählten Ausführung als zweitüriges Cabriolet immerhin 2.500 RM, nach heutigem Geldwert also fast 25.000 €.

Passenderweise bestellte RUMLER dieses Auto in der Parteifarbe „Braun". Während sein erster, inzwischen vier Jahre alter Opel 1,2 l mit seinen 22 PS nur 85 km/h Höchstgeschwindigkeit erreichte, hat sein „Olympia" einen völlig neu entwickelten

1,5-Liter OHV-Motor mit 37 PS und fährt flotte 112 km/h. Zu dieser Zeit sind schon große Teilstücke der Autobahn A 9 Berlin-Bayreuth-München fertig. So legt sich natürlich ein Autotest auf dieser auch landschaftlich reizvollen Strecke am Rand von fränkischer Schweiz und Eichstätter Alp nahe. Am Lenkrad dieses schönen Männerspielzeugs leuchten Rumlers Augen, und da ist man dann bei entsprechenden Männergesprächen sicher auch zu gewissen Sinnesänderungen bereit und kann sich Nachgiebigkeit auch gegenüber einem notorischen Außenseiter wie EISENHUT leichter vorstellen.

Wie dieses zweite Neufahrzeug innerhalb von vier Jahren finanziert worden ist, bleibt freilich stets das ganz große Geheimnis zwischen SCHILLER und RUMLER. Denkbar wäre ein zweiter Kredit, denn nach einem Vermerk des örtlichen Autohändlers KIEẞLING lässt sich der notorisch klamme RUMLER einen Wechsel der Weismainkraftwerke geben. Nachdem RUMLER hier zugleich als Leiter fungiert, wäre das quasi ein Eigengeschäft; inwieweit das juristisch statthaft war, bleibt offen. Diesen Kredit könnte er dann vielleicht 1939 nach dem Tod seiner Mutter aus dem Erbanteil getilgt haben. Doch ist davon nirgends die Rede. Außerdem wäre damit nur ein Teil des Wagens finanziert gewesen.

Denkbar wäre aber auch schlichtweg Bestechung. Damit könnte sich SCHILLER seine politische Unabhängigkeit als Betriebsführer erkauft haben. Doch auch dafür existieren keine Beweise. Und es wäre auch schwer erklärlich, warum SCHILLER sich dann in diesem Jahr 1937 trotzdem zum Parteieintritt entschließt. Wie weit gingen die gegenseitigen Geschäfte in diesem Jahr wirklich?

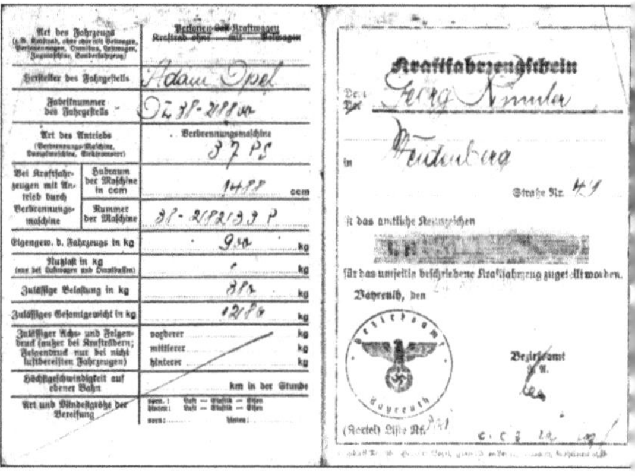

Art des Fahrzeugs	Personen-Kraftwagen
Hersteller des Fahrgestells	Adam Opel
Fabriknummer des Fahrgestells	[illegible]
Art des Antriebs	Verbrennungsmaschine 37 PS
Hubraum der Maschine in ccm	1488 ccm
Nummer der Maschine	[illegible]
Eigengew. d. Fahrzeugs in kg	9[illegible] kg
Nutzlast in kg	kg
Zulässige Belastung in kg	[illegible] kg
Zulässiges Gesamtgewicht in kg	[illegible] kg
Höchstgeschwindigkeit auf ebener Bahn	km in der Stunde
Art und Mindestgröße der Bereifung	

Kraftfahrzeugschein

Dem Georg Rumler in [illegible] Straße Nr. [illegible] ist das amtliche Kennzeichen [illegible] für das umseitig beschriebene Kraftfahrzeug zugeteilt worden.

Bayreuth, den

Bezirksamt

(Rectel) Liste Nr.

Eigentümlich bleibt ferner, dass die Zulassung für dieses neue, 1937 erworbene Auto auf RUMLER erst für den 24. Aug. 1938 eingetragen ist, also erst über ein Jahr später. Auf wen war das Auto in der Zwischenzeit zugelassen, vielleicht auf SCHILLER, oder auf die Weißmainkraftwerke?

KfZ-Schein von GEORG RUMLER: Die Zulassung für den neuen 37-PS-Opel ist erst für 1938 eingetragen

Auch Wunderlich kommt aus dem Sophienthaler Widerstand der Linken

Der andere hier untersuchte Unrechtsfall kommt erst nach dem Krieg ans Licht. Da suchten die Alliierten zur Leitung der Gemeinden Bürger, die nicht in den Nationalsozialismus verstrickt waren. Dabei wurden sie insbesondere unter den ehemaligen

Genossen der Vorkriegs-SPD fündig. Während sie in Weidenberg dieses Amt damals dem dortigen SPD-Gründer von 1907, dem inzwischen schon betagten Schuhmacher HEINRICH SEILER übertragen, gehen sie in Sophienthal auf einen ehemaligen SPD-Mann und Forstarbeiter namens LORENZ WUNDERLICH zu. Ihn machen sie zum Nachfolger des Nazibürgermeisters und Porzellanarbeiters GEORG ENGELBRECHT.

Doch schon im darauffolgenden Jahr 1946 stirbt WUNDERLICH. Seine erschütterte Witwe vermutet psychosomatische Zusammenhänge aufgrund der Erfahrungen, die ihr Mann mit RUMLER in der Nazizeit gemacht hat und richtet am 7. Juni 1947 eine Anklage gegen RUMLER an die Spruchkammer in Bayreuth. Sie bezichtigt ihn, ihrem Mann in der Nazizeit bewusst Steine in den Weg gelegt zu haben. Mit einem negativen politischen Zeugnis an das Bauamt habe RUMLER den vorbereiteten Eigenheimbau vereitelt und die Familie wirtschaftlich und finanziell schwer geschädigt. –

LISETTE WUNDERLICH schreibt:

„Der verstorbene Forstarbeiter Lorenz Wunderlich war bis zu seinem Tode insgesamt 34 Jahre im Stadtforst beschäftigt und bewohnte mit seiner damals aus vier Personen bestehenden Familie ein einziges Zimmer in der Größe von ca. 16 qm.

Um diesen untragbaren Wohnverhältnissen abzuhelfen, entschloss sich Wunderlich im Jahre 1937, ein Eigenheim zu bauen, was ihm aufgrund seiner langjährigen Tätigkeit als Forstarbeiter auch genehmigt und finanziert worden wäre, wenn nicht der damalige politische Leiter und Bürgermeister von Weidenberg in seiner Stellungnahme zu dem Bauvorhaben dieses zunichte gemacht hätte.

Die Stellungnahme des RUMLER ist im Bauakt Nr.B.V.606/57 beim Landratsamt Bayreuth zu ersehen und beginnt mit folgenden Worten: »Wunderlich, Lorenz ist politisch linksradikal eingestellt, und es sind bei ihm keine Anzeichen vorhanden, dass er den Nationalsozialismus in sich aufnimmt u.s.w.« Das Bauvorhaben des Wunderlich wurde daraufhin nicht finanziert und die von ihm bereits beschafften Baustoffe gingen im Laufe der Jahre kaputt, ebenso waren die bereits vorgenommenen Schachtarbeiten umsonst, und aus diesem Grund stellt die Witwe des Lorenz Wunderlich Frau Lisette Wunderlich gegen Georg Rumler Anklage auf Schädigung wirtschaftlicher und finanzieller Art, die einzig und allein durch die Nazimanieren des Rumler entstanden sind. gez. Wunderlich, Lisette."

Die Urteile der Spruchkammern gegen Ortsgruppenleiter Rumler

Diese Anzeige trug mit dazu bei, dass RUMLER im Urteil der Spruchkammer des Lagers Hammelburg am 14. Mai 1947 immerhin als „Minderbelasteter" in Gruppe III der Belasteten eingruppiert wurde. Dieses Urteil kann nach den zu der Zeit angewendeten Regeln als angemessen beurteilt werden kann. Eine Wiedergutmachung erhielt aber auch Frau WUNDERLICH nicht.

In einem Berufungsverfahren, das die im Herbst 1945 gegründete Weidenberger CSU 1948 für RUMLER betreibt, erlebt der ehemalige Ortsgruppenleiter zunächst erleichtert, dass man ihn nun sogar nur als „Mitläufer" betrachten und in Gruppe IV einordnen wollte. Die Geldsühne sollte 500 RM betragen.

Doch wurde dieses Urteil vom Kassationshof in München aufgehoben und das Verfahren dann zur Neuverhandlung nach Ansbach verwiesen. Hier musste RUMLER am 19. September 1949 zu seinem Schrecken erleben, dass ihn der Ankläger sogar in die Gruppe I der Hauptschuldigen einreihen, ihn also mit den schlimmsten Verbrechern der Nazizeit auf eine Stufe stellen wollte! – Schließlich wird er aber erneut als „Minderbelasteter" der Stufe III eingruppiert. Er erhält eine Bewährungszeit von sechs Monaten und muss als Sühneleistung nunmehr 100 neue DM an einen Wiedergutmachungsfond leisten.

Er wird bezichtigt, die Gleichschaltungen 1933 vollzogen und in Versammlungen für die Sache der Nazis geworben zu haben. Ihm wird ferner vorgeworfen, als rühriger Propagandist und Agitator für den Nationalsozialismus tätig geworden zu sein und dabei Grenzen im Umgang mit den Bürgerrechten überschritten zu haben.– Eine weitere Berufung 1950 wird verworfen.

Weitere Unrechttaten Rumlers 1938

In allen Entnazifizierungsverfahren gegen RUMLER ist aber ein ganz entscheidender Urteilsgrund seine Rolle beim Überfall der Nazis auf die Geistlichen von Kirchenpingarten. Dieses von RUMLER schönfärberisch zur „Demonstration" herabgestufte Ereignis vollzog sich am Palmsonntag des Jahres 1938, dem 10. April. Es war der Abend des Wahltages zum sg. Hitler-Referendum, mit dem HITLER die Zustimmung aller Deutschen für die Eingliederung Österreichs in das Deutsche Reich erreichen wollte.

Rumlers tatsächliche Rolle bei diesem gewalttätigen Kommandounternehmen wird vor Gericht trotz vieler Zeugen nie wirklich voll durchschaut; es gelingt dem raffiniert vorgehenden RUMLER immer wieder, die Vorgänge und damit auch seine persönliche Rolle zu verschleiern und sich hinter anderen zu verschanzen.

Weil diese damalige Naziaktion aber so bezeichnend ist zum Verständnis dieser aus heutiger Sicht so fremden Welt des Nationalsozialismus und weil die damals Lebenden so erschreckend tief verstrickt waren, soll diesem Ereignis in einem Supplementband zum Projekt von „MYRTEN FÜR DORNEN" ein besonderer Raum eingeräumt worden, und zwar unter der Überschrift: „ALS HITLERS GOTTHEIT INFRAGE STAND – Der Widerstand der Frankenpfälzer und der Überfall der Weidenberger

Nazis nach den Hitlerwahlen 1938".

An *einem* Unrechtshandeln des Naziregimes kann GEORG RUMLER übrigens eine Beteiligung nicht nachgewiesen werden: der Pogromnacht gegen die Juden am 9. November 1938. In Weidenberg gab es nach Zeitzeugenmeinung keine antisemitischen Aktionen; es sind aus dieser Zeit auch keine jüdischen Mitbürger bekannt. RUMLER selbst wird später dazu befragt, will aber von den Übergriffen erst am folgenden Tag erfahren haben.

Dass RUMLER aber sehr wohl von den anschließenden Judenverfolgungen in Bayreuth wusste, geht aus zwei widersprüchlichen Bemerkungen hervor, die er damals vor der Spruchkammer macht. Er behauptet einerseits: *„Der ganze Landkreis Bayreuth war vollkommen judenrein"*. Und zugleich sagt er: *„Meine Familie, Vater und Bruder, haben lange Zeit bei Juden gekauft und ich will damit sagen, dass wir tolerant gegen diese waren."* Es kann sich eigentlich nur um den Kauf von Textilien bei jüdischen Händlern gehandelt haben. Daraus nähten dann die Mitarbeiter dieses bekannten Textilhauses am Obermarkt modische Kleidung, die in Weidenberg gern gekauft wurde. Dass diese Händler nun aus Bayreuth verschwunden waren, und zwar nicht freiwillig, sondern als Opfer der sich seit 1939 anbahnenden Vernichtungspolitik der Nazi, war dem NS-Funktionär RUMLER durchaus klar.

Auch darf durchaus bezweifelt werden, dass RUMLER wirklich so tolerant gegenüber Juden war, wie er beteuert. Denn am 18. Februar 1939 bestellt er offiziell fünf Exemplare der antijüdischen Hetzschrift „Der Stürmer" zum Dauerbezug für sich und seine engsten Parteifreunde in Weidenberg. Diese Zeitschrift soll mit ihren verzerrenden Texten und Bildern helfen, in der Marktgemeinde „das Wissen vom Juden" zu verbreiten.

Zu den Punkten, die man vor der Spruchkammer RUMLER vorwirft, gehört seine aktive Beteiligung an der Nazipropaganda. Hier sieht man ihn nicht nur als eifrigen Ortsgruppenleiter an der Arbeit, sondern auch in seinen Fähigkeiten als Elektrobastler. Denn er ist es, der sich um die Aufstellung der Lautsprecher und ihren Anschluss an das Rundfunknetz kümmert. Damit stellt er die Übertragung der Führerreden und Parteiveranstaltungen an den Aufmarschplätzen für die Öffentlichkeit sicher.

So erteilt er am 26. September 1938, am Höhepunkt der Sudetenkrise, über seinen Propagandaleiter WAGNER der Bevölkerung per Handzettel und Plakaten die Anordnung, zum Gemeinschaftsempfang von Hitlers Rede an den von ihm aufgestellten Lautsprechern im Vogel-Saal am Obermarkt und im neuen Dreß-Saal am Untermarkt zu erscheinen. RUMLER schreibt:

Volksgenossen! Heute ab 20:00 Uhr findet im Berliner Sportpalast eine große Kundgebung statt. Es spricht der Führer zu seinem Volk über die politische Lage. Zwecks

Lügenreden zur Volksberuhigung bis in den kleinsten Winkel:
Hitlers Sportpalastrede 1938 während der „Sudetenkrise"

Übertragung dieser Kundgebung findet für den oberen Markt im Vogel'-schen Saale und für den unteren Markt in Dress'schen Saale ein Gemeinschaftsempfang statt. Jeder Volksgenosse, auch wenn er zuhause selbst über einen Radio verfügt, soll diesem Gemeinschaftsempfang beizuwohnen.

Die Blockwalter haben sich um die Sache anzunehmen und zu kümmern und dafür Sorge zu tragen, dass mindestens von jedem Hause ein Volksgenosse den Empfang der Übertragung der Kundgebung mit anhört. Interesselose Volksgenossen sind insbesondere auf die stattfindende Kundgebung aufmerksam zu machen

Heil Hitler! Wagner, OGrp.-Propagandaleiter, gez. Rumler, Ortsgruppenleiter

Immer wieder laufen im Berliner Sportpalast solche großen Kundgebungen der NSDAP als typische Rituale und öffentlichkeitswirksame PR-Maßnahmen ab. Auf der genannten Kundgebung 1938 erklärt HITLER zur sudetendeutschen Frage, dass seine Geduld zu Ende sei. Zugleich begeht er Augenwischerei und bezeichnet seine Forderung nach der Abtretung des Sudetenlandes an das Reich ausdrücklich als seine letzte territoriale Revisionsforderung. Dass sie erst der Anfang seiner Pläne zur Eroberung von „Lebensraum" ist, wird erst mit der Annektion der „Rest-Tschechei" im März 1939 und dem Überfall auf Polen im September desselben Jahres klar.

JOSEPH GOEBBELS kreiert an dem erwähnten Abend 1938 den Ruf *„Führer befiehl, wir folgen!"*. Er wird noch lange nach Ende der Veranstaltung von den Teilnehmern skandiert und steht wie ein Doppelpunkt am Anfang des Weges in den Krieg und in den Abgrund. Den Höhepunkt dieser Demagogie markiert dann fünf Jahre später die zweistündige Rede von Goebbels an gleicher Stelle im Sportpalast am 18. Februar 1943 mit dem Appell zum „totalen Krieg".

Weidenbergs einziger Widerstand: Ein Wutbürger fällt den Nazi-Maibaum

Es konnte nicht ausbleiben, dass vor den Spruchkammern auch kleinere Vergehen Rumlers zur Sprache kamen. Sie ergänzen die vielfältigen Facetten im Bild dieses Emporkömmlings, den das Hitlersystem zu seinem örtlichen Repräsentanten gemacht hat, der aber gern seine einfache Herkunft vergisst und anderen mit Humorlosigkeit und Rachsucht begegnet. RUMLER ist aber weder als „böser Nazi", noch als „guter Nazi" wirklich ein Großer geworden, sondern er war einfach nur mittelmäßig – zum Glück, muss man sagen. Denn er hätte sicher aus manchem Fall auch Schlimmeres machen können, so auch aus einem Ereignis, das sich dann im Jahr 1939 wenige Monate vor Kriegsbeginn zutrug. Es betrifft die eindeutigste öffentliche Widerstandshandlung eines Weidenberger Bürgers während der gesamten Nazizeit.

Zu dieser Zeit sonnt sich das Regime im Glanz seines wirtschaftlichen Aufschwungs und seiner politischen Triumphe und reagiert zugleich höchst empfindlich auf jede kleine Abweichung. Erwartet wird die vollständige Zustimmung und Verbundenheit aller Bürger im Rahmen der „Volksgemeinschaft", denn nur mit der Gewissheit dieser völligen Solidarität kann HITLER sein Generalziel, die „Eroberung von Lebensraum im Osten", in Angriff nehmen.

Dekoriert mit Hakenkreuzfahnen: Maibaum in Pöcking vor 1936, danach war das Bayernwappen verboten

Da sägt am Abend des 1. Mai 1939 der Steinschleifer ADOLF BRÄUNLING aus Weidenberg den Maibaum ab. Die Nazis hatten dieses traditionsreiche Symbol am Obermarkt aufgestellt und mit ihren Hakenkreuzfahnen dekoriert. In Ermangelung eines Fotos aus Weidenberg erläutert ein Vergleichsbild aus Pöcking die Situation.

Das heimtückische Sakrileg, den Maibaum zu fällen, trifft RUMLER und seine Volksgenossen wie ein Blitz aus heiterem Himmel. Die Heiligkeit des 1. Mai ist infrage gestellt. Denn dieser alte „Tag der Arbeit" der politischen Linken war in der Hitlerzeit neben „Führers Geburtstag" fast zum religiösen Datum gemacht worden.

Nachdem die Gewerkschaften am 1. Mai 1933 ihren „sozialistischen Kampftag" freiwillig den Nazis geopfert hatten, hatten diese einen „Nationalen Feiertag des deutschen Volkes" daraus gemacht. Sie hatten den Bezug zur Arbeit aufgegeben. Nun regierte germanischer Brauch. BdM und Hitlerjugend gruben altes volkstümliches Brauchtum aus und zelebrierten es. Wie seit alters war der kahle Baum mit seiner grünen Spitze mit Kränzen geschmückt. Ein Kranz sollte den Jahreskreis verkörpern; verschiedene weitere vom kleinen zum großen sich ausweitende Kränze sollten die sich vergrößernde Bahn der Sonne im Jahreslauf symbolisierten. Nun bejahte der Festtag zum Frühlingsbeginn „den ewigen Lebenskreislauf" mit dem Maibaum als zentrales Symbol. Als Dekorationen hingen aber nun, neben den Insignien der verschiedener Berufsgruppen der Arbeit und des Handwerks, Hakenkreuze, Symbole der Arbeitsfront und ihrer Freizeitorganisation „Kraft durch Freude“ herab. Nun verherrlichte sich die „Volksgemeinschaft“ selbst.

Schon Wochen vorher waren auf Anweisung der Parteileitung Gebäude, Straßen und Festplatz geschmückt. Festzüge waren vorbereitet. Auch die örtlichen Chöre und Musikgruppen waren zur Mitwirkung gefordert. Am Vorabend jedes 1. Mai musste beim „Mai-Einsingen“ neben Frühlingsliedern auch Partei-Liedgut eingeübt werden; denn das Fest war zugleich eine „politische Kundgebung“.

Wie schon bei der Maifeier 1933 [103] zogen auch in den folgenden Jahren Festzüge durch die nun mit immer mehr Hakenkreuzfahnen geschmückten Straßen zum Obermarkt hinunter, an den wartenden Menschen vorbei. Von Jahr zu Jahr hob eine immer größere Zahl der Zuschauer den Arm zum „Deutschen Gruß“, sodass nun zunehmend die auffielen, die es nicht taten.

Ein Rückblick: Am 1. Mai 1933 grüßte in Weidenberg noch niemand mit dem Hitlergruß, und von den Häusern wehten die alten Nationalfahnen, auf die nur einzelne Überzeugte ein Hakenkreuz aufgenäht hatten.

---

[103] Vergl. dazu das Kapitel *„Die Feier des 1. Mai 1933 zeigt, was ab jetzt Sache ist“* in der 3. Folge des Projektes „MYRTEN FÜR DORNEN – Der Anstreicher …“, S. 198 ff.

Am Zielort, dem Marktplatz vor dem Gasthaus Vogel, erschallte aus Lautsprechern per Rundfunkübertragung jedes Jahr neu Hitlers Rede, die er beim zentralen Staatsakt in Berlin hielt. Dieses Ereignis war in den Jahren immer mehr zur gigantischen Propaganda-Show aufgebläht worden: Kundgebungen, Musik- und Kunstflugdarbietungen, Wehrübungen und ein abschließendes nächtliches Feuerwerk legten Zeugnis ab vom prallen Selbstbewusstsein dieser Diktatur.

Aber nun kam 1939 Bräunlings Anschlag auf den Maibaum in Weidenberg. Ein solcher beleidigte den Enthusiasmus für Volk und „Führer" im Kern. Es war nicht das erste und einzige bekannte Attentat in Deutschland gegen ein Baum-Heiligtum des Nazikults. So war schon in Berlin die „Hindenburg-Eiche", die HITLER bei der ersten Maifeier 1933 auf dem Tempelhofer Feld gepflanzt hatte, knapp vier Wochen später von Unbekannten gefällt worden, damals ein Grund mehr, nach dem KPD-Verbot die übrigen „bösen Linken" weiter zu verdächtigen und zu verfolgen, bis auch die SPD in der Illegalität verschwand.

Auch in Weidenberg ist die Polizei auf der Hut: Der Täter ist rasch gefasst, er kommt tatsächlich aus der linken Ecke und ebenfalls aus Schillers Fabrik. RUMLER fackelt nicht lange, er zeigt den Steinschleifer BRÄUNLING bei der Justiz an, immerhin hat er eine „Handlung gegen die NSDAP und ihre Aufmachungen" begangen. Wenn dieser mutige Arbeiter fanatischere Richter gehabt hätte, wie das dann mit Kriegsbeginn überall der Fall wurde, dann hätte man ihn wohl nach dem „Heimtückegesetz" abgeurteilt und ins KZ geschickt. Doch BRÄUNLING hat noch Glück und findet mutige Richter. So erhält er am 14. Juli 1939 nur einen Strafbefehl, der ihm eine bescheidene Geldstrafe von 32,50 RM auferlegt, also nicht viel mehr als den materiellen Wert des Baumes, ersatzweise 6 Tage Gefängnis.[104]

Dieses Urteil ist eine Ohrfeige für den Ortsgruppenleiter RUMLER. Nur der Geldwert eines Baumes, dafür hätten im Nachhinein auch andere Weidenberger gern in der Nazizeit Widerstand geleistet! Doch leider gab es kaum andere. Der erste Nachkriegsbürgermeister SEILER setzte BRÄUNLING deshalb zu Recht ein verbales Denkmal und bezeichnete ihn als einen *„Antifaschisten durch und durch .... ich möchte fast sagen, der einzige in meiner Gemeinde, der sich etwas gewagt hat gegen die NSDAP."* SEILER bestätigt auch nach bestem Wissen und Gewissen, dass der Strafbefehl gegen BRÄUNLING aus rein politischen Gründen erlassen wurde. Der Tat lag also kein zufälliger leichtsinniger Streich, sondern die bewusste Absicht eines Wutbürgers zugrunde, der mit der Zweckentfremdung des 1. Mai für den Nazikult nicht einverstanden war.

---

[104] Aktenzeichen Nr. 6.9. 497/39.

Doch immerhin hat ja der Ortsgruppenleiter GEORG RUMLER damals auf ein Berufungsverfahren verzichtet. Soll man ihm das als „gut" anrechnen? Dazu muss man nüchtern sagen: Wenn BRÄUNLING ungnädigere Richter gefunden hätte, hätte Rumlers Anzeige für BRÄUNLING auch mit Gefängnis oder KZ enden können. Es lag also nicht an Rumlers Gutmenschentum, sondern einzig an der erstaunlichen Urteilspraxis eines an die Parteiräson offenbar noch nicht angepassten Richters, dass die Sache damals so problemlos ausging.

Es wäre interessant zu erfahren, wer dieser Richter war und was aus ihm in den folgenden Jahren geworden ist. Inmitten der Schar der fanatischen Richter Hitlers wäre ihm ein besonderes Denkmal zu setzen – vielleicht eine „Hoffnungs-Eiche"?

2. In der Vorahnung des Weltkriegs

Eine seltsame Nordlichterscheinung als Menetekel zum Weltkrieg

Im Sommer 1939 gab es nachts einmal über Weidenberg eine seltsame Nordlichterscheinung. Die 12-jährige FRIEDA PONATER war erschrocken. Der Vater HANS und die Freunde deuteten das Licht und sagten „Das gibt einen Weltbrand." Seitdem machte sich das junge Mädchen Gedanken: Was ist das, ein Weltbrand?

Der Vater HANS PONATER hatte im Ersten Weltkriegs beim Militär gedient und genug erlebt. Er war ein erklärter Hitlergegner, und er hat sich schon öfter kritisch geäußert. Er will auch nicht, dass sich die Kinder allzu sehr mit dem Regime einlassen. Diese Erinnerung prägt auch die Tochter ein Leben lang und hilft ihr, ein abschließendes Urteil über diese Zeit zu finden, in der sie doch selbst groß geworden ist: *„Wir sind missbraucht worden, aber wir haben uns auch nicht gewehrt."*

Seine Distanz zum Regime war für den Vater nicht ohne Risiko. Viele sagen damals: *„Ponater-Hans, halt dein Maul, du kommst nach Dachau".*

„Was ist ein Weltbrand?" - FRIEDA PONATER (re.) mit ihren Eltern Ende 1927 vor der Bäckerei Ponater am Obermarkt

Doch den Kindern gibt seine Haltung Halt. Wenn sie die Unsicherheit ihrer Mitmenschen gegenüber dem damaligen Missbrauch wahrnehmen, dann sagen sie tapfer: Es geht im Leben manchmal um weitreichende und riskante Entscheidungen, die aber für die Erhaltung eines reinen Gewissens wichtig sind. Doch verhindern können die kleinen Leute die Katastrophe damit auch nicht.

Ein schicksalhafter Mai

Seit dem Mai 1939 stehen in Deutschland die Zeichen auf Krieg. Während die Jugend und viele Bürger noch arglos den 1. Mai feiern und den Friedensschwüren der braunen Herren trauen, braut sich hinter den Kulissen schon das Unheil zusammen. Und damit ergeben sich auch für einen Ortsgruppenleiter neue Möglichkeiten, aber auch neue Aufgaben.

An diesem 1. Mai 1939 hat HITLER per Verordnung eine Medaille zur Erinnerung an die „Heimkehr des Memellandes" gestiftet *(Foto)*. Dieser in der Zwischenkriegszeit von Ostpreußen abgetrennte Landesteil war 1923 von Litauen militärisch besetzt und vereinnahmt worden. Unter dem Druck der Hitlerregierung und unter dem Eindruck des deutschen Überfalls auf die Rest-Tschechei hatte Litauen diesen Streifen am 22. März 1939 an Deutschland zurückgegeben, ein weiterer scheinbarer Triumph von Hitlers Außenpolitik und Balsam für die „deutsche Seele".

Nicht zufällig hebt HITLER zum 10. Mai 1939 die seit Mai 1933 die gültige Aufnahmesperre zum NSDAP-Beitritt teilweise auf, er braucht jetzt motivierte Deutsche für seine kriegerischen Projekte.

Am 22. Mai 1939 schließt Deutschland mit Italien den „Stahlpakt". Es ist nicht das erste Zusammengehen der beiden Diktatoren HITLER und MUSSOLINI. Bereits im Spanischen Bürgerkrieg 1936-39 haben sie sich auf der Seite des späteren Diktators FRANCISCO FRANCO engagiert und ihre jungen Truppen und Waffen erprobt. Nun soll eine feste und unverbrüchliche Brüderschaft die deutschen Nationalsozialisten und die italienischen Faschisten verbinden. Damit hat HITLER Rückendeckung für seinen Angriff auf Polen. Diesem Pakt schließt sich 1940 das faschistische Rumänien an.

In diesem Mai 1939 fallen weitere weitreichende Entscheidungen, mit denen die Deutschen aber nach dem Krieg nicht mehr gern zu tun haben wollen: Am 17. Mai 1939 beginnt, zugleich mit einer allgemeinen Volkszählung im Deutschen Reich, eine Sonderzählung der Juden und „Mischlinge" im Sinne der deutschen Rassengesetzgebung. Es zeigt sich, dass zu dieser Zeit im Gebiet des Altreichs nur noch 218.000

„Glaubensjuden" leben, sowie 19.716 Juden anderer oder ohne Religionszugehörigkeit. Zusammen machen sie 0,35 % der Bevölkerung des Reichsgebiets von 1937 aus.

Zu diesem Zeitpunkt sind also unter dem Druck der Nazis bereits über die Hälfte der in Deutschland ansässigen Juden ausgewandert. Teilweise unter außerordentlich hohen Opfern an Geld und Besitzstand haben sie ihr Heimatland inzwischen verlassen. Von den noch übrig gebliebenen Juden leben zu dieser Zeit über ein Drittel in Berlin, weitere 14.191 in Frankfurt/Main, 10.848 in Breslau, 9.943 in Hamburg und 8.406 in Köln. Die Mehrzahl von ihnen werden im Holocaust ab 1941 umkommen. Das eigentliche Schlachten der Judenvernichtung unter den Juden des Ostens und der besetzten Gebiete Europas wird aber bereits mit dem Überfall auf Polen 1939 und vor allem dann beim Feldzug gegen die Sowjetunion 1941 beginnen.

Wohl im gleichen Monat Mai 1939 beginnt auch mit der von Hitler erlaubten Tötung des behinderten Kindes „K." die „Kindereuthanasie", die sich dann im folgenden zweiten Kriegsjahr 1940 zur Erwachsenen-Euthanasie des T-4-Programms und dann 1941 zur „dezentralen" Euthanasie erweitert. Die Täter des T-4-Programms ziehen dann 1942 weiter nach Osten, um ihre erprobten Rezepte zur Menschentötung an Millionen Juden aus Polen, Russland und den besetzten Teilen Polens umzusetzen.

So wird dieser Mai 1939, der nach der Liturgie der Nazis ein Monat zur Feier des Lebens sein sollte, in Wahrheit zum Präludium ihrer Tötungsorgie.[105]

Verschärfte Einstellungen und Bedingungen seit 1939

Fast schon wie eine Lappalie angesichts solcher Horrorvisionen mutet es an, wenn auch Ortsgruppenleiter RUMLER sein Auftreten gegenüber solchen Mitbürgern verschärft, die sich aus seiner Sicht in die neue angespannte Situation im Angesicht des Krieges nicht angemessen einfügen. Einen, wie er meint, faulen Arbeiter verwarnt RUMLER schriftlich am 14. Dezemver1939 wegen „nachlässiger Ausnützung der Arbeitszeit" und droht an, ihn öffentlich an den Pranger zu stellen:

„Betreff: Nachlässige Ausnutzung der Arbeitszeit. – Da es nunmehr allgemeines Ortsgespräch geworden ist, dass Sie nur einen Teil der Ihnen zur Verfügung stehenden Arbeitszeit ausnützen, habe ich mit dem heutigen Tag die wöchentliche Kontrolle Ihrer Tätigkeit verfügt. Es geht nicht an, dass in dieser schweren Zeit deutsche Arbeit durch Blaumachen u. ähnliches verloren geht. Ich mache Sie darauf aufmerksam,

---

[105] Vergl. dazu das Kapitel *Anna Margareta - Gedenken des Unbegreiflichen – Spurensuche Opfer des Euthanasie-T4-Programms aus der Kirchengemeinde Weidenberg"*, sowie *„MARTIN – Leben im Armenhaus, Sterben an Hungerkost – Spurensuche nach einem Opfer der Armut und der ‚wilden Euthanasie' aus Weidenberg"* in der 5. Folge des Projektes. „MYRTEN FÜR DORNEN – Spuren der Opfer".

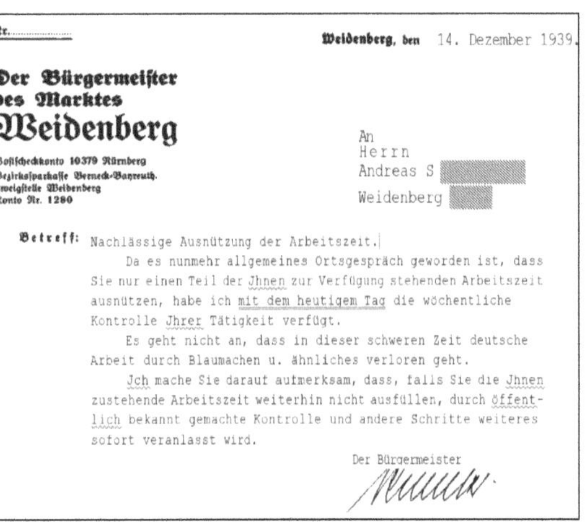

Nr. ......

Weidenberg, den 14. Dezember 1939.

Der Bürgermeister des Marktes Weidenberg

Postscheckkonto 10379 Nürnberg
Bezirkssparkasse Berneck-Bayreuth.
Zweigstelle Weidenberg
Konto Nr. 1280

An
Herrn
Andreas S
Weidenberg

Betreff: Nachlässige Ausnützung der Arbeitszeit.

Da es nunmehr allgemeines Ortsgespräch geworden ist, dass Sie nur einen Teil der Jhnen zur Verfügung stehenden Arbeitszeit ausnützen, habe ich mit dem heutigem Tag die wöchentliche Kontrolle Jhrer Tätigkeit verfügt.

Es geht nicht an, dass in dieser schweren Zeit deutsche Arbeit durch Blaumachen u. ähnliches verloren geht.

Jch mache Sie darauf aufmerksam, dass, falls Sie die Jhnen zustehende Arbeitszeit weiterhin nicht ausfüllen, durch öffentlich bekannt gemachte Kontrolle und andere Schritte weiteres sofort veranlasst wird.

Der Bürgermeister

Verschärfte Mahnung – Schreiben von OGL RUMLER an ANDREAS S. im Dez 1939

dass, falls Sie die Ihnen zustehende Arbeitszeit weiterhin nicht ausfüllen, durch öffentlich bekannt gemachte Kontrolle und andere Schritte weiteres sofort veranlasst wird. Der Bürgermeister".

Übrigens finden sich solche seltenen Dokumente nicht im Marktarchiv, das von den Nazis auf höhere Weisung 1945 weitgehend leergeräumt wurde, sondern sind eher zufällig erhalten geblieben. Rumlers Kontrahent und zeitweiliges Opfer CHRISTIAN SCHILLER hat damals manches gesammelt, um RUMLER nach Kriegsende überführen zu können. Erben haben diese Schriftstücke dem Autor überlassen.

Überhaupt veränderte die Kriegssituation das Leben für die Bürger und auch ihre bisher meist positive oder neutrale Einstellung zur Partei grundsätzlich. Lebensmittelkarten und Bezugsscheine schränkten den freien Konsum ein. Zum Autofahren brauchte man eine spezielle Berechtigung, bei deren Ausstellung der Ortsgruppenleiter großen Einfluss hatte. Das Auto, bisher Lieblingskind und Lockangebot Hitlers für die breite Bevölkerung, konnte nun sogar eingezogen werden.

Widersprüche gegen das System werden nun deutlich schärfer geahndet, die Verfolgung Andersdenkender steigert sich zur Hysterie. Durch sein Recht, eine „u.k.-Stellung" der Männer zu verfügen, also die Betroffenen für eine Kriegsteilnahme für „unabkömmlich" erklären kann, hat der Ortsgruppenleiter

Beispiele

Warenwert der Abschnitte

XIII b535137

Reichskleiderkarte

Leben auf Bezugsschein – Kleiderkarte des Weidenberger Schuhmachers A. PÖHLMANN 1939/40

ein starkes Druckmittel in der Hand. Dabei ist er naturgemäß Einflüsterungen und Bestechungsversuchen ausgesetzt.

All diese Einschränkungen wirken sich auch auf das Binnenverhältnis der Menschen aus. In der ganzen Bevölkerung breitet sich ein Klima der Einschüchterung aus, wie es bisher nur die Gegner des Regimes kannten. Angst und Misstrauen verdrängen den offenen Umgang miteinander. So ordnet jedermann auch seine persönlichen Beziehungen neu.

Ortsgruppenleiter Rumler heiratet

Auch für das Leben des Ortsgruppenleiter selbst wird das Jahr 1939 zu einem sehr persönlichen Jahr: Er heiratet. Zugleich verschärft sich erneut seine Beziehung zu seinem Rivalen CHRISTIAN SCHILLER; der Krieg gibt dem Ortsgruppenleiter neue Möglichkeiten, den erfolgreichen Fabrikbesitzer zu demütigen.

Spätes Glück: GEORG und JOHANNA RUMLER, geb. POPP, Hochzeitsbild 1939

GEORG RUMLER ist bereits 46 Jahre alt, als er im Jahr 1939 der attraktiven, acht Jahre jüngeren katholischen JOHANNA POPP das Jawort gibt. Ein Eintrag über Rumlers Trauung ist weder im evangelischen Trauregister von Weidenberg noch im katholischen Kirchenbuch von Rosenhammer zu finden. Das bedeutet, die beiden haben wohl nur standesamtlich geheiratet. Einzigartig damals in Weidenberg verzichtet also das Brautpaar auf eine kirchliche Trauung. Der Grund ist nicht ganz klar, er kann konfessionell oder politisch sein.

„Ökumenische Trauungen" waren damals noch nicht üblich. Vielleicht mochte die Braut ihrem katholischen Vater, dem ehemaligen Oberamtsrichter beim Weidenberger Amtsgericht[106], eine „evangelische" Trauung, also nur vor einem evangelischen Pfarrer, nicht zumuten. – Johannas Mutter ANNA POPP hingegen, eine geborene HAGER, stammte aus Weidenberg. Sie war hier am 1. Januar 1870 geboren worden und evangelisch getauft,

[106] Wie der Chef, so war auch das übrige Personal des Amtsgerichts Weidenberg traditionell katholisch. Diese Katholiken bildeten auch den ursprünglichen Kern der kleinen römisch-katholischen Weidenberger Gemeinde. Diese hatte durch die Initiative des Kirchenpingärtner Pfarrers LUDWIG WIESBECK in Rosenhammer seit 1901 ihr kleines Gotteshaus errichten können. Bis zur Aufnahme der Saarländer 1939 und der Ansiedlung der Flüchtlinge seit 1945 umfasste diese katholische Gemeinde nur wenig mehr als 100 Seelen. Amtsrichter POPP war aber nach Auflösung des Weidenberger Gerichts Ende der 20-er Jahre nach Bayreuth verzogen.

hatte aber offenbar ihren Konfessionsstandpunkt in der Familie nicht durchsetzen können.

Es kommen aber auch politisch-ideologische Überlegungen infrage. Der Dissens zwischen den linientreuen Nazis und den örtlichen Bekenntnischristen mit Pfarrer REDENBACHER, der sich schon in der Aufstellung des Bekenntnismarterls auf der Bocksleite 1937 ausdrückte, hat zu dieser Zeit längst seinen Höhepunkt erreicht. 1941 tritt RUMLER ganz aus seiner Kirche aus. Das hält ihn aber nicht davon ab, sich für die Entnazifizierungsverhandlungen nach dem Krieg beim evangelischen Pfarrer einen „Persilschein" zu besorgen.

Rumlers Hochzeitsjahr 1939 ist dasselbe Jahr, an dessen Beginn am 2. Januar Rumlers Mutter BABETTE, geb. FUCHS, die Inhaberin des bekannten Textilwarengeschäfts am Obermarkt, im Alter von 74 Jahren gestorben ist. Dieser kirchentreuen Frau und ihrer ganzen Familie war die kirchliche Distanz des ältesten Sohnes stets schmerzlich. Der jüngere Bruder HEINRICH war Kirchenvorsteher. Ihre andere Schwiegertochter MARGARETE, geb. BÖHNER, die Ehefrau des Sohns HEINRICH, übernimmt damals das Geschäft.

Hausherr im Alten Schloss

Brauner Herrschaftssitz:
Altes Schloss Weidenberg (Aufn. um 1935)

Bis zu seiner hat Heirat hatte RUMLER in Hausgemeinschaft mit seinem Bruder HEINRICH in dessen Haus am Obermarkt 49 gelebt. In der gemeinsamen Wohnküche waren in diesen ersten 10 Jahren der Weidenberger Nazigeschichte die Parteisachen erledigt worden, hier war auch Ortsgruppenleiter HANS SCHEMM bis zu seinem frühen Tod 1935 des Öfteren zu Gast gewesen, es war oft chaotisch zugegangen.

Mit seiner Heirat gibt RUMLER die Wohnung im elterlichen Textilgeschäft am Obermarkt auf. Er zieht mit seiner Frau standesgemäß in das frisch ausgebaute II. Obergeschoss im Alten Schloss ein. Es beherbergt nun zugleich multifunktional im I. Obergeschoss auf der Südseite die große Wohnung für Lehrer AUGUST KIEßLING und auf der Nordseite den NSV-Kindergarten. Ein Stockwerk darunter befinden sich die Arrestzellen und die Räume für die NS-Kreisschulung sowie für HJ, BdM und SA.

Nun also wohnt der Bürgermeister im Schloss auf Kosten der Gemeinde und hat für seine Dienstgeschäfte mehr Platz, aber auch für sein Privatleben. Er hat in seiner Wohnung auch ein ordentliches Bad einbauen lassen, ein Luxus, der damals in Weidenberg fast noch eine Ausnahme darstellt. Bei dessen Nutzung erweist der Ortsgruppenleiter sich seinen Parteigenossen gegenüber aber bisweilen als großzügig und gastfrei.

So lädt er z.B. während des Krieges seinen Parteianhänger der ersten Stunde CHRISTOPH KIEẞLING, den „Sport-Stoffel“ und Weidenberger Autokaufmann, der als Soldat gerade auf Fronturlaub ist, zusammen mit seinem fünfjährigen Sohn zum Baden ein. Dabei hört das Kind auch Rumlers Plattenspieler, auf dessen rauschender Schallplatte ein Schauspieler gerade Goethes Faust deklamiert. Als erwachsener Zeitzeuge erinnert er sich an diese Szene.

Zum Baden eingeladen: CHRISTOPH KIEẞLING auf Heimaturlaub

Ein positiver Leumund vom Pfarrer für den Ortsgruppenleiter

RUMLER selbst war evangelisch getauft und konfirmiert. Er hatte aber nach seiner Konfirmation keine besondere Beziehung zu seiner Gemeinde. Pfarrer REDENBACHER fand sich dennoch nach dem Krieg bereit, ihm dreierlei zu bescheinigen:[107]

Erstens, dass der ehemalige Ortsgruppenleiter und Bürgermeister RUMLER der Aufstellung des Evangelischen Marterls der Lessauerin MARGARETE SCHILLING 1937 *„in der Zeit der Anfeindungen des Bekenntnisses zum Alten Testament ... außerhalb des Friedhofes an einem öffentlichen Weg“* ohne Beanstandung seine bürgermeisterliche Genehmigung erteilt habe, obwohl es *„auf seinen vier Flächen nur alttestamentliche Sprüche trägt“*; dies wertete REDENBACHER als Erweis von Toleranz, *„mit der RUMLER Kirche und öffentliches kirchliches Bekennen gewähren ließ“*.

Zweitens, dass RUMLER dem Pfarrer wegen seines kurz zuvor erklärten Parteiaustritts *„keinerlei zivile Schwierigkeiten in den Weg gelegt“* habe.

Und Drittens, dass REDENBACHER sich nicht erinnern könne, in Ausübung seines Amtes auch auf der Ersten Pfarrstelle von RUMLER je behindert worden zu sein.

Dieser positive Leumund ist insofern bemerkenswert und auch durchaus berechtigt, als andere Ortsgruppenleiter mit ihren Ortsgeistlichen damals viel rücksichtsloser umgegangen sind. So denunzierte der Geseeser Ortsgruppenleiter PAUL KÖHLER, der zugleich Lehrer und Organist der Gemeinde war, seinen damals in Gesees am-

---

[107] Schreiben vom 26. Mai 1947 im Entnazifizierungsakt REDENBACHER.

tierenden Gemeindepfarrer THEODOR DIEGRITZ, indem er von seiner Orgelbank in der Geseeser Marienkirche eine heute noch einsehbare Predigtnachschrift fertigte und diesen mutigen Bekenntnispfarrer vor höheren Parteidienststellen der Regimefeindlichkeit bezichtigte. Vergleichbares ist bekannt aus Bayreuth, Creußen, Emtmannsberg, Heinersreuth, Mistelgau, Pittersdorf (Hummeltal), Warmensteinach und vielen anderen Gemeinden des Dekanats Bayreuth. Gegenüber den evangelischen Geistlichen hat sich RUMLER also auffallend zurückgehalten.

War das „Mädel" nicht in der Partei?

Tierfreundin: JOHANNA RUMLER

Rumlers Ehefrau JOHANNA wurde in der Bevölkerung „das Mädel", bzw. von den Nichten auch „Tante Mädel" genannt. Es ist offenbar der Kosename, den RUMLER nicht nur in den Briefwechseln, sondern auch in der Öffentlichkeit gebrauchte, wenn er von seiner Frau sprach. Sie war eine attraktive, resolute und aktive Frau und körperlich wohl mindestens genauso groß, wie er selbst. Eine eigene berufliche Tätigkeit mit Einkünften verneint sie in ihrem Meldebogen. Wovon sie also bis 1939 gelebt hat, bleibt offen. Sie versorgte einige Tiere: Hunde, Vögel, z.B. Papageien, Fasane, Rehe, später auch Hühner, die sie in einem kleinen Zoo am Alten Schloss untergebracht hatte. Eine Brutmaschine für Hühnerküken stand auch in der Wohnung.

Über JOHANNA RUMLER existiert überraschenderweise kein Nachweis, dass sie in der Partei war. In ihrem Meldebogen gibt sie lediglich an, sie sei seit 1934 Mitglied der Weidenberger NS-Frauenschaft gewesen und habe seit 1942 dort als Leiterin fungierte. Gegen ihren Willen sei sie von der Kreisfrauenschaftsleiterin bestimmt, aber nicht bestätigt worden und habe keinerlei Tätigkeiten ausgeübt. Politisch gliedert sie sich selbst immerhin „Mitläuferin" und nicht als „unbelastet" ein.

Das Paar hatte keine eigenen Kinder, wie das Vernehmungsprotokoll der Spruchkammer vom 19. Sept. 1949 klarstellt. Gerüchte liefen um, dass die Familie der Ehefrau mütterlicherseits mit einer vererbbaren psychischen Behinderung behaftet gewesen sei, deshalb hätte JOHANNA nach den Erbgesundheitsgesetzen angeblich keine Kinder haben dürfen. Die Mutter ANNA POPP sei auch immer wieder in der Heil- und Pflegeanstalt Bayreuth-Wendelhöfen gewesen.

Pfarrer REDENBACHER trug beim Tod dieser evangelischen Frau am 1. Dez. 1945 als Vermerk im Kirchenbuch als Krankheit „langjährige Melancholie" ein und nannte als Todesursache auffälligerweise „Bronchopneumonie" ein, eine Diagnose, die besonders auch bei Euthanasiefällen im Bereich der Kindereuthanasie 1939 häufig ist. Mit dieser Scheindiagnose wollte häufig das involvierte Klinikpersonal in der Phase der „dezentralen Euthanasie" die vorsätzliche Tötung von Patienten verdecken. Diese Mordaktion lief auch nach Kriegsende noch eine Zeitlang weiter. Ob auch hier so ein Unrechtsfall vorliegt, müsste erst recherchiert werden.

Andererseits muss man bei der Kinderlosigkeit des Paares bedenken, dass beide bei ihrer Heirat bereits im fortgeschrittenen Alter waren. Sie trauten sich die Erziehung von Kindern vielleicht nicht mehr zu.

Im weiteren Verlauf des Krieges kamen dann die Eltern, Oberamtsrichter POPP und seine Frau ANNA, und die beiden Brüder von JOHANNA aus Bayreuth nach Weidenberg. Sie hatten Sorge wegen der alliierten Bombenangriffe und wohnten nun in dem großen Haus schräg gegenüber dem Alten Schloss.

Einer von Johannas Brüdern, der Zahnarzt Dr. RUDOLF POPP, soll dann den Amerikanern die Kapitulation des Marktes Weidenberg angeboten haben. Am 16. April 1945 soll er um 17:30 Uhr den von Südwesten her vorrückenden amerikanischen Panzersoldaten am Obermarkt mit einem weißen Tuch in der Hand entgegengegangen sein. Nachfahren dieser Familie haben freundlicherweise viele wichtige Fotos und Dokumente insbesondere auch zur Person des Ortsgruppenleiters RUMLER für die Erstellung des Projektes „MYRTEN FÜR DORNEN" zur Verfügung gestellt.

3. Die zwei alten Rivalen Fabrikant Schiller und Ortsgruppenleiter Rumler bekämpfen sich weiter

Warum Rumlers Gegenspieler Schiller in die Partei eintritt

Der Kriegsbeginn verschärft, wie oben bereits angedeutet, auch das Verhältnis zwischen RUMLER und seinem Gegenspieler CHRISTIAN SCHILLER. Obwohl die beiden sich eigentlich gegenseitig brauchen würden – SCHILLER hilft ja mit seinem enormen Angebot an Arbeitsplätzen der Partei. Sie will ja eines ihrer wichtigsten innenpolitischen Ziele, die Bekämpfung der Arbeitslosigkeit, um jeden Preis. Aber SCHILLER braucht dafür eigentlich eine angemessene Unterstützung durch die Gemeinde und eine Verschonung von unnötigem Parteikram. Dennoch versucht der eifersüchtige Ortsgruppenleiter ständig, ihn zu düpieren, wo es nur geht.

SCHILLER versucht die Lage zu entspannen, indem er zunächst seinen Onkel und Firmenmitinhaber GEORG SCHILLER zum Parteieintritt überredet. Er selbst hält sich aber bewusst zurück. Er ignoriert lange Zeit Rumlers Ehrgeiz, möglichst hohe Parteimitgliederzahlen zu melden. Als sich die Partei zum 1. Mai 1937 allmählich wieder für Neueintritte öffnet, verstärkt der Ortsgruppenleiter seinen Druck auf Fabrikbesitzer SCHILLER. Er macht ihm klar, dass er ihn bei erster Gelegenheit als Betriebsführer absetzen und durch einen Parteimann ersetzen würde.

SCHILLER befürchtet den Ruin seines ererbten und in jahrelanger angestrengter Arbeit erweiterten Geschäftes und bekommt es mit der Angst. Deshalb erklärt er zu diesem 1. Mai 1937 seinen Beitritt zur NSDAP. Nach dem Krieg bestätigt auch das alliierte Document-Center in Berlin nach Einsicht in die sichergestellte Kartei der NSDAP, *„dass der Betroffene [Chr. Schiller] am 1.5.1937 unter Nr. 4.465.599 der NSDAP beigetreten"* ist. SCHILLER meint zur Selbstentschuldigung, ein zahlendes Mitglied mache noch keinen echten Nazi.

Über diese Frage, ob SCHILLER tatsächlich ein Nazi war, ist nach dem Krieg besonders in den Spruchkammerverfahren viel gestritten worden. Und in der Weidenberger Ortspolitik der ersten Nachkriegsjahre ist dabei viel schmutzige Wäsche gewaschen worden.[108] Die Hysterie gipfelte in der Amtsenthebung Schillers Ende 1947, als durch die Initiative der CSU, unter tatkräftiger Munitionierung durch den ehemaligen Ortsgruppenleiter RUMLER dieser erste frei gewählte Weidenberger Nachkriegsbürgermeister systematisch demontiert wurde. Tatsache ist, das es RUMLER immer gelang, Schillers frühes unreifes Interesse als 16-Jähriger Schüler für die NSDAP erfolgreich gegen ihn ins Feld zu führen. Dass er selbst es war, der SCHILLER in all den folgenden Jahren im Dritten Reich unter Ausnutzung seiner Macht als Ortsgruppenleiter immer wieder unter massiven Druck setzte, um seinen Parteieintritt gegen Schillers wachsenden Widerstand zu erzwingen, erwähnt RUMLER nicht.

Granitinspektion bei der Hochzeitsreise:
CHRISTIAN SCHILLER in Schweden 1936

Unbestreitbar hat SCHILLER durch seine Weltläufigkeit und seine internationalen Geschäftskontakte und -reisen fast naturgemäß

[108] Vergl. das Kapitel *„Mit Ost-Spionen und alten Seilschaften zum neuen Aufbruch? - Der holperige Neustart der Parteien-Demokratie in Weidenberg"* in dieser Folge des Projektes „MYRTEN FÜR DORNEN".

einen ganz anderen Blick auf das Nazisystem bekommen und steht seitdem im schwer auflösbaren Dauerkonflikt zwischen Anpassung um des Geschäftes willen und Widerstand um des Gewissens willen. So wirken die zahlreichen Widerstandsversuche, die bei ihm nachzuweisen sind, bisweilen halbherzig. Er sieht sich selbst als Mann des Widerstands, der sich sogar an den Vorbereitungen des Attentats vom 20. Juli 1944 beteiligt, geht aber den letzten Entscheidungen in dieser Sache doch aus dem Wege.

An einige bemerkenswerte Widerstands-Aktionen Schillers sei aber erinnert: So war von seinem konsequenten und fantasievollen Einsatz für gefährdete Personen aus dem Bereich seiner Mitarbeiterschaft oben beim „Fall Eisenhut" schon die Rede, diese Liste lässt sich fortsetzen. So verdankt ihm z.B. auch sein Kirchenpingärtner Mitarbeiter KARL SCHERM seine Entlastung.

Er hatte im Jahr 1935 vor den Ohren des gleichnamigen, aber nicht verwandten damaligen Kirchenpingärtner Nazibürgermeister JOSEF SCHERM kritisiert, dass es unter Hitler „jetzt noch genauso schlecht als früher" sei. Diese Äußerung war natürlich als Kritik am System gemeint und deshalb gefährlich.

In einem Brief an die NSDAP-Kreisleitung am 6. Juni 1935 gelingt es SCHILLER recht eloquent und trickreich, diese Bemerkung so hinzubiegen, dass damit nicht HITLER, sondern der Bürgermeister gemeint gewesen sei, der sich nicht geändert habe. Es sei seinem Mitarbeiter KARL SCHERM völlig fern gelegen, die Regierung zu beleidigen, im Gegenteil, jeder habe doch jetzt wieder Arbeit und verdiene Brot, und das sei doch Verdienst dieser Regierung. SCHILLER habe deshalb seinem Mitarbeiter über sein Verhalten auch entsprechende ernste Vorhaltungen gemacht.

Warum Schiller auf Parteiaufträge verzichtet

Schwerer wiegt die Unterstellung seiner späteren CSU-Gegner unter Federführung des Weidenberger Nachkriegspfarrers HEIM, SCHILLER habe sich Vorteile vom NS-System durch seine Steinarbeiten verschafft. Solche monströsen Granitarbeiten, die die Partei oft als „Arbeitsbeschaffungsmaßnahmen" tarnte, wucherten ja damals überall in Deutschland und sollten das Selbstverständnis der Festigkeit und Dauerhaftigkeit des „Dritten Reiches" widerspiegeln, am deutlichsten sicher in dem Projekt des „Reichsparteitagsgeländes" in Nürnberg, auf dem von 1933-38 Reichsparteitage der NSDAP stattfanden. Viele Fabriken der deutschen Stein-Industrie hatten durch die Aufträge der Hitlerregierung und der Parteileitung seit 1933 einen unnatürlichen Aufschwung genommen.

Auch SCHILLER hat damals ein umfangreiches Leistungsverzeichnis zur Angebotserstellung erhalten. Auf 14 Seiten, ergänzt durch einen großen bunten Plan, wurden

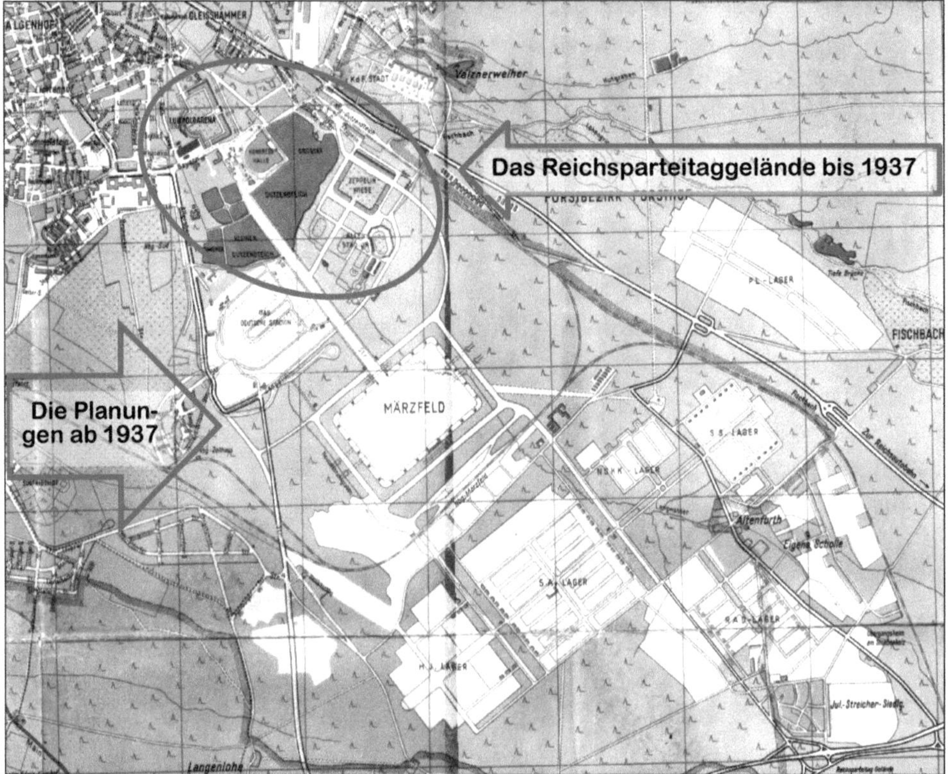

Der originale Geheimplan für Schillers Offerte 1937: Weiß grundiert sind alle Flächen, die von 1937 an neu bebaut werden sollen, wie „Deutsches Stadion oder das „Märzfeld". Heute erstreckt sich hier das Areal der Trabantenstadt Langwasser.

ihm die geplanten Hochbauten auf diesem Areal an der Zeppelinwiese in Nürnberg vorgestellt.

Zu der Zeit bestanden bereits die LUITPOLD-ARENA für die Aufmärsche von SA und SS für 150.00 Zuschauer, die nach dem Krieg gesprengte LUITPOLDHALLE für Parteikongresse bis 16.00 Personen und der größten Orgel Europas, das ZEPPELINFELD für 320.000 Menschen mit der Haupttribüne für Hitlers Reden, die KONGRESSHALLE nach dem Vorbild des römischen Kolosseums für 50.000 Zuschauer und die 60 m breite und 1,5 km lange „GROßE STRAßE". Diese Anlagen sollten nun weiter „verschönt" und kolossal erweitert werden.

So sollten annähernd eine halbe Million Menschen im gigantischen „DEUTSCHEN STADION" an den geplanten „Nationalsozialistischen Kampfspielen" teilnehmen

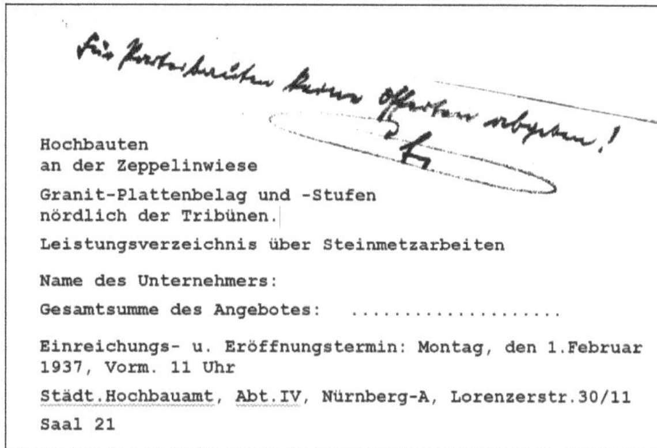
Für Parteibauten keine Offerten abgeben!

Hochbauten
an der Zeppelinwiese

Granit-Plattenbelag und -Stufen
nördlich der Tribünen.

Leistungsverzeichnis über Steinmetzarbeiten

Name des Unternehmers:

Gesamtsumme des Angebotes: ....

Einreichungs- u. Eröffnungstermin: Montag, den 1.Februar 1937, Vorm. 11 Uhr

Städt.Hochbauamt, Abt.IV, Nürnberg-A, Lorenzerstr.30/11
Saal 21

Kein Angebot für Parteibauten:
Leere Offerte des Fabrikanten CHRISTIAN SCHILLER 1937

können. Im benachbarten MÄRZSTADION sollten gar eine Million Menschen Platz finden, davon ¼ Million auf den turmbewehrten Tribünen, um den Manövern der Wehrmacht zuzuschauen. Noch einmal dieselbe Fläche sollte verbaut werden für die diversen Kasernenanlagen der beteiligten HJ, NSKK, SA, SS und Polizei im Umfeld der Stadien.

Das Angebot, das die Fa. SCHILLER ausfüllen sollte, umfasste Steinarbeiten für einen Granit-Plattenbelag und Stufen nördlich der Tribünen; 10 verschiedene Sorten Granit sollten zur Anwendung kommen. Es wäre für SCHILLER sicher reizvoll gewesen, hier sein umfangreiches Know-how einzubringen, wenn er dem „Führer" hätte gefallen wollen. Nicht zufällig hatte ja der qualitätsbewusste Fabrikant sogar seine Hochzeitsreise 1936 in Schweden genutzt, um nach attraktivem Gestein zu fahnden.

Doch SCHILLER kommentiert die Formulare mit dem handschriftlichen klaren Vermerk *„Für Parteibauten keine Offerten abgeben"* und legt sie mitsamt den geheimen, für Historiker hochinteressanten weiteren Ausbauplänen für das gigantische Märzfeld zu den Akten.

SCHILLER rühmt sich, er hätte während der ganzen Zeit des Nationalsozialismus in seinem Granitwerk *„nicht einmal einen Aschenbecher"* für die Nazis geliefert. Es lässt sich tatsächlich nicht nachweisen, dass SCHILLER überhaupt jemals etwas für die Nazis gefertigt hat. Die damaligen Unterstellungen durch die CSU und Pfarrer HEIM sind eine bewusste Infamie, die bis heute nicht richtiggestellt ist.

Tatsächlich muss es SCHILLER damals sehr schwergefallen sein, überhaupt auf die Anordnungen des Regimes und auch seines örtlichen Repräsentanten, des Ortsgruppenleiters, einzugehen, dann vieles, was mit so viel Pomp und Pose damals vorgetragen wurde, wirkte in seinen Augen einfach primitiv und lächerlich.

Wie Schiller aus der DAF fliegt

Schillers nazikritische Haltung spiegelt sich am eindrucksvollsten wohl in seinem Rauswurf bei der Deutschen Arbeitnehmerfront wider. Die DAF war die Einheitsgewerkschaft der Nazis, der auch SCHILLER notwendigerweise angehörte. Doch immer wieder platze ihm der Kragen, wenn er die inhaltsleeren Sitzungen dieser Schein-

Gewerkschaft verfolgte. Mit seinen spontanen Reaktionen brachte er sich selbst wiederholt in das Visier seiner Feinde. Ende 1937, im Jahr seines Parteieintritts, war für ihn hier Schluss. Darüber liegt ein Schreiben des Gauobmanns vom 21. Januar 1938 vor, das SCHILLER seinen Rauswurf mitteilt. Es sei nachfolgend vollständig abgedruckt, weil es uns zu unmittelbaren Zeugen dieser Posse werden lässt:

Betr.: Ausschluss aus dem Arbeitsausschuss Natursteine-Wunsiedel. - Wie uns die Gaubetriebsgemeinschaft Stein und Erde mitteilt, haben Sie sich in der Sitzung des obigen Arbeitsausschusses vom 2.12.1937 als unwürdig erwiesen, Mitglied eines Arbeitsausschusses zu sein. Nach den oben erwähnten Mitteilungen haben Sie in dieser Sitzung nicht nur die Beratungen selbst ins Lächerliche gezogen, sondern Sie haben auch die Sitzung vorzeitig – ohne Angabe eines Grundes – verlassen, um sich nebenan im Gastzimmer aufzuhalten.

Da Sie durch dieses Verhalten nicht nur gezeigt haben, dass Sie den Problemen unserer Zeit verständnislos gegenüberstehen, sondern sich auch der Ehre, an der Lösung dieser Probleme im Arbeitsausschuss mitarbeiten zu dürfen, als unwürdig erwiesen haben, schließen wir Sie hierdurch auf Antrag unserer Gaubetriebsgemeinschaft aus dem Arbeitsausschuss aus, wodurch wir gleichzeitig dem Ersuchen der übrigen Arbeitsausschussmitglieder, welche sich bisher restlos freudig in den Dienst der Sache gestellt haben, nachkommen.

Wir finden Ihr Verhalten umso bedauerlicher, als Sie uns erst am 6.11.37, also kaum einen Monat vor dieser Sitzung auf unsere Anfrage betr. Ihres wiederholten unentschuldigten Fehlens in den Sitzungen mitteilten, dass Sie nach wie vor gerne bereit seien, am Aufbauwerk der DAF im Sinne des Führers mitzuarbeiten!

Sie wollen uns den Ihnen seinerzeit übersandten Mitgliedsausweis wieder zurücksenden. Heil Hitler! H. Alt, Gauobmann"

SCHILLER wird hier also von hoher amtlicher Seite bescheinigt, den „Problemen der Zeit verständnislos gegenüberzustehen". Er habe sich als einziger seiner Zunft nicht „freudig in den Dienst der Sache gestellt" und sich geweigert, „am Aufbauwerk der DAF im Sinne des Führers mitzuarbeiten".

Schillers Verhalten, das zum Rauswurf führt, ist aus Sicht der Partei tatsächlich ein Affront, mit dem er ein außerordentliches Risiko eingeht. Dass ihm hier nicht Schlimmeres widerfährt, hat er sicher einigen Fürsprechern zu verdanken, die seine Leistung als Firmenchef zu würdigen wissen.

Kein Wunder, dass Ortsgruppenleiter RUMLER schäumt. Ihm ist klar, dass Schillers gleichzeitiger Parteieintritt eine Farce ist, hinter der keine wirkliche Überzeugung steht. So gibt RUMLER später zu, dass er bereits im Jahre 1939 die Überzeugung gewonnen habe, dass SCHILLER nicht aus Idealismus Parteimitglied geworden sei. Er habe ihn deshalb als „politisch unzuverlässig" gemeldet. Das konnte Schlimmes bedeuten, wie ja auch der Fall DENNERT beweist.[109]

Wie Schiller seine Familie gründet

So werden die Schwierigkeiten für SCHILLER auch mit dem Parteieintritt nicht weniger. Ein Motiv ist bei RUMLER sicher unterschwellig der Neid auf Schillers Erfolg und seinen Lebensstandard. Dazu dürfte, zumindest bis zu Rumlers eigener Eheschließung, auch Eifersucht auf die hübsche und wohlhabende Frau gekommen sein, die SCHILLER bereits 1936 zum Traualtar führen konnte und die ihm drei Kinder schenkt.

Hochzeit in Neuenmarkt im Herbst 1936: (Vord. Reihe v. li.) Opa PÖHLMANN, LUISE SCHILLER (verh. SNIJDERS), JOHANNA SCHILLER (Mutter). (Rechts) PAULA und OTTO PEZOLD (Brauteltern), LEONIE und GUDRUN PEZOLD (Schwestern), die Kleine davor: SILVIA.

ELEONORE PEZOLD (*28.1.1915) ist vier Jahre jünger als CHRISTIAN SCHILLER und noch ein Backfisch, als er sie im Rahmen seiner Geschäftsbeziehungen mit ihrem Vater, dem gut situierten Granitwerkbesitzer OTTO PEZOLD im nah gelegenen Neuenmarkt erstmals kennenlernt. Als sie 21 Jahre alt ist, verloben sie sich. Noch im gleichen Jahr 1936 feiern sie in Neuenmarkt ihre Hochzeit.

In Charakter und Wesen ergänzen sich die beiden Brautleute auf interessante Weise. CHRISTIAN SCHILLER ist in Aussehen und Habitus fast der Idealtyp von Hitlers Modell-Arier, von stattlicher Figur, blond und blauäugig, dazu weltgewandt, das Gegenstück zum provinziellen und wenig „arischen" Ortsgruppenvorsitzenden GEORG RUMLER, dabei aber vom gleichen Machtbewusstsein und Opportunitätsgeist beherrscht wie dieser.

ELEONORE SCHILLER, eher dunkelhaarig und feingliedrig, ist eine sanfte, einfühl-

---

[109] Vergl. das Kapitel *„Jenseits der Roten Linie – Der Fall Dennert"* in der 5. Folge des Projektes „MYRTEN FÜR DORNEN – Spurens der Opfer".

same und gebildete Frau. Und obwohl (oder gerade weil) sie auch selbst aus einem Granitwerk stammt, wo die Firmenbesitzer nach alter Tradition noch Wert legen auf die Bildung ihrer „höheren Töchter", ist sie auch musisch veranlagt und dazu firm in Englisch. So gibt sie den Buben von Auto-KIEßLING, die mit Familie SCHILLER über die Großeltern verwandt sind, kostenlose Fremdsprachennachhilfe. Es imponiert den Kindern auch, wie gut sie zeichnen kann.

CHRISTIAN SCHILLER selbst hatte keine besondere kirchliche Einstellung, ihm lag eher wegen seiner Grabsteine an einem guten Verhältnis zu den evangelischen und katholischen Pfarrern. Aber Schillers Mutter JOHANNA, die eine geborene PÖHLMANN vom Anwesen an der Alten Steinach war, ging seinerzeit mit den Enkeln öfters in den Gottesdienst. Sie wurde über 90 Jahre alt.

Status und Geschäft bleiben in der Ehe wichtig

Statussymbol roter Admiral: CHR. SCHILLER 1939 mit Tochter ELFRUN an der Weidenberger Bocksleite

ELEONORE schenkt ihrem Mann drei Wunschkinder. Für CHRISTIAN SCHILLER stehen aber trotz Familie zwei Dinge im Vordergrund, sein Status und sein Geschäft. Eine große Rolle für den Status dieses wohlhabenden Fabrikbesitzers spielt immer auch das Auto. Damit fällt er in Weidenberg und darüber hinaus auf.

Den ersten PKW hatte er 1933 noch vom Vater geerbt: Am 9. März 1929 hatte Schillers Vater JOHANN beim Autohändler HANS KIEßLING sen. für die stattliche Summe von 4.100 RM, also nach damaligem Geldwert bald 50.000 €, einen gebrauchten „Chrysler" erstanden. Diesen gewaltigen Schlitten hatte SCHILLER aber im Angesicht der bevorstehenden Verlobung 1936 in Zahlung gegeben. Zur Brautwerbung in diesem Jahr erscheint er bereits mit einem nagelneuen und brandaktuellen Mittelklassewagen „Opel-Olympia". Das gleiche Fahrzeug will dann auch der Ortsgruppenleiter GEORG RUMLER, obwohl er das Geld dafür nicht hat. SCHILLER hilft ihm.

Im Jahr 1939 erwirbt SCHILLER dann beim gleichen Händler einen Wagen der Oberklasse mit 3,6 l und 6-Zylindern „Opel-Admiral". Das Auto ist zwei Jahre zuvor neu herausgekommen und mit seinen 75 PS für Hitlers Autobahnen konzipiert. Es ist die Alternative zu den damaligen Luxus-Karossen von Maybach, Mercedes und Horch und weist einen für heutige Zeiten atemberaubenden Verbrauch von 18 l pro 100 km und eine Höchstgeschwindigkeit von 132 km/h auf. In seiner roten

Signalfarbe wird es zum stolzen Lieblingsfahrzeug der ganzen Familie, die sich gern überall damit zeigt. Nun ist SCHILLER seinem Rivalen RUMLER wieder voraus.

Auf den schlechten Straßen des Fichtelgebirges legt der allzu selbstbewusste Autobesitzer SCHILLER freilich bald einen Crash hin. Bei Grassemann am Fuß des Ochsenkopfes fährt er das Auto in den Straßengraben. Die Reparatur ist nicht billig, und die alten verbeulten Kotflügel stehen noch lange als beliebtes Spielzeug auf dem Dachboden der neuen Villa, die Familie Schiller in der Nähe des Bahnhofs inzwischen bezogen hat.

Im Krieg requirieren die Nazis dann alle PKW, so auf Rumlers Tipps hin auch Schillers roten Admiral; damit befördern sie nun ihre Offiziere. Der Wagen wird nun in grüner Tarnfarbe lackiert. Nach dem Krieg übernimmt die Freiwillige Feuerwehr Weidenberg diesen alten Chrysler, spritzt ihn nunmehr feuerwehrrot und spannt ihn, sehr zum Gaudi aller Buben und Männer, noch jahrelang vor ihre Löschspritze.

Mehr als das Auto ist aber für SCHILLER vor allem das Geschäft wichtig. Aus dem Mund ihrer erstgeborenen Tochter erfahren wir die bereits angedeutete, amüsante, aber auch bezeichnende Geschichte über die Hochzeitsreise der Eltern, die nach Schweden ging. Ein Grund waren nicht in erster Linie Land oder Leute an sich, sondern die Besichtigung der Steinbrüche, die dort den erlesensten Granit beherbergen.

Und so sieht die junge Braut ihren Ehemann fast mehr in diesen Steinbrüchen herumsteigen, als sich um die Flitterwochen scheren. Er will besondere Sorten für sein Exportgeschäft finden und ordern. Der Granit aus Schweden durfte dann wegen seiner besonderen Eigenschaften nur von der Firma FERNSTRÖM AG kommen. Vor allem die Qualität „SSI Feinkorn" schwarz war in Weidenberg für Grabmäler gefragt, ohne Glimmer; er wurde in ganzen Blöcken mit dem Zug angeliefert. Mit ihrer Körperkraft luden die Arbeiter diese gewaltigen Steine auf Rollwagen, es war Schwerstarbeit; erst später wurde zur Arbeitserleichterung ein Kran errichtet.

Seltener Granit: CHRISTIAN SCHILLER 1936 in den Steinbrüchen von Björkeröd/Schweden

Christian Schiller war wirklich stets fasziniert von seinem Beruf als Granitwerksbesitzer und ging darin voll auf. Dieses Experten-Knowhow hatte auch den besonderen Erfolg seines internationalen Geschäftes ausgemacht. Er war viel herumgekommen und hatte früher auch mit wohlhabenden Juden zu tun. Dieser Umgang hatte es ihm gestattetet, besondere Denkmäler zu fertigen. Noch heute können Schillers Kinder die besonderen Sorten des Granitgesteins herbeten, die in allen möglichen Schattierungen bei der Herstellung der Monumente Verwendung fanden. Ein Beweis ist das eindrucksvolle Familiengrab auf dem Weidenberger Friedhof.

Ein anderes Mitbringsel aus Schweden war das neu erweckte Faible für die Elchjagd. Darüber hinaus, dass Schiller um Weidenberg, Mengersreuth und Tressau große Jagdbezirke gepachtet hatte und hier gern Hirsche schoss, fuhr er dann nach dem Krieg gern nach Schweden, wenn die kurze Elchsaison eröffnet war. Dann musste die Bäckerei Ponater riesige extra flache 8-Pfünder-Landbrote zum Mitnehmen backen, da Schiller und seiner Entourage das dortige Brot nicht schmeckte.

Musik im Fabrikantenhaus

Im Mai 1937 kommt Schillers erstes Kind, die Tochter Elfrun zur Welt. Sie heiratet als 20-Jährige den katholischen Forstbeamten Heinrich Häffner und wohnt mit ihm zwei Jahre im Forsthaus in Weidenberg in der Warmensteinacher Straße und zieht später nach Tannfeld-Thurnau.

Die erste, oben genannte Tochter hatte als „Elfrun“ einen ähnlich klangvollen Namen bekommen wie ihre Mutter Eleonore. Diese Klänge sind in der Familie kein Zufall: Alle Mitglieder der Familie Petzold, aus der die Mutter kam, konnten gut Klavier spielen. Und seit der Hochzeit stand ein Steinway-Flügel im Haus. Er begleitete dann Elfrun auf ihrem Lebensweg bis nach Tannfeld-Thurnau. Eleonores Enkel, der in den Fußtapfen seiner Mutter und Großmutter wandelte und Musik studierte, sollte dieses Instrument einmal erben und damit die musische Linie fortsetzen, die vielleicht keiner in dieser Steinbearbeiterfamilie vermuten würde.

Als ein Jahr später, am 31. August 1938, der erste Sohn Normann Schiller zur Welt kommt, ist auch die neue Villa fertig, die Schiller inzwischen auf einem großen Grundstück direkt nördlich der Bahngeleises vis-à-vis der Firma hat errichten lassen. Die großzügigen Räume mit dem warmen Naturholzboden erregen bei Gästen viel Bewunderung. Auch der Flügel hat im Salon einen angemessenen Platz gefunden. Gern hören Gäste zu, wenn Eleonore Schiller ihren Vorlieben entsprechend Operettenmelodien oder andere Stücke der leichteren Muse spielt und dazu singt; manchmal begleitet sie auch andere Laien-Sängerinnen am Instrument.

Es ist ein sehr vornehmes, kultiviertes Haus. Stets sind es besondere Gäste aus dem

In- und Ausland, internationale Geschäftskunden und einflussreiche Leute aus Politik und Wirtschaft, die hier ein- und ausgehen. In den ersten Wochen und Monaten nach dem Krieg gesellen sich zu ihnen auch amerikanische Besatzungsoffiziere und deutsche Politiker; sie reden miteinander gern über die ersten Schritte für Weidenberg und im Landkreis nach der „Stunde Null“. Die englischsprachigen Ausländer genießen es, sich mit den Hausbesitzern in ihrer Muttersprache unterhalten zu können.

Herrschaftliches Anwesen in Bahnhofsnähe: Schillersche Villa mit Tochter ELFRUN um 1940

Für das zweite Grundstück, das sie an der Bocksleite besitzt, hat die Familie weitere Pläne, denn auf der großen Hangwiese neben der Straße nach Lankendorf genießen sie gern ihre Freizeit. Hier, so schwärmen sie vor den Kindern, wollen sie einmal ihren Alterssitz errichten. – Ein Stück unterhalb ihres Grundstücks hat bereits der Lehrer, NS-Propagandist und Schlossbewohner AUGUST KIEẞLING ein Grundstück erworben. Er lässt sich hier mit Hilfe eines serbischen Zwangsarbeiters zunächst ein Wochenendhaus errichten; es dient im letzten Kriegsjahr als Notunterkunft für Evakuierte. Als KIEẞLING nach dem Krieg als „Belasteter“ die große Wohnung im Alten Schloss verlassen muss, lässt er dieses Haus ausbauen und zieht hier mit seiner Familie ganz ein.

Die Schiller-Söhne bleiben alten Steinen treu

Am 25. März 1940, also im engen Abstand von 1 ½ Jahren, wird Schillers jüngster Sohn HOLGER geboren. Die Brüder werden in der Weidenberger Grundschule eingeschult und schließen manche Freundschaften.

Einige Weidenberger erinnern sich noch, dass diese Schiller-Buben auch eine riesige Modelleisenbahn hatten, größer als die des Bürgermeisters, eine Attraktion für alle Kinder, die ins Haus kommen durften.

Während die Älteste, ELFRUN, nach Art der „höheren Töchter“ auch musisch ausgebildet wird, bekommen die beiden Söhne nach dem Krieg eine Ausbildung, die sie zur Mitarbeit im Werk befähigen soll: NORMANN studiert Maschinenbau und wird dann zunächst Ingenieur bei der Fa. DORNIER. Später ist er für die Maschinen im

Burgherren auf Schloss Rabeneck:
NORMAN und DAGMAR SCHILLER 2011

väterlichen Werk in Weidenberg zuständig; zugleich baut er sich einen eigenen Kundenstamm für Steinmetzarbeiten mit dem Schwerpunkt Grabsteine auf, den er dann mit seiner eigenen Steinmetzfirma für Endverbraucher in Kulmbach bedient.

Er ist seinem Interesse für alte Steine treu geblieben. So wurde er Eigentümer der Burg Rabeneck in der Fränkischen Schweiz; er nutzte sie, um hier romantische Hochzeiten und andere Events anzubieten.

Der jüngere Bruder HOLGER besuchte nach dem Krieg die Handelsschule und wurde Industriekaufmann. Er betätigte sich im Außendienst der Firma erfolgreich als Vertreter für die Produkte seines Vaters. Außerdem heiratete er in Bayreuth in einen damals am südöstlichen Stadtrand gelegenen Bauernhof ein, dessen Grund dann mit gutem Gewinn zum Bau der Universität verkauft werden konnte. So hatte dieser HOLGER SCHILLER immer ordentlich Geld. Später erbte er auch das umfängliche, mit holländischen Anteilen angereicherte Vermögen der Schwester seines Vaters, der bereits genannten LUISE, gesch. SNIJDERS, wiederverheiratete SCHILFART: diese war selbst kinderlos geblieben.

Sinn für historische Gebäude:
HOLGER und BJÖRN SCHILLER um 1978

Um 1970 kaufte HOLGER SCHILLER zunächst das völlig heruntergekommene Schulhaus in Döhlau und richtete es wieder her. Um 1985 zog er dann nach Irland, angeblich weil er Angst hatte vor der „Gefahr aus dem Osten". Er kaufte sich dort zunächst ein Haus und dann die verfallene Ruine des ca. 1648 erbauten Ardtarmon Castle bei Sligo ganz im Norden von Irland an der Atlantikküste.

Von hier aus wurde einst die Schifffahrt zur Stadt Sligo kontrolliert. Im frühen 18. Jahrhundert war dieses imposante Schloss bis auf die Grundmauern niedergebrannt. Seitdem war hier nichts mehr gemacht worden.

Auch Weidenberger ließen sich schon von der grandiosen Landschaft beeindrucken: ARDTARMON CASTLE in Irland

HOLGER SCHILLER und seine Frau ERIKA bauten es wieder auf und begannen ein Ferienwohnungsprojekt mit luxuriösen Apartments mit Einrichtung im Stil alter Castle, aber mit modernem Komfort. Da HOLGER SCHILLER seinerzeit den irischen Handwerkern misstraute, setzt er auch deutsche Handwerker ein. Als Holz verwendete er Eiche aus Deutschland, die er in Containern verschiffen ließ. – Bei einem Flugzeugabsturz kam er ums Leben. Sein 1973 geborener Sohn BJÖRN lebt heute in diesem Anwesen und führt unter dem Namen seiner Eltern das im Internet beschriebene Schloss-Projekt, sowie die Granitwerke dort in der fünften und sechsten Generation fort. Auch Weidenberger Bürger waren hier schon zu Gast und ließen sich von der grandiosen Landschaft und dem herrschaftlichen Ambiente beeindrucken.

Kurz nach Kriegsende kam bei Schillers noch ein viertes Kind zur Welt, die jüngste Tochter LILIAN. Von diesen vier Kindern, die zwischen 1937 und 1945 im Hause Schiller zur Welt kamen, wurden die drei älteren von den Eltern, ähnlich wie die DENNERT-Kinder, zu einer eher nazikritischen Haltung erzogen; sie mussten nirgendwo „Heil Hitler!" sagen. Andere Weidenberger Kinder waren seit dem Kindergarten und der Grundschule an den „Deutschen Gruß" gewöhnt. Schillers viertes Kind wurde geboren, als niemand mehr „Heil Hitler!" sagen muss.

Wie der Ortsgruppenleiter Rumler Schillers Schwester Luise demütigt

Schillers Schwester, die zwei Jahre jüngere SUSANNE MARGARETE LUISE, Mitinhaberin der elterlichen Granitfirma, war, wie oben berichtet, mit 18 Jahren als eine der wenigen Weidenberger Frauen im Jahr 1930 in die Nazi-Partei eingetreten; sie hatte

1930 der NSDAP beigetreten und 1935 wieder ausgetreten: : LUISE SCHILLER (links) mit Vater JOHANN und HELENE um 1927

aber bereits 1935 die Parteimitgliedschaft wieder aufgekündigt, aus Verärgerung, weil RUMLER beim Bau der Neuen Straße die Familie genötigt hatte, ihr Grundstück unter Wert zu verkaufen. Der Parteiaustritt sei, wie RUMLER dann später überheblich erklärt, „mit seiner Genehmigung“ erfolgt. Im gleichen Jahr hatte LUISE einen Holländer namens SNIJDERS aus der Granitbranche geheiratet und die holländische Staatsangehörigkeit angenommen.

Als dann deutsche Truppen 1940 die Niederlande überfallen und besetzt hatten, versuchten deutsche Auslandsorganisationen der Nazis, LUISE SCHILLER wieder anzuwerben. Sie versprachen ihr sogar, ihr die alte Parteinummer zurückzugeben, was rechtlich eigentlich mit der Parteisatzung unvereinbar war, denn jede Nummernvergabe war als einmalig gedacht, bei einer Wiederaufnahme erhielt man automatisch eine neue. Auch ihren holländischen Ehemann wollte man ködern.

Doch führt Luises längere Abwesenheit von Holland und die schockierende Besetzung durch die Deutschen zu einer Entfremdung zwischen den Eheleuten; dabei wurde ihnen die Unterschiedlichkeit ihrer Herkunft und der Einstellungen immer bewusster – Luise war ja eine durchaus verwöhnte Vatertochter, die sich ihrer fraulichen Reize stets bewusst war.– So kommt es 1941 zur Scheidung. LUISE nimmt nun ihren Wohnsitz wieder in Weidenberg, behält aber einigen Besitz in den Niederlanden und bleibt auch holländische Staatsbürgerin. In Weidenberg lebt sie zunächst im alten elterlichen Haus an der Bahnhofstraße zusammen mit ihrer Mutter.

Seit ihrer Rückkehr sieht sie sich aber gezielt von RUMLER schikaniert. Sie fühlt sich als eines seiner Opfer. Als holländische Staatsangehörige sitzt sie mit Kriegsbeginn zwischen allen Stühlen. RUMLER entzieht ihr alle Bezugskarten, mit der Begründung, sie sei Nicht-Deutsche. Wegen ihrer allzu freimütiger Meinungsäußerungen überzieht er sie mit Verwarnungen und Androhungen.

Als sie sich 1940 gegenüber Rumlers Schwager, dem Zahnarzt POPP, kritisch über die Partei, den Krieg, Hitlers Größenwahn und die Machtpositionen seiner Parteifunktionäre äußert, die zu Schikanen ausgenützt würden, denunziert POPP sie bei

RUMLER. Der Ortsgruppenleiter verwarnt sie daraufhin schriftlich und droht ihr eine Meldung an die Kreispolizeibehörde an. LUISE hält sich zähneknirschend etwas zurück, denn solche Meldungen hätten, wie ja der Fall DENNERT beweist, in solchen Zeiten tödlich sein können.

Als weitere Schikane behält RUMLER auch noch ihren Ausländerpass ein und verweigert ihr über Monate hinweg die Kontrollkarte für Auslandsbriefverkehr, sodass sie auch ihre finanziellen Angelegenheiten in Holland nicht weiter ordnen kann. RUMLER lässt sie auch zu einem Beitritt zur NSV auffordern. Um sie zu demütigen, soll der für diesen Marktbereich zuständige Zellenleiter der Partei alle Möbelstücke in ihrer Wohnung inventarisieren.

Obwohl sie aus der Partei früh wieder ausgetreten war, und obwohl sie weiterhin holländische Staatsbürgerin ist, belangt man LUISE SNIJDERS nach dem Krieg bei den Spruchkammerverfahren und gruppiert sie als „Mitläuferin" ein, erlässt ihr aber die Sühne. Sie heiratet nun ihren Jugendfreund Dr. HANS SCHILFART in Selb; dessen Vater war bis 1928 vor Dr. FRITZ MÜLLER Arzt in Weidenberg gewesen. Es ist der Name, der für sie auch auf dem gemeinsamen Familiengrab auf dem Friedhof der Weidenberger Stephanskirche steht.

Wie der Ortsgruppenleiter Rumler den Fabrikanten Schiller terrorisiert

Auch für CHRISTIAN SCHILLER nehmen die Pressionen mit Kriegsbeginn deutlich zu.[110] Manches davon tut ihm weh, anderes weniger. Zu den Einschnitten, die SCHILLER nicht nur geschäftlich, sondern auch privat schmerzen, gehört die Benzinrationierung. Sie bringt die private Nutzung von Kraftfahrzeugen seit 20. September 1939 fast vollständig zum Erliegen. Nur 15% des gesamten Kraftfahrzeugbestandes in Deutschland darf überhaupt noch zu anderen als militärischen Zwecken genutzt werden; eine Fahrerlaubnis erhält nur, wer im Rahmen seines Berufes einen wichtigen Beitrag zur Versorgung der deutschen Bevölkerung leistet. Hitlers neue Autobahnen, auf denen sich das Volk zur Arbeit oder zu den Stränden des „Kraft-durch-Freude"-Werkes bewegen sollte, zeigen nun eine gähnende Leere, sodass sogar Radler und Fußgänger sie zu benutzen wagen.

Bereits im Jahr 1938 war es CHRISTIAN SCHILLER gelungen, in einem Geheimbefehl des Regierungspräsidenten von Ober- und Mittelfranken seinen Betrieb als „W"-

---

[110] Die folgende Beschreibung wie auch viele andere Informationen über Christian Schiller beruhen über die Zeitzeugeninterviews hinaus vor allem auf den mehr als 1.000-seitigen Entnazifizierungsakt über diesen Fabrikanten aus dem Staatsarchiv Bamberg. Sie befinden sich praktisch vollständig eingelesen im Besitz des Enkels BJÖRN SCHILLER, der sie dankenswerterweise auch dem Autor von „MYRTEN FÜR DORNEN" zur Verfügung gestellt hat. Sie können dort nachgefragt werden.

Betrieb eingruppieren zu lassen, er galt also im Mobilmachungsfall als „kriegs- und lebenswichtig" für die Bevölkerung. Sein wesentliches Argument war, dass durch Auslandsaufträge nach wie vor frische Devisen hereinkämen. Doch er kann nicht verhindern, dass sein geliebter, frisch reparierter „Admiral" eingezogen wird und ihm auch für die übrigen Firmenfahrzeuge ständig Steine in den Weg gelegt werden.

Gedemütigter Fabrikant: CHRISTIAN SCHILLER 1940

So fühlt er sich vom Ortsgruppenleiter gezielt benachteiligt. Ziemlich deprimiert weist er darauf hin, dass er 1940 der Einzige in Weidenberg gewesen sei, dessen Fahrzeuge „entwickelt", das heißt blockiert und eingezogen worden seien, obwohl es sich um den größten Betrieb in Weidenberg gehandelt habe und „jeder kleine Geschäftsmann ... nach wie vor seinen Wagen" gehabt hätte. Nur von Fall zu Fall sei dem Betrieb eine einmalige Fahrt genehmigt worden, und zwar unter vorheriger polizeilicher Meldung unter Angabe des Zweckes der Fahrt und des Fahrtzieles. Der uns bereits als bestechlich bekannte Gendarmerie-Meister WAGNER habe die unerträglichen Schikanen dadurch etwas zu mildern versucht, dass er bei der Handhabung der polizeilichen Meldung und Aufsicht „großzügig verfahren" sei, was aber entgegen seinen dienstlichen Anweisungen geschehen sei.

Die sich steigernde Kriegshysterie lässt Schillers Zorn wachsen und treibt ihn des Öfteren zu ungeschützten Äußerungen. Der Ortsgruppenleiters beantwortet sie mit verschärften Maßnahmen. SCHILLER spricht schließlich vom „offenen Terror" gegen sich und seine Familie. So habe er einmal öffentlich erklärt, *„dass die Nazis ihren Krieg allein führen sollen,"* dann werde er sicherlich bald wieder zu Ende sein. Dieser Ausspruch sei ihm bei allen Amtsstellen militärischer, wirtschaftlicher und gemeindlicher Art als schwer belastend angekreidet worden, und, obwohl damals noch Parteimitglied, sei er bei der NSDAP *„vollkommen unmöglich!"* geworden. Als SCHILLER auch noch an anderer Stelle erklärt habe, dass *„dieser Krieg am Ende für Deutschland verloren"* sei, man möge sich durch die anfänglichen Erfolge nicht täuschen lassen, sei dieser Terror offen gegen ihn betrieben worden.

Der Ortsgruppenleiter habe dafür gesorgt, dass SCHILLER als einer der ersten seines Jahrganges trotz seines Geschäftes, das auch seinerzeit noch seine Produkte ins Ausland exportierte, zur Wehrmacht eingezogen und beim Frankreichfeldzug eingesetzt wurde. Dabei sei er nach ärztlichem Urteil gar nicht fronttauglich gewesen. Wegen seiner kritischen Aussprüche sei er dort schlecht behandelt worden.

SCHILLER hatte den Eindruck, dass dieser Militäreinsatz ihn als Nazikritiker bewusst demütigen sollte. Eine weitere Beobachtung bestätigt seine Annahme. Wäre er wirklich überzeugter Nazi gewesen, dann hätte ihm als studiertem Oberschüler in jedem Fall die Offizierslaufbahn offen gestanden. Als befehlsgewohnter Firmenchef lässt man sich auch im Krieg nicht gern von anderen kommandieren. So aber bleibt er einfacher Schütze und wird auch im weiteren Kriegsverlauf nur Unteroffizier.

Nach Beendigung des Frankreichfeldzuges darf SCHILLER für kurze Zeit das Heer verlassen; aber, da er sich noch nicht „gebessert" hat, wird er im Mai 1941 erneut eingezogen. Damit vollzieht RUMLER zugleich ein Stück Sippenhaftung; er will die Familie dafür zu bestrafen, dass Schillers Schwester LUISE SNIJDERS ihre Bemerkungen gegen die Nazis nicht wirklich zurückgenommen hat.

Schiller tritt aus der NSDAP aus

Natürlich bedeutet die Kriegsverwendung des Firmenchefs für den Betrieb ein außerordentliches Risiko, denn es gibt niemanden, der ihn in seiner Kompetenz und Führungsstärke ersetzen kann.

Immerhin hat der Betrieb auch sein Exportgeschäft nach Ausbruch des Krieges noch fortsetzen können, wenn auch unter den erschwerten Voraussetzungen. Bis zum deutschen Überfall auf die Beneluxländer kamen Aufträge aus England und anderen Ländern. RUMLER hätte durchaus die Macht gehabt, SCHILLER „u.k." zu stellen, um den Betrieb weiterlaufen zu lassen. Doch gegen den Hass dieses Ortsgruppenleiters hilft auch die geheime Eingruppierung als „W"-Betrieb nicht weiter.

RUMLER tut seinerseits auch nichts, um den Niedergang der Firma aufzuhalten, im Gegenteil, er treibt ihn noch bewusst voran. In seinem typischen doppelbödigen Spiel lässt er dabei seiner Rache an SCHILLER weiter freien Lauf. Als SCHILLER an seinen Truppenführer ein Gesuch um Arbeitsurlaub stellt, gibt Ortsgruppenleiter RUMLER ihm scheinheilig eine parteiamtliche Befürwortung mit; gleichzeitig richtet er ein separates Schreiben an den Truppenführer, in dem er diese Befürwortung für nichtig erklärt.

SCHILLER ist über diese *„Verlogenheit, Verschlagenheit und Hinterlistigkeit des Nationalsozialismus"* so empört, dass er sich ohne Rücksicht auf die Folgen bereits am 5. Juni 1941 per eingeschriebenen Brief zum endgültigen Austritt aus der NSDAP entschließt. Schon seit 1940 hat er keine Parteibeiträge mehr bezahlt. Eine Woche vor dem Austritt hat er voll Zorn auch die Bürgschaft aufgekündigt, die er RUMLER für die Finanzierung seines Autos gegeben hat.

Vor der Spruchkammer nach dem Krieg will zwar RUMLER bestreiten, dass er von einem Austritt Schillers Kenntnis gehabt habe. Jedoch ist nach Meinung des Gerichts seiner Aussage nicht Glauben zu schenken, da er während seiner Vernehmung überführt worden sei, auch bei einer anderen Austrittserklärung, nämlich der des glaubwürdig eingeschätzten Zeugen CHRISTOF KIEẞLING aus dem gleichnamigen Autohaus, wissentlich die Unwahrheit gesagt zu haben.

So wird, wie auch andere Zeugen bestätigen, SCHILLER auf vielfältigste Weise spätestens seit dem Jahre 1939 von der NS-Parteileitung verfolgt. RUMLER beauftragt auch während der ganzen weiteren Kriegszeit den schon mehrmals erwähnten zwielichtigen Gendarmeriewachtmeister WAGNER, der zugleich RUMLERS Ortspropagandaleiter ist, Zeugen in der Bevölkerung und in der Mitarbeiterschaft der Firma zu gewinnen, um mit deren Aussagen SCHILLER als Nazigegner überführen zu können

Die Folge der wechselseitig eskalierenden Wut ist 1941 die erneute Einberufung Schillers zum Kriegsdienst, zunächst für acht Wochen und dann von 1943 an bis Kriegsende. SCHILLER hat noch Glück, dass man für ihn angesichts seines fortgeschrittenen Alters und seiner Kompetenz als Stenograf eine heimatnahe Verwendung beim Generalkommando Nürnberg vorsieht. So kann er telefonisch mit seiner Firma und Familie in Kontakt bleiben. Seit 6. Mai 1941 hat seine Frau ELEONORE trotz ihrer drei kleinen Kinder und des großen Haushalts in Weidenberg die Geschäftsführung übernommen.

Der von RUMLER gewollte Niedergang der Firma ist aber nicht aufzuhalten. Um dem Ganzen den Anschein einer privaten Racheaktion zu nehmen, macht RUMLER der Partei seit Ausbruch des Krieges in regelmäßigen Abständen die unterschiedlichsten Vorschläge, wie man in den Werksanlagen Rüstungsbetriebe unterbringen könne. Obwohl Schiller nicht vor Ort sein kann, gelingt es ihm doch bis zum Oktober 1944 auch aus der Ferne, sich solchen Vorhaben erfolgreich zu widersetzen. Aber bereits im Juli 1944 kann RUMLER den entscheidenden Durchbruch verbuchen, um Schillers Granitwerk und damit seine bürgerliche Existenz endgültig zu ruinieren. Denn auf ausdrückliches Betreiben des Ortsgruppenleiters zieht das Arbeitsamt in einem ersten Schritt Schillers sämtliche Arbeiter ab und weist sie einem Lieferanten von Kriegsmaterial in Bayreuth zu.

Ausbildung für Hitlers „Geheimwaffe“ in Schillers Betrieb

Zwar bekommt SCHILLER als „Ersatz“ **20 französische Zwangsarbeiter** zugewiesen. Doch sie haben ja für die Arbeiten des Steinschneidens und -schleifens keine Qualifikation. Stattdessen sieht man sie des Öfteren gelangweilt über den Obermarkt in die umgebenden Wiesen und Hänge ziehen, wo sie für ihr Nationalgericht Weinbergschnecken sammeln.

Im Oktober 1944 aber kann RUMLER endgültig die Schließung des Schillerbetriebes erzwingen. Es ist übrigens in der gesamten damaligen Granitindustrie die einzige

Stilllegung bei Werken gleicher Größe. In den übrigen, von linientreuen Chefs geführten Betrieben wird fast bis zum letzten Kriegstag Granit veredelt, um nach dem erwarteten Endsieg die bombenzerstörten Städte neu aufzubauen und die Metropolen Linz und insbesondere Berlin als „Welthauptstadt Germania" nach den Wünschen des „Führers" und den Plänen seines Rüstungsministers SPEER neu zu gestalten.

Bis zuletzt Granit für „Germania": Gefangene des KZ Flossenbürg (Bild: Niederländ. Institut für Kriegsdokumentation)

Und in KZ-Betrieben, wie im nah gelegenen Flossenbürg, wird für diese repräsentativen Zwecke von Zwangsarbeitern aus allen Nationen unter täglicher Todesdrohung weiterhin Granit gebrochen.

So hatte man sich auch in Schillers Werk bis zuletzt der Hoffnung hingegeben, bald weiterarbeiten zu können. Für teures Geld hat man extra einen neuen Kran bestellt, der tatsächlich auch im letzten Kriegsjahr 1945 noch angeliefert wird. Er ist seitdem auf dem Lagerplatz deponiert, wird dann aber bei der Zweckentfremdung des Werks seiner elektrischen Bestandteile beraubt und damit in seiner Betriebsfähigkeit vollständig zerstört.

Ortsgruppenleiter RUMLER, der zugleich Kreisamtsleiter des Kreises Bayreuth-Eschenbach ist, findet aber in Dr. SCHWARZ, dem damaligen Landrat des Kreises Bayreuth, ein willfähriges Werkzeug; dieser kommt Rumlers Bestrebungen in geeigneter Weise zu Hilfe.

SCHWARZ erkennt die Tragweite und Dringlichkeit der Geheimprojekte Hitlers, die helfen sollen, in den letzten Kriegsmonaten das Ruder noch einmal herumzureißen und eine Niederlage abzuwenden. Zeitgleich mit dem Heer, das durch einen „Volkssturm" verstärkt werden soll, soll auch die Luftwaffe einen „Volksjäger" erhalten, den die fanatischen Hitlerjungen gegen die feindlichen Bomber- und Jägerangriffe lenken sollen. Für die Ausbildung des ebenfalls blutjungen Bodenpersonals sucht die „Fliegertechnischen Schule 6" von Bayreuth-Bindlach und Neuenmarkt Räumlichkeiten. SCHWARZ bietet dem Leiter der Luftwaffenschule Oberst SÖLLN die

Räume auf dem Gelände der Firma SCHILLER zur Nutzung an.[111] Gleichzeitig stellt er diesen Luftwaffenleuten einen Freibrief aus, alles was sie benötigen, vor Ort zu beschlagnahmen. Auch im Haus des Metzgers PÖHLMANN auf der gegenüberliegenden Seite der Bahnhofstraße okkupiert das Militär zwei Räume.

Erst auf Schillers energische Vorstellungen hin wird für die zunächst nur mündlich ausgesprochene Beschlagnahme eine Schriftform gewählt. Das eingehende Schreiben verwendet für den Ausdruck „Beschlagnahme“ die schönfärberische Umschreibung „Regelung des Raumbedarfes" und verweist auf ein „Einvernehmen mit dem Reichsverteidigungskommissar für den Reichsverteidigungsbezirk Gau Bayreuth“; es offenbart aber als Drahtzieher den Bürgermeister der Marktgemeinde Weidenberg GEORG RUMLER und die von ihm angestiftete Kreisleitung Bayreuth-Eschenbach der NSDAP.

Es gibt ja heute in Weidenberg manche, die den seinerzeitigen Bürgermeister und NS-Ortsgruppenleiter der Marktgemeinde immer noch für harmlos halten. Es ist in der Öffentlichkeit viel zu wenig bekannt, welche Rolle er in Weidenberg damals wirklich gespielt hat. Er erscheint zwar immer wieder als einer, der sich gern das Schild vom „guten Nazi“ umhängen möchte, in Wahrheit aber missachtete er die Menschenrechte von wichtigen Mitbürgern. Darüber hinaus kommt auf sein Konto auch die Vernichtung von so vielen unter Mühen geschaffenen Arbeitsplätzen und vor allem die Vernichtung des damals größten Arbeitgebers dieser Region. Dabei kümmern diesen Gernegroß als NS-„Amtswalter“ keine gesetzlichen Vorschriften und auch nicht die Verletzung jeglichen Rechtsgefühls. Er ist von nichts anderem, als von Rachegelüsten und der Sehnsucht nach eigener Größe getrieben.

Sehnsucht nach Rache und Größe: Der ehemalige Ortsgruppenleiter GEORG RUMLER 1947

Die Beschlagnahme dieser größten örtlichen Fabrik war nun dank seiner Hilfe amtlich. Im Herbst 1944 wurden die Hallen für die Fliegertechnische Schule der Nazis tatsächlich konfisziert. Nun verfügt RUMLER über einen neuen Bereich der Repräsentation: Er hält mit den fremden Luftwaffen-Offizieren ausgedehnte Besprechungen ab. Es bleibt auch nicht bei der Inanspruchnahme von Räumen. Die Herren der Luftwaffe rauben vielmehr alles, was sie gebrauchen können. Sie lassen durch ihre Soldaten die

---

[111] Vergl. den ausführlichen Bericht im Kapitel *„Hitlers Griff nach der Jugend – Hitlerjunge Hans“* in derselben Folge weiter oben.

Räume aufbrechen, die der Firma SCHILLER noch verblieben waren, und sie nehmen vorhandene Hilfsstoffe aus der Fabrikation einfach weg.

Drangsal für Familie Schiller

Der ausgebootete Hausherr SCHILLER sitzt derzeit weit entfernt und ohnmächtig beim Militär. Seiner wehrlosen Frau und seiner Schwester wird, als sie auf die Ungesetzlichkeit von Rumlers Handlungsweise hinweisen und Einspruch erheben, sofort mit der Gestapo gedroht. Dieser Terror gegen die Familie spitzt sich in der folgenden Zeit noch weiter zu.

So verlangt im März 1945 der Leiter der Einheit, Luftwaffenmajor WAGNER, von ELEONORE SCHILLER, die im sechsten Monat schwanger ist, in rauestem Kasernenhofton die sofortige Ausgabe der Schlüssel zum Kohlenschuppen. Er droht: *„Vergessen Sie nur nicht, dass wir am längeren Hebelarm sitzen und dass ich Sie übel hereinlegen kann, wenn ich Sie bei der zuständigen Stelle melde; denken Sie auch nicht, dass Ihr Mann trocken und sicher in Nürnberg sitzt,"* und nötigt die erschrockene Frau zur Herausgabe von Kohlen. Dabei weiß er natürlich, dass er selbst es ist, der zu dieser Zeit „trocken und sicher" in Weidenberg hockt. Hier ist der Mann relativ sicher vor Bombenangriffen, während SCHILLER bei der Wehrmachtskommandantur in Nürnberg fast täglich von schwerstem Bombardement bedroht ist.

Im vorletzten Kriegsjahr 1944 ist die Luftlage aber auch für Bayreuth und Umgebung immer brenzlicher geworden. Da entschließt sich die Luftwaffe, den Fliegerhorst in Bindlach zu evakuieren. Die dort übenden jungen Leute sollen in Weidenberg weiterüben. Da aber schon alle Gasthäuser mit Kriegsgefangenen, Zwangsarbeitern und Evakuierten gefüllt sind, lässt der Kommandant im engsten Einvernehmen mit dem Ortsgruppenleiter durch Zwangsarbeiter im Eiltempo auf der Ostseite des Schillerschen Fabrikgrundstück[112] drei große Baracken aufstellen.

Auch diese Bebauung des Grundstücks mit Baracken wird willkürlich unter Ausschaltung des Rechtsweges und unter Androhung von Zwang vorgenommen. Dabei tut sich auch Ortsgruppenleiter RUMLER einmal mehr hervor; er stützt sich auf die Autorität des begleitenden Hauptmanns WOLFRUM. Dieser versucht, sich dadurch eine besondere Autorität zu verschaffen, dass er sich als Neffe des Reichsführers SS HEINRICH HIMMLER vorstellt.

Die Plünderungen und Diebstähle vonseiten der Luftwaffe, sowie die Beschädigung fertiger Werkstücke, Maschinen und Gebäude verursachen einen enormen

[112] Auf dem heutigen AWO-Gelände. Sie dienen dann nach Abzug der fliegertechnischen Schule ab Mitte 1945 als Lager für die vertriebenen „Batschka-Deutschen". HANS RABENSTEIN hat sie nach seiner Erinnerung gezeichnet, s.o. im Kapitel „Hitlerjunge Hans".

Schaden. SCHILLER beziffert ihn schließlich auf 69.000 RM, also vergleichsweise etwa ¾ Mio. €, und bezeichnet ihn als einen wesentlichen Teil seines verlorenen Vermögens.

Dann leeren sich im Frühjahr 1945 die Fabrikhallen wieder. Die jungen Leute ziehen ab zu ihrem ersten Einsatz mit dem „Volksjäger". Für die restliche Zeit des Krieges lagert die für ihre Modellautos bekannte Nürnberger Firma Schuko ihre Spielwaren hier aus, während das alte Nürnberg im Bombenhagel untergeht.

Währenddessen geht RUMLER weiterhin seiner Rache nach; bis zuletzt versucht er, darauf hinzuwirken, dass SCHILLER doch noch ins Gefecht an die Front kommt; er schaltet die Gauleitung in Bayreuth ein, die sich an Schillers militärische Dienststelle wenden soll. RUMLER fürchtet wohl mit Recht Schillers Rückkehr und möchte ihn so weit weg wie möglich sehen. Dass SCHILLER nach all den Widerfahrnissen bis oben hin mit Zorn geladen ist und seinem Gegenspieler die erlittene Niedertracht eines Tages heimzahlen möchte, ist RUMLER klar. Doch ergibt sich die Gelegenheit dafür erst mit und nach Kriegsende. Bis dahin treibt RUMLER ungefährdet sein Spiel.

4. Besondere Umstände beim nahenden Kriegsende

Schwarzhören – der häufigste „kleine Widerstand des Alltags"

Für Erwachsene und Kinder aus bombardierten deutschen Großstädten ist Weidenberg spätestens mit dem Jahr 1943 ein gesuchter Fluchtpunkt geworden. Die „Operation Gomorrha" der Britischen Air-Force im Sommer 1943 hatte weite Teile der alten Bebauung der Hansestadt Hamburg zerstört und gezeigt, dass die Ausstattung mit Schutzräumen völlig unzureichend war. Alle, die nicht unbedingt in der Rüstungsproduktion benötigt wurden, mussten diese gefährdete Stadt verlassen. So waren fast 1 Mio. Hamburger ins Umland oder in die „Aufnahmegaue" in Bayern, Ostdeutschland und Polen geströmt.

Vor allem Bombenflüchtlinge aus Köln und Hamburg kommen damals nach Weidenberg. Sie finden in Privathäusern und Gaststätten Aufnahme.[113] Ortsgruppenleiter RUMLER sorgt namens der Partei für die Bereitstellung von Wohnraum, ein Kraftakt, der nicht überall ohne Widerspruch verläuft. Wo ihm Widerstand entgegenschlägt, setzt RUMLER zur Einschüchterung Druckmittel ein. Die Parteifunktionäre sind bei der Wahl solcher Mittel nicht zimperlich. Auf den Fall der ANNA

---

[113] Vergl. dazu insbesondere die Berichte im Kapitel *„Physicus und Pharmazeut"*, S. 314 ff und 341 ff in der 3. Folge des Projektes „MYRTEN FÜR DORNEN – Der Anstreicher ..." sowie das Kapitel über die Kinderlandverschickung *„Ferien ohne Heimkehr"* in der vorliegenden Folge.

BUCHBINDER in Kirchenpingarten wurde in der 3. Folge des Projektes schon hingewiesen.[114] Sie wird im Jahr 1944 vom „Sondergericht" in Bayreuth wegen „Angriff auf die „Staats- und Parteiführung" zu einem halben Jahr Gefängnis verurteilt, weil sie sich mit dem Satz gegen die Belegung ihrer Wohnung gewehrt hat: *„... mögen diese die Betten abgeben, die den Krieg angezettelt haben."*

Zum Schwarzhören geeignet: Ortsgruppenleiter GEORG RUMLER mit Volksempfänger (Montage)

So muss auch der Fabrikant CHRISTIAN SCHILLER seit Oktober 1943 zwei Zimmer seiner schicken Villa zu Gunsten von Evakuierten abtreten. Ihm wird am 15. Oktober 1943 die Familie RÜHMANN aus Hamburg zugewiesen. Damit hat er aber Bürger mit dem Mut zum „kleinen Widerstand" im Haus. Denn Rühmanns sind „Schwarzhörer". Das ist sowohl für den Mieter als auch den Vermieter lebensgefährlich.

Mit der „Verordnung über außerordentliche Rundfunkmaßnahmen" hatte Propagandaminister GOEBBELS seit Kriegsbeginn das Hören von „Feindsendern" verboten und unter schwerste Strafen gestellt, Begründung: *„Jedes Wort, das der Gegner herübersendet, ist selbstverständlich verlogen und dazu bestimmt, dem deutschen Volk Schaden zuzufügen."* Nicht einmal der Empfang von Radiosendern solcher Staaten, die mit Deutschland verbündet oder neutral waren, war seitdem erlaubt. *„Der ideale Volksgenosse ist taub, blind und stumm"*, hatte GOEBBELS verkündet.

So liest der Volksgenosse seitdem auf einem roten Warnkärtchen, das am Einstellungsknopf seines Volksempfängers aufgesteckt ist, verwundert: *„Denke daran! Das Abhören ausländischer Sender ist ein Verbrechen gegen die nationale Sicherheit unseres Volkes. Es wird auf Befehl unseres Führers mit schweren Zuchthausstrafen geahndet."*

Bei Zuchthausstrafen war es aber nicht geblieben; bereits Mitte 1941 hatten Hitlers Willkürrichter zur Abschreckung sogar ein erstes Todesurteil wegen Hörens ausländischer Rundfunksender gefällt. Ein Mann hatte seiner Frau den Inhalt einer ausländischen Radiosendung weitererzählt.

Kurz darauf hatte die NS-Parteizeitung „Völkischer Beobachter" über ein weiteres

---

[114] Im Kapitel *„Ortsgruppenleiter Rumler – Hitlers Helfer"*, in der genannten 3. Folge des Projektes, S. 188.

Todesurteil berichtet. Angeklagt war diesmal ein Brandmeister der Nürnberger Feuerschutzpolizei, er hatte deutschsprachige Programme des französischen „Radio Straßburg“ und den „Österreichischen Freiheitssenders Paris“ gehört und das Gehörte zur Kritik am Parteipersonal verwendet.

Dennoch riskieren viele Deutsche die schweren Strafen und missachten die Gefahr der Denunziation. Sie hören gern die deutschsprachigen Rundfunksendungen aus dem Ausland. Kein Wunder, stellen sich damals doch prominente Deutsche im Exil als Sprecher zur Verfügung. *„Wir bringen Ihnen jetzt aus Amerika eine Sonderbotschaft an das deutsche Volk von Thomas Mann,"* meldet der „Londoner Rundfunk“ der britischen BBC erstmals im März 1941. Und im Jahr 1943 spricht von New York aus Richard Wagners Enkelin FRIEDELIND über den Rundfunk und wendet sich gegen die Vereinnahmung Wagners durch die Nazis. Dabei greift sie die eigene Mutter WINIFRED WAGNER an, Hitlers Freundin aus früher „Kampfzeit“.

Auch CHRISTIAN SCHILLER outet sich als „Schwarzhörer“. Er habe regelmäßig die Sendungen des Londoner Rundfunks und andere Auslandssendungen abgehört, beichtet er nach dem Krieg. Viele Nachbarn und Freunde wussten das und hielten dicht. Da er und seine Frau des Englischen mächtig waren, schalteten sie auch englischsprachige Sendungen ein. Und als sie merkten, dass auch ihre evakuierten Hamburger Untermieter RÜHMANN interessiert waren, ermöglichten sie ihnen die Aufstellung und den Anschluss ihres Rundfunkgerätes an die im Haus vorhandenen Leitungen und Antennen. Durch die große Lautstärke des Gerätes bekommen Schillers jedes Wort mit. Außerdem tauscht sich Frau RÜHMANN über das Gehörte gern mit ELEONORE SCHILLER aus.

Dass Schillers in ihrem Haus das Abhören von „Lügenpropaganda" dulden und selbst schwarzhören, würde als Tatbestand genügen, um auch über sie die Todesstrafe zu verhängen oder sie zumindest für den Rest seines Lebens ins Konzentrationslager zu bringen. Nach dem Krieg befragt, warum er trotzdem das gefährliche Schwarzhören geduldet habe, weist SCHILLER auf seine geschäftlichen Reisen hin, die ihn auch im Ausland in Berührung mit allen Schichten der Bevölkerung gebracht hätten. Ihm sei aufgegangen, dass das Gedankengut der europäischen Aufklärung mitsamt dem Recht auf freie Meinungsäußerung unveräußerlich sei. So habe er auch der Gastfamilie das Abhören der „feindlichen“ Sendungen zugebilligt.

SCHILLER führt sein Verhalten später als Beweis dafür an, dass er ganz und gar kein Nazi gewesen sei. Man kann ihm Recht geben: Als wirklich überzeugter Nazi wäre es für ihn eine Kleinigkeit gewesen, diese Untermieter wegen Schwarzhörens anzuzeigen und sie aus dem Haus ins Gefängnis zu treiben.

Tadel und Lob für den Ortsgruppenleiter

Der Konflikt des Weidenberger Ortsgruppenleiters GEORG RUMLER mit dem Fabrikanten CHRISTIAN SCHILLER, der mit der Schließung des Granitwerkes seinen Höhepunkt erreicht, ist der Themenkomplex, über den aufgrund der Spruchkammerverfahren nach dem Krieg die meisten Dokumente existieren. Diese Spruchakten umfassen weit mehr als 1.000 Seiten.[115]

Eher wenig erfahren wir aus anderen Quellen über die Geschehnisse in der Marktgemeinde Weidenberg und das Wirken von Ortsgruppenleiter GEORG RUMLER insbesondere in der Kriegszeit 1939-1945. Das darf aber niemanden verleiten, RUMLER in dieser Zeit für untätig zu halten, weder im schlimmen, noch im guten Sinn.

So wurde in anderen Folgen des Projektes „MYRTEN FÜR DORNEN" schon der demonstrative Parteiaustritt erwähnt, den CHRISTOPH KIEßLING bei einem Fronturlaub 1943 gegenüber RUMLER vollzogen hat.[116] Er ist deshalb interessant, weil dieser Austrittswillige in seinem eigenen Akt das zweifelhafte Nazi-Projekt „Lebensborn" erwähnt, über das er sich ärgert. Er nennt es eine „moralverderbende Verfügung". Er denkt dabei auch an untreue Soldatenfrauen, die ihre unehelichen Kinder unter dem Schutz der SS anonym gebären und an SS-Leute zur Adoption vermitteln, während die Männer im Felde ahnungslos sind. – Wie auch in anderen Fällen[117] hat RUMLER, um seine Parteilisten zu schönen, den Austritt dieses Wutbürgers nie weitergemeldet und muss sich deshalb nach dem Krieg von der Spruchkammer Vorhaltungen hinsichtlich seiner Aufrichtigkeit machen lassen.

Berichtet wurde auch schon von dem Brand der Ziegelei KONRAD KIEßLING im Herbst 1944, wobei umlaufende Gerüchte den Ortsgruppenleiter als Brandstifter verdächtigten.[118]

In diesem Zusammenhang erfahren wir, dass Zwangsarbeiter aus Tschechien unter Leitung des tschechischen Bauführers und SS-Mannes LAMICH Baracken auf den Wiesen westlich des Obermarktes für die Kinderlandverschickung errichtet hätten. Dies sei der Hintergrund für die Brandstiftung gewesen; RUMLER soll am Grundstück Kießlings Interesse gehabt haben. Diese Baracken wurden auch von Zeitzeugen nach dem Krieg noch gesehen, aber später abgerissen. Sie waren zwar vor Kriegsende noch

---

[115] Kopien aus berechtigtem historischem Interesse können heute bei den einschlägigen Staatsarchiven kostenpflichtig bestellt werden, sind aber im Einzelfall auch beim Autor des Projektes „MYRTEN FÜR DORNEN" einsehbar.

[116] Im Kapitel *„Die Weidenberger Nazis der ersten Stunde"* in der 3. Folge des Projektes, S. 130.

[117] Z.B. auch in so prominenten Fällen, wie Pfarrer REDENBACHER und auch Fabrikant SCHILLER.

[118] A.a.O. S. 195.

fertig geworden, aber für die Kinderlandverschickung nicht mehr eingesetzt worden. Dass die Bevölkerung diese Baracken damals mit der Hitlerjugend in Verbindung brachte, ist insofern richtig, weil ja die Hitlerjugend zur Aufsicht und Schulungsarbeit in den Lagern der Kinderlandverschickung vorgesehen war.

RUMLER erfährt aber von Fremden auch Lob. Ein anderer Zwangsarbeiter, der jugoslawische Kriegsgefangene SLAVKO GNATOVIC, der von Freunden Rumlers nach dem Krieg zur Entlastung vor der Spruchkammer aufgeboten wird, gibt an, als Vertrauensmann des Gefangenenlagers öfter mit RUMLER als Bürgermeister zu tun gehabt zu haben; er lobt RUMLER als einen „sehr anständigen Bürgermeister für die Kriegsgefangenen", sie hätten von ihm Kohlen und Holz bekommen, und er habe den Gefangenen nichts Böses getan.

Durch GNATOVIC erfahren wir auf diese Weise, dass ab Mai 1941 in Weidenberg ein **Gefangenenlager** mit zunächst 23, später 14 jugoslawischen Gefangenen existiert hat. Es habe dem „Stalag", dem „Kriegsgefangenen-Mannschafts-Stammlager" unterstanden und sei von zwei Aufsehern bewacht worden. Solche Stammlager, insgesamt 222, gab es sowohl in Frontnähe, also auch im Kernbereich Deutschlands in jedem Wehrkreis. Sie dienten als Durchgangsstationen für Kriegsgefangene, die dann in den Arbeitseinsatz in der Kriegswirtschaft, aber auch Landwirtschaft eingesetzt wurden.

Dieser Zeuge GNATOVIC, der von RUMLER damals auch gegen SCHILLER aufgeboten wird, behauptet, als Gefangener in der Nazizeit – also unter RUMLER – mehr Rechte gehabt haben, als in der ersten Nachkriegszeit – also unter Bürgermeister SCHILLER. Er hat allerdings eher sehr persönliche Gründe, warum er die Deutschen überhaupt lobt, denn er möchte gern in Weidenberg bleiben; er befürchtet wegen des Kommunismus in seinem Land nach dem Krieg Repressalien.

Volkssturm – Hitlers „letztes Aufgebot"

Mit dem Vordringen der Amerikaner und ihrer Verbündeten im Westen und Süden und der russischen Truppen im Osten ist das Schicksal Deutschlands besiegelt. Doch die blutige Abrechnung mit den Attentätern vom 20. Juli 1944 vor dem Volksgerichtshof soll den Deutschen beweisen, dass der Kampfeswille Hitlers noch lange nicht gebrochen ist.

Ständig geschürte Spekulationen über immer neue „Wunderwaffen", wie Raketen, Düsenjäger oder superschnelle Unterseeboote oder neu aufgestellt Truppenverbände sollen den Durchhaltewillen stärken. Als Bodenpersonal für eine solche Wunderwaffe, den „Volksjäger HE 162", wurden ja in Weidenberg zu dieser Zeit junge Leute bei der „Fliegertechnischen Schule 6" Bayreuth-Bindlach in den Räumen der

Fa. Schiller ausgebildet.[119]

Ab September 1944 ordnet Reichsleiter MARTIN BORMANN im Auftrag Hitlers die Bildung des sg. „Volkssturms" an. Alle waffenfähigen Männer zwischen 16 und 60 Jahren, soweit sie noch nicht zur kämpfenden Truppe gehören, sollen nun zur Verteidigung des „Heimatbodens“ und für den deutschen „Endsieg“ rekrutiert werden. Sechs Millionen Mann soll dieser Volkssturm umfassen. Er ist in vier „Aufgebote“ aufgeteilt. Sie kommen auch in dieser Reihenfolge zum Einsatz.

Auch Senioren müssen mit der Panzerfaust üben:
Kombattant mit Armbinde „Deutscher Volkssturm“

Im **„Aufgebot I“** werden alle tauglichen und waffenfähigen Männer der Jahrgänge ab 1884 und bis 1924 erfasst, die zu diesem Zeitpunkt noch nicht im Felde stehen. Die Mehrzahl von ihnen sind zu der Zeit über 50 Jahre alt und haben bereits im Ersten Weltkrieg gedient. Sie können nun bis zu sechs Wochen lang ununterbrochen zum Kriegsdienst eingezogen werden. Die aus diesen Männern gebildeten Volkssturmbataillone z. b. V. kommen außerhalb des Heimatgaues vor allem an der Ostfront zum Einsatz. Mit Vorliebe melden die Ortsgruppenführer für dieses Aufgebot solche Männer, die wegen ihrer Kritik am Nationalsozialismus schon aufgefallen sind oder aus anderen Gründen als „Schwarze Schafe“ betrachtet werden.

Die Aufgaben, die vor ihnen liegen, sind reine Himmelfahrtkommandos. Nicht von ungefähr kommentiert Nazi-Gauleiter OTTO HELLMUTH die Verabschiedung der Männer des Mainfränkischen Volkssturm-Bataillons, die Anfang Januar 1945 in Würzburg den Zug besteigen, mit den Worten: *„Wir haben kein Interesse, dass diese Leute wiederkommen!“* Er meinte, dass er diese „Meckerer“ ganz gern aus der Stadt haben wollte.

Sein makabrer, geheimer Wunsch erfüllt sich: Denn Ende Januar treffen diese Bataillone im Raum Küstrin – Frankfurt/Oder ein, zu einem Zeitpunkt also, als die Rote Armee bereits an der Oder steht. Einige fahren mit ihren Transportzügen mitten in

---

[119] Vergl. dazu den ausführlichen Bericht in dieser vorliegenden Folge des Projektes „Myrten für Dornen“ oben im Kapitel *„Hitlerjunge Hans“.*

die sowjetischen Panzerspitzen hinein. So wird auch das Bayreuther „Volkssturm-Bataillon z.b.V. 2/1“ am 31. Januar 1945 bei Zielenzig östlich von Frankfurt an der Oder von sowjetischen Truppen eingeschlossen und weitgehend vernichtet.

Die **Aufgebote II-IV** sollen in unmittelbarer Heimatnähe Bau- und Schanzarbeiten und Sicherungsaufgaben verrichten, sowie ihre jeweiligen Ortschaften unmittelbar verteidigen. Am 13. April 1945 erlässt der Reichsführer SS HEINRICH HIMMLER einen entsprechenden Befehl, der die kampflose Übergabe von Städten und Dörfern bei Todesstrafe verbietet. Die Drohung des Gegners, nichtübergabebereite Orte mit Panzer oder Artillerie zusammenzuschießen, sei nur eine Kriegslist. *„Jedes Dorf und jede Stadt werden mit allen Mitteln verteidigt und gehalten. Jeder für die Verteidigung eines Ortes verantwortlicher Mann, der gegen die selbstverständliche nationale Pflicht verstößt, verliert Ehre und Leben.“*

Im **Aufgebot II** sind wehrtaugliche Männer von 25 bis 50 Jahren verpflichtet, die wegen ihres als kriegswichtig erachteten Berufs u.k. gestellt waren. Diese Einheiten sollen immer nur kurzzeitig und in unmittelbarer Heimatnähe eingesetzt werden, um den Betriebsablauf in der Rüstung nicht zu stören.

Aufgebot III erfasst die Jahrgänge 1925—1928 der damals 16-19-Jährigen, soweit sie nicht schon bei Wehrmacht oder Waffen-SS Dienst tun. Die Jüngsten von ihnen sollen bis zum 31. März 1945 in der Hitlerjugend und im Reichsarbeitsdienst militärisch ausgebildet werden.

Diese jungen Leute sind ganz in der Schule Hitlers groß gewordenen, sie sehen in Hitler ihren Gott; militärisch sind sie zwar unerfahren und moralisch völlig überfordert, aber in ihrem Fanatismus sind sie gefährlich. Sie tragen keine Soldatenuniformen, sondern nur ihre HJ-Kluft, dazu eine Armbinde mit der Aufschrift „Deutscher Volkssturm – Wehrmacht“. Zu ihren Standardwaffen gehört auch die Panzerfaust, welche die vordringenden alliierten Panzerschwärme stoppen soll. Die Jugendlichen sollen diese leichten Waffen gut transportieren und bedienen können. Bernhard Wickis 1959 herausgekommener Antikriegsfilm „Die Brücke“ legte ein erschütterndes Zeugnis ab von der Unsinnigkeit dieses Ansinnens und öffnete nachträglich vielen Deutschen die Augen, wie sinnlos ihre jungen Leute verheizt wurden.

Im **Aufgebot IV** sind alle übrigen Männer erfasst, die, unabhängig von ihrem Alter, nicht kriegstauglich sind. Sie sollen für Wach- und Sicherungsaufgaben eingesetzt werden.

Die Aufgebote II – IV sind nach den jeweiligen NSDAP-Ortsgruppen und Kreisen in Kompanien und Bataillone gegliedert. **Örtlicher Führer ist der Ortsgruppenleiter**, unterstützt von den Mitgliedern von SA und NSKK, soweit sie nicht im Felde stehen. Die nächsthöhere Führungsebene ist der Gauleiter.

Die Teilnahme am Volkssturm ist nicht harmlos

Dass die Aufgaben der Volkssturmmänner nicht harmlos sind, zeigt sich auch, als das **Sondergericht Bayreuth** in seiner letzten Verhandlung am 9. April 1945 seinen blutigen Schlussstrich unter die Ära des Dritten Reiches zieht. Bayreuther Volkssturmmänner müssen sich anderentags als Exekutionskommando im Hof des Gerichtsgefängnisses an der Markgrafenallee melden. Zwei junge Holländer sind wegen Plünderns in zerbombten Häusern zum Tode verurteilt worden, sie hatten sich in den Trümmern einige Stück Feinseife gefunden und mitgenommen. Sie werden am 10. April 1945 von den Volkssturmleuten erschossen.

Auch Weidenbergs „Volkssturm" übt damals, wie es Weidenberger Chronist ADAM KIEẞLING in „SEINERZEIT" berichtet, mit Handgranate und Panzerfaust für den Ernstfall. Sie treffen sich in der Sandgrube beim Zementwerk RIEẞ. Den Jüngeren aus der Hitlerjugend mag das Ganze eher wie ein erheiterndes „Kriegsspiel" erschienen sein. Fleißig treten sie auf dem Sportplatz in Reih und Glied an und lassen sich mit Aufrufen wie auf den Kasernenhof kommandieren: „ausrichten" usw. Es scheint so, als wolle man mit dem fehlenden Ernst Zeit gewinnen. Denn viele hoffen, dass das Ende bald kommt. Wenn die Ausbildung nicht abgeschlossen ist, werde das Kapitulieren sicher einfacher, meinen sie.

Bereits seit Ende 1944, bei den ersten Warnungen vor möglichen Bombenangriffen, hat die Partei durch den Ortsgruppenleiter dafür gesorgt, dass die Einwohner Luftschutzräume einrichten. Am Weidenberger Obermarkt eignen sich dazu besonders die 38 in den Fels geschlagenen Gewölbekeller. Sie verlaufen unter vielen Häusern und sind sonst zum Einlagern von Lebensmittelvorräten und Getränken bestimmt. Notausstiege sollen sicherstellen, dass man die Gewölbe auch dann verlassen kann, wenn der Haupteingang verschüttet ist. Seit einigen Jahren werden sie in der „Kellernacht" geöffnet und romantisch illuminiert.

Bei der „Kellernacht" heute romantisch erleuchtet: Unterirdische Gewölbe in Weidenberg

Damals wurden diese Luftschutzräume auch einmal wirklich genutzt. Es war der Sonntag nach Ostern, der 8. April 1945. An diesem sg. „Weißen Sonntag“ wird in Weidenberg und vielen anderen Orten traditionell die Konfirmation gefeiert. Pfarrer REDENBACHER hat den Festgottesdienst für seine 47 Konfirmanden gerade beendet, als Fliegeralarm die Bevölkerung in die Schutzräume zwingt. Jeweils 20-30 Personen suchen zusammen mit Nachbarfamilien in diesen Gewölben Schutz, während zeitgleich Bomben auf Bayreuth fallen. Den verängstigten Kindern bleiben die bedrohlichen Eindrücke ihr Leben lang haften.

Auch die Weidenberger Feuerwehr wird an diesem Tag alarmiert. Ihre Feuerspritze wird zum Löscheinsatz nach Bayreuth gefahren. Die Flüchtlingsfamilie GILKA in Mittlernhammer hat die Zugmaschine von ihrem Gut Schwusen in Niederschlesien bei ihrer Flucht mitgebracht, ein französischer Kriegsgefangener steuert sie, acht Feuerwehrleute sind auf dem Spritzenwagen aufgesessen. Obwohl viele Männer der Bayreuther Feuerwehr fehlen, weil sie im Aufgebot des Volkssturms im Osten eingesetzt sind, müssen die Weidenberger Männer nicht mehr eingreifen.

Ihr Gefährt dient aber bei der abendlichen Heimfahrt als Möbel-Transportfahrzeug. Denn eine endlose Schlange von evakuierten Menschen und Fahrzeugen bewegt sich nach Einbrechen der Dunkelheit durch das Steinachtal, auf der Suche nach einer sicheren Zuflucht. Bei Helligkeit wäre eine solche Räumung nicht möglich gewesen; zu groß wäre die Gefahr gewesen, von Tieffliegern beschossen zu werden.

Bei diesem Bombenangriff auf Bayreuth ist auch das zentrale Lager für die Kleiderkammern des Reichsarbeitsdienstes RAD am Bayreuther Hauptbahnhof beschädigt worden. Der Inhalt, soweit er intakt ist, wird damals nach Weidenberg verlagert; überall, wo noch etwas Platz ist, in den Räumen der Firma DENNERT in der alten Porzellanfabrik in der Scherzen, in den inzwischen teilweise fertigen Baracken in der Stadelwiese, in Scheunen und anderen Räumen werden die umfangreichen Bestände eingelagert, die vor allem aus Bekleidung und Schuhen bestehen. Auch die Säle der Dorfwirtschaften in Untersteinach, Görschnitz und Mengersreuth dienen nun als Warenlager. In der „Stunde Null“ werden diese Kleiderlager ihre besondere „Nutzung“ durch plündernde russische Kriegsgefangene erleben.

Damit bei möglichen Brandbombenangriffen das Feuer möglichst wenig Nahrung findet, werden die Jungen und Mädchen von HJ und BdM angewiesen, auf den Dachböden der Häuser Kontrollen vorzunehmen.

Überall im Umkreis des Marktortes gräbt die Hitlerjugend Schützenlöcher für Abwehrkämpfe des Volkssturms, am Kulm, am Rand des Aurangens, am Rügersberger Hang usw.

5. Weidenberg in der „Stunde Null"

Widerstand gegen einen überlegenen Angreifer

Um Mitternacht am Rhein: Die Vorhut von General PATTON überquert von Westen (links) kommend am 22. März 1945 als Erste den Rhein.

Nicht nur in der Luft, sondern seit ihrer Landung in der Normandie am 6. Juni 1944 haben sich die Amerikaner auch zu Lande als überlegene Gegner gegenüber den vermeintlich unbesiegbaren Truppen Hitlers erwiesen. Während in Weidenberg die Einsichtigen längst heimlich über die Kapitulation ihres Ortes nachdenken, stellen sich die wenigen übrig gebliebenen fanatischen Hitlergläubigen die Frage, wie man gegen einem so starken Angreifer Widerstand leisten kann? Sie hatten ja Kunde davon, dass die Amerikaner unter General PATTON in der Nacht vom 22.-23. März 1945 im Handstreich mit kleinen Booten bei Nierstein erstmals den Rhein überquert hatten. Und nun, drei Wochen später, stehen sie schon mitten im Herzen Deutschlands. Nach den schweren Bombenangriffen vom 5.-11. April auf Bayreuth stehen sie unmittelbar vor der Festspielstadt.

Am selben 14. April, an dem sie dann Weidenberg besetzen, nehmen die US-Soldaten auch Bayreuth ein. Der deutsche Verteidiger der „Gauhauptstadt", Kampfkommandanten General AUGUST HAGL, hatte eine kampflose Übergabe abgelehnt. Daraufhin beschießen die Amerikaner mit Artillerie und Jagdbombern die Stadt. Die kostbare markgräfliche Eremitage wird dabei teilweise unwiederbringlich zerstört.

Ist das für die Unverbesserlichen in Weidenberg eine Lehre? Nach dem Befehl von HEINRICH HIMMLER sollte auch Weidenberg verteidigt werden. Man dürfe doch nicht den heldenhaft kämpfenden Soldaten an der Front nachstehen. – So wurden in den letzten Tagen auch im Marktort Panzersperren errichtet- Dazu schafften die Volkssturmmänner schwere Granitblöcke der Firma SCHILLER und Baumstämme aus dem LÖFFLER-Sägewerk heran. Bei den Preißingerhäusern am Bahnhof, der heutigen

Raiffeisenbank, bauten sie daraus eine Barrikade, in der unsinnigen Hoffnung, dass Panzer sie nicht überwinden könnten.

Auch an der Seybothenreuther Straße und am Nützel-Hügel in der Bayreuther Straße wurden Sperren vorbereitet. Sie wurden aber nicht geschlossen, da man den Angriff eigentlich nicht von Süden her, gleichzeitig mit Bayreuth, sondern vom unteren Steinachtal aus erwartet, also erst *nach* der Einnahme von Bayreuth. Den meisten Einwohnern ist aber ohnehin klar, wie zwecklos jeder Widerstand sein würde, er würde nur Tod und Zerstörung hervorbringen.

Trotzdem wird auch der Süden befestigt. Eingeteilte Bauern aus Lessau und Stockau helfen mit ihren Gespannen, die Rotmainbücke bei Neunkirchen zu sichern und bauen Sprengkammern ein. Man kann sich nicht vorstellen, dass Panzer den Roten Main dort durchfahren können, auch wenn er noch recht schmal ist. Schließlich sprengen deutsche Pioniere diese Brücke trotzdem.

Doch als sie dann am Tag des amerikanischen Vorstoßes die nahenden Panzerungetüme wirklich erstmals mit eigenen Augen sehen, geht ihnen nachträglich ein Licht auf: Der Fluss ist für den Vorstoß kein echtes Hindernis, die US-Panzer der amerikanischen Vorhut biegen einfach nach Norden ab und umgehen die Brücke. Sie fahren über Neunkirchen und Stockau im Bogen nach Lehen. Vom nahgelegenen Seybothenreuth stoßen sie dann direkt nach Weidenberg vor. Es ist bis dahin der östlichste Punkt ihrer „Operation Hammelburg".

Der Amerikaner kommt

Gefürchteter Kämpfer: US-General George PATTON 1944

Dieser Vorstoß geschieht am Samstag, dem 14. April 1945, drei Wochen nach der Rheinüberquerung der US-Soldaten und drei Wochen vor der deutschen Kapitulation. Er wird geleitet vom impulsiven Haudegen und kriegsverwundeten Veteranen des Ersten Weltkriegs, Generalleutnant GEORGE S. PATTON und durchgeführt von seiner Kampfeinheit, einem Teil des US-Cavalry-Regiments der 11. Panzerdivision der 3. Armee. PATTON ist der beliebteste und meist gefeierte General seit ULYSSES S. GRANT, dem Helden aus dem Bürgerkrieg.

Obwohl PATTON das eigentliche Ziel der „Operation Hammelburg", die Befreiung seines Schwiegersohns und etlicher gefangener Landsleute aus dem gleichnamigen Lager der Wehrmacht, im ersten Anlauf missglückt ist und er dabei etliche Männer verloren hat, so waren später doch viele der Meinung, dass seine Panzer den Krieg in Europa ganz allein gewonnen hätten.

Den Weidenbergern ist dabei kaum klar, in welch eine heikle Lage ihr Marktort in diesen Tagen gerät. Denn der amerikanische Vorstoß gilt als „Himmelfahrts-Kommando"; Pattons Einheiten haben keine Flankensicherung. Ihre Anführer rechnen zu jedem Zeitpunkt mit einem starken deutschen Gegenstoß. Auch in der Zivilbevölkerung machen Gerüchte von starken deutschen Verbänden im Fichtelgebirge die Runde. Sie würden schon in den nächsten Tagen einen Entlastungsangriff vornehmen und die Amerikaner zurückwerfen. Dies hätte in und um Weidenberg zu einem gewaltigen Scharmützel und Blutvergießen führen können.

Aus der gleichen Sorge vor einem starken deutschen Gegenstoß unterbricht die amerikanische Einheit dann in Weidenberg ihren weiteren Vorstoß. Sie bezieht für sechs Tage Quartier im Marktort und verstärkt in dieser Zeit ihre militärische Position. Weil auch PATTON eine SS-Einheit im Fichtelgebirgsraum vermutet, lässt er seine Männer mit größter Vorsicht die ganze Umgebung erkunden, vor allem in Richtung Frankenpfalz im Osten.

Wiederholt lassen die Amerikaner in diesen Tagen ihre Panzer und Geschütze auf der Bocksleite und dem Kulm Position beziehen und schießen mit ihrer Artillerie wahllos in die Wälder des Fichtelgebirges. Zu kurz liegende Feuerstöße schlagen auch in Mittlernhammer im RÖSLER-Anwesen und im Sägewerk FRÖBER ein und richten Zerstörungen an.

Ihre Sorge war nicht unbegründet. Im nahen Creußen, wo der fanatische Ortsgruppenleiter TABEL regiert, riskieren die Deutschen tatsächlich am 15. April einen Gegenangriff mit 50 modernen Panzern. Es kommt zu einigen verlustreichen Scharmützeln in den umliegenden Wäldern.

Nahe Gefahr: US-Spähfahrzeug auf der Autobahn bei Bayreuth im April 1945

Auch mit überraschenden Nestern des Volkssturms rechnen die Amerikaner. Hitlerjungen und Veteranen könnten mit ihren gefährlichen Panzerfäusten überall lauern und auf vordringende Panzerfahrzeuge schießen. Rücksichtslos schießen sie daher auf alles Verdächtige.

Wo ist und was tut der Ortsgruppenleiter?

Auch GEORG RUMLER gibt nach dem Krieg an, beim Volkssturm gewesen zu sein. Auf seinem Meldebogen trägt er am 29. November 1946 im Lager Hammelburg unter dem Pkt. 6 „Zugehörigkeit zur Wehrmacht u.ä." *„Volkssturm, kein Rang, ab 1944"* ein. Dagegen lesen wir in seinem Vernehmungsprotokoll zwei Jahre später *„Ohne Militärzeit".* Auch Zeitzeugen aus der nahen Verwandtschaft, die es eigentlich wissen müssten, zweifeln an Rumlers Teilnahme beim Volkssturm.

Nach Bormanns Weisung hätte RUMLER als Ortsgruppenleiter beim Weidenberger Volkssturm ja Führungsfunktion gehabt. Es sind aber, abgesehen von den Sicherungsarbeiten, keinerlei kämpfende Einsätze des Volkssturms in und um Weidenberg bekannt. Als am 14. April 1945 die Amerikaner anrücken, wird ihnen Weidenberg kampflos übergeben. Es kann also sein, dass RUMLER seine Teilnahme beim Volkssturm nur eingetragen hat, um nicht ganz als Feigling zu erscheinen, nachdem er zuvor selbst so viele Männer in den Krieg geschickt hat.

Ebenso rätselhaft ist eine nachträgliche Auskunft des Arbeitsamtes vom 15. August 1947, dass RUMLER *„Schwerbeschädigter der Versehrtenstufe III"* sei. RUMLER hat ja nie im Krieg gekämpft. Solche Stufen sah das Wehrmachtsfürsorge- und Versorgungsgesetz von 1938 eigentlich zur Bemessung von Rentenleistungen für kriegsbeschädigte Soldaten vor. Vielleicht hat es RUMLER verstanden, die nach dem Krieg in amerikanischer Internierung im Lager Hammelburg erlittenen gesundheitlichen Beeinträchtigungen als „Kriegsbeschädigung" eintragen zu lassen; es wäre ihm zuzutrauen.

Noch eine Zeugenaussage nach dem Krieg wirft Fragen zur Person und zur Tätigkeit Rumlers in den letzten Kriegstagen auf. In einem Prozess im November 1949, den die Mühlenbesitzerinnen LÖFFLER gegen ihren Pächter SEUSS wegen „Herausgabe" anstrengen, erscheint als Zeuge ein verheirateter Kaufmann HANS KÖDEL, geboren 1897; er gibt an, er habe „im Auftrag der Luftwaffenabteilung Weidenberg und als Bürgermeister von Weidenberg in den letzten Tagen des Krieges fünf Waggon Getreide" aus der Löfflermühle vor den heranrückenden Amerikanern „in Sicherheit bringen" sollen. Die Rechnung dafür bleibt unbezahlt. Es handelt sich also um einen Fall von Unterschlagung. Wer ist dafür verantwortlich?

Hier klafft eine historische Lücke. Man könnte fragen: Ist KÖDEL in diesen letzten Kriegstagen tatsächlich Bürgermeister gewesen, wie uns seine Worte annehmen lassen? Wer hat ihn dann eingesetzt? Im Adressbuch von 1939 ist JOHANN KÖDEL als Kaufmann verzeichnet, der am Untermarkt 149 wohnt; er versteckte das Getreide damals auf seinem Anwesen, das aber inzwischen von den Amerikanern besetzt war. Nachdem von einem Bürgermeisteramt Ködels nirgendwo sonst die Rede ist, handelt es sich wohl eher um eine ungeschickte Formulierung Ködels, der mit „als Bürgermeister" „des Bürgermeisters" meinte, nämlich RUMLER, welcher also wohl der Auftraggeber dieser „Sicherstellung" war.

Tatsächlich bleibt RUMLER bis zur Kapitulation Weidenbergs und sogar noch einige Tage darüber hinaus als Bürgermeister im Amt. Er wird erst beim Weiterziehen der Panzerverbände von den im Ort verbleibenden amerikanischen Ortsbeauftragten zunächst durch GEORG HAGEN und kurz darauf durch den politisch unbelasteten SPD-Gründer von 1907 HEINRICH SEILER ersetzt.

Auffallend erscheint aber, dass es nicht RUMLER als Bürgermeister oder ein anderer Parteifunktionär ist, der den Markt Weidenberg am 14. April 1945 an die Amerikaner übergibt. Vielmehr übernimmt dies sein Schwager, der Zahnarzt RUDOLF POPP. Er hat seit der Bombardierung Bayreuths in Weidenberg in seinem Elternhaus gegenüber dem Schloss Zuflucht gefunden. Nach Berichten geht er angeblich den anrückenden Panzersoldaten mit dem weißen Tuch in der Hand entgegen, ob im Auftrag Rumlers oder aus eigener Initiative, bleibt offen.

An sich wäre RUMLER nach dem „Führerprinzip" in dieser geschichtlichen Stunde alleinverantwortlich gewesen; es deutet vieles darauf hin, dass er den Marktort entsprechend der höheren Weisung mit der Waffe verteidigen wollte. Nach einer späteren Aussage seines schärfsten Kontrahenten SCHILLER soll er von der Rathaustreppe aus die Bevölkerung mit gezückter Pistole zum Durchhalten aufgerufen haben, das ist weiter unten noch zu untersuchen. Jedenfalls scheint, nach diesen Vorkommnissen zu urteilen, unter dem engeren Kreis der Weideberger Nazis wohl ein Zwiespalt geherrscht zu haben, ob man Himmlers Anweisung zum Widerstand befolgen oder vernünftigerweise kapitulieren sollte. Anscheinend hat sich aber damals die Fraktion der Vernünftigen ohne große Probleme durchgesetzt.

In dieser Stunde tritt jedenfalls noch einmal, aber nicht zum letzten Mal, Rumlers Fanatismus zutage, der zugleich mit Feigheit verknüpft ist. Wenn RUMLER seinen Schwager vorschiebt, kann er stets sagen, dass nicht er derjenige war, der kapituliert hat. So kann er notfalls die Schuld auf ihn schieben, falls die Nazis in Weidenberg doch noch einmal an die Macht kommen und die „Verräter" liquidieren wollen.

Das weiße Tuch haben viele geschwenkt

Nach anderer Version von Zeitzeugen sind außer dem Zahnarzt POPP noch zwei weitere Obermärkter an der Übergabe des Ortes beteiligt, der Elektromonteur KARL BAUER und der Landwirt WILHELM LANGENBUCHER. Diese drei hätten den auf ihren Panzern anrückenden US-Soldaten an diesem Samstag auf Englisch erklärt, dass der Ort nicht verteidigt würde.

Kriegsspuren: Panzer-MG-Einschläge am Apothekeneck

Das Tuch dieser drei Friedenssuchenden ist nicht das einzige Symbol der Übergabe an diesem Tag. Überall hängen plötzlich weiße Tücher aus den Häusern. Und sogar vom Kirchturm de St. Michaelskirche hängt ein weißes Laken herab, zum Zeichen, dass die Bevölkerung froh ist über das vorzeitige Ende von Hitlers Herrschaft über ihren Ort und über die Kapitulation ohne viel Blutvergießen.[120]

Berühmt geworden und oft erzählt ist insbesondere die Episode des „Kampfes" am Marktplatz. Deutsche Wachsoldaten, die 15 serbische Zwangsarbeiter beaufsichtigen sollen, sitzen nichtsahnend mit ihren Gefangenen in der Gastwirtschaft VOGEL und haben ihre Waffen und ihr Gepäck vor dem Lokal zusammengestellt, als der Kommandant des ersten heranrollenden Panzers die Gewehrpyramide sichtet. Eine kurze Salve des Panzer-MG setzt das Gepäck in Brand und hinterlässt in der Sandsteinfassade der alten Apotheke tiefe Absplitterungen, die einzigen sichtbaren Spuren, die der Krieg in Weidenberg hinterlassen hat.

Wohl eher als Aufschneiderei ist in diesem Zusammenhang eine Information zu betrachten, die noch ein spätes Heldentum beweisen soll. Danach habe angeblich ein Weidenberger Volkssturmmann mit feuerbereiter Panzerfaust hinter dem unteren Marktbrunnen gelauert. Das ist schon deshalb unwahrscheinlich, weil man ja den Vorstoß der Amerikaner gar nicht hier oben, sondern unten am Bahnhof erwartete.

Vom Unglück des 16-jährigen Hitlerjungen HANS RABENSTEIN wird oben im gleichnamigen Extrakapitel erzählt. Ihn begleitet die damals empfangene schwere Verwundung und der Schrecken sein Leben lang. Zum Glück bleibt aber die Zahl der sonstigen Opfer in diesen Tagen gering, ein Zeichen, dass bei den meisten damals doch die Vernunft regierte und nicht der Fanatismus.

---

[120] Weitere Informationen zu den wenigen tragischen Opfer in diesen Tagen und über weitere dramatische Geschehnisse finden sich insbesondere im Abschnitt *„Tragische Soldatenschicksale in den letzten Kriegstagen"* in der 3. Folge des Projektes „MYRTEN FÜR DORNEN – Der Anstreicher ..." ab S. 314.

Der Ortsgruppenleiter soll für Ruhe und Ordnung sorgen

Noch am Abend sucht der Kommandeur der amerikanischen Panzerspitze den Bürgermeister GEORG RUMLER in seiner Wohnung im Alten Schloss auf. Aus seinen bisherigen Erfahrungen beim Vorrücken in Deutschland kann dieser Offizier die Lage im Ort und die Befindlichkeit der Bürger ganz gut einschätzen. Die bunte Mischung aus Einwohnern und zwangsweisen Gästen ist in diesen Tagen durchaus brisant.

Unter den eigentlichen Ortsbewohnern rivalisieren inzwischen die Nazigegner mit den abgehalfterten Nazis. Daneben tummelt sich eine große Schar von Evakuierten aus den bombardierten Großstädten und Flüchtlingen aus dem Osten und macht den Hausbesitzern in den Wohnungen den Platz streitig. Es gibt gestrandete Kinder aus der Kinderlandverschickung, von denen manche verwaist sind, und Verletzte oder Ausgebombte aus den Bombenangriffen aus Bayreuth.

Vor allem aber pochen nun plötzlich die vielen Kriegsgefangenen und Zwangsarbeiter am Ort auf ihre Freiheit. Sie waren bisher von Deutschen bewacht worden. An anderen Orten haben diese Fremden schon Plünderungen und Willkürakte gegenüber den Deutschen verübt. Chaos muss also vermieden werden.

Daneben erheben die amerikanischen Offiziere auf jeden Fall Anspruch auf Unterbringung in standesgemäßen Privathäusern, obwohl auch da schon alles überquillt.

Wichtigstes Ziel der Sieger ist also erst einmal die Durchsetzung von Ruhe und Ordnung. Ausgehverbote bei Tag und Nacht sollen Unruhe und Chaos verhindern. Sie werden strikt überwacht. Nur stundenweise dürfen die Einwohner die Häuser verlassen, um einzukaufen oder das Notwendigste zu erledigen.

Fraternisierung am Armeezelt: Weidenberger Kinder und Familien besuchen die Amerikaner (Foto: MARIANNE SCHÜTZ)

Bürgermeister RUMLER darf sein Amt in diesen Tagen zunächst weiterführen, obwohl er als oberster örtliche Nazifunktionär zu den Verdächtigen gehört; gravierende Untaten aus seiner Zeit als Ortsgruppenleiter sind zu der Zeit den Amerikanern aber noch nicht bekannt. RUMLER soll als Mittler zur Bevölkerung fungieren und auch Hilfestellung für die Logistik der Amerikaner leisten. Sie müssen untergebracht und versorgt werden. Das bedeutet, dass viele Häuser und Geschäfte geräumt werden müssen. Am Obermarkt ist die Bäckerei Ponater der einzige Backbetrieb, der in diesen Tagen ungehindert geöffnet bleiben kann.

Auch in der Apotheke läuft der Geschäftsbetrieb weiter. Aber in den oberen Stockwerken richten die Amerikaner einen ganz besonderen Treffpunkt ein, dessen Zweck sich bald herumspricht. Junge Frauen, die als Evakuierte oder Flüchtlinge in Weidenberg Aufnahme gefunden haben, nutzen trotz geringer Sprachkenntnisse die Gunst der Stunde. Ihr "Ai laaf ju", das sie als einzigen englischen Satz den Siegern auf den Panzern bei ihrem Einzug entgegenflöten, wird von den Soldaten zunächst erstaunt angehört, dann aber reichlich mit Zigaretten und Schokolade belohnt. Von dem Tag an haben diese „Frollein" keine materielle Not mehr. Mit ihren starken neuen Freunden im Rücken fühlen sie sich nun selbst als Sieger und führen sich in den Weidenberger Häusern auch oft so auf. Sie sind die gern aufgesuchten Stars dieser Tage mit einem riesigen Freundeskreis unter den fremden Soldaten. Ihr „I love you" wird wortwörtlich verstanden und als Angebot gern genutzt.

Die einfacheren Soldatendienstgrade hausen in Armeezelten. Diese Plätze entwickeln sich vor allem für die Weidenberger Kinder zu abenteuerlichen Treffpunkten mit den Siegern; mit Bonbons und Schokolade bepackt und ein paar neuen Worten in ihrem Sprachschatz kommen sie stolz heim.

Faschingskleidung im April?

Noch am gleichen Abend lässt RUMLER durch den Gemeindediener, den Altnazi HANS FREYTAG, der eben vom Krieg heimgekehrt ist, die Ausgangssperre bekannt gegeben; mit der Gemeindeglocke in der Hand geht er rufend durch die Straße.

Verbrüderungsszenen spielen sich ab zwischen den freigelassenen kriegsgefangenen Franzosen, Sowjetrussen und Tschechen auf der einen und den Amerikanern auf der anderen Seite. Viele machen sich über die von Bayreuth ausgelagerten Vorratslager des Arbeitsdienstes her. Auch Einheimische verlieren alle Hemmungen und raffen zusammen, was sie erhaschen können. Dabei spielen sich mancherorts groteske Szenen ab, welche die Ortsbürger erheitern oder auch erschrecken.

So stellen sich bei diesem Kleiderlager auch die über 300 russischen Kriegsgefangenen ein, die vorübergehend in der Scheune bei WILL am Obermarkt einquartiert sind; auch sie wollen sich aus den Kleiderlagern verständlicherweise mit Zivilkleidung versorgen. Viele tragen noch ihre abgewetzte Uniform, oft auf dem Rücken versehen mit den großen Buchstaben „SU" für ihr Herkunftsland; andere haben gestreifte Häftlingskleidung, Alle wollen ihr auffälliges Äußeres ändern. Doch es ist nicht mehr genügend Männerbekleidung da. So bedienen sie sich fröhlich bei den Frauensachen. Sie finden gar nichts Anstößiges dabei, sich anschließend in den Blusen und Kleidern der Reichsarbeitsdienstfrauen auch in der Öffentlichkeit zu zeigen.

Manche Weidenberger Zeitzeugen empfinden diesen Akt der Not als einen verspäteten Faschingsscherz. Aber auch ein Weidenberger Bürger erscheint anderntags wieder beim Verwalter der Kleiderlager. Er hat beim hastigen Plündern sieben linke Schuhe erwischt. Nun sucht der die dazu passenden rechten Exemplare.

Gezeichnet: Sowjetische Kriegsgefangene (Bild: Privatarchiv Joseph D. Karr USA)

Unnötige Opfer

Obwohl wegen der Ausgangssperre bald Ruhe einkehrt, kann in dieser ersten Nacht unter neuer Herrschaft niemand wirklich fest schlafen. Alle erwarten erregt den neuen Tag, einen Sonntag. Schon am Samstag hatte sonniges Frühlingswetter die aufgewühlten Gemüter aufgehellt. Der ganze April war eigentlich deutlich zu warm gewesen und hatte insbesondere die Kinder vergessen lassen, dass Krieg ist. Es würden weiterhin schöne Tage kommen, befreiend auch für die Seele mancher Bedrängter, aber auch belastend für die vielen Deutschen, für die der Krieg noch drei Wochen weitergeht.

An diesem Sonntag werden britische Truppen die Menschen im deutschen Konzentrationslager Bergen-Belsen in der Lüneburger Heide befreien, während zugleich in den Konzentrationslagern Sachsenhausen und Ravensbrück 50.000 Häftlinge von den SS-Wachmannschaften evakuiert und auf einen ungewissen Marsch nach Westen geschickt werden.

In der Nacht zu diesem Sonntag sind in der Luft über 700 britische Bombenflugzeuge im Anflug auf Berlin und zerstören die historische Altstadt von Potsdam.

In der Morgenfrühe dieses Feiertages erschüttert eine gewaltige Explosion die Stille in Weidenberg. Sie reißt viele aus dem Schlaf. Nichts ahnend war die Besatzung eines Werkstattwagens der deutschen Wehrmacht von Fischbach kommend bei Sankt Stephan auf einen dort sichernden US Panzer gestoßen.

Als einer der Soldaten aus dem Fahrzeug aussteigt und mit gezückter Pistole auf

Aus dem Fichtelgebirge wurde ein Gegenstoß erwartet:
US-Panzer bei der Sicherung im nahen Tressau

die Panzerbesatzung zugeht, eröffnet diese mit ihrem schweren Maschinengewehr sofort das Feuer. Die Sauerstoffflaschen auf der Ladefläche des LKW explodieren mit ungeheurer Wucht. Metallteile fliegen bis hinauf zum Obermarkt. Der Fahrer, der junge 21 jährige ALFONS BACH aus Kleindürkowitz, Kreis Ratibor, kommt zu Tode; sein Beifahrer, der 27 jährige Feldwebel HANS KÖPP aus Berlin, erleidet schwerste Verwundungen. Obwohl er gleich bei Dr. MÜLLER operiert wird, stirbt auch er an diesem Sonntag.

Obwohl also eigentlich jedem klar sein müsste, dass weiterer Widerstand zwecklos ist, haben einige den Ernst der Lage immer noch nicht begriffen. Zu diesen gehört auch der Ortsgruppenleiter RUMLER, den die Amerikaner zunächst noch verschont haben. Sie haben ihn sogar vertrauensvoll zu ihrem Mittelsmann gemacht. Doch RUMLER dankt ihnen das nicht. Es kommt zu einem Zwischenfall, der in dieser Situation eigentlich unfassbar ist.

Eine fanatische Rede noch nach Einzug der Amerikaner

Über dieses verblüffende Ereignis berichtet Rumlers Kontrahent und erster frei gewählter Nachkriegsbürgermeister CHRISTIAN SCHILLER. In einem Brief vom 26. August 1946, der über den Landrat an die Leitung des Lagers Hammelburg geht, mit Abdruck an die Spruchkammer Bayreuth-Land, beschreibt er RUMLER als einen Fanatiker, der bis zuletzt nichts gelernt hat:

„Rumler hat selbst nach dem Einmarsch der Amerikaner, zu einer Zeit also, wo auch der Verblendeteste den Krieg als verlorene Tatsache angesehen hat, an die Bevölkerung von Weidenberg noch eine, wenn auch die letzte öffentliche Ansprache gehalten und aufgefordert, es möge sich jeder so verhalten, dass er später wieder, wenn der Feind vertrieben ist, mit gutem Gewissen die Hand zum deutschen Gruß erheben kann, da nach seiner felsenfesten Überzeugung der Krieg noch lange nicht verloren ist. Die Militärregierung konnte aufgrund der gegebenen Tatsachen im Interesse von Ruhe

und Ordnung und zur Aufrechterhaltung der öffentlichen Sicherheit nur die sofortige Verhaftung anordnen und durchführen."

Zeitzeugen bestätigen diese Durchhalte-Rede. Nach ihren Aussagen soll RUMLER sie mit gezückter Pistole auf der Rathaustreppe gehalten haben. Der Wahrheitsgehalt dieses wirkungsvollen Berichts, der ein bezeichnendes Licht auf die Haltung Rumlers als Ortsgruppenleiter werfen soll, wird von anderen Zeitzeugen allerdings infrage gestellt. Wo hätte diese Rede stattgefunden haben sollen, so wird gefragt, etwa auf der Treppe vor dem Schulgebäude von 1910 am Obermarkt? Hier war zu der Zeit noch nicht das gegenwärtige Rathaus, sondern die Volksschule untergebracht; die Kinder hatten aber in diesen letzten Kriegstagen schulfrei. Statt der Erteilung von Unterricht wurden hier kranke und verletzte Bombenflüchtlinge aus Bayreuth versorgt.

Andererseits, das eigentliche „alte" Rathaus war zu dieser Zeit noch in dem historischen Gebäude weiter oben am Gurtstein untergebracht; es war belegt mit Flüchtlingen und Evakuierten. Diese Rathaustreppe liegt auf der Rückseite etwas versteckt. Sie wäre wohl kaum ein geeigneter Ort für wirksame Publikumsreden gewesen. Auch der Vorhof am Schloss, Rumlers Residenz, hätte sich schlecht geeignet.

Bliebe höchstens noch die von den Nazis gern für ihre Reden genutzte „Kanzel" am Treppenaufgang des Gasthauses VOGEL am Obermarkt. Sie wäre als Ort für Rumlers letzte öffentlichen Worte als Parteifunktionär durchaus vorstellbar.

Andererseits, ist so ein demonstrativer öffentlicher Auftritt in Anwesenheit der Besatzungsmacht eigentlich überhaupt vorstellbar? Und ist das wirklich möglich, dass er dabei eine Waffe trägt; haben die Amerikaner die Waffen aus Sicherheitsgründen nicht schon längst konfisziert? Könnte mit dieser Rede stattdessen vielleicht auch eine Bekanntmachung über Ruhe und Ordnung gemeint sein, zu der RUMLER durch die Amerikaner in diesen Tagen mehrfach veranlasst wurde?

Demgegenüber muss man bedenken, welche Blamage es für SCHILLER als Bürgermeisterkandidat und nunmehr „öffentliche Person" zur Zeit seines Schreibens 1946 gewesen wäre, wenn er vielleicht mit falschen Nachreden versucht hätte, seinen NS-Vorgänger zu diskriminieren. Es gab ja genug Bürger, auch ehemalige Nazis und Freunde Rumlers, die die beschriebene Szene miterlebt haben. Und auch für RUMLER selbst, der später mehrfach als Zeuge in den Spruchkammerverfahren gegen SCHILLER angehört wurde, wäre es ein geradezu gefundenes Fressen gewesen, wenn er seinen Rivalen SCHILLER der Lüge und üblen Nachrede hätte überführen können. So muss man davon ausgehen, dass Schillers Bericht der Wahrheit entspricht: ein Nazi-Ortsgruppenleiter, der noch in der Gegenwart der Amerikaner öffentliche Durchhalteparolen verkündet!

Auch wenn es über den tatsächlichen Wortlaut der Rede keine weiteren Belege

Denkwürdige Durchhalterede des Ortsgruppenleiters: Schulhaustreppe am Obermarkt (Foto MARIANNE SCHÜTZ um 1944)

gibt, so bestätigt doch der Bericht eines weiteren Zeitzeugen, dessen Name Weidenbergs rühriger Chronist ADAM KIEẞLING überliefert hat, Rumlers spektakulären Auftritt und macht uns darüber sogar eine genaue Zeit- und Ortsangabe. Danach kann sich der Zeitzeuge, HANS ZAPF, deshalb so gut an diesen Vorgang erinnern, weil er selbst sich damals gern mit einem zukunftsweisenden Vorschlag in das Gedächtnis der Marktgemeinde eingeschrieben hätte.

Er hatte sich nämlich schon länger mit dem Vorschlag an Bürgermeister RUMLER gewandt, Weidenberg, dessen Häuser bis dahin nur nach ihrem Baudatum fortlaufend durchnummeriert worden waren, doch endlich mit Straßennamen und Hausnummern zu versehen, war aber von RUMLER vertröstet worden: *„Das werden wir einmal machen, wenn es einen besonderen Anlass gibt".* Nun, an diesem Sonntag, am Tag nach dem Einmarsch der Amerikaner, sieht ZAPF diesen „besonderen Anlass" gegeben.

ZAPF berichtet:

„Am Sonntag, dem 15. April 1945, hielt der noch als Bürgermeister amtierende Georg Rumler seine denkwürdige Ansprache an die Bevölkerung auf der großen Treppe des damaligen Schulhauses." Als RUMLER mit seiner Rede fertig gewesen sei, sei ZAPF zum Bürgermeister hinauf auf die Treppe gestiegen und habe gesagt: *„Herr Borchamaster, etzat is doch a besonderer Onloß, etzat könnt ma doch die Stroßnschilder onbrenga loßn!!!"* GEORG RUMLER habe ihn mit großen dunklen Augen angeschaut und gesagt: *„Du dummer Bu, ich hob jetzt on wos andersch za denken, als wie on deine Stroßnschilder!!"*

Zapfs Ausdrucksweise, nach der RUMLER „seine denkwürdige Ansprache an die Bevölkerung" hielt, setzt voraus, dass er der Meinung ist, dass jeder Weidenberger Bürger diese Ansprache kennt und dass über den Inhalt auch diskutiert wurde. Insofern bekräftigt auch er Schillers Angaben. Zum anderen werden zwei weitere verblüffende Sachverhalte bestätigt, einmal, dass das Ereignis stattfindet, *nachdem* die Amerikaner bereits in den Marktort eingezogen sind, und zum anderen, dass RUMLER diese Rede tatsächlich von der Treppe der damaligen Schule, also des heutigen Rathauses, herab hält.

Der Fanatismus dieser unglaublichen Rede dürfte auch der tatsächliche Anlass gewesen sein, warum die Amerikaner dann RUMLER nach wenigen Tagen absetzten und ihn, nachdem sie Kenntnis von weiteren Details aus seiner Parteivergangenheit und seinem Wirken als Ortsgruppenleiter erhalten hatten, förmlich verhafteten und in das inzwischen durch amerikanische Truppen eingenommene Sammellager für Nazi-Amtsträger nach Hammelburg schafften. Auch dass RUMLER bei der Rede tatsächlich noch seine Pistole trug, ist nicht ganz unwahrscheinlich; denn zu diesem frühen Zeitpunkt fungierte er ja noch als „Hoheitsträger" der Nationalsozialisten und Mittler für die Amerikaner.

Warum heute Fotos von damals fehlen

An diesem und den folgenden Tagen müssen die Weidenberger alle ihre Waffen, Radios, Fotoapparate und Ferngläser abliefern, also alles, was für die Weiterexistenz des Naziregimes in irgendeiner Weise nützlich sein könnte. Das trifft viele Besitzer schmerzlich, befinden sich darunter doch unersetzliche Erinnerungs- und Sammlerstücke. Vor dem Bürgermeisteramt, im Hof des Alten Schlosses, lagert ein Berg dieses wertvollen Gutes.

Die US-Soldaten werfen alles auf die inzwischen eingetroffenen Lastwagen und schaffen es hinauf an den höchsten Punkt der Straße nach Seybothenreuth beim Kreuzstein, dort verbrennen sie den Haufen und vergraben die Reste. Auch eine ganze Lastwagenladung voll Uniformen, die die Organisation Todt im Hofe der Gastwirtschaft WILL stehen ließ, wird an gleicher Stelle verbrannt. Erst lange nach dem Krieg wird bei Straßenbauarbeiten zufällig die Brandstelle wiederentdeckt; dort werden auch Reste von Waffen identifiziert.

Der Versuch mancher Einwohner, das eine oder andere vor diesen Zugriffen zu retten, indem sie es damals vergraben oder auf andere Art zu verbergen versuchen, verläuft oft enttäuschend; die Sachen sind nachher meist verdorben.

Umso überraschender, dass doch einige Dokumente und Fotos aus der Nazizeit erhalten geblieben sind, wie die entsprechenden Folgen des Projektes „MYRTEN FÜR DORNEN" immer wieder bezeugen. Da es damals bei Strafe verboten war, solche Erinnerungsstücke zu behalten, kann man fragen, was Menschen damals bewogen hat, sich dieser Anordnung zu widersetzen. War es Fanatismus oder Trotz oder einfach ein Hängen an Erinnerungen, die das eigene Leben betrafen?

Den hungrigen Feind speisen

An diesem Sonntag nutzen auch die unbeaufsichtigten Kriegsgefangenen ihre Freiheit, um sich nun, angetan mit den tags zuvor erbeuteten Kleidern, mit Nahrung zu versorgen.

Die 18-jährige FRIEDA PONATER erlebt mit, wie „diese armen hungrigen Menschen" nach ihrer Befreiung zunächst einmal Ponaters Bäckerladen leerräumen. Der Vater HANS PONATER, ein herzlicher Nazigegner, war bereits 1944 gestorben. Im elterlichen Laden arbeitete zu dieser Zeit ein tschechischer Zwangsarbeiter. In den Jahren zuvor hatte ein französischer Kriegsgefangener hier mitgearbeitet.
Die Kinder waren in der Küche und schauten neugierig durch das Glasfenster in der Tür und durch die offene Ladentür in den Laden: Die „Russen" stürzen in einem großen Pulk herein, die Mutter flieht voll Angst und Zittern in die Ecke, die Kinder haben große Angst um sie. Doch nachdem die Eindringlinge alles Gebäck mitgenommen haben, ist Ruhe. Letztendlich sind sich alle Deutschen im Laden einig, dass sie diesen Menschen die spontane Mahlzeit im Bäckerladen gönnen. Offenbar wussten alle in Weidenberg, dass die Kriegsgefangenen schlecht versorgt waren, man sah es diesen Elendsgestalten ja auch an.

Doch die Gruppe der Russen ist groß und der Hunger noch nicht restlos gestillt. Nachdem sie nun die öffentlichen Lager und Läden leergeräumt haben, versuchen sie nun, von Haus zu Haus gehend an Lebensmittel zu gelangen oder sie gegen anderes Beutegut einzutauschen. Manche Einwohner sind verängstigt, andere, wie vorher schon die Ponaters, spüren die tatsächliche Not hinter diesem unbeherrschten Gebaren und geben den Hilfesuchenden freiwillig etwas zu essen.

Die damals 11-jährige KUNI WILL erinnert sich, dass die Russen damals in der Scheune ihres späteren Ehemanns, des Kleinbauern KARL WILL, an der Alten Bayreuther Straße übernachteten. Ihre Eltern, die ebenfalls kleinbäuerliche Familie RHAU, wohnt damals in einem der ältesten Häuser Weidenbergs, dem jetzigen Militärmuseum, am Anfang der Bayreuther Straße. Auch sie haben nicht allzu viel, vier Kühe und zwei Jungtiere.

Essenkochen für kriegsgefangene Russen: KUNI RHAU mit ihren Brüdern MICHAEL und GEORG vor Weidenbergs ältestem Wohnhaus, um 1940 (Montage)

Sie heizen ihren Waschkessel an, in dem sie zuvor in diesen ärmlichen Zeiten für die Bevölkerung schon Zuckerrübensirup gekocht haben. Für die hungrigen Russen bereiten sie hier nun aus Rangesrüben eine Suppe. Die befreiten Russen sind so ausgehungert, dass sie auch mit diesem kargen Mahl zufrieden sind. Befriedigt sieht KUNI zu, wie ihre Gäste alles im Nu verschlingen. Als Dank und Abschiedsgruß schnitzten diese Sowjetsoldaten für die Kinder kleine Holzfiguren.

Die Amerikaner sammeln dann diese ausländischen Gefangenen ein, um sie heimzuschicken. Doch viele wollen gar nicht heim. Sie befürchten, als Kollaborateure und Sympathisanten des Gegners bezichtigt zu werden. Der damals grausam herrschende Diktator JOSEF STALIN hatte mit dieser Drohung den Durchhaltewillen seiner Soldaten steigern wollen. Nun herrschte berechtigte Angst vor einem ungewissen Schicksal.

6. Der Neustart nach der Kapitulation 1945 in Weidenberg

Die ersten neuen Bürgermeister unter amerikanischer Zivilverwaltung

Nach einer Woche rücken die amerikanischen Kampftruppen nach Osten weiter vor und werden durch Besatzungseinheiten ersetzt. Auch mit diesen freundlichen Fremden kommen die Kinder rasch in Kontakt. Sie dürfen auch mal auf die Armeelastwagen aufsteigen. Für sie ist Krieg und Besatzungszeit ein großes Abenteuer.

Der Abmarsch von Pattons Soldaten war so plötzlich erfolgt, dass nach Zeitzeugenberichten die Soldaten den kochenden Kakao auf den Herden und auch sonstige Vorräte zurückgelassen haben. Die Weidenberger Familien, die für die Einquartierung der Soldaten ihre Häuser hatten verlassen müssen, freuen sich aber, dass sie nun zurückkehren können. Nur einzelne Häuser bleiben weiter von Amerikanern besetzt. Der Schaden in ihren Wohnungen hält sich im Allgemeinen in Grenzen.

Von der Besatzungsmacht wird nun der Aufbau einer Zivilverwaltung angeordnet; sie muss den scharfen Richtlinien der Militärregierung entsprechen. Im Hintergrund steht das ehrgeizige Ziel der Amerikaner, die Deutschen vom Wahn des Nationalsozialismus für immer zu heilen. Die bald anlaufenden Spruchkammerverfahren sollen diesen Erziehungsprozess versachlichen und in deutsche Hände geben, sie werden aber allzu gern für gegenseitige Intrigen und Revanchen

Wie ein großes Abenteuer: Weidenberger Buben auf US-LKW (Foto: Marianne Schütz 1945)

missbraucht, so auch in Weidenberg.[121]

Bürgermeister RUMLER ist inzwischen mehrfach vom Counter Intelligence Service CIC, der amerikanischen Gegenspionage, abgeholt und eingehend verhört worden. Er muss binnen 10 Tagen seine Wohnung und Amtsräume im Alten Schloss endgültig verlassen.

An seiner Stelle wird zunächst kommissarisch der Maschinenschlosser und spätere Bürgermeister GEORG HAGEN berufen. Seine Schwiegertochter kann als kompetente Sprachdolmetscherin hilfreich zur Wiederherstellung geordneter Verhältnisse beitragen. Doch HAGEN darf kaum mehr als einen Monat amtieren, denn auch er gehört wegen seiner NS-Vergangenheit zu den politisch Belasteten.

Noch vor Kriegsende tauchen zahlreiche Weidenberger, die offiziell noch als Soldaten eingezogen waren, plötzlich in Zivil wieder auf. Die bedingungslose Kapitulation am 8. Mai 1945 bringt dann endlich die Waffenruhe für ganz Deutschland. Nach und nach, zum Teil erst nach Jahren, kehren auch die anderen Weidenberger Männer, die den Krieg überlebt haben, aus der Kriegsgefangenschaft im Ausland oder aus Internierungslagern in Deutschland wieder zurück. Aber insgesamt 177 Männer sind in diesem Krieg als gefallen oder vermisst gemeldet.

Gern hätten die Amerikaner Anfang Juni 1945 an Rumlers Stelle den unbelasteten, früheren Bürgermeister GEORG KETTEL wieder eingesetzt, der, wie in der dritten Folge des Projektes „MYRTEN FÜR DORNEN" gezeigt[122], seit seiner Wahl 1928 bis zum gewaltsamen Ende der demokratisch gewählten Bürgerschaft im Mai 1933 amtiert hatte; doch KETTEL, inzwischen fast 70-jährig, lehnt aus Gesundheitsgründen ab.

Die Amerikaner ersetzen HAGEN am 1. Juni 1945, wie oben schon gesagt, durch den unbelasteten, aber glücklosen Schuhmachermeister HEINRICH SEILER. Im Januar 1946 erfolgt dessen Amtsbestätigung in der ersten Bürgermeisterwahl, an der alle wahlfähigen Bürger teilnehmen dürfen; wenn man so will, ist diese Wahl Seilers die erste „demokratische Bürgermeisterwahl" in Weidenberg nach dem Zweiten Weltkrieg, sie soll mithelfen, geordnete demokratische Verhältnisse herbeizuführen. Doch der Gemeinderat, der zusammengesetzt ist aus einer bunten Mischung von alten Seilschaften, Sozialdemokraten, Leuten der eben gegründeten CSU und Unparteiischen, setzt diesen honorigen Mann bereits acht Monate später „wegen Unfähigkeit" einmütig wieder ab. Er beruft an seiner Stelle CHRISTIAN SCHILLER, der bis dahin

---

[121] Vergl. hierzu und zum Folgenden das Kapitel *„Mit Ost-Spionen und alten Seilschaften zum neuen Aufbruch? - Der holperige Neustart der Parteien-Demokratie in Weidenberg"* weiter unten in dieser vorliegenden Folge des Projektes „MYRTEN FÜR DORNEN".

[122] Vergl. in der Folge *„Der Anstreicher und seine Lehrjungen"* den Abschnitt *„Weidenbergs letzter frei gewählter Gemeinderat"*, S. 150 ff.

als Zweiter Bürgermeister fungierte.

SCHILLER gewinnt die für Oktober 1946 angesetzte Bürgermeisterwahl. Er sieht sich aber seit November 1947 einer heimtückischen Intrige ausgesetzt, welche die im Herbst 1945 gegründete CSU im Verbund mit RUMLER gegen ihn vor der Spruchkammer führt; während dieser Zeit muss er auf Weisung des Landrates sein Amt ruhen lassen und verzichtet deshalb auf eine Wiederwahl.

Erst, nachdem HAGEN selbst eine Entnazifizierung durchlaufen hat, kann er sich einer demokratischen Wahl stellen; er wird dann in der Wahl im Mai 1948 zum dritten demokratisch gewählten Nachkriegs-Bürgermeister nach HEINRICH SEILER und CHRISTIAN SCHILLER auserkoren.

Des Ortsgruppenleiters weitere „heroische Feldzüge" für die Naziideale

Der ehemalige Ortsgruppenleiter RUMLER wird nach seiner Verhaftung am 16. Juli 1945 auf Anordnung der Militärregierung für zwei Jahre ins Internierungslager der Amerikaner, in „Camp Clark", nach Hammelburg gebracht. Dort hatte HITLER vorher prominente kriegsgefangene Gegner Deutschlands, darunter auch den Schwiegersohn des amerikanischen Generals PATTON, untergebracht.

Zusammen mit 6.000 weiteren gefangenen Deutschen muss er sich, bewacht durch den CIC, selbst um seine Versorgung mit Lebensmitteln kümmern. Die Inhaftierten dürfen bei Arbeitseinsätzen auf den Feldern ihre eigenen Kartoffeln anbauen. Auch die Caritas hilft mit bei der Versorgung.

Für zwei Jahre im „Camp Clarke":
Erziehungslager für unbelehrbare Nazis

Rumlers Frau, die erschüttert ist, ihren stolzen Helden nun hinter Stacheldraht zu sehen, bringt ihm bei ihren Besuchen Kleidung, Nahrungsmittel und die neuesten Informationen aus dem Ortsgeschehen mit; auch die Verwandten schicken ihm Lebensmittelpakete.
Auch wenn ihm die Haftbedingungen gesundheitlich zusetzen, pflegt RUMLER doch in dieser Zeit regen Kontakt auch mit Bürgern seiner Heimatgemeinde. Er hat sich im Lager gegen Unterschrift eine Schreibmaschine geliehen und versucht mündlich und schriftlich alles, um weiter seinen alten Rivalen CHRISTIAN SCHILLER zu bekämpfen und sich selbst in ein möglichst gutes Licht zu rücken. Seine Meinung über die eigene Nazivergangenheit gibt er gern vollmundig zum Besten:

„Ich habe den Nationalsozialismus für das Anständigste vom Anständigen erhalten, was andere draus gemacht haben, dafür bin ich nicht verantwortlich."

Trotz seiner Haft ist RUMLER persönlich in dieser Zeit wohl viermal auch zu Heimaturlauben in Weidenberg. Er nutzt diese Anwesenheit, um Spuren der Naziherrschaft zu beseitigen und kompromittierendes Material aus dieser Zeit in Sicherheit zu bringen, kein Wunder also, dass heute das Marktarchiv über die Jahre der Hitlerherrschaft von bedrückender Leere ist.

Tief bekümmert von der Niederlage Deutschlands und dem Untergang Hitlers und der Nazis, sucht RUMLER die Schuld einzig bei den Gegnern des Nationalsozialismus und will den Kampf als einsamer Heros nach seiner Haftentlassung fortsetzen. Er will nicht wahrhaben, dass Leute wie er dazu beigetragen haben, dass Hitlers Diktatur sich durchsetzen konnte, die Deutschland in den Untergang stürzte. So teilt er seiner Frau, dem „Mädel", am 31. März 1947 in einem erhalten gebliebenen Brief seinen Kampfplan mit, der offenbar bewusst an Hitlers „MEIN KAMPF" erinnern soll, und macht sie zu seiner Bundesgenossin:

„Ich habe mich nach langer Überlegung nunmehr entschlossen, wenn ich entlassen bin, mich für einen ***heroischen Kampf gegen alles Unsaubere, Gemeine und Niederträchtige ohne Ansehung der Person*** *einzusetzen und will dabei meine nur zu gut bekannte Gutmütigkeit ein für alle Mal ablegen. Ein Großteil der Menschheit ist wirklich nicht wert, dass man für sie kämpft und opfert, sondern dass man nur gegen sie ist."*

Rumler nutzt einen gefeuerten Treuhänder für seinen Racheplan

Während seiner Heimaturlaube beginnt RUMLER seinen geplanten Kampf:

Er manipuliert und versteckt die kompromittierenden Listen, auf denen alle örtlichen Parteimitglieder verzeichnet sind.

Er unterstützt seine alten Freunde moralisch oder mit entsprechenden entlastenden Erklärungen vor den Spruchkammern, soweit sie noch von ihm wissen wollen, und erwartet seinerseits von ihnen entlastende Erklärungen, andernfalls setzt er sie unter Druck.

Und er versucht, Bürger zur Parteinahme für sich selbst und zur politischen Agitation gegen den von der SPD aufgestellten Bürgermeister CHRISTIAN SCHILLER zu überreden. Die Parteigründungen von SPD und CSU im Herbst 1945 und ihre Suche nach Profilierung kommen dabei seinem Rachebedürfnis entgegen. So findet er in den Reihen der jungen CSU interessierte Akteure, die sein Anliegen unterstützen.

Inzwischen hat CHRISTIAN SCHILLER, dieser größte und für den Ort wichtigste Fabrikant und Arbeitgeber nicht nur seinen großen Granitbetrieb wieder zum Laufen gebracht, sondern mischt sich als SPD-Kandidat um das Bürgermeisteramt von der ersten Minute an in die Ortspolitik ein. Dabei pflegt er geschickt seine Kontakte zur Besatzungsmacht und zu den neu emporkommenden Entscheidungsträgern im Landkreis. Das erweckt den Neid und Widerstand seiner Gegner, die sich Rumlers alten Kampf mit Leidenschaft und Ausdauer zu eigen machen.

Die CSU, die sich, zur gleichen Zeit wie die wiedergegründete SPD, im Herbst 1945 nicht nur auf Landesebene, sondern auch auf Ortsebene in Weidenberg gegründet hat, steht zu dieser Zeit unter Federführung ihres ersten Vorsitzenden, des undurchsichtigen Leipziger Kaufmanns ARNO WASSERZIEHR. In ihm hat SCHILLER einen ganz unerbittlichen Gegner.

Nach dem Zweiten Weltkrieg unter Treuhänderleitung wiedereröffnet: Granitwerke SCHILLER in der Weidenberger Bahnhofstraße

WASSERZIEHR war anfangs als „Treuhänder“ bei der Firma SCHILLER eingesetzt, aber schon bald wieder wegen Unfähigkeit entlassen worden. Solche „Treuhänder“ hatten die Amerikaner anfangs bei Firmen von politisch belasteten Inhabern eingesetzt. Denn allen belasteten Chefs bis Stufe IV war nach dem „Befreiungsgesetz“ die Führung ihres Geschäftes bzw. die Ausübung ihres erlernten Berufes für die Zeitdauer ihrer „Bewährung“ verboten. Darüber hinaus mussten sie finanzielle Sühneleistungen für den Wiedergutmachungsfond erbringen. Aus diesem Fond erhielten z.B. auch Flüchtlinge und Heimatvertriebene, die inzwischen in Weidenberg ansässig geworden waren, Ausgleichszahlungen.
Kein Wunder, dass Spannungen im Ort vorprogrammiert waren. Auch wurden unzufriedene Flüchtlinge für persönliche Rachefeldzüge und politische Zwecke instrumentalisiert.

Genau das tut WASSERZIEHR nach seinem Sturz aus Ärger über den Eigentümer dieses Granitwerkes. Er will seine Rache stillen und macht nun Jagd auf SCHILLER. In seiner Eigenschaft als Vorsitzender der jungen CSU Weidenberg will er SCHILLER, der inzwischen Bürgermeisterkandidat beim politischen Gegner SPD ist, als angeblichen Nazi entlarven, und er lässt sich dabei bedenkenlos von Altnazi RUMLER munitionieren.

Der nun folgende politischen Kampf wird nach Kräften durch das skandalöse Wirken Rumlers im Untergrund gefördert. Dabei erleiden die ersten zaghaften Schritte zur Demokratie in Weidenberg nach dieser Nazidiktatur einen so bleibenden Schaden, dass bis heute niemand darüber sprechen will.

Dabei ist es nicht auszuschließen, dass es sich bei dem Hauptakteur in diesem Kampf, dem ominösen WASSERZIEHR, der aus der sowjetischen Besatzungszone aus Leipzig kam, um einen von den Sowjets geführten Spion gehandelt haben könnte. Nach Gerüchten in der Bevölkerung sollen in dieser Zeit drei Ostspione in Weidenberg aktiv gewesen sein, darunter auch WASSERZIEHR. Möglicherweise sollte er bewusst dazu beitragen, die demokratischen Neuanfänge im Westen zu unterminieren.[123] Davon handelt dann das nächste Kapitel dieses Projektes: *„Mit Ost-Spionen und alten Seilschaften zum neuen Aufbruch?"*

Hühnereier vom Kirchengrund für Rumlers Haftmahlzeiten

RUMLER vergisst aber auch nicht sein eigenes leibliches Wohl. Offenbar hat er von der Mangelnahrung im Lager Hammelburg gehört und will Vorsorge treffen.

So muss der Evangelische Kirchenvorstand Weidenberg am Tag vor Rumlers Abschiebung nach Hammelburg, am 15. Juli 1945, einen Antrag Rumlers auf Überlassung eines kleinen Grundstückes der Kirchenstiftung Weidenberg behandeln. Dort möchten RUMLER und seine Frau nun, nach dem Verlust ihres großzügigen Tierparks am Alten Schloss, ihre Hühner unterbringen. Obwohl der ehemalige Ortsgruppenleiter im Jahr 1941 demonstrativ der Kirche den Rücken zugekehrt hatte und ausgetreten war, behandelt dieses kirchliche Gremium sein Ansinnen großzügig und genehmigt den Antrag. Auch in den weiteren Plänen Rumlers zur Verfolgung seines Rivalen SCHILLER mit Hilfe der Spruchkammern spielt der damals amtierende Pfarrer HEIM eine auffallende Rolle.

Nach dem Protokoll des Kirchenvorstandes wird aber die Zahl der untergebrachten Hühner auf sechs begrenzt und das Halten anderer Tiere auf dem Grundstück ganz ausgeschlossen. Damit ist der Zoo aus Fasanen, Rehen usw., den GEORG und insbesondere JOHANNA RUMLER am Schloss unterhalten haben, von Heimatlosigkeit bedroht. Doch die Hühnerzucht, für die RUMLER eine elektrisch betriebene Anlage zum Ausbrüten der Eier ersonnen hat, kann weitergehen.

---

[123] Mehr dazu im bereits angesprochenen Kapitel dieses 6. Projektbandes *„Mit Ost-Spionen und alten Seilschaften zum neuen Aufbruch?*

Mit den ersten Eisenbahnzügen beginnt nach dem Krieg die Normalität

Die amerikanischen Besatzungstruppen ziehen mit der Monatswende zum Oktober 1945 ganz von Weidenberg ab. Sie verlegen ihre Kommandostellen nach Fichtelberg und nach Bayreuth.

Doch bereits am 13. Juni 1945 fährt zum ersten Mal wieder eine Lokomotive auf der Eisenbahnstrecke zwischen Weidenberg und Bayreuth; sie schleppt zunächst den Zug ab, den amerikanische Tiefflieger bei ihrem Vorstoß im April 1945 zerschossen haben. Drei Wochen später, ab 2. Juli, verkehrt wieder, wie vor dem Krieg, täglich regelmäßig der Zug mit fünf Wagen, früh nach St. Georgen, abends zurück nach Warmensteinach. Er soll die Berufstätigen zur Arbeit und die Oberschüler zu ihren Schulen nach Bayreuth und wieder nach Hause bringen. Im Niemandsland der Zeit zwischen dem verlorenen Krieg des alten Reiches 1945 und der Geburt der Bundesrepublik 1949 beginnt sich das Leben auf seinen neuen täglichen Gang einzuspielen.

Epilog

GEORG RUMLER hat nach der Rückkehr aus dem Lager Hammelburg 1947 wieder eine bescheidene Anstellung beim kleinen Weidenberger Elektrizitätswerk bekommen. Es hatte seinen Standort im Pfarrgässchen am Obermarkt. Hier stand in einer kleinen Halle ein Sauggas-Generator zur öffentlichen Stromerzeugung.

Auch hat RUMLER sich aus seinem frühen Hobby als Elektrobastler eigene bescheidene Einnahmen verschafft. Er reparierte nun Radiogeräte, Staubsauger, Fön und andere Haushaltsgeräte aus der Nachbarschaft. Der Neffe Dr. WOLFGANG P. erinnert sich, wie RUMLER hinter einem großen Schreibtisch im Wohnzimmer saß, der ihm nun als Werktisch für seine Reparaturarbeiten diente.

Im Juli 1950 ernannte der Sportverein Weidenberg GEORG RUMLER in Anerkennung um die Gründung des Vereins zum Ehrenmitglied.

Die zwei Jahre Aufenthalt im Lager hatten ihn gesundheitlich sehr mitgenommen. Sein Gesicht war eingefallenen und grau, der Körper sehr ausgemergelt. Mit dem Herzen hatte er schon länger zu tun; als Symptom dafür betrachteten es manche, dass er gern seine Arme hinter dem Rücken verschränkte. Seine Nichte ANNI J. spricht auch von Malaria, die er sich im Lager zugezogen habe und die sich in häufigen Fieberkrämpfen auswirkten und zu Nieren- und Herzversagen führten. Daran ist er dann schließlich im November 1956 auch gestorben, er wurde 62 Jahre alt.

Obwohl RUMLER aus der Kirche ausgetreten war, erbaten die Angehörigen für ihn eine kirchliche Bestattung. Die musste der amtierende Pfarrer FÖRSTER ihm aber nach der kirchlichen Lebensordnung verweigern, wie er im Kirchenbuch für Sonntag, 11. Nov. 1956, 15 Uhr vermerkt. So fehlt auch das Geburts- und Sterbedatum.

Der Eintrag schließt aber versöhnlich: *„Pfr. Förster sprach zum Schluss Glaubensbekenntnis und Vaterunser"*.

Rumlers Grabplatz ist I/16 unterhalb des Freskos an der Außenwand der Kirche St. Stephan, es gibt darüber keinen Vermerk im Grabbuch. Ganz in der Nähe ist auch die junge HILKE DENNERT, die Tochter eines Opfers von RUMLER, CHRISTIAN DENNERT, begraben.

Der Neffe WOLFGANG erbte damals auch Rumlers Modellbahn. Sie hatte wohl die Spurweite 0, besaß etwa sechs Weichen und war auf einer Platte von etwa 3 x 1,5m montiert. Sie endete als Gartenbahn.

„UNTERGEHEN UND AUFSTEHEN“
– Der Alltag unter Kriegsbedingungen und das Danach –

4. Buch: *„MIT OST-SPIONEN UND ALTEN SEILSCHAFTEN ZUM NEUEN AUFBRUCH?“*

Die Entnazifizierung 1946-48 und der holperige Neustart der Parteiendemokratie in Weidenberg

Heimstatt vieler Flüchtlinge in Weidenberg: Barackenlager beim Werkgelände SCHILLER nach dem Zweiten Weltkrieg (Zeichnung: HANS RABENSTEIN)

VIERTES BUCH:

„MIT OST-SPIONEN UND ALTEN SEILSCHAFTEN ZUM NEUEN AUFBRUCH?“

DIE ENTNAZIFIZIERUNG 1946-48 UND DER HOLPERIGE NEUSTART DER PARTEIENDEMOKRATIE IN WEIDENBERG

INHALT

DANK

Für die Hilfe bei der Erstellung dieses Kapitels danke ich insbesondere

Elfrun Häfner, geb. Schiller; Susanne Hübsch, geb. Schiller; Anni Jobst, geb. Rumler; Helmut Paulus (+); Dr. Wolfgang Popp; Normann Schiller; Björn Schiller, sowie den Mitarbeiter*innen der Staatsbibliotheken Bamberg und Coburg

MIT OSTSPIONEN UND ALTEN SEILSCHAFTEN ZUM NEUEN AUFBRUCH?

1. Ein chaotischer und unbeherrschter Einstieg in die Parteiendemokratie

Rachegedanken und politisches Kalkül beim Neubeginn

Wer glaubt, dass die Geschichte des Dritten Reichs mit der deutschen Kapitulation am 7. Mai 1945 in Reims bzw. am 8. Mai 1945 in Karlshorst endet, der täuscht sich. Noch weit in die Anfangsjahre des neuen Deutschland nach dem Zweiten Weltkrieg hinein reichen auf wirtschaftlichem, politischem und gesellschaftlichem Gebiet die Auswirkungen dieser menschenfeindlichen Diktatur. Sie belasten auch in Weidenberg ernsthaft die ersten zaghaften Gehversuche für ein demokratisches Deutschland. Rachegedanken und politisches Kalkül überlagern bei den Protagonisten von Anfang an das mühselige Tasten nach neuen politischen Anfängen.

Zur Bühne des Schlagabtausches werden insbesondere die von den Alliierten verfügten Entnazifizierungsverhandlungen. Sie beginnen für immerhin rd. 200 Weidenberger Betroffene 1946 zunächst bei der Spruchkammer Bayreuth-Land[124] und verästeln sich infolge von Berufungen bis nach Nürnberg und Ansbach. Dabei lassen sich die neu formierten konservativen Kräfte in ihrem Kampf gegen die wieder erstarkenden Linken gern von den alten braunen Seilschaften munitionieren. Bis in das Ortsregiment von Marktgemeinderat und Bürgermeisteramt hinein strahlt in Weidenberg der chaotische und unbeherrschte politische Kampf aus, der seinen Zündstoff vorwiegend aus den Entnazifizierungsverfahren bezieht.

Erst das Jahr 1949 markiert einen gewissen geschichtlichen Einschnitt. Mit dem Inkrafttreten des Grundgesetzes und der Gründung der Bundesrepublik Deutschland am 23. Mai 1949 werden auch die tastenden Neuansätze des Parteiwesens in feste Strukturen überführt.

Das allmähliche Auslaufen der Spruchkammerverfahren in dieser Zeit bezeichnet in gewisser Weise zugleich den Endpunkt des Nationalsozialismus. Damit glätten sich auch in der Ortspolitik zunehmend die Wogen. Zudem sind nun die vielen

---

[124] Vergl. zur Arbeit dieser Spruchkammer Bayreuth-Land auch vom selben Verfasser insbesondere den Abschnitt *„Die Spruchkammern sollen das Volk reinigen und Untaten sühnen"* im Kapitel *„Das Kirchspiel Gesees in der Zeit von Nationalsozialismus und Kirchenkampf"* im neuen GESEESER HEIMATBUCH 2021.

Flüchtlinge inzwischen innerlich an ihrem neuen Wohnort „angekommen". Zusammen mit den erst 1951 nach Weidenberg gelangenden heimatvertriebenen „Sudetendeutschen" bestimmen sie zunehmend als eigene Kraft das politische Geschehen in Weidenberg mit.

Die Gründungsdaten der CSU- und SPD-Ortsgruppe sind bis heute nicht korrigiert

Für eine Bearbeitung der gesamten Geschichte Weidenbergs mit dem Schwerpunkt von 1919 – 1949, wie sie das ambitionierte Projekt „MYRTEN FÜR DORNEN" anstrebt, stellt auch die korrekte Erforschung der ersten vier Jahre nach dem Ende des Zweiten Weltkrieges einen notwendigen und grundlegenden Baustein dar. In dieser Phase stehen die Aufarbeitung der Nazivergangenheit in den Spruchkammerverfahren und das Wirken der neu gegründeten Parteien in einem spannungsreichen Verhältnis zueinander.

Die Spruchkammerverfahren werden von den Parteien gern zur politischen Profilierung genutzt. Die gegenseitige Denunziation ist an der Tagesordnung. Da beide Seiten auch unter den Bürgern nach Zeugen suchen, polarisiert sich die Ortsgesellschaft auf Jahre hinaus.

Es fällt aber auf, dass über dieses peinliche Thema in der Geschichtsschreibung der örtlichen Parteien und der Marktgemeinde bislang auffallende Lücken klaffen. So gibt z.B. der jetzige Ortsverbandsvorsitzende der CSU erst das Jahr als 1953 als Gründungsjahr für den CSU-Ortsverband Weidenberg an; davor habe es nur Ortsvereine in Dörfern um Weidenberg gegeben. Weder die aktuelle Webseite dieses Ortsverbandes geht auf die Gründungsgeschichte der CSU ein, noch gibt es darüber ein Wiki.

Dagegen ergibt sich aus zahlreichen Dokumenten, insbesondere im Staatsarchiv Coburg, die für die Recherchen zum Projekt „MYRTEN FÜR DORNEN" aufgefunden und eingesehen bzw. kopiert werden konnten, ein ganz anders geartetes eigenes Bild, nämlich Impressionen einer chaotisch verlaufenden Startphase der Parteien bereits im zuende gehenden Kriegsjahr 1945.

Dieser neue Informationsstand wurde auch dem Vorsitzenden des Ortsverbandes der CSU bereits 2013 zugänglich gemacht, erzeugte bislang aber kein wirkliches Echo. Die Dokumente zeigen eindeutig und in großer Anzahl, dass es bereits viele Jahre *vor* dem heute angenommenen Gründungsdatum 1953 der CSU Weidenberg einen sich selbst so nennenden, vom Parteibezirk Oberfranken anerkannten und offiziell agierenden **CSU-Ortsverband in Weidenberg** gab, und dass dieser CSU-Ortsverband **spätestens mit Jahresbeginn 1946** gegründet wurde, mit größter

Abschrift.

Hbg., 23.3. 46 36

An
CSU (Christlich-Soziale Union)
W e i d e n b e r g .

Betreff : Parteizugehörigkeit Chr.Schiller.

In Beantwortung des Schreibens vom 17.2.46, das ich heute erhielt, erkläre ich hiemit eidesstattlich :

1.) Schiller ist 1935 oder 1937 in die NSDAP eingetreten. Mitgliedsnummer entweder 4,500.000 oder 5,400.000. Genaue Unterlagen könnten erst nach meiner Freilassung vorgelegt werden.

2.) Schiller hat mir zum Ankauf meines Kraftwagens kein Geld vorgestreckt. Er hat bei der Kreissparkasse Bürgschaft geleistet, welche nie beansprucht wurde.

3) Schiller hat mir nie ein Scheckbuch zur freien Verfügung überlassen; jedoch hat er in der Zeit von 1931 - 1939 wiederholt grössere Beträge der NSDAP als Spende gegeben.

4) Schiller war wohl auch bei der Aktion in Kirchenpingarten beteiligt. Da es sich hier lediglich um eine Demonstration handelte, ist er weiter nicht in Erscheinung getreten. Die Aktion war im April 1938, nach dem Volksentscheid über den Anschluss Österreichs.

5) Schiller ist vollkommen freiwillig zur Partei und nie ausgetreten. Sollte er Austrittsnachweise besitzen, so sind dieselben gefälscht. Er wäre bereits 1932 zur Partei gegangen, wenn ihn sein Vater in meinem Beisein nicht mit den Worten " Du Lausbub, lern erst was, bevor du zur Partei gehst" davon abgehalten hätte.

6) Bereits vor der Machtübernahme im Jahre 1930 hat sich die Mitinhabrein Luise Sch. geb. Schiller in die Partei aufnehmen lassen und war dabei bis zu ihrer Übersiedlung nach Holland (Verheiratung 1935 oder 36).

7) Die Fr. Schiller hat für 2 seiner Meister die Mitgliedsbeiträge bezahlt und zwar jahrelang, da sich dieselben sich sonst wahrscheinlich nicht in die NSDAP hätten aufnehmen lassen. (Kd. Eugelbrecht 201 und Leonhardt Krauß 204c). Ob bereits vor 1933 oder ab 1933 könnte ich nur zu Hause feststellen.

8) Es steht fest, dass Christian und Luise Schiller ihre Angestellten und Arbeiter angehalten haben in die Partei einzutreten, da sie sonst nicht weiter beschäftigt würden. Ebenso wurde wiederholt die Neueinstellung von Leuten davon abhängig gemacht, ob sie Parteimitglieder waren (Bräunling Michael, Lochmüller Martin usw.)

9) Erheblich mehr und sichere Nachweise könnten nach meiner Entlassung beigebracht werden. Ich hoffe, dass sich die CSU für diese einsetzen wird, damit ich mich vor der gesamten Einwohnerschaft verantworten kann. Ich habe davor keine Bange.

10) Vorstehende Angaben entsprechen der Wahrheit, sodass ich dieselben jederzeit unter Eid auszusagen bereit bin.

Für die Richtigkeit der Abschrift
Hammelburg, den 10. Mai 1947

gez. Georg Rumler 9- 1320
Intern. Comp. 9
Hammelburg-Unterfranken.

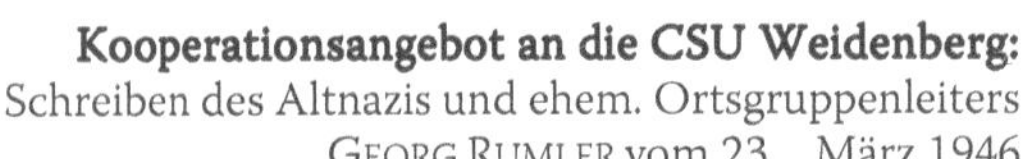

Kooperationsangebot an die CSU Weidenberg:
Schreiben des Altnazis und ehem. Ortsgruppenleiters Georg Rumler vom 23. März 1946

Wahrscheinlichkeit aber bereits **Ende 1945.**[125]

Zum Vergleich mag darauf hingewiesen werden, dass auch die Gründung der CSU in Bayern bereits im Herbst des letzten Kriegsjahres erfolgte, nämlich am 13. Okt. 1945 in Würzburg. Die bayernweite Zulassung durch die damalige amerikanische Besatzungsmacht erhielt diese junge Partei am 8. Jan.1946. Auch wenn ein offizielles Gründungsdokument der Ortsgruppe Weidenberg bislang noch nicht aufgefunden werden konnte, so darf man doch der erdrückenden Fülle der einsehbaren Unterlagen entnehmen, dass die konservativen Kräfte am Marktort Weidenberg unter maßgeblicher Beteiligung des damaligen Ortspfarrers Helmut Heim die Gründungsverhandlungen der CSU auf bayerischer Ebene als Impuls genutzt und einen eigenen Ortsverband Weidenberg ins Leben gerufen haben.

Auch Namen der CSU-Ortsverbands-Vorsitzenden aus dieser Zeit sind überliefert: allen voran der geheimnisvolle und fanatische Kaufmann und Vertreter Arno Wasserziehr, der aus Leipzig kam; der ebenso blindwütige Lehrer und Flüchtling Hans Kluge, der als unterzeichnender Vorstand auftaucht – er gilt als „Einberufer“ der folgenreichen Flüchtlings-

[125] Vergl. dazu das weiter unten zur CSU Gesagte.

versammlung vom 19. Jan. 1947 – ; der eher mäßigend wirkende heimatvertriebene Müller aus dem nordböhmischen Bösig WILHELM BURKERT (*1877), welcher bei der Weidenberger Löfflermühle angestellt war; sowie weitere Vorstands- und Vereinsmitglieder aus dieser Zeit, wie die vom Marktort stammenden WILHELM SCHÖFFEL und HANS WENING. Dem ebenfalls mitwirkenden Pfarrer HEIM war vom Pfarrergesetz her eine persönliche Parteimitgliedschaft nicht erlaubt. Es fällt dabei auf, dass bei dieser an sich als „katholisch" geltenden Partei CSU nicht nur katholische Flüchtlinge oder Zugereiste, wie WASSERZIEHR, KLUGE und BURKERT, sondern auch protestantische Ortsbewohner mitwirken, unter ihnen eben der damalige Erste Ortspfarrer. Eine Offenheit für das Spektrum der ehemaligen „braunen" Parteigänger ist bei ihnen nicht zu übersehen.

Denn an diese zu Anfang 1946 bereits bestehende CSU Weidenberg adressiert seit März 1946 auch der ehemalige Ortsgruppenleiter GEORG RUMLER seine Korrespondenz, die er in der Haft im Lager Hammelburg verfasst. Er „hofft sehr", wie er schreibt, dass sich diese Partei für seine Entlassung einsetzen wird. In seinem Brief vom 23. März 1946 an die CSU kündigt er zudem geheimnisvoll an, dass er „mehr und sichere Nachweise" gegen den SPD-Kandidaten CHRISTIAN SCHILLER erbringen könne. Er spielt damit auf das heute fehlende Partei- und Marktarchiv an, das zu der Zeit noch im Haus von Textilgeschäft RUMLER am Obermarkt versteckt war.

Ähnlich wie bei der CSU verhält es sich mit der Verdrängung dieser frühen Ortsgeschichte auch bei der SPD. In der bisherigen Geschichtsschreibung der SPD-Ortsgruppe Weidenberg beginnt diese mit KARL FICKENSCHER im Jahre 1953, also im selben Jahr, wie es auch die CSU als Gründungsjahr für sich behauptet. Auf der aktuellen Webseite dieser Ortsgruppe (2020) ist überhaupt kein geschichtlicher Hinweis mehr enthalten. Ebenso existiert kein Wiki dieser Partei-Ortsgruppe.

Tatsächlich aber zeigen die aufgefundenen Unterlagen, dass es bereits im Monat des Kriegsendes Mai 1945 erste Aktivitäten für eine Wiedergründung der SPD, OV Weidenberg, gab. Der amerikanischen Militärregierung gegenüber wird als SPD-Mitglied der SPD-Gründungsvorsitzende von 1907, der Schuhmachermeister HEINRICH SEILER (*1879), als vom Nationalsozialismus unbelasteter Kandidat für das Bürgermeisteramt in Weidenberg benannt und nach eigenem Bekunden am 1. Juni 1945[126] zunächst kommissarisch als Bürgermeister in Weidenberg eingesetzt. Am 27. Jan. 1946 wird er in der ersten regulären Bürgermeisterwahl nach dem Krieg zum Ersten Bürgermeister gewählt.

Ebenfalls im Jahr 1945, nämlich seit 1. Dez. d.J., wird – für viele damals überra-

[126] KRÖLL, Geschichte Weidenbergs, gibt hier verkehrterweise den Mai 1945 an.

schend – der Granitwerkbesitzer CHRISTIAN SCHILLER Mitglied der SPD; er wird auch zum II. Bürgermeister ernannt und folgt am 6. Okt. 1946 dem abgesetzten SEILER auf dem Sessel des I. Bürgermeisters.[127]

Auch hier wieder der überörtliche Vergleich: Bereits knapp drei Wochen *vor* Kriegsende wird auf gesamtdeutscher Ebene die **Wiedergründung der SPD** beschlossen; gut ein Jahr später, im Mai 1946, wird diese Gründung auch formal genehmigt und vollendet. Die ersten SPD-Ortsverbände in Bayern arbeiten seit dem Herbst 1945 zunächst inoffiziell, da die Amerikaner in ihrer Besatzungszone die Bildung von Parteien zunächst verboten haben. Die **offizielle Zulassung** der SPD auf der Bayerischen Landesebene erfolgt am 8. Januar 1946.

Am 10. Feb. 1946 findet in Weidenberg die **erste Gemeinderatssitzung** nach dem Kriege statt. In dieser Sitzung vereidigt der SPD-Bürgermeister HEINRICH SEILER die Gemeinderäte, die von den einzelnen Parteien, darunter auch der KPD, präsentiert werden, sowie den II. Bürgermeister CHRISTIAN SCHILLER.

Verdrängung, Verschweigen und eine tendenziöse Geschichtsschreibung

Es stellt sich also heraus, dass in den Geschichtsbüchern der Ortsgruppen Weidenberg von CSU und SPD die ersten acht entscheidenden Jahre nach dem Krieg fehlen. Dabei steht zweifelsfrei fest, dass diese Ortsgruppen tatsächlich bestanden und auch politisch eifrig agiert haben. Auch erfahren wir in der offiziellen bisherigen Geschichtsschreibung bislang nichts über die Ziele und Taten dieser frühen Ortsgruppen. Obwohl es sich ja um außerordentlich intensive und spannungsreiche Jahre gehandelt hat, werden bis heute teilweise nicht einmal die handelnden Personen erwähnt.

Ein wirklicher Grund für diese Geschichtsvergessenheit ist offiziell bislang nicht bekannt und auch nicht zu erfahren. Jeder in der Führung der Ortsvereine und der übergeordneten Körperschaften, den man heute darauf anspricht, gibt sich überrascht, bisweilen aber auch seltsam abwehrend.

Dabei muss man gar nicht behaupten, dass die Parteien hier etwas unter den Teppich kehren wollen. Eher wird man von „Verdrängung“ sprechen müssen. Sie ist jedem geläufig, der an eine unangenehme Sache nicht mehr erinnert werden will. Denn über das Wirken dieser Parteien bei den ersten tastenden Gehversuchen auf dem

[127] Die Erfolgsgeschichte des Granitwerkes Schiller wird ausführlich in der 2. Folge des Projektes „MYRTEN FÜR DORNEn – Licht und Schatten der neuen Zeit“ beschrieben, und zwar im Abschnitt ab S. 220ff *„Die Staaschlaf wird zum größten Arbeitgeber.“*

Weg in die seit der Gleichschaltung der Gemeinderäte 1935[128] noch ungewohnte Demokratie muss nach der derzeitigen Aktenlage leider einiges Unerfreuliche berichtet werden.

Es wäre aber unredlich, in einer historischen Abhandlung, wie dem Projekt „MYRTEN FÜR DORNEN", solche unerquicklichen Fakten zu verschweigen. Man würde dem Verfasser mit Recht „Schönfärberei" unterstellen und das Buch enttäuscht zur Seite legen. Solches Schönfärben muss man freilich dem einzigen bis heute erschienen historischen Buch, in dem diese Zeit überhaupt angesprochen wird, bescheinigen: Der „GESCHICHTE DES MARKTES WEIDENBERG" von JOACHIM KRÖLL 1967. Anstatt diese Zeit in Weidenberg selbst zu recherchieren, druckt der Verfasser lediglich unter dem geheimnisvollen Kürzel „M.S." für den Zeitraum der Naziherrschaft und ihrer Auswirkungen das tendenziöse Manuskript des ehemaligen Weidenberger Marktschreibers (daher „M.S.") ab, der selber ein alter Naziaktivist war.

Andererseits will das Projekt „MYRTEN FÜR DORNEN" mit einer möglichst korrekten und umfassenden historischen Aufarbeitung natürlich keine neue Zwietracht säen. So hat der Autor bereits nach den ersten Recherchen 2013 den beiden heutigen Ortsverbände von CSU und SPD den Vorschlag gemacht, sich vor der Drucklegung des Buches mit dem Thema zu befassen. Der Autor hat angeboten, seine bisherigen Erkenntnisse dafür zur Verfügung zu stellen.

Der Vorschlag war, sich zu einem Beschluss durchzuringen, mit dem man sich von einigen problematischen Aktivitäten der Ortsverbände oder Gemeinderäte rückschauend bewusst distanziert und sich vielleicht sogar bei dem politischen Gegner entschuldigt. Das würde auch in den Augen der Bürger als eine starke Geste und als hilfreicher Akt der Vergangenheitsbewältigung betrachtet; es wäre ein Mittel, der Politikverdrossenheit zu wehren und könnte helfen, die jüngere Generation auf diese kontaminierte, aber weitgehend verdrängte Zeit aufmerksam zu machen und Wege aufzuzeigen, damit konstruktiv und würdig umzugehen.

Für Weidenbergs ersten Nachkriegsbürgermeister HEINRICH SEILER ist eine Ehrenerklärung überfällig

Zu den bedauerlichsten Fakten dieser Frühzeit der Nachkriegsdemokratie gehört aus heutiger Sicht ja, dass die Akten hier sichtbar machen, wie **der demokratische Neuanfang in Weidenberg von einzelnen Politikern missbraucht wurde und deshalb zu misslingen drohte. Von Anfang an sind Entscheidungen im Marktgemeinderat vom politischen Kalkül der Gruppen bestimmt, wie auch von rückwärtsge-**

---

[128] Vergl. das Kapitel „Das Ende der Demokratie in Weidenberg" in der 3. Folge des Projektes „MYRTEN FÜR DORNEN – Der Anstreicher und seine Lehrjungen" ab S. 135ff.

wandten Rachegedanken einzelner handelnder Personen überschattet.

So war es eine der wohl merkwürdigsten Handlungen, an der sich alle Weidenberger Ortsverbände der politischen Parteien und ihre Gemeinderäte kräftig beteiligten, den oben genannten rührigen ersten Nachkriegsbürgermeister HEINRICH SEILER zu stürzen. Bereits nach einem Jahr Amtsdauer, am 1. Juni 1946, legte man ihm im Gemeinderat den Rücktritt „aus Gesundheitsgründen“ nahe. Zu diesem Zeitpunkt war Seiler 67 Jahre alt. Zwei Monate später, am 5. Aug. 1946, entmachtet ihn der Gemeinderat auch förmlich in einer gemeinsamen und einstimmigen Aktion aller Parteien.

Wie das Protokoll zeigt, nimmt das Gremium damals seinen Rücktritt „mit Befriedigung“ zur Kenntnis und wünscht nicht, „dass er nach Beendigung seines Urlaubs wieder auf seinen Posten zurückkehrt“. Wegen angeblicher „Unregelmäßigkeiten“ und „Unfähigkeit“ soll der Landrat von einer Wiedereinsetzung Seilers Abstand nehmen. – In den späteren Berichten und Zeitungsartikeln wird diese beschämende Episode stets übergangen. Entgegen den Fakten, dass SEILER nur ein Jahr Amtszeit vergönnt war, wird im Nachhinein stets von einer „langen Amtszeit“ Seilers als Bürgermeister gesprochen.

Die Gründe dieser Abwahl müssen hier nicht diskutiert werden. Gern wird die Persönlichkeit Seilers als für das Amt unzulänglich dargestellt. Er sei ja nur ein einfacher Schuhmacher gewesen. Vielleicht hatte er bei den Weidenberger Ureinwohnern auch deshalb einen schweren Stand, weil er aus dem rivalisierenden Seybothenreuth gebürtig war.

Kritisch gegenüber dem SPD-Mann SEILER äußert sich auch der damalige Vorsitzende des konkurrierenden KPD-Ortsverbandes HERIBERT KOKOT, der andeutet,[129] dass es anscheinend von Seiten Seilers „nennenswerte Schwierigkeiten“ gegenüber den örtlichen KPD-Genossen gegeben habe. Dies mag sicher auch mit der alten Rivalität von SPD und KPD in der Weimarer Zeit zusammengehangen haben.

Auch gegenüber den alltäglichen Klagen und Forderungen der Flüchtlinge scheint SEILER nicht immer eine glückliche Einstellung gefunden haben, wie aus einzelnen Zeugenaussagen hervorgeht. Andere äußern aber auch Verständnis: Dieses „lange und unsachliche Geschwätze verschiedener Flüchtlinge“, wie es einer der betroffenen Heimatvertriebenen selber ehrlich nennt,[130] war sicher nicht immer leicht zu ertragen. Viele Häuser am Ort waren ja bis unters Dach belegt. Die Einwohner stöhn-

---

[129] In einem Schreiben an die Kreisleitung der KPD vom 2.9.1946, im Entnazifizierungsakt SCHILLER.

[130] So EDUARD SCHÜTZE, der als Heimatvertriebener bereits im Juli 1945 aus Böhmen kam; im selben Akt.

ten über die Belastung. Einzelne egoistischen Neuankömmlinge stellten trotzdem überzogene Forderungen. Die Stimmung war auf beiden Seiten erregt und leicht entzündlich. Das alles erforderte eigentlich eine geniale Regie, welcher der eher biedere und bodenständige SEILER nicht ganz gewachsen war.

Doch hatte SEILER offenbar schon seit der Anfangsphase der Partei vor dem Ersten Weltkrieg genug Verantwortungsbewusstsein und Fähigkeit bewiesen, führende Ämter zu bekleiden: Er gilt nicht weniger als der Gründungsvorsitzende der SPD Weidenberg 1907. Auch war es ihm seinerzeit gelungen, den Arbeiterturnverein mit zu gründen. [131] Als Ortsvereinsvorsitzender der SPD hatte er bis 1914 amtiert und war nach dem Ersten Weltkrieg 1918 als II. Vorsitzender dieser Partei wiedergewählt worden. Seitdem war er als Parteiaktivist tätig und bekleidete dieses Amt, bis die Nazis 1933 die Auflösung der SPD und ihres Ortsvereins erzwangen. SEILER war also eine Institution und eine anerkannte, integre Persönlichkeit

Sündenbock für das Unbehagens über die Besatzungsmacht: HEINRICH SEILER (Aufn. 1960)

Der Gesinnungswechsel der Parteifreunde Seilers wie auch seiner Gegner nach dem Zweiten Weltkrieg dürfte also möglicherweise ganz andere Ursachen als seine Persönlichkeit oder Amtsführung gehabt haben. Bekämpft wird wohl nicht die Person Seilers, sondern bekämpft wird hier eigentlich stellvertretend das zu dieser Zeit herrschende „System“, nämlich die verhasste Amerikanische Militärregierung.

Sie hatte SEILER ostentativ den Weidenbergern als einen „Unbelasteten“ vor die Nase gesetzt. In deren Führungsschicht gab es viele Belastete, die gekränkt innerlich gegen die Besatzungsmacht opponierten. Die Amerikaner hatten die Deutschen zur unangenehmen Bereinigung ihrer Vergangenheit gezwungen und dabei so viele zu Quislingen und Falschmünzern gemacht. Demontierte man eine ihrer „Marionetten“, so übte man unterschwellig zugleich den Widerstand gegen diese ungeliebte Macht.

Sündenbock und Leidtragender ist damals mit SEILER ein redlicher Ortsbürger,

---

[131] Vergl. im Kapitel VI. *„Religiosität und Sittlichkeit des Gemeindelebens“* in der 1. Folge des Projektes „MYRTEN FÜR DORNEN – Am Vorabend der Urkatastrophe(n)“ die Anmerkung 268 auf S. 211f zur Pfarrbeschreibung 1913/14“.

der gemeint hat, nicht Nein sagen zu sollen, wenn er für die Mitverantwortung in diesem Wandel zur Demokratie gebraucht wird. Es könnte heute der Zeitpunkt sein, Seilers Ansehen vor der Geschichte wiederherstellen. Dies geschieht nicht, indem man seine Amtsdaten nachträglich klittert. Vielmehr wäre eine posthume Ehrenerklärung am Platz für seinen Einsatz in einem schwierigen Amt, zu dem ihn eine ungeliebte Besatzungsmacht damals berufen hat.

2. Wie in Weidenberg die erste freie Kommunalwahl verspielt wird

Undemokratische Methoden im Kampf gegen politische Gegner

Leider ging damals der tastende demokratische Anfang in Weidenberg so chaotisch und unbeherrscht weiter, wie er begonnen hatte. Es kam für die anschließend an Seilers Demontage anberaumte **Neuwahl des Bürgermeisters** zu einem richtigen „Wahlkampf" mit vielen öffentlichkeitswirksamen Aktionen. Dabei wurde der politische Gegner nicht nur inhaltlich angegriffen, sondern es wurde auch kräftig unter der Gürtellinie ausgeteilt. Die damals anlaufenden Spruchkammerverfahren waren willkommene Munitionsdepots.

In solche Verfahren war bei den über 200 Betroffen in Weidenberg jeder verwickelt, der auf irgendeine Weise mit dem Nazi-Regime kooperiert hatte, sei es, dass er oder sie der Hitlerpartei NSDAP dauerhaft oder zeitweilig angehört hatte, sei es, dass er oder sie in einer der zahlreichen Gliederungen der Partei, SA, SS, NSKK, NSV. NSF, BdM, HJ usw., aktiv gewesen war, oder dass er oder sie der hitlerhörigen Sekte „Deutschen Christen" angehört hatte.

Zum ersten Mal wurde jetzt in diesen Anfangsjahren der neuen Demokratie deutlich, wie spannungsreich sich die Aufarbeitung der Nazivergangenheit in den Spruchkammerverfahren zur Arbeit der neu gegründeten Parteien verhielt, eröffneten doch diese Verfahren die Chance, jeden missliebigen Gegner durch gezielte Denunziation auf Zeit oder für dauernd kaltzustellen. Die Folgen konnte man scheinheilig wieder auf die ungeliebte Besatzungsmacht und ihre Gesetze, wie das sg. „Befreiungsgesetz", schieben, die ja jedermann zur Anzeige von Nazi-Untaten und damit zur legalen Denunziation aufgerufen hatten.

Dieses „Gesetz zur Befreiung von Nationalsozialismus und Militarismus" vom 5. März 1946 hatte jeden Deutschen über 18 Jahren verpflichtet, persönlich einen „Meldebogen" auszufüllen und einzureichen, der die formale Verstrickung des Einzelnen in das System der Naziherrschaft erkennbar machte. Dabei hatte sich jeder „zur gerechten Beurteilung der Verantwortlichkeit und zur Heranziehung zu Sühnemaßnahmen“ selber einer der fünf Gruppen zuordnen sollen: als I. Hauptschuldiger, II. Belasteter (Aktivist, Militarist, Nutznießer), III. Minderbelasteter (Bewährungsgruppe), IV. Mitläufer oder V. Entlasteter. In einem anschließenden Spruchkammerverfahren, das je nach Schwere des Falls mündlich oder nur schriftlich ablief, sollte dann diese Selbsteinschätzung durch einen Richterspruch bestätigt oder modifiziert werden.

Die junge CSU im Wertekonflikt

Im Vorteil war, wer Geld hatte. Er konnte sich durch die verschiedenen juristischen Ebenen hindurchprozessieren und so versuchen, ein günstigeres Urteil zu erlangen. Der zunehmende „Kalte Krieg“ wirkte hier treibend. Nach einem solchen günstigen Urteil strebten natürlich alle Betroffenen. Denn jeder Spruch in den vier Gruppen von Belastungen zog unangenehme Folgen beruflicher und finanzieller Art nach sich, bis hin zum Verlust des Berufes, der Geschäftsfähigkeit oder des Vermögens.

Spruchkammerverfahren boten also die Chance, politische Gegner oder wirtschaftliche Konkurrenten anzugreifen und sogar ganz auszuschalten. Von dieser Aussicht machte in Weidenberg in den Jahren von 1946-48 insbesondere die neu gegründete CSU dankbaren Gebrauch. Sie munitionierte die zuständigen Behörden und Gerichte reichlich mit allerhand Vorwürfen gegen ihre Gegner.

Hauptziel ihrer Angriffe wurde der Fabrikant CHRISTIAN SCHILLER, seit er sich Ende 1945 überraschend als Anhänger der SPD bekannt hatte und zu ihrem Frontmann geworden war. Diesem smarten Geschäftsmann neideten andere seinen beruflichen Erfolg und seine privilegierte Position. Auch sein entspanntes Verhältnis zur Besatzungsmacht wurde zum Angriffspunkt.

Ihn überzog die CSU zwischen 1946 und 1948 konsequent mit Denunzierungen auf allen Ebenen, sowohl vor Ort, als auch auf Regierungsebene. Es sind auch mindestens sechs Ver-

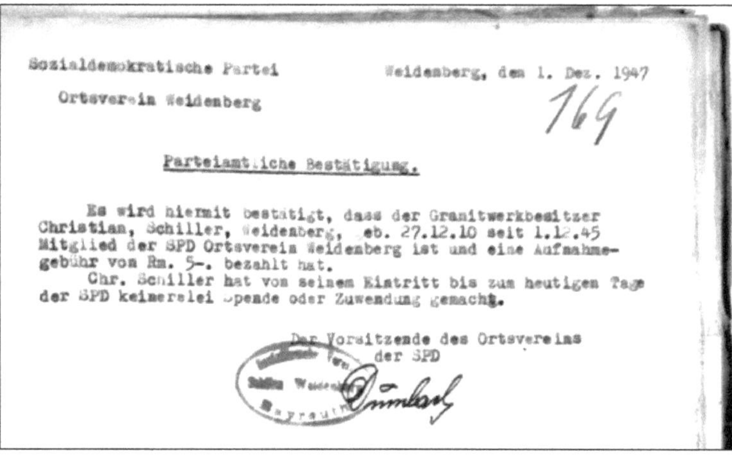

Sozialdemokratische Partei Weidenberg, den 1. Dez. 1947

Ortsverein Weidenberg

169

Parteiamtliche Bestätigung.

Es wird hiermit bestätigt, dass der Granitwerkbesitzer Christian, Schiller, Weidenberg, geb. 27.12.10 seit 1.12.45 Mitglied der SPD Ortsverein Weidenberg ist und eine Aufnahmegebühr von Rm. 5–. bezahlt hat.

Chr. Schiller hat von seinem Eintritt bis zum heutigen Tage der SPD keinerlei Spende oder Zuwendung gemacht.

Der Vorsitzende des Ortsvereins der SPD

Dumbach

Christian Schillers SPD-Beitritt am 1.12.1945:
Bestätigung durch OV-Vorsitzenden Dumbach

folgungsanträge an das genannte Sonderministerium bzw. an die Spruchkammern bekannt, die auf vielen Seiten eine Amtsenthebung und Verurteilung Schillers fordern, weil er angeblich NS-Sympathisant gewesen sei. Für ihre teilweise weit hergeholten Vorwürfe suchte die CSU unter der Bürgerschaft von Weidenberg und Umgebung bis in die angrenzende Frankenpfalz hinein Zeugen.

Allerdings wollten nicht alle Mitglieder dieser neuen Partei den Kurs zur Diffamierung von Gegnern mittragen; immerhin nannte sich diese Partei ja „christlich". So führt ein Vermerk der Spruchkammer vom 12. April 1946 Klage darüber, *„dass Mitglieder einer demokratischen Partei mit derartig unlauteren Mitteln ein ihnen unerwünschtes Gemeinderatsmitglied denunzieren wollen"*. Dies werfe ein schlechtes Licht auf die Ansichten über Demokratie innerhalb dieser Partei. Anstatt alle Kräfte auf die Lösung der drängenden Gegenwartsaufgaben zu richten, würden unbescholtene Staatsbürger zu falschen Aussagen verleitet, um auf diesem Wege zu versuchen, ein ordnungsgemäß gewähltes Gemeinderatsmitglied zu entfernen. Es entstünde der Eindruck, dass die Christlich Soziale Union durch die Unterstützung undemokratische Methoden den aufbaufeindlichen, reaktionären Kräften Hilfe leisten wolle.

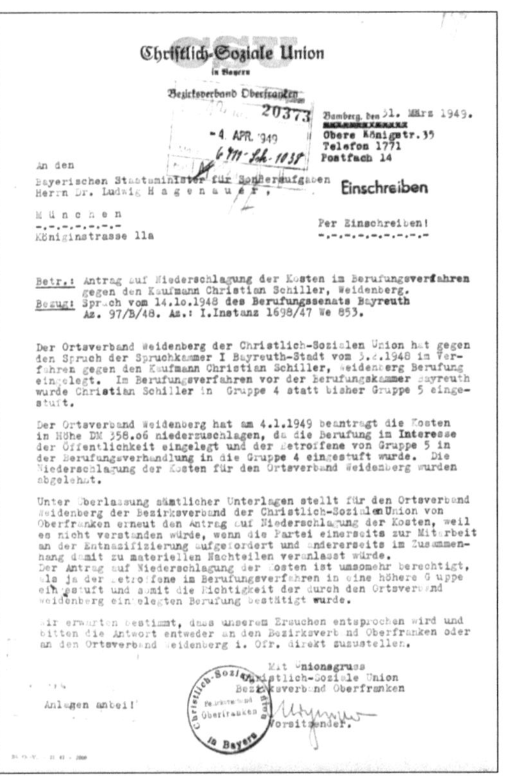

Christlich-Soziale Union
in Bayern
Bezirksverband Oberfranken

20373
-4. APR. 1949
6 MI-Sch-1038

Bamberg, den 31. März 1949.
Obere Königstr. 35
Telefon 1771
Postfach 14

An den
Bayerischen Staatsminister für Sonderaufgaben
Herrn Dr. Ludwig H a g e n a u e r,

M ü n c h e n
-.-.-.-.-.-.-
Königinstrasse 11a

Einschreiben

Per Einschreiben!
-.-.-.-.-.-.-.-.-

Betr.: Antrag auf Niederschlagung der Kosten im Berufungsverfahren gegen den Kaufmann Christian Schiller, Weidenberg.
Bezug: Spruch vom 14.10.1948 des Berufungssenats Bayreuth Az. 97/B/48. Az.: I.Instanz 1698/47 We 853.

Der Ortsverband Weidenberg der Christlich-Sozialen Union hat gegen den Spruch der Spruchkammer I Bayreuth-Stadt vom 3.2.1948 im Verfahren gegen den Kaufmann Christian Schiller, Weidenberg Berufung eingelegt. Im Berufungsverfahren vor der Berufungskammer Bayreuth wurde Christian Schiller in Gruppe 4 statt bisher Gruppe 5 eingestuft.

Der Ortsverband Weidenberg hat am 4.1.1949 beantragt die Kosten in Höhe DM 358.06 niederzuschlagen, da die Berufung im Interesse der Öffentlichkeit eingelegt und der Betroffene von Gruppe 5 in der Berufungsverhandlung in die Gruppe 4 eingestuft wurde. Die Niederschlagung der Kosten für den Ortsverband Weidenberg wurden abgelehnt.

Unter Überlassung sämtlicher Unterlagen stellt für den Ortsverband Weidenberg der Bezirksverband der Christlich-Sozialen Union von Oberfranken erneut den Antrag auf Niederschlagung der Kosten, weil es nicht verstanden würde, wenn die Partei einerseits zur Mitarbeit an der Entnazifizierung aufgefordert und andererseits im Zusammenhang damit zu materiellen Nachteilen veranlasst würde.
Der Antrag auf Niederschlagung der Kosten ist umsomehr berechtigt, als ja der Betroffene im Berufungsverfahren in eine höhere Gruppe eingestuft und somit die Richtigkeit der durch den Ortsverband Weidenberg eingelegten Berufung bestätigt wurde.

Wir erwarten bestimmt, dass unserem Ersuchen entsprochen wird und bitten die Antwort entweder an den Bezirksverband Oberfranken oder an den Ortsverband Weidenberg i. Ofr. direkt zuzustellen.

Mit Unionsgruss
Christlich-Soziale Union
Bezirksverband Oberfranken
Vorsitzender.

Anlagen anbei!

CSU-Ortsverband Weidenberg schon vor 1948: Einschreiben vom CSU-BV Oberfranken

Dieser frühe Vermerk vom April 1946 mit der Benennung der örtlichen CSU, der sich im Spruchakt SCHILLER findet, zusammen mit den umfangreichen Texten der CSU-Anträge zwischen 1946 und 1948, sowie auch unzählige weitere Dokumente in diesem Akt und im Akt des ehemaligen Ortsgruppenleiters RUMLER, sind die Hauptquelle für die oben vorgetragene These, dass das Parteiwesen in Weidenberg schon zu einem sehr frühen Zeitpunkt begonnen hat, nämlich unmittelbar nach dem Ende des Zweiten Weltkrieges, noch vor Jahresende 1945. Bestätigt wird die Existenz der CSU-Ortsgruppe Weidenberg auch durch das offizielle Schreiben des Bezirksverbandes der CSU Oberfranken vom 31. März 1949.

Deutlich wird in diesen Dokumenten aber auch, dass anfangs die Leitziele der neuen Parteien, „demokratisch" und „sozial" bzw. „christlich" zu sein, im „Parteivolk" sehr ernst genommen wurden. So kommen moralische Einwände gegen das rabiate Vorgehen der politischen Alpha-Tiere in den Anfangsjahren immer wieder hoch, können sich aber letztlich gegen den pragmatischen Kurs zur Vernichtung der Gegner nicht behaupten.

Überraschend für den Geschichtskenner ist in diesem Zusammenhang, dass zu diesem Zeitpunkt im April 1946 der Kaufmann ARNO WASSERZIEHR noch nicht der Hauptakteur ist. Er tritt erst ein paar Monate später so dominant für die CSU in Erscheinung, als er sich zum selbstgerechten Verfolger des Gemeinderatsmitgliedes und Bürgermeisterkandidaten CHRISTIAN SCHILLER aufschwingt. Sein geheimnisvoller Zuzug aus dem sowjetisch besetzten Leipzig in Weidenberg ist erst für 4. Sept. 1946 eingetragen. In den nächsten drei Jahren wird er jede Gelegenheit nutzen, um SCHILLER zu schaden und als Kommunalpolitiker unmöglich zu machen. Es gibt also von Anfang an auch demokratiefeindliche Kräfte in Weidenberg, die zwar vollmundig von „Demokratie" reden, aber ihren persönlichen Feldzug meinen.

Alte Seilschaften im Kampf der Parteien

So muss man nach der bisher bekannten Faktenlage auch davon ausgehen, dass sich der Alt-Nazi und einstige Ortsgruppenleiter GEORG RUMLER von Anfang als an eine der treibenden Kräfte in diesem frühen Kampf der CSU gegen die SPD betätigt; er hatte durch den Kriegsausgang manches erlitten, aber politisch nichts dazugelernt und fühlte sich durch die Folgen des deutschen Zusammenbruchs benachteiligt. Sein Feindbild konzentrierte sich schon immer auf den erfolgreichen Unternehmer CHRISTIAN SCHILLER, mit ihm hatte er alte Rechnungen zu begleichen.[132] RUMLER dürfte deshalb die Verhinderung und letztendliche Amtsenthebung Schillers als Bürgermeister besonders am Herzen gelegen haben.

So ist dieser allzu bekannte Ortsbürger und ehemalige Nazi-Hoheitsträger GEORG RUMLER der erste, welchen die CSU sofort als Komplizen findet und willkommen heißt. Die Tatsache, dass er praktisch von Kriegsende 1945 bis 26. Juni 1947 unfreiwillig im Lager Hammelburg als Gefangener der Amerikaner interniert war, war für ihn zwar äußerst unangenehm, konnte ihn aber nicht davon abhalten, sich in dieser Zeit mittels Briefverkehr und persönlichen Besuchen in Weidenberg kräftig in den Parteienkampf einzuschalten und Feuer zu legen.

---

[132] Vergl. dazu in der 3. Folge des Projektes „MYRTEN FÜR DORNEN – Der Anstreicher und seine Lehrjungen" im Kapitel *„Das Vordringen der Nazis und ihr Start in Weidenberg"* insbesondere den Abschnitt *„Rumler und Schiller – Zwei wie Hund und Katze"* ab S. 98ff.

Nachweislich werden RUMLER in dieser Zeit mehrfach Freigänge nach Weidenberg bewilligt. Sie dienen nicht nur der Begegnung mit der Familie und der Suche nach einem neuen Zuhause, seit er nicht mehr, wie einst als Ortsgruppenleiter, privilegiert im Alten Schloss wohnen darf. Sondern noch mehr sucht er den Kontakt mit CSU-Leuten und trifft sich mit ihnen zu konspirativen Besprechungen. Andererseits erscheinen CSU-Mitglieder auch immer wieder im Lager in Hammelburg, um mit RUMLER Absprachen zu treffen.

Auch brieflich steht RUMLER mit der CSU während dieser Zeit in engem Kontakt, wie schon der oben abgedruckte Brief vom 23. März 1946 gezeigt hat. Und nicht zuletzt geben auch die wiederholten Zeugenauftritte in den Spruchkammerverfahren gegen CHRISTIAN SCHILLER, zu denen man RUMLER vorlädt, dem ehemaligen Ortsgruppenleiter eine willkommene Bühne, seine Rachegelüste an seinem lebenslangen Rivalen zu befriedigen. So legen die umfangreichen Spruchakten mit ihrer Fülle an erhaltenen Dokumenten ausführlich Zeugnis ab von diesem lebhaften und intriganten politischen Spiel in dieser Frühzeit der Weidenberger Ortsdemokratie.

Ein sowjetzonaler Spitzel im Weidenberger Wahlkampf?

Die Hauptrollen in dieser Posse übernimmt dann aber ab Herbst 1946 der geheimnisvolle, wie aus dem Nichts auftauchende, ledige, katholische Kaufmann aus Leipzig namens ARNO WASSERZIEHR. Erst vier Wochen vor der Bürgermeisterwahl, am 4. Sept. 1946, meldet er sich offiziell in Weidenberg an. Und trotzdem wird er sogleich zum CSU-Vorsitzenden gewählt. Wie geht das?

Nun, WASSERZIEHR ist, wie Zeitzeugen übereinstimmend bestätigen, gut aussehend, stattlich und beredt. Er wohnt beim Kaufmann SACK in der Kantorsgasse. Landsmannschaftlich stammt er eigentlich aus Schlesien und ist zu diesem Zeitpunkt 52 Jahre alt. Auch er nimmt mit RUMLER als der braunen Eminenz im Hintergrund persönlichen und brieflichen Kontakt auf. Er ist immer dann gemeint, wenn in Schreiben Rumlers im Kürzel von „W." geredet wird.

Wohnte hier ein Spitzel?
Haus des Kaufmanns SACK in der Kantorsgasse

Dabei war WASSERZIEHR gar kein NSDAP-Genosse gewesen. Vielmehr hätte er mit den NS-Parteianhängern sogar eine Rechnung zu begleichen gehabt. Denn er war in seiner Militärzeit als Kraftfahroffizier wegen Devisenvergehen aufgeflogen und zu einem Jahr Gefängnis verurteilt worden. Anschließend war er unehrenhaft aus der Armee entlassen worden. Von hier kann also schwerlich sein Interesse am Kontakt mit dem Altnazi RUMLER begründet werden.

Aber da hatte es in Weidenberg noch den oben bereits geschilderten, ganz anderen Vorfall gegeben. So hatte WASSERZIEHR nach dem Krieg seine äußerlich vorteilhafte Erscheinung und sein Wissen um Geld auch für seine eigene Karriere nutzen wollen und hatte sich gleich als Treuhänder für das Granitwerk SCHILLER beworben, das damals noch unter alliierter Vermögensverwaltung stand. Doch schon bald war er auch hier unehrenhaft gefeuert worden. Es besteht Grund zur Annahme, dass er in Wahrheit zu den etwa drei bis vier Spitzeln des sowjetischen Geheimdienstes gehörte, die in dieser Zeit in Weidenberg den Auftrag hatten, die frühen demokratischen Gehversuche zu unterminieren. Diese zeitigen Vorboten des „Kalten Krieges" sind bis heute nicht angemessen erforscht.

Unfreiwilliger Mitspieler in dieser Posse ist der oben bereits als frühes SPD-Mitglied erwähnte Granitwerkbesitzer CHRISTIAN SCHILLER. Er war ja zunächst zum zweiten Bürgermeister bestimmt worden und kandidiert nun nach der Demontage Seilers bei dieser ersten „richtigen" demokratischen Wahl in Weidenberg 1946 für das Amt des Ersten Bürgermeisters.

Von Kriegsfolgen gezeichnet: Bürgermeister CHRISTIAN SCHILLER 1947

Der vorbereitende Wahlkampf wird auf beiden Seiten erbittert geführt. Mit Hilfe eines Nürnberger Grafikers und Freundes startet SCHILLER in Weidenberg eine vielbeachtete Plakatierung, die auf die CSU und ihren überraschenden Frontmann WASSERZIEHR ausgerichtet ist. Auf einem Plakat, das dann gut sichtbar an einem Scheunentor an der Lindenstraße hängt, lässt er WASSERZIEHR als einen Mann darstellen, der aus einem Brunnen die braune Brühe der Vergangenheit schöpft.

Währenddessen besorgt sich WASSERZIEHR in seiner beredten Art in ganz Weidenberg Informationen von Bürgern, mit denen er seinerseits SCHILLER diffamieren kann. Bei der Kommunalwahl am 6. Oktober 1946 in Weidenberg kommt die CSU mit ihrem Kandidaten aber nicht zum Zuge. Zähneknirschend muss sie mit ansehen, dass die Bürger dem SPD-Kandidaten CHRISTIAN SCHILLER als Seilers Nachfolger den Vorzug geben. Auch die Ortsgruppe der KPD mit ihrem Leiter HERIBERT KOKOT unterstützt ihn.

3. Die späte Rache des ehemaligen Ortsgruppenleiters

Wie die CSU auch den Bürgermeister Christian Schiller demontiert

Anstatt aber nun bei der großen Aufgabe der Integration der vielen Heimatvertriebenen und Flüchtlinge mitzuarbeiten, durch die sich Zahl der Einwohner in Weidenberg von einem Tag auf den anderen fast verdoppelt hat, stellt sich die CSU nach ihrer Niederlage gekränkt in umso deutlichere Opposition zu diesem neuen Bürgermeister. Mit allen Mitteln betreibt sie seine Absetzung.

Schiller beim Wahlkampf mit Ortsbürgern

Sie verleumdet SCHILLER in der Öffentlichkeit, insbesondere bei den Flüchtlingen, denunziert ihn massiv bei den Ministerien und Ämtern, stellt etliche Anträge auf Spruchkammerverfahren gegen ihn und interveniert zu seinen Lasten bei den Behörden. Solche Art destruktiver Opposition ist in dieser aufgeregten Zeit der Entnazifizierung leicht möglich und wirkungsvoll. Schon das Erregen von Verdacht genügt, um einen Gegner zu demontieren.

Mit vereinten Kräften erreicht die kleine Führungsmannschaft des CSU-Ortsverbandes Weidenberg in der folgenden Zeit gegenüber CHRISTIAN SCHILLER denselben „Erfolg“, wie schon bei SEILER, nämlich seine Absetzung nach nur gut einem Jahr Amtsdauer.

Diese Amtsenthebung mit Hilfe eines angezettelten und schwebenden Spruchkammerverfahrens verfügt der damalige Landrat A. NÜSSEL, der ebenfalls der CSU angehörte, eine Parteizugehörigkeit, die bei der Funktion der Landräte in Landkreis Bayreuth bis 1952 wegen der Belastung vieler CSU-Kandidaten durch ihre Nazivergangenheit eher die Ausnahme ist. Am 16. Nov. 1947 erlässt NÜSSEL ein entsprechendes Dekret. Diese Absetzung gilt nach dem Wortlaut zwar ausdrücklich als „vorläufig“, doch wird daraus, bis heute unaufgeklärt, merkwürdigerweise dann ein „endgültig“.

Für die erfolgreiche Demontage dieses zweiten damaligen Weidenberger Amtsinhabers auf dem Bürgermeistersessel bediente sich die CSU damals bewusst und hemmungslos ihrer intensiven Kontakte zu ihrem damals in Hammelburg internierten Altbürgermeister und ehemaligen NS-Ortsgruppenleiters GEORG RUMLER. Bei ihrer

Rufmordkampagne setzte sie ihn ungeniert als ihren namentlich benannten und mehrfach persönlich auftretenden Zeugen ein.

Wie die CSU zur Helferin für die Rache des ehemaligen Ortsgruppenleiters wird

Dieser dreiste Einsatz des Altnazis RUMLER für den Start der CSU in der Nachkriegszeit ist das eigentlich Peinliche in der Frühgeschichte der Weidenberger CSU. Das weitreichende Engagement der damaligen CSU für RUMLER gipfelt in der öffentlichen Lobpreisung durch den damaligen CSU-Vorsitzenden im wohl beschämendsten Schreiben an die Spruchkammer vom 25. März 1947. Hier rühmt WASSERZIEHR namens der CSU expressis verbis die *„Leistungen des früheren Bürgermeisters und Ortsgruppenleiters Rumler, der wegen seiner vorbildlichen Haltung überall, auch bei seinen Gegnern, das größte Ansehen genoss"*. Mit diesem Pamphlet hatte die junge CSU den Konsens der Bürger im Nachkriegs-Weidenberg vollends verlassen.

Anscheinend hat es RUMLER damals genossen, in der CSU eine willfährige Helferin zu haben. So konnte er, obwohl er im Lager der Alliierten in Hammelburg als Strafe für seine Untaten als Nazi interniert war, in dieser Zeit eine Reihe alter und neuer persönlicher Rechnungen begleichen.

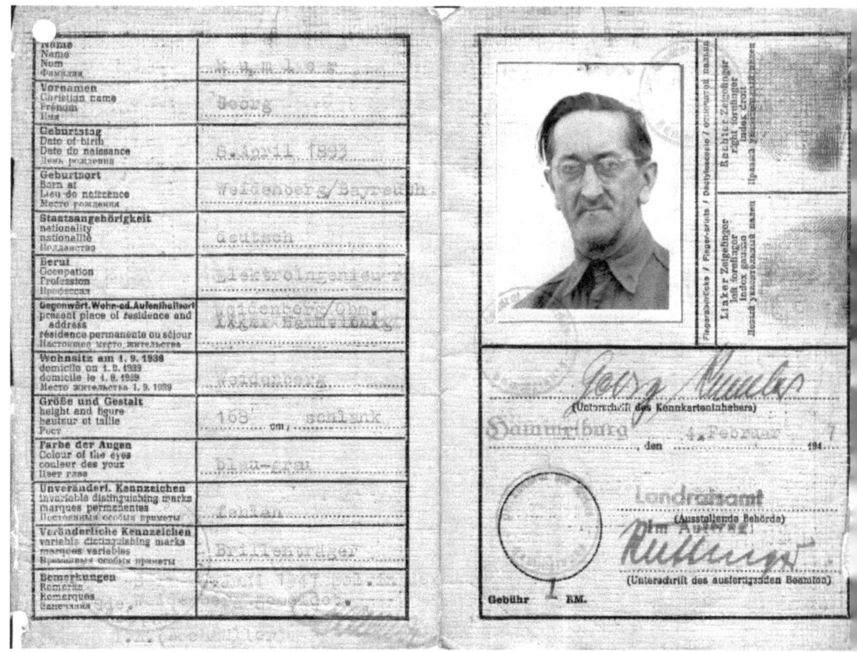

Name / Name / Nom	[illegible]
Vornamen / Christian name / Prénom	Georg
Geburtstag / Date of birth / Date de naissance	8. April 1893
Geburtsort / Born at / Lieu de naissance	Weidenberg/Bayreuth
Staatsangehörigkeit / nationality / nationalité	deutsch
Beruf / Occupation / Profession	Elektroingenieur
Gegenwärt. Wohn- od. Aufenthaltsort / present place of residence and address / résidence permanente ou séjour	[illegible]
Wohnsitz am 1. 9. 1939 / domicile on 1. 9. 1939 / domicile le 1. 9. 1939	Weidenberg
Größe und Gestalt / height and figure / hauteur et taille	168 cm, schlank
Farbe der Augen / Colour of the eyes / couleur des yeux	blau-grau
Unveränderl. Kennzeichen / invariable distinguishing marks / marques permanentes	fehlen
Veränderliche Kennzeichen / variable distinguishing marks / marques variables	Brillenträger
Bemerkungen / Remarks / Remarques	[illegible]

Fingerabdrücke / Finger-prints / Dactyloscopie

Linker Zeigefinger / left forefinger / index gauche

Rechter Zeigefinger / right forefinger / index droit

Georg Rumler

(Unterschrift des Kennkarteninhabers)

Hammelburg, den 4. Februar 1947

Landratsamt

(Ausstellende Behörde)

Im Auftrag

(Unterschrift des ausfertigenden Beamten)

Gebühr 1 RM.

Rachekampf vom Internierungslager aus:
GEORG RUMLER auf der Kennkarte des Lagers Hammelburg am 4. Febr. 1947

Eine solche Rechnung hatte er nach dem Krieg auch mit dem Weidenberger Gemeinderat offen. Denn dieses Gremium hatte ihn in seiner Abwesenheit, noch unter Leitung des inzwischen eben durch Wahl bestätigten Bürgermeisters SEILER, in der ersten Sitzung am 10. Feb. 1946 peinlicherweise für ein hohes ungeklärtes Kassendefizit aus seiner Amtszeit verantwortlich gemacht. Es betrug über 11.000 RM, also nach heutigem Wert rd. 100.000 €. Mit Hilfe von Landrat und Militärregierung hatte der Gemeinderat ihm das private Konto sperren lassen.

Auch mit dem Bürgermeisterkandidaten SCHILLER, der sich in der Zeit Seilers als II. Bürgermeister gerade seine Sporen verdiente, hatte RUMLER nicht nur aus der Zeit vor dem Krieg, sondern aus dem Jahr danach noch einige Rechnungen offen.

So hatte CHRISTIAN SCHILLER als Vertreter des Ersten Bürgermeisters in der Vakanzzeit des Bürgermeistersessels dem amerikanischen Leiter von Lager Hammelburg am 26. Juli 1946 geantwortet und ein wenig schmeichelhaftes Gutachten über RUMLER abgefasst. Als Grund für die Verhaftung Rumlers durch die Amerikaner bei ihrem Einmarsch in Weidenberg hatte er damals die für Nazigrößen übliche Formel angegeben: *„ … verhaftet, da seine Anwesenheit in Weidenberg eine Gefahr für die Ruhe und Ordnung dar Bevölkerung und die öffentliche Sicherheit bedeutet hätte“.*

Dabei war SCHILLER auch auf die Petition eingegangen, die Rumlers Ehefrau JOHANNA – allen Weidenbergern bekannt als „das Mädel“ – für eine Freilassung ihres Mannes wenige Tage zuvor verfasst und vielen Ortsbewohnern zur Unterschrift vorgelegt hatte. Offenbar hatte diese Petition in Hammelburg Eindruck gemacht und Hoffnungen auf eine vorzeitige Haftentlassung Rumlers geweckt. Aber viele Weidenberger Bürger hatten ihre Unterschrift inzwischen wieder zurückziehen wollen. Sie waren im Nachhinein doch besorgt, aus falsch verstandener Solidarität gegenüber ihrem früheren Gemeindeoberhaupt vorschnell gehandelt zu haben. Dieses zwiespältige Verhalten der Bürger hatte SCHILLER den Amerikanern zu begründen versucht und sich so natürlich die Wut Rumlers zugezogen.

RUMLER hatte SCHILLER ja, wie oben dargestellt, seit eh und je mit widerstreitenden Gefühlen gegenübergestanden. Da war immer der Neid wegen dessen Charisma und seiner großen beruflichen Erfolge, mit denen SCHILLER sein Granitwerk zum größten Arbeitgeber Weidenbergs gemacht hatte, verbunden mit den Privilegien von vornehmer Villa und großen Autos. Anderseits war RUMLER aufgrund der persönlichen Machtfülle, die er in seiner Zeit als Nazi-Amtswalter genoss, von einem Gefühl eigener Überlegenheit beherrscht.

Jetzt aber, nach dem Krieg, war SCHILLER soeben dabei, nicht nur geschäftlich, sondern auch politisch zu triumphieren, während RUMLER gedemütigt in Hammelburg sein Leben fristete, ohne Aussicht auf Zukunft.

So lag es für RUMLER nahe, seinem ungeliebten Erzfeind SCHILLER die erlittene Schmach heimzuzahlen. Den Anfang hatte er im März 1946 mit seinem oben abgedruckten Brief an die CSU gemacht, indem er die junge Partei auf ihre Anfrage mit seinen Vorwürfen über Schillers angebliche Nazivergangenheit versorgte. Danach hatte er ihr noch weiteres Material gegen Schiller zugespielt, das er zu Hause aufbewahrte und sich bei seinen Freigängen besorgte.

Es war dann diese junge CSU, welche – von Rumlers Rachegedanken eingehend und bis in den Wortlaut hinein munitioniert – gegen SCHILLER die Durchführung der **Spruchkammerverfahren** beantragte, wohl wissend, dass sie bei der nur vorübergehenden Parteizugehörigkeit Schillers, zu der sich SCHILLER ab 1937 aus Geschäftsgründen herbeigelassen hatte, und seiner bekannten nazikritischen Einstellung, keine allzu guten Karten in der Hand hatte.

Inzwischen war aber der durchsetzungsstarke Leipziger Kaufmann ARNO WASSERZIEHR in Weidenberg eingetroffen und überraschenderweise sofort zum CSU-Vorsitzenden gewählt worden. Er zerstreute alle Skrupel und nahm die Dinge sogleich auf seine eigene unerbittliche Weise in Angriff. Dabei nutzte er die Bedrängnis der in Weidenberg heimatsuchenden Flüchtlinge aus und setzte alles daran, sie in einem ersten Schritt für seine Zwecke zu instrumentalisieren.

Eine Versammlung aller Flüchtlinge sollte dafür als Plattform dienen. Als vordergründiger Anlass wurde die Wahl eines Flüchtlingsvertreters auf die Tagesordnung gesetzt. Diese Versammlung wurde zum Brandbeschleuniger und hat Geschichte geschrieben.

Wie die Flüchtlinge für eine Resolution gegen Schiller missbraucht werden sollten

Zu der Zeit quoll Weidenberg, wie auch viele andere Orte Deutschlands, über von Flüchtlingen. Dabei waren „die Gablonzer", die statistisch heute die größte Zahl dieser Migranten in Weidenberg ausmachen, noch gar nicht in Sicht; sie hausten zu der Zeit noch am Bindlacher Berg, in der Erwartung einer eigenen Siedlung „Neubürgerreuth" und ließen sich erst über vier Jahre später, im Jahr 1951, in die neu für sie erbaute Werksiedlung locken.[133]

Es waren aber bereits seit dem Jahr 1944 Flüchtlinge aus der Batschka, dem Banat, den Karpaten, Ostpreußen und Polen in Weidenberg gestrandet, die zusätzlich zu den Evakuierten aus den Bombengebieten untergebracht werden mussten. Das Hauptkontingent der Flüchtlinge bildeten aber zu diesem Zeitpunkt am Jahresbeginn 1947 die Schlesier.

Allein der kleine Weiler Waizenreuth mit seinen 45 Bewohner gewährte in seinen sieben Bauernhöfen 30 dieser Flüchtlinge Unterkunft. Nicht anders war es im Marktort Weidenberg und den übrigen Orten rund um Weidenberg. Es gab zeitweilig fast

---

[133] Vergl. dazu das folgende Kapitel: *„Gablonzer Glasknopfmacher in Weidenberg".*

genauso viel Flüchtlinge wie Einwohner, die alle untergebracht, versorgt und auch schulisch betreut werden mussten. Auch in der Frankenpfalz wurden damals zwischenzeitlich 100 Schlesier aufgenommen.

Am Marktort war praktisch jedes Haus, in dem es noch bewohnbare Räume gab, mit Flüchtlingen belegt. Auch in den Gasthäusern am Ober- und Untermarkt, insbesondere bei VOGEL und DREWS, kampierten sie, dazu in den Baracken auf dem Gelände der Firma SCHILLER und am Obermarkt. So geben die Zahlen bei KRÖLL[134] keine wirkliche Vorstellung von dem tatsächlichen zu bewältigenden Chaos, denn sie stammen erst aus dem Jahr 1961. Bis dahin waren aber viele Flüchtlinge längst weitergezogen und hatten sich anderenorts eine Heimat gefunden.

Im Jahr 1947 war die Flüchtlingszahl aber noch riesig. Bei einem solchen unerbetenen Zusammentreffen von Menschen aus den unterschiedlichsten Landsmannschaften bei beengten und ärmlichen Umständen sind Störungen und Spannungen vorprogrammiert.

Aus dem Protokoll des Marktgemeinderates vom August 1946 ergibt sich z.B., dass die örtlichen Landwirte damals um ihre Ernte fürchten, weil sich viele dieser Gäste auf den Feldern selbst bedienen. Doch will der Gemeinderat, der sich zu der Zeit noch ganz aus Einheimischen zusammensetzt, auf die Aufstellung einer „Landwache" zur Sicherung der Ernte verzichten. Er vertraut darauf, dass es genüge, die Barackenbewohner zur Mitarbeit einzusetzen. Allerdings wird für die Barackenbewohner eine Ausgangsbeschränkung verfügt; sie dürfen nach 21 Uhr die Äcker und Wiesen nicht mehr betreten.

Klugerweise hat die Marktgemeinde unter Bürgermeister SEILER in diesem Jahr 1946 auch eine geeignete Person aus den Betroffenen als **Flüchtlingsvertreter** ausgesucht. Dieser soll mithelfen, zwischen den unterschiedlichen Interessen zu vermitteln. Der erhoffte Friedensbringer, ALFRED MEHRER, ist inzwischen vom zuständigen Flüchtlingskommissar provisorisch bestellt und soll nun auf der Flüchtlingsversammlung in einem förmlichen Wahlakt bestätigt werden.

Dem Lehrer HANS KLUGE, der selbst ein Flüchtling ist, wird es überlassen, einzuladen und durch die Tagesordnung zu führen. KLUGE gehört zum CSU-Vorstand. Er verfolgt mit dieser Zusammenkunft auch Parteiinteressen.

Tatsächlich wird die Wahl des Flüchtlingsvertreters auch wirklich durchgeführt. MEHRER wird mit überwältigender Mehrheit in seinem Amt bestätigt. Aber dann kommt es zum Eklat.

Der CSU-Vorsitzende WASSERZIEHR hat eine Resolution vorbereitet, die sich

[134] AaO. S. 182.

unmittelbar gegen das seit 6. Oktober 1946 als Bürgermeister amtierende SPD-Mitglied CHRISTIAN SCHILLER richtet und die er namens der CSU anschließend für ein Spruchkammerverfahren gegen SCHILLER verwenden will. KLUGE will die aufgeheizte Stimmung der Versammlung nutzen, um diese Erklärung verabschieden zu lassen. WASSERZIEHR trägt den Text der CSU-Erklärung an diesem Abend vor.

Ein Pamphlet gegen den SPD-Bürgermeister

Die umfangreiche Vorlage[135] knüpft an Schillers Amtstätigkeit als Bürgermeister und an die Probleme der Flüchtlingsbetreuung an. SCHILLER hat von dem Komplott der CSU an diesem Abend gewusst und deshalb vorsorglich seine Sekretärin mit einem Stenogramm beauftragt, das den Text festhält.

So behauptet WASSERZIEHR in seiner wortreichen Philippika, SCHILLER ließe im Umgang mit den Flüchtlingen jeglichen Anstand und jegliches Gefühl für Menschlichkeit vermissen. Er begünstige Militaristen und verweigere Flüchtlingen den Zuzug. Er bewohne sein großes Haus praktisch allein mit seiner Familie und hätte im Dachgeschoß nur einen seiner Angestellten untergebracht, unterlaufe also die Bestimmungen der Wohnungsbewirtschaftung. Er benutze die Bewirtung amerikanischer Offiziere als Vorwand für diese „Raumverschwendung“ und ginge ohne Erlaubnis auf die Jagd. Er habe unberechtigt der Kindergärtnerin gekündigt und gäbe Saufgelage mit Vollbier bevorzugten Leuten, um sie für sich zu gewinnen. Seine Methoden seien absolut diktatorisch, er gefiele sich in der Rolle eines Halbgottes von Weidenberg und vergesse, dass die Flüchtlinge ihr Los „Leuten seines Schlages“ verdanken.

Dann geht die CSU auf einen Nebenkriegsschauplatz über, die Rolle von SCHILLER in der NS-Zeit. Dieser Themenbereich, zu dem die Flüchtlinge natürlich nichts sagen können, entwickelt sich dann später in den Spruchkammerverfahren zum Hauptkriegsplatz. Denn naturgemäß interessiert die Spruchkammern ja Schillers Verhalten nach dem Krieg gegenüber den Flüchtlingen weniger. Die Angriffe dienen also an diesem Abend lediglich dazu, die Stimmung in der Versammlung aufzuheizen.

Diese zweite Kategorie von Punkten, die NS-Zeit betreffend, sind klar vom ehemaligen Nazi-Ortsgruppenleiter RUMLER inspiriert, der allein die Fakten kannte; weder WASSERZIEHR noch KLUGE konnten sie als Ortsfremde von sich auskennen.

So sei SCHILLER angeblich bereits 1929 aktiv für die NSDAP tätig gewesen.[136] Außerdem sei er 1938 der Hauptantreiber bei einer Aktion gegen den katholischen

---

[135] Sie ist den Spruchkammerakten von CHRISTIAN SCHILLER 1947 beigefügt.

[136] Dieser so nicht haltbare Vorwurf wird in der 3. Folge des Projektes „MYRTEN FÜR DORNEN – Der Anstreicher und seine Lehrjungen“ kritisch besprochen: im Kapitel *„Christian Schiller, alerter Geschäftsmann mit kleinen Fehlern“*, ab S. 139ff.

Pfarrer von Kirchenpingarten gewesen.[137] Er sei anlässlich eines Betriebs-Appelle mit der Pistole in der Hand neben dem Ortsgruppenleiter gestanden. Auch hätte er die Partei durch zahlreiche Spenden unterstützt und große Aufträge für Parteibauten erhalten, sei somit ein bedeutender Nutznießer des Systems gewesen.[138] Schließlich habe er seine u.k.-Stellung durchgesetzt, obwohl seine Firma nicht zu den kriegswichtigen Betrieben zählte.

SCHILLER protestiert noch auf der Versammlung heftig gegen das Vorgetragene und bezeichnet es als Unterstellung. Er erklärt z.B., er wolle auf der Stelle tot umfallen, wenn er an der Nazipartei auch nur einen Pfennig verdient hätte.

Was die erstgenannten Punkte der Behandlung von Flüchtlingen angeht, so melden sich bereits an diesem Abend auch etliche Betroffene und protestieren scharf gegen Wasserziehrs Vorwürfe. So erklärt der anwesende Flüchtling, Kaufmann und nachmalige Weidenberger Bürgermeister OTTO FLEISCHMANN ein paar Tage später unter Eid, er *„habe die Angriffe des Herrn Wasserziehr als ausgesprochenes Manöver gegen einen politischen Gegner angesehen, um Herrn Schiller sowohl bei der Weidenberger Bevölkerung, als auch bei den zugezogenen Flüchtlingen und Ausgewiesenen unmöglich zu machen."* Er habe sich bereits bei der Versammlung selbst *„energisch dagegen verwahrt, für eine Resolution zu stimmen, die Beschuldigungen enthält, die zum Großteil Jahre zurückliegen und von mir und allen anderen Flüchtlingen auf ihre Wahrheit hin nicht überprüft werden können."*

Hinsichtlich des persönlichen Verhaltens von SCHILLER den Flüchtlingen gegenüber erklärt FLEISCHMANN zugleich auch für seine Verwandten, dass sie nie *„von Herrn Schiller kurz abgefertigt oder in irgendeiner anderen Art verletzend oder ungebührlich behandelt"* worden seien. Seine Mutter, die öfters mit Herrn SCHILLER zu tun hätte, lege sogar besonderen Wert auf die Feststellung, dass sie *„immer freundlich und höflich behandelt wurde".*[139]

Auch andere angesehene Teilnehmer dieses Abends bringen ihren Protest zum Ausdruck. So gibt der gerade bestätigte Flüchtlingsvertreter ALFRED MEHRER unter Eid zu Protokoll, dass die in öffentlicher Versammlung vorgebrachten Anschuldigungen geeignet seien, *„den Bürgermeister zu verleumden, ihm unwahre*

---

[137] Dieser Vorwurf und der ganze Vorfall wird eingehend diskutiert im Supplementband zum Projekt MYRTEN FÜR DORNEN: *„Als Hitlers Gottheit infrage stand – Der Widerstand der Frankenpfälzer und der Überfall der Weidenberger Nazis nach den Hitlerwahlen 1938".*

[138] Dieser nicht haltbare Vorwurf wird in der vorliegenden 6. Folge des Projektes weiter oben im Hauptkapitel besprochen: *„Die zwei alten Rivalen Fabrikant Schiller und Ortsgruppenleiter Rumler bekämpfen sich weiter"*, und zwar im *Unterabschnitt „Warum Schiller auf Parteiaufträge verzichtet".*

[139] Dies und das folgende Dokument finden sich im Spruchkammerakt SCHILLER.

Machenschaften nachzureden, sein Ansehen in der Gemeinde zu schädigen und ihn zu beleidigen". Sie seien deshalb *„von der gesamten Flüchtlingsversammlung mit Ablehnung zurückgewiesen"* worden.

Die CSU ist also mit ihrer Initiative bei den Flüchtlingen gescheitert und hat sich einen negativen Ruf eingehandelt. Aber diese Flüchtlingsversammlung war ja nur der Auftakt einer mehrjährigen Kampagne, in der die CSU trotzdem alles daransetzte, SCHILLER weiter zu demütigen und auf jede Weise fertig zu machen. Erst mit Wasserziehrs Weggang von Weidenberg zum Jahresende 1949 enden die Schmutzkampagnen und es setzten sich dann auch in der stark ramponierten CSU die besonneneren Kräfte durch.[140]

So geht aber im Jahr 1947 diese Kampagne erst einmal richtig los.

Wie die CSU mit Rumlers Hilfe den Chef der „Staschlaf" demütigt und vor die Spruchkammer bringt

Gleich nach dieser historischen Flüchtlingsversammlung stellt WASSERZIEHR ein umfangreiches Schreiben zur Denunziation Schillers vor dem SONDERMINISTERIUM ZUR BEFREIUNG VOM NATIONALSOZIALISMUS fertig, in welchem er SCHILLER in vier Hauptpunkten und zahlreichen Unterpunkten angreift.

Im ersten Komplex sammelt er Vorwürfe zu Schillers angeblicher NS-Vergangenheit, wie seinen Parteibeitritt 1937, die Kirchenpingarten-„Demonstration" 1938, die angebliche Nötigung von Arbeitern zum Parteibeitritt, und er wiederholt die Geschichte mit der Pistole. In einem zweiten Komplex unterstellt er SCHILLER erneut, Nutznießer des NS-Systems gewesen zu sein. Er bietet als Beweismittel Geschäftsbücher der Fa. SCHILLER an, die er offenbar in seiner Zeit als Treuhänder „sichergestellt", also unterschlagen hat. Mit ihrer Hilfe möchte er SCHILLER auch steuerlich belangt sehen. In einem dritten Bereich wiederholt WASSERZIEHR solche Vorwürfe, die belegen sollen, dass SCHILLER sich über bestehende Bestimmungen hinwegsetzt, wie die Hausbelegung oder die Durchführung von Jagden. Und als vierten Komplex bringt er noch einmal die Vorwürfe hinsichtlich des Verhaltens gegenüber Flüchtlingen.

Um dieser Anzeige Gewicht zu verleihen, instrumentalisiert Wasserziehrs CSU etliche Zeugen und sogar den damaligen Ortspfarrer HELMUT HEIM. Sie missbraucht die tatsächlich auf diese Anzeige hin eingeleiteten Spruchkammerverfahren gegen

---

140 WASSERZIEHR, der anscheinend ohne Familie ist, lebt seit 1949 überwiegend in Bayreuth unter wechselnden Adressen. Als Berufsbezeichnung ist „Vertreter" angegeben. Er stirbt 1958 im Alter von erst 64 Jahren. Das Rätsel über seine seltsame Mission in Weidenberg bleibt vorerst ungelöst.

SCHILLER gezielt, um den inzwischen seines Bürgermeisteramtes ledigen Geschäftsmann weiter zu denunzieren und als Beute zu erlegen.

Für seine Mitwirkung an diesem Komplott erlebt der lebenslange Nationalsozialist RUMLER seinerseits im Gegenzug von der CSU, dass sie sich für seine Befreiung aus der Internierung tatsächlich wie gewünscht bereitwillig einsetzt.
Um SCHILLER noch weiter zu demütigen, strengt die CSU auch noch ein gesondertes Steuerverfahren gegen diesen größten Arbeitgeber Weidenbergs an, mit der kurzsichtigen Absicht, ihn auch finanziell zu ruinieren.

Auch über Gerüchte bei den Ortsbürgern bemüht sich die CSU von Anfang an, Schillers Ruf zu ruinieren. So verbreitete sie im Marktort, dass SCHILLER seine eigenen Beschäftigten bei den Amis denunziert habe. Ein anderes Gerücht lautete, dass er einige Mitarbeiter politisch belastet habe, um ihre berufliche Entlassung durchsetzen zu können. Wieder andere wiederholen litaneiartig, dass SCHILLER in seinem Bürgermeisteramt die Flüchtlinge benachteiligt habe. Es waren allesamt Vorwürfe, die vor Gericht dann eindeutig widerlegt werden konnten. Aber nach dem lateinischen Diktum *„semper aliquid haeret"* blieb auch von dieser systematischen Rufmordkampagne bis heute einiges hängen, sodass die Bemühungen aus Sicht der CSU letztlich doch „erfolgreich" waren.

Ob es politisch wirklich klug und für das wirtschaftliche Leben Weidenbergs damals hilfreich war, ausgerechnet den mit Abstand größten Arbeitgeber des Ortes, der SCHILLER mit seinem Granitwerk ja vor und nach dem Krieg war, in dieser Weise zu diskreditieren, nur weil er sich einer mit der CSU konkurrierenden Partei zugewandt hatte, mögen im Nachhinein andere beurteilen. Wahrscheinlich spielt die Abneigung mancher Bürger gegen den großzügigen und weltläufigen Lebensstil Schillers in der eher engen Bürgerlichkeit Weidenbergs bei der Entwicklung dieser unerquicklichen Feindseligkeit eine nicht zu unterschätzende Rolle.

Nach seiner Amtsenthebung durch den CSU-Landrat und nach den anstrengenden Spruchkammer-Prozessen zog sich SCHILLER gänzlich aus der Politik zurück. Aus heutiger Sicht muss man muss froh sein, dass er als Unternehmer trotzdem noch eine Weile weitergemacht hat. Mit seinen weltweiten Kontakten und seinem durch drei Generationen gewachsenen Know-how arbeitete das Granitwerk durchaus profitabel; der billige indische Granit war lange Zeit keine echte Konkurrenz. Doch mit Eintritt in den Ruhestand hörte der Fabrikant auf. Im Jahr 1982 starb SCHILLER im Alter von 72 Jahren. Im folgenden Jahr wurde das Werk abgerissen.

Keines seiner Kinder hatte in seine Fußstapfen treten wollen. Dabei tragen sie alle die Erinnerung an das Weidenberg ihrer Kindheit in den Herzen. Aber keines seiner verstreut lebenden Kinder oder Enkel käme auf die Idee, sich einmal in Weidenberg

Im Jahr nach Schillers Tod abgerissen: Die „Staaschlaf" 1983

begraben zu lassen, zu tief sitzen die Verwundungen der Vergangenheit. [141] Hingegen wäre man in Weidenberg heute sicher froh, wenn man diesen Betrieb, der auch nach dem Krieg wieder fast 100 Mitarbeiter beschäftigte, weiterhin am Ort hätte. Doch erwartet jemand, der unternehmerisch tätig ist, sicher auch ein entsprechendes politisches Klima.

So ist auf eine merkwürdige Weise die Erinnerung an die „Staaschlaf" wie ausgelöscht, nichts erinnert mehr an sie, nicht einmal ein Eintrag in Wikipedia. An ihrer Stelle erhebt sich heute in Weidenberg die „neue Mitte".

---

[141] Die beiden (2020) lebenden Kinder NORMAN SCHILLER (*1938) und ELFRUN, verh. HÄFNER (*1937) haben sich dem Autor für ausführliche Zeitzeugeninterviews zur Verfügung gestellt und ihm auch wichtige Dokumente überlassen. Der Enkel BJÖRN SCHILLER (*1973), der in Irland lebt, hat den über 1.000 Seiten umfassenden Spruchkammerakt seines Großvaters für Zwecke der Forschung einscannen und auf CD brennen lassen. Für die Überlassung ist der Autor dankbar. Von diesem Enkel stammen die wenigen Informationen über die Geschichte der „Staaschlaf", die man heute im Internet findet (https://irishgranitemerchants.eu/granitehistory.htm).

Björns Vater HOLGER SCHILLER hatte um 1970 das völlig heruntergekommene Schulhaus in Döhlau gekauft und herrichten lassen. Um 1985 zog es ihn aber nach Irland, weil er angeblich Angst hatte vor der Gefahr aus dem Osten. Er kaufte am Meer bei Sligo ganz im Norden des Landes eine Burgruine (Castel). Hier war seit dem 18. Jahrhundert nichts mehr gemacht worden, vieles war völlig verfallen. Mit Handwerkern und Holz aus Deutschland richtete er das Schloss für den Fremdenverkehr her. Bei einem Flugzeugabsturz kam er ums Leben. Einige Weidenberger, die Kontakt mit BJÖRN SCHILLER halten, haben dieses Schloss schon besucht und waren von Ambiente und Landschaft begeistert.

4. Die Spruchkammer auf dem schmalen Grat der Gerechtigkeit

Wie sich die Bayreuther Spruchkammer für die Rache der braunen Seilschaften missbraucht sieht

Die Richter der Spruchkammern waren damals weitsichtig und besaßen genug Menschenkenntnis, sie durchschauten, was hier seinerzeit in Weidenberg gespielt wurde. Bereits im Verfahren vom 21. Juli 1947 hatte die Spruchkammer erkannt, dass sie hier **politisch missbraucht** werden sollte. Sie hat zwar die zynische Respektlosigkeit des CSU-Schriftsatzes gegenüber dem Gericht großmütig weggesteckt, in welchem die CSU beantragte, *„Schiller vor einer Spruchkammer zur Verantwortung zu ziehen, dessen Vorsitzender nicht häufiger Gast bei ihm ist"*. Aber sie hat es doch nicht versäumt, schriftlich zu monieren, dass hier *„gewisse persönliche und politische Auseinandersetzungen zweier Parteien stattfinden"*.

Noch deutlicher wurde die Kammer im folgenden Verfahren, das Anfang Februar 1948 stattfand. In der Begründung des Urteils, in dem Schiller sehr zum Ärger seiner politischen Kontrahenten völlig freigesprochen wurde, heißt es:

*„Die Kammer hat den Hintergrund dieses Verfahrens kennen gelernt: Auch hier haben sich die **Störer von draußen, die das Befreiungsgesetz missbraucht haben**, eingefunden; sie haben im Umherziehen Unwahrheiten zusammengetragen und weiterverbreitet. Dies geschah **unter dem Signum und Deckmantel ... der CSU**. Die Aktivisten der NSDAP, Rumler, Wagner und Genossen sahen die **Stunde der Rache** gekommen; sie glaubten gleichzeitig einen kräftigen Boden gefunden zu haben, auf dem eine Rehabilitierung bis zur Durchführung ihrer Verfahren am besten gedeiht. Als letztes Mittel zur Unschädlichmachung ihres einstigen politischen Gegners griffen sie zur **Konstruktion strafrechtlicher Handlungen**, indem sie dem Betroffenen Zeugenbeeinflussung und Bestechung zum Vorwurf machten ..."*

Es war jedoch zu optimistisch und eine Fehleinschätzung, wenn die Kammer im gleichen Schriftsatz meinte, dass die CSU Weidenberg eine Partei sei, *„die sich jedoch, wie das Schreiben des derzeitigen Ortsvorsitzen der CSU vom 15.7.1947 beweist, von den Machenschaften des Wasserziehr distanziert."*

Ja, WILHELM BURKERT, der oben schon genannte heimatvertriebene Müller aus dem nordböhmischen Bösig, heute Velký Bezděz – zum damaligen Zeitpunkt 70 Jahre alt und seit Kriegsende bis 1949 als Müllermeister in der Löfflermühle angestellt – gehörte als Vorstandsmitglied damals zum gemäßigten Flügel der Weidenberger CSU. Er legte auf das „Christliche" der Partei großen Wert, das sich nach seiner Vorstellung auch im Umgang mit dem politischen Gegner zeigen müsse.

So hat er z.B. am 15. Juli 1947 im Namen der CSU mit eigener Hand ein Schreiben an den damals noch amtierenden Bürgermeister CHRISTIAN SCHILLER verfasst, in dem er sich sehr betroffenen von den Tätigkeiten des ungeliebten Ortsvereinsvorsitzenden ARNO WASSERZIEHR zeigt. Er distanziert sich deutlich von dessen Machenschaften und tritt dafür ein, WASSERZIEHR als Ortsvereinsvorsitzenden abzusetzen: *„Wasserziehr muss abdanken, dieser Mann zerstört alles. Wir sind doch eine christliche Partei."*

Das Schreiben wird in der Spruchkammer-Verhandlung im Februar 1948 zitiert, die dann für SCHILLER auch positiv ausgeht.[142]

Dieses bei den Spruchakten befindliche und in seinen zwei Seiten in Sütterlinschrift nicht ganz leicht lesbare Schreiben Burkerts an SCHILLER ist für die Frühgeschichte des Weidenberger CSU-Ortsvereins insofern ein historisch bedeutsames Dokument, als es die tiefen Spaltungen in der damaligen Ortsgruppe bei der Frage nach den leitenden Werten sichtbar macht.

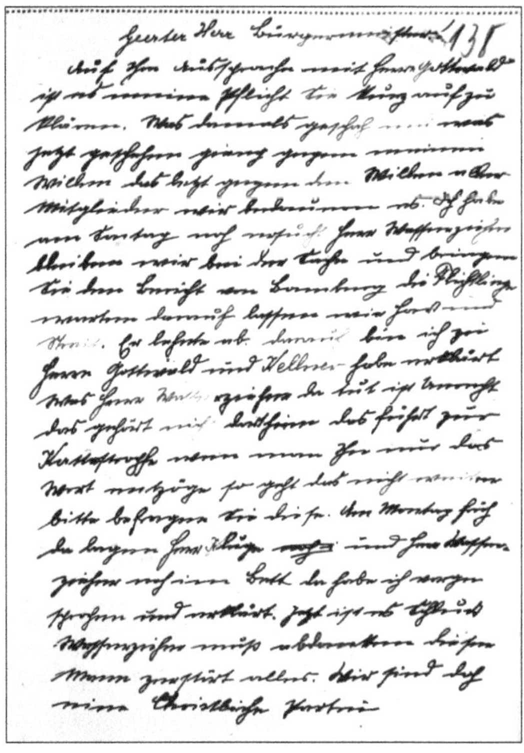

„Wir sind doch eine christliche Partei": Entschuldigungsschreiben des Müllers WILHELM BURKERT an CHRISTIAN SCHILLER

Spaltungen in der jungen CSU-Ortsgruppe in der Frage der Moral

Die meisten Mitglieder waren wohl mit dem rabiaten Vorgehen Wasserziehrs nicht einverstanden, empfanden es als „unchristlich" und waren sich mit BURKERT einig, WASSERZIEHR abzusetzen. Doch scheint sich dieser beredte Mann und Unruhestifter einmal mehr gegen seine Kritiker durchgesetzt zu haben.

Denn es zeigt sich, dass das tatsächliche weitere Vorgehen der CSU in dieser Sache dann in Widerspruch steht zu Burkerts Brief. Zwar wurden in den beiden bis zu diesem Zeitpunkt durchgeführten Spruchkammerverfahren die Behauptungen Rumlers gegen SCHILLER größtenteils widerlegt und RUMLER der Unglaubwürdigkeit über-

[142] Im Akt der Spruchkammer Bth1-Land Sch37 Bd1-163f.

führt; SCHILLER war also vor Gericht rehabilitiert worden. Dennoch schürte die CSU mit WASSERZIEHR an der Spitze weiter und strengte ein *drittes* Berufungsverfahren an.

Die Teilnahme am Überfall auf Kirchenpingarten wurde Schiller zum Verhängnis

Auch dieses Verfahren leitet erneut ARNO WASSERZIEHR persönlich in die Wege. Er bezeichnet sich zu diesem Zeitpunkt am 30. April 1948 gerade mal wieder als **Vorsitzender des CSU-Ortsvereins**. Und er hat „Erfolg". Es gelingt ihm endlich, eine Einstufung Schillers wenigstens in die unterste Gruppe IV der Belasteten, nämlich der „Mitläufer", zu erreichen.

Fakt war ja eigentlich, dass SCHILLER ziemlich spät und dann auch nur vier Jahre lang von 1937-1941 Mitglied der NSDAP war. Er hatte dort auch keine Funktionen bekleidet und war auch von seiner sonstigen Einstellung her eher als Nazigegner zu betrachten gewesen. Doch zum Zünglein an der Waage für den Schuldspruch und zum Verhängnis für ihn wurde nun die scharfe juristische Einschätzung des oben bereits genannten Ereignisses, das die Bewohner der angrenzenden Frankenpfalz genau 10 Jahre zuvor in Atem gehalten hatte.

Am Abend nach dem Hitlerreferendum zur Eingliederung Österreichs 1938 hatte die gesamte Weidenberger SA, unterstützt von vielen neugierigen Weidenberger Bürgern, zusammen weit über 100 Personen mit etlichen Fahrzeugen, einen Überfall auf die Geistlichen von Kirchenpingarten unternommen.[143] Mit dieser „Demonstration", wie sie es nannten, hatten die Nazis Rache für die Schmach nehmen wollen, dass die Kirchenpingärtner sie mit ihren 38 Nein-Stimmen bei diesem Referendum reichsweit so auffällig blamiert hatten.

Auch CHRISTIAN SCHILLER war, wie sich beim Spruchkammerverfahren herausstellte, an diesem Abend zweimal mit seinem Auto nach Kirchenpingarten hinausgefahren und hatte sich, obwohl er kein SA-Mann war, bei dem Verhör der Geistlichen aktiv beteiligt. Die Ausrede, dass er bei der ersten Fahrt die Geistlichen habe warnen und bei der zweiten Fahrt durch seine Teilnahme am Verhör sie habe schützen wollen, nahm ihm das Gericht nicht so recht ab. Auch andere Zeugen attestierten ihm „Neugier" und „Sensationslust", wie sie zu einer ernsthaft nazikritischen Einstellung eigentlich nicht passen. Andererseits hatte der nach dem damaligen „Führer-

[143] Vergl. die ausführliche Schilderung dieses Ereignisses im Supplementband zum Projekt MYRTEN FÜR DORNEN: *„Als Hitlers Gottheit infrage stand – Der Widerstand der Frankenpfälzer und der Überfall der Weidenberger Nazis nach den Hitlerwahlen 1938"*, Die hier vorgenommene sorgfältige Analyse des Vorfalls beruht in starkem Maße auf der sorgfältigen Auswertung der Spruchkammerakten in den Fällen SCHILLER, RUMLER und der übrigen Tatbeteiligten.

Prinzip" eigentlich verantwortliche Ortsgruppenleiter GEORG RUMLER vor Gericht versucht, die Verantwortung für die Aktion, die wohl sein übereifriger Propagandaleiter WAGNER angezettelt hatte, völlig unberechtigterweise SCHILLER zuzuschieben.

Nun war also SCHILLER formal als „Mitläufer" eingruppiert, und damit war seine politische Erledigung in dieser aufgeregten Zeit wenigstens formal gerechtfertigt. Damit konnte er eine Zeit lang kein öffentliches Amt mehr ausüben; auch musste er eine Strafe in den Wiedergutmachungsfond zahlen und einen Teil der Gerichtskosten übernehmen.

Die Entnazifizierung löst nicht die Frage der Gerechtigkeit

Manches an dieser Rechtsprechung bei der Entnazifizierung erscheint aus heutiger Sicht als absurd. So sieht man in Weidenberg im Endeffekt so unterschiedlich handelnde und denkende Personen in derselben Gruppe der „Mitläufer" eingruppiert, wie einerseits den Agitator der nazitreuen „Deutschen Christen" Pfarrer THEODOR HOFFMANN,[144] andererseits den bekennenden Nazigegner Pfarrer GEORG REDENBACHER[145], einerseits den fanatischen und bis zuletzt vom Endsieg träumenden und dazu noch in Anwesenheit der Alliierten aufstachelnden Ortsgruppenleiter GEORG RUMLER[146], andererseits den nachweislich regimekritischen Fabrikbesitzer CHRISTIAN SCHILLER.

Noch absurder erscheint diese Rechtsprechung, wenn man auch die Fälle anderer Weidenberger Bürger betrachtet, etwa den Fall der Besitzerin des Textilgeschäftes am Obermarkt und Schwägerin Rumlers, MARGARETE RUMLER. Sie findet sich in derselben Gruppe der Beschuldigten wieder, wie ihr Onkel, obwohl sie nie in der Nazipartei, sondern nur Mitglied in der Unterorganisation der NS-Frauenschaft war. Sie hat freilich RUMLER bis zu seiner Verheiratung 1939 in ihrer Familie aufgenommen und sich um ihn gekümmert; doch ist dies ja kein negativer Urteilsgrund.

---

[144] Hoffmanns Vita bildet unter der Kapitelüberschrift *„Das Trojanische Pferd der Nazis – Pfarrer Theodor Hoffmann und die Deutschen Christen"* einen ausführlichen Schwerpunkt in der genannten 4. Folge des Projektes „MYRTEN FÜR DORNEN – Christsein am Scheideweg".

[145] REDENBACHER gehört zu den Protagonisten des Gesamtprojektes „MYRTEN FÜR DORNEN" und kommt daher unter den verschiedenen zeitlichen und thematischen Aspekten in allen Folgen zur Sprache. Der Aspekt „Bekenntnispfarrer" wird aber in derselben 4. Folge erörtert, in der auch sein Kollege und Gegenspieler Pfarrer HOFFMANN vorgestellt wird. Das entsprechende Schwerpunktkapitel ist überschrieben: *„Die geheime Bekenntnisgemeinde Weidenberg und andere Geschichten vom Pfarrer Redenbacher".*

[146] RUMLER ist die Hauptperson in der 3. Folge des Projektes „MYRTEN FÜR DORNEN – Der Anstreicher und seine Lehrjungen" über den Aufstieg und das Wirken der Nazis in Weidenberg. Sein Verhalten bei Kriegsende beschreibt die vorliegende 6. Folge im Kapitel *„Warten auf die Sieger – Der Amerikaner kommt"*, S. 240ff.

Andererseits lassen die Gerichte die Ehefrau dieses ehemaligen Ortsgruppenleiters, das oben genannte und ortsbekannte „Mädel", die persönlich für die Nazisache und für ihren Mann agitiert hatte, völlig unbehelligt.

Doch solche Ungerechtigkeit haftet vielen Verfahren vor den damaligen Spruchkammern an und macht sie im Nachhinein zu einem misslungenen Projekt von Umerziehungsversuchen am Deutschen Volk. Es bleibt der bittere Nachgeschmack, den die meisten dieser Entnazifizierungsverfahren verströmen und der sie in der Geschichtsschreibung und im öffentlichen Bewusstsein auch so umstritten macht: Dass auch hier in Weidenberg einmal mehr das hehre Unterfangen einer Aufarbeitung des Nationalsozialismus von allzu ehrgeizigen Politikern missbraucht worden ist zur Denunziation von Mitbürgern.

Ist nicht die Rehabilitation der politischen Opfer angezeigt?

Doch ist solches Jammern nicht das Ziel dieses vorliegenden Kapitels. Vielmehr geht es darum, sich klarzumachen, was – wie oben berichtet – in dieser Frühzeit der Nachkriegsparteienlandschaft im Ortsverein einer jungen demokratischen Partei in Weidenberg hinter den Kulissen tatsächlich vor sich ging. Verantwortungsbereite Menschen, die willig waren, sich auf demokratische Weise in ein politisches Amt wählen zu lassen, wurden erlegt und allein aus parteitaktischem Kalkül zur Strecke gebracht. Zu fragen ist, welche Stellung die betroffenen Parteien heute dazu einnehmen und ob nicht eine nachträgliche Rehabilitation der Opfer angezeigt ist.

Man darf ja nicht übersehen: Die Politikverdrossenheit, die schon in der Weimarer Zeit ins politische Verderben geführt hat, hat auch in der damaligen Nachkriegsrepublik von Anfang an neue Nahrung erhalten. Und schuld dabei sind natürlich immer nur die anderen – eine unendliche Geschichte unserer an Tragödien reichen Demokratie? Was kann Menschen stattdessen ermutigen, demokratische Wahlprozesse wichtig zu nehmen und sich für Politik zu engagieren?

„UNTERGEHEN UND AUFSTEHEN“
– Der Alltag unter Kriegsbedingungen und das Danach –

5. „GÄSTE UND FREMDLINGE“ – TEIL II

Gablonzer Glasknopfmacher in Weidenberg

Wie die „Sudetendeutschen“ nach Oberfranken kamen

Neue Heimstatt der Gablonzer in Weidenberg 1951:
Blick von der Bocksleite mit Schuhmühle (vorn),
Bauvereinshäuser (dahinter) und Werksiedlung (hinten links)

FÜNFTES BUCH:

GABLONZER GLASKNOPFMACHER IN WEIDENBERG oder:

WIE DIE „SUDETENDEUTSCHEN“ NACH OBERFRANKEN KAMEN

Inhalt:

DANK

Für die Hilfe bei der Erstellung dieses Kapitels danke ich insbesondere meinen Zeitzeugen Wolfgang Fünfstück und Edeltraut Schmidt

Einführung

Flüchtlinge und Heimatvertriebene in Weidenberg

Wie in den meisten anderen deutschen Orten veränderte sich durch die Flüchtlingsströme des Krieges und der Nachkriegszeit auch im Marktort Weidenberg das Bild der Einwohnerschaft. Waren bis dahin die Weidenberger weit überwiegend eingeborene Franken und von der Konfession her lutherisch gewesen, so waren es in den 1960-er Jahren, konfessionell betrachtet, nur noch etwa die Hälfte und bei der landsmannschaftlichen Herkunft sogar noch weniger. Im Jahr 1961 waren von den 2.652 Einwohnern nur noch 1.052 als in Weidenberg geboren eingetragen.

Auswärtige Klinikgeburten spielten natürlich eine wachsende Rolle, so hatten immerhin weitere 399 hatten ihre Geburtsorte in der Stadt oder im Landkreis Bayreuth; damit betrug der Anteil der gebürtigen Franken an der Gesamtbevölkerung zu der Zeit insgesamt immerhin noch 55 %.[147]

Andere stammten aus Bayern und Westdeutschland, darunter einige in den Jahren 1939 bzw. 1944 evakuierte Saarländer[148], die nach dem Krieg nicht zurückgekehrt waren. – Alle Übrigen waren Flüchtlinge und Heimatvertriebene, die am Marktort zwischenzeitlich angesiedelt worden waren. Sie machten in der Gesamtbevölkerung nun über ein Drittel, nämlich gut 35 %, aus. Von diesen wiederum stellten die Aussiedler aus den deutschsprachigen Gebieten der Tschechoslowakei, dem sg. „Sudetenland", mit 632 Personen den weitaus größten Anteil.

Diese sg. „Sudetendeutschen" kamen ihrerseits aus 48 ganz unterschiedlichen Land- und Stadtkreisen der Tschechoslowakei, von grenznahen Orten wie Bärn, Marienbad, Eger und Asch, bis zum 350 km entfernten Gablonz an der Neiße. Aber sie verstanden schon bald, das Geschehen an ihrem neuen Wohnort in entscheidendem Maße in die Hand zu nehmen und mit zu prägen.

So entwickelten sich die 53 „Gablonzer Erzeugungsstätten" damals zu einem wichtigen wirtschaftlichen Faktor, nachdem bis dahin, neben einigen kleineren Betrieben, das Granitwerk SCHILLER mit bis zu 200 Arbeitsplätzen der einzige wirklich bedeutende Arbeitgeber in Weidenberg war.

Auch politisch veränderte sich mit der Ankunft der Heimatvertriebenen sehr viel. Von Anfang an zeigten die neuen Siedler Einmütigkeit und unterstützten ihren je-

---

147 Zu den Zahlen vergleiche Kröll S. 182 f.

148 Vergl. das Kapitel *„Die Evakuierung der Saarländer aus Ommersheim und Heckendalheim"* weiter oben in dieser Folge des Projektes „MYRTEN FÜR DORNEN".

weiligen Frontmann bis zum Erfolg. Demgegenüber beharrten die gebürtigen Weidenberger noch lange in ihrer Zerstrittenheit.

Dieser Dissens rührte zum Teil aus ihrer überlieferten Trennung in „Obermärker und Untermärker" her, zum Teil aber auch aus den missglückten Anfängen der Demokratie in Weidenberg in den ersten Nachkriegsjahren. Am Ort hatte sich bereits seit dem Herbst 1945 die neu gegründete CSU unter Missbrauch der braunen Ortsvergangenheit Gefechte mit den wieder erstandenen Parteien SPD und KPD geliefert und deren Spitzenpersonal erfolgreich zu demontieren versucht, anstatt alle Energie in den gemeinsamen Wiederaufbau und die Integration der Neuzugezogenen zu stecken.[149]

Dass mit OTTO FLEISCHMANN dann am 7. März 1960 jemand zum Nachfolger des Weidenbergers GEORG HAGEN im Amt des Ersten Bürgermeisters gewählt wurde, der nicht aus Weidenberg stammte, sondern aus dem böhmischen Gablonz, und dass auch dessen Nachfolger WOLFGANG FÜNFSTÜCK ein weiterer „zugereister" Sudetendeutscher aus derselben Gegend war, unterstreicht den Rückhalt, den diese Männer bei den Neubürgern hatten, dokumentiert aber auch das Ansehen, das sie sich für den friedlichen Ortsaufbau durch ihre weitsichtigen und engagierten Entscheidungen erworben hatten.

Bürgermeister OTTO FLEISCHMANN (rechts) zeichnet 1967 Dr. HANS-GÜNTER MÜLLER als ersten Weidenberger Ehrenbürger aus.

Damals wurden auch schon bald die ersten Ehen zwischen Ortsansässigen und Neubürgern geschlossen. Zu diesem Zeitpunkt machten die eigentlichen Gablonzer knapp 14% der Gesamtbevölkerung aus. Umso bemerkenswerter, dass sie sich politisch so durchsetzen konnten; da hatte der damalige Wirtschaftsminister von Bayern und spätere zweite Kanzler der Bundesrepublik LUDWIG ERHARD mit seiner Einschätzung von der „geballten Kraft" der Gablonzer Heimatvertriebenen (s.u.) wohl recht. Sie muss aber auch gepaart gewesen sein mit „Herz", sonst hätte sie nicht funktioniert.

Auch konfessionell machten sich die Veränderungen stark bemerkbar: War Weidenberg bis dahin mit rd. 90% Evangelischen ein Ort mit klar protestantischem

---

[149] Vergl. das Kapitel *„Mit Ostspionen und alten Seilschaften zum neuen Aufbruch"* in dieser vorliegenden Folge des Projektes „MYRTEN FÜR DORNEN".

Neue kirchliche Heimat der Gablonzer Alt-Katholiken seit 1962: Kirche St. Peter und Paul in Weidenberg

Profil, so veränderte sich das Verhältnis nun deutlich: Statt vorher 112 gab es nun plötzlich 1.240 Römisch-Katholische gegenüber 1.520 Evangelischen, ein Anwachsen auf das Zehnfache. Aus diesem Grund reichten auch die Plätze in der kleinen Michaelskirche in Rosenhammer nicht mehr aus. Das Kirchlein musste stark erweitert werden.

Dazu kam nun noch eine Gruppe von Alt-Katholischen aus dem Bistum Warnsdorf im Sudetenland, die jetzt den Kern der neu entstandenen ALT-KATHOLISCHEN GEMEINDE in Weidenberg bildete. Diese Gemeinde konnte 1962 am Weidenberger Buchenweg ihre Kirche ST. PETER UND PAUL weihen.

Interessanterweise war aber der Gablonzer WOLFGANG FÜNFSTÜCK, der dann mit 36 Amtsjahren die längste Amtsdauer aller Weidenberger Bürgermeister hatte, nicht katholisch oder alt-katholisch, sondern von Haus aus lutherisch[150]. Denn auch etliche lutherische Christen gab es in und um Gablonz, was vielfach nicht bekannt ist.

Die „Sudetendeutschen" in Bayern

Bereits bei der politischen Neukonstituierung Bayerns in den ersten Monaten und Jahren nach der deutschen Kapitulation 1945 kam den vertriebenen Sudetendeutschen in Bayern eine besondere Rolle zu. Insbesondere die junge CSU ergriff von Anfang an die Chance, sich durch ihre Öffnung für die Heimatvertriebenen auch politisch einen Namen zu machen. So konnte man von den Neuankömmlingen aus Böhmen und Mähren nicht nur eine Erhöhung der Wirtschaftskraft, sondern auch eine wirksame Durchmischung der Konfessionen im konfessionell bislang stark polarisierten Bayern erwarten. Während andere Flüchtlingsgruppen, wie die Schlesier, das protestantische Element in katholische Gegenden Bayerns gebracht hatten, wurde von den Sudetendeutschen eine Stärkung des katholischen Elements in

[150] WOLFGANG FÜNFSTÜCK war am 16. Mai 1944 noch in Puletschnai / Kr. Gablonz (Ri. Morchenstern) geboren. Seine Familie gehörte zur Gruppe der Evangelischen dort. Sie gehörten dann zu den ersten Deutschen, die von dort bereits am 13. Juni 1945 vertrieben wurden. Einige von ihnen siedelten sich auch in Fichtelberg an.

evangelischen Gegenden Bayerns erwartet. Es ging also um die Idee einer konfessionellen Ökumene, die sich eigentlich auch aus den Kriegserfahrungen nahelegte.

So erklärt die seit Mitte 1946 CSU-geführte Bayerische Staatsregierung im Jahr 1954 die Schirmherrschaft über diese böhmische Volksgruppe und rühmte sich seitdem ihrer erfolgreichen Integration. Die Sudetendeutschen ihrerseits dankten den Politikern solche Zuwendung bis heute durch eine „besondere Beziehung" (Originalton Sudetendeutsche Landsmannschaft).

Weil also die Sudentendeutschen nicht nur in ganz Bayern als „vierter Stamm",[151] sondern auch im Ortsgeschehen von Weidenberg eine so große Rolle spielen, sei ihrer Geschichte in diesem Band des Projektes „MYRTEN FÜR DORNEN" ein eigenes Kapitel gewidmet.[152] Ohne damit den anderen Flüchtlingsgruppen ihre jeweilige Besonderheit zu nehmen, sei dabei der Blick exemplarisch auf die Gegend um Gablonz konzentriert; denn von hier strömte die größte Gruppe Vertriebener nach Weidenberg ein, und andererseits öffnete sich der Marktort für diese Gruppe auch mit allen Konsequenzen in besonderer Weise.

Diese Geschichte ist in ihren wechselnden Bezügen sehr spannend; ihre Kenntnis ist nicht nur zum Verständnis der Weidenberger Ortsgeschichte unabdingbar, sie ist auch für die Frage nach den Beziehungen zwischen Deutschland und Tschechien relevant. Denn die Vertreibung der Deutschen aus der Tschechoslowakei hat Wurzeln, die weit in die Geschichte Böhmens hinabreichen; sie resultiert letztlich aus der ungelösten nationalen Frage zwischen Slawen- und Deutschtum in diesem Gebiet.

Diese Frage nach dem Zusammenleben muss heute unter dem Aspekt der Nachbarschaft und im Kontext eines vereinten Europa neu beantwortet werden. Da hat der Weidenberger Bürgermeister FÜNFSTÜCK im Jahr 1998 mit dem Beschluss der Städtepartnerschaft mit der vergleichbar großen Stadt Morchenstern (Smržovka) bei Gablonz im Isergebirge einen ermutigenden Anfang gemacht.

---

[151] Von den insgesamt etwa 3 Millionen einst in der Tschechoslowakei wohnenden „Sudetendeutschen" waren, nach ihrer Vertreibung ab 1945, im Jahr 1950 knapp 1 Million auf dem Gebiet der DDR angesiedelt und gut 1 Million in Bayern. Der Rest verteilte sich auf die übrigen Bundesländer mit den Schwerpunkten Hessen und Baden; gut 6.000 wanderten nach England, Südafrika und Australien aus.

[152] Zum besonderen Beitrag der Gablonzer Glasmacher zum Weidenberger Wirtschaftsleben vergl. die wichtigen Arbeiten von MARIA SEIDL *„50 Jahre Gablonzer Werksiedlung Weidenberg, Rückblick"* in „SEINERZEIT" – Beilage zum Amtlichen Mitteilungsblatt VII 1/2004, und OTTO PILZ *„Glaswaren aus Weidenberg gingen einst in alle Welt"*, erschienen in der Ausgabe 124 der „LINDENZEITUNG" Sept. / Okt. 2015, http://www.awo-seniorenzentrum-weidenberg.de/Lindenzeitung_124_web.pdf.

1. Eine wechselvolle Vorgeschichte der Deutschen in Böhmen

„Sudetendeutsch" ist ein propagandistischer Kunstbegriff

Erst seit der Münchener Konferenz im September 1938 galt „Sudetendeutschland" als Teil des Deutschen Reiches. Gegen den Widerstand der tschechoslowakischen Regierung hatte HITLER das Gebiet sofort nach dem billigenden Konferenzentscheid annektieren lassen. Ein halbes Jahr später, im März 1939, besetzten deutsche Truppen die „Rest-Tschechei" und errichteten hier das spätere „Protektorat Böhmen und Mähren", während sich die Slowakei als eigenständiger Staat gründete und ein Satellit Hitlers wurde.

Nun waren die **Sudetendeutschen also „Reichsdeutsche"**. Und der Landkreis Gablonz war nun ein Reichsgau des Deutschen Reiches. Er zählte damals knapp 100.000 Einwohner, von denen 5 % tschechischer Nationalität waren. Die **Stadt Gablonz war das Zentrum der Gablonzer Glas- und Schmuckwarenindustrie** und hatte knapp 30.000 Einwohner.

Eigentlich waren die Sudetendeutschen dieses Raumes um Gablonz gar keine „Deutschen" im Sinne des nationalen Denkens; wohl aber waren sie eine deutschsprachige Bevölkerungsgruppe im Raum der historischen Tschechoslowakei. Sie waren Nachfahren von Siedlern aus dem umliegenden, angrenzenden Gebieten Deutschlands und Österreichs, die seit der Ostkolonialisation im 12. Jh. durch alle folgenden Jahrhunderten hindurch, insbesondere nach den Hussitenkriegen, nach dem Dreißigjährigen Krieg und während der Industrialisierung, sich hier niedergelassen hatten. Sie hoben sich von der tschechisch-sprachigen Gruppe durch ihre eigene Sprache,

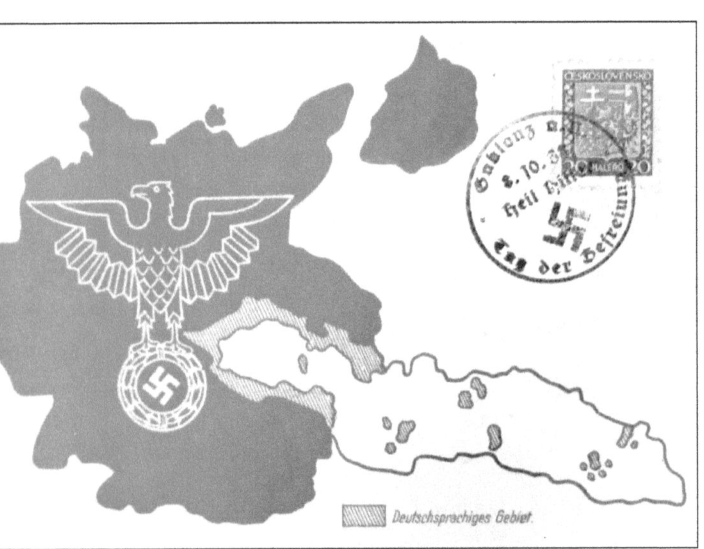

Als „Tag der Befreiung" bejubelt: Ersttagsbrief mit Grafik des deutschen Sprachgebietes. – Aus Gablonz vom 1. Okt. 1938

Kultur und Tradition ab, konzentrierten sich überwiegend auf die Randzonen Tscheчиens und umfassten bei Kriegsende insgesamt etwa 3 Millionen Menschen.

Die Bezeichnung „Sudetendeutsche“ (im Egerländer Dialekt „Suaderer“) ist eine späte Sprachschöpfung. Sie bildete sich als Eigenbezeichnung der deutschsprachigen Einwohner der Tschechoslowakei erst in der Zeit der ersten tschechischen Republik nach dem Ersten Weltkrieg heraus. Bis dahin war die Begriffe „Deutschböhmen“, „Deutschmährer“ und „Deutschschlesier“ gebräuchlich, wurden aber zunehmend von den wenig weitsichtigen Tschechen untersagt.

Dieser neue Begriff „Sudetendeutsche“ leitet sich zwar vom Gebirgszug der Sudeten ab, der sich auf 330 km Länge in Nordböhmen bis Schlesien und zu den Karpaten entlang zieht. Er schließt aber auch solche deutschsprachigen Bevölkerungsgruppen mit ein, die nicht im Bereich dieses Gebirgszuges lebten. So werden die deutschsprachigen Einwohner aus beinahe dem gesamten Grenzgebiet Böhmens und Mährens mit eingerechnet, ebenso in den Sprachinseln Olmütz, Wischau, Brünn und Iglau und weiteren Städten. So weckte der neue Begriff den Anschein, als ob es sich um eine Bevölkerungsgruppe von einheitlicher Herkunft handelt; er verdeckte leider, dass es sich zwar um eine deutschsprachige Gruppe, aber doch von sehr vielschichtiger Herkunft und Prägung handelt.

So nutzten deutsche Nationalisten insbesondere seit den dreißiger Jahren den Ausdruck „Sudetendeutsche“ regelrecht als Kampfbegriff, um die uneinheitliche deutschsprachige Bevölkerung Böhmens als Einheit dem Tschechisch sprechenden Bevölkerungsteil gegenüberzustellen. Die meisten Gemeinten legten aber gar keinen Wert auf diese Bezeichnung, weil sie ihnen zu belastet schien; sie wären lieber weiter „Deutschböhmen“ geblieben.

Katholiken, Protestanten, Altkatholiken

Kirchlich gehörte das Gebiet nach seiner Christianisierung im 9. Jh. zunächst zu Regensburg, bekam aber 973 mit Prag einen eigenen Bistumssitz. In dieser Stadt gab es stets auch eine große jüdische Gemeinde.

Konfessionell war die Mehrheit dieser Sudetendeutschen, bedingt durch die wechselvolle Herrschaftsgeschichte seit dem 30-jährigen Krieg, vom Katholizismus geprägt; denn das zwischenzeitliche Hussitentum und der Calvinismus waren der blutigen habsburgischen Gegenreformation des 17. Jh. zum Opfer gefallen.

Es gab aber, wie im Fall FÜNFSTÜCK gezeigt, auch weiterhin Gemeinden von Protestanten; und, was dann für die Ortsgeschichte von Weidenberg nach dem Krieg so auffallend wurde, es gab eine Gruppe von Alt-Katholiken. Sie waren aus der Alt-Katholischen Kirchenbewegung hervorgegangen, die sich nach dem ersten Vatikani-

Alt-katholische Kathedrale Warnsdorf um 1930

schen Konzil von 1869/70 nach der Verkündung des umstrittenen Dogmas von der Unfehlbarkeit des Papstes gebildet hatte. Der österreichische Priester und Gymnasiallehrer ANTON NITTEL hatte den Alt-Katholizismus 1871 nach Warnsdorf im nördlichen Böhmen gebracht. Hier war bald eine alt-katholische bischöfliche Kathedrale entstanden. Sie strahlte in die verschiedenen angrenzenden Regionen des Isergebirges aus und erreichte so auch das entfernte Morchenstern; die dortigen Alt-Katholiken zählten bei Kriegsende etwa 10.000 Mitglieder. Seit 1990 erfolgt ein Neuaufbau der Gemeinden.

Deutsche im fremden Land

Die „Sudetendeutschen" litten in ihrer Geschichte immer darunter, dass sie sich wie „Deutsche im fremden Land" fühlten. Ihre Duldung hing stets vom Wohlwollen der jeweiligen Herrschaft ab. Sie hatten allein in den letzten 100 Jahren unter vier verschiedenen Herrschaften gelebt. Zu jeder Zeit haben sie aber nach ihren eigenen Aussagen immer ihr Bestreben darein versetzt, sich mit den gastgebenden Nationen, so auch mit den Tschechen, zu verständigen.[153]

Der Blick in die Geschichte Böhmens zeigt, dass dieses Land bereits seit dem 6. Jh. n. Chr. Einwanderungsland war. Damals waren zunächst Slawen gekommen; ihr zeitweilig riesiges Mährerreich ging 906 unter. Seitdem wurde dieses Land zum dauernden Zankapfel der umgebenden Mächte.

Im 13. Jahrhundert begann eine intensive Besiedelung durch deutsche Bauern und Bergleute. Auch in vielen Städten Innerböhmens lebten ab dem 12./13. Jh. Deutsche und Tschechen zusammen. Im Jahr 1348 gründete Kaiser KARL IV. in Prag die nach ihm benannte erste Universität auf dem Boden des Heiligen Römischen Reiches nördlich der Alpen. Zu jener Zeit war diese böhmische Hauptstadt das politische, wirtschaftliche und kulturelle Zentrum von ganz Mitteleuropa. Das Prager Kanzleideutsch wurde schon damals zur Grundlage der deutschen Sprache. Die böhmische Macht reichte auch bis weit nach Oberfranken bis zur Egerquelle im Fichtelgebirge.

---

[153] Vergl. etwa die Lebensbeschreibung von GUDRUN PAUSEWANG in ihrer Autobiographie *„Rosinkawiese"* oder PETER GLOTZ *„Die Vertreibung. Böhmen als Lehrstück"*.

Doch blieb die nationale Frage zwischen Slawen- und Deutschtum ungelöst. Sie verband sich vielmehr im Folgenden mit der konfessionellen Frage und verstärkte sich so auf unglückliche Weise.

Zum Zündfunken wurde die Verbrennung des tschechischen Reformators JAN HUS nach dem Konzil von Konstanz. Der Konflikt mündete in die blutigen Hussitenüberfälle und wirkte bis in den 30-jährigen Krieg nach. Die strenge Gegenreformation, die Kaiser FERDINAND dann gegen alle Anhänger des unglücklichen calvinischen Kurfürsten und böhmischen „Winterkönigs" FRIEDRICH III. verhängte, verhärtete noch die Fronten zwischen „habsburgisch-katholisch" und „böhmisch-protestantisch". Wer bleiben wollte, musste zum Katholizismus übertreten. – Im weiteren Verlauf des 30-jährigen Krieges plünderten aber schwedische Truppen unter JOHAN BANÉR ganz Böhmen und rotteten im Winter 1638/39 ohne Rücksicht auf die Konfession drei Viertel der Einwohner Böhmens aus bzw. vertrieben sie.

Neuansiedlung aus dem Habsburgerreich im „Königtum Böhmen"

Nach diesem wüsten Krieg wurden die entvölkerten böhmischen Landstriche nun mit Siedlern aus deutschsprachigen Teilen des Habsburgerreiches neu besiedelt. Diese damals angesiedelten katholischen Österreicher stellen den hauptsächlichen Kern der ab 1945 vertriebenen „Sudetendeutschen" dar.

Als in Böhmen Ansässige waren sie bis zum Ersten Weltkrieg **Bürger des Königtums Böhmen** und damit ein Teil des Habsburgerreiches bzw. der österreichischen k.u.k Monarchie. Die Österreicher haben aber ihr böhmisches Königtum nie ganz ernst genommen, sondern das slawische Element vernachlässigt und gedemütigt und damit der Tschechisch sprechenden Volksgruppe Reizpunkte geliefert.

Bereits im 18. Jh. reagierten diese Tschechen und formierten als Antwort auf den Wiener Zentralismus eine tschechische Nationalbewegung. In einer „nationalen Wiedergeburt" forderten sie die Anerkennung der tschechischen Sprache und Kultur. Im revolutionären Klima von 1848 riskierten sie den „Prager Pfingstaufstand" und forderten ihre Autonomie. Doch die Reaktion der alten Monarchien war unzweideutig; mit militärischen Mitteln wurden damals alle Hoffnungsflämmchen von nationaler Freiheit oder Demokratie in ganz Mitteleuropa erstickt.

Das blieb so im weiteren Verlauf des 19. Jahrhunderts, als Böhmen zum industriellen Rückgrat der Donaumonarchie wurde. Der Vielvölkerstaat wurde seinen slawischen Teilen nicht gerecht. Es durften nicht einmal tschechischsprachige Zeitungen herausgegeben werden.

Erstmals gab es 1897 kurzzeitig eine Entspannung, als alle politischen Gemeinden in Böhmen und Mähren im „österreichisch-tschechischen Ausgleich" angewiesen wurden, in der Verwaltung zweisprachig zu verfahren. Doch weil die deutschsprachige Bevölkerung protestierte, wurde diese zukunftsweisende Anordnung bereits zwei Jahre später widerrufen.

2. Wie der latente Konflikt zwischen Böhmen und Tschechen eskaliert

Fremde im neuen tschechischen Nationalstaat

Die Tschechen und Slowaken bildeten im Ersten Weltkrieg im Exil eine Opposition. Sie wollte ihr Land aus der multiethnischen Vormundschaft Österreichs lösen und einen eigenen Nationalstaat bilden. Kurz nach dem Zusammenbruch der Habsburger Herrschaft 1918 konnte sie mit Billigung der Siegermächte die Tschechoslowakei als eigenständigen Staat gründen. Er bestand aus Böhmen, Mähren und Teilen Schlesiens. TOMÁŠ GARRIGUE MASARYK wurde erster Staatspräsident. Die Ukraine schloss sich 1919 freiwillig an. In Auseinandersetzungen mit dem bereits 1916 wiedergegründeten Polen annektierte der neue Staat einen Teil der wirtschaftlich interessanten schlesischen Stadt Teschen 1920.

Seitdem waren die deutschsprachigen Böhmen also Tschechen. Sie bildeten in dieser so genannten Ersten Tschechischen Republik eine starke Minderheit von fast 30 % im Gesamtgebiet, im „Sudetenland" waren sie eindeutig in der Mehrheit. Nach Berichten von Zeitzeugen[154] verlief das Zusammenleben aber in der Regel friedlich und kooperativ.

Für die Glasindustrie gab es einen kurzen Aufschwung,[155] denn die Regierung war sich der Steuerkraft und der Wichtigkeit des Exports sehr wohl bewusst. Sie schützte die Glas- und Schmuckwaren-Industrie dadurch, dass sie Industrieverschleppungen und -spionage unter Strafe stellte. Doch diese Maßnahme gab es in ähnlicher Form bereits unter MARIA THERESIA. Während in Deutschland die Inflation die Menschen zur Verzweiflung trieb und Kinder hungern mussten, blieb die CS davon verschont und viele Sudetendeutsche Familien holten sich Kinder aus Deutschland zu Gast.

Verschont vom Weltgeschehen blieb der neue Staat indes nicht. 1929 kam der „schwarze Freitag", der große Börsenkrach in New York mit allen seinen verheerenden Folgen. Zusammen mit der anderen exportabhängigen Industrie schlitterte die

---

[154] S.o. GUDRUN PAUSEWANG u.a.

[155] Für den folgenden Abschnitt vergl. den Artikel von MARIA SEIDEL aus Warmensteinach in SEINERZEIT, Beilage zum amtlichen Mitteilungsblatt Weidenberg 11/1993 *„Tag der Heimat, in diesem Jahr wieder im Fichtelgebirge. Unser Motto: GLAS - Teil 2".*

Glas- und Schmuckwarenindustrie in die Welt-Wirtschaftskrise. Das Sterben der kleinen, aber auch vieler großen Betriebe und die damit verbundene Arbeitslosigkeit nahm beängstigende Formen an. Von Seiten des Staates gab es keinerlei finanzielle Unterstützung.

So gab es unter den Deutschsprachigen viele, die den Tschechischen Staat ablehnten und sich nach der alten Donaumonarchie zurücksehnten. Andere setzten ihre Hoffnung auch auf die in Deutschland aufkommenden Nationalsozialisten, die danach trachteten, den Lauf der Dinge auch in der benachbarten Tschechoslowakei und in Österreich in ihrem Sinn zu beeinflussen.

Geheimverhandlungen 1938 auf dem „Berghof": ADOLF HITLER mit KONRAD HENLEIN

Der deutschsprachige böhmische Turnlehrer KONRAD HENLEIN konnte 1933 seine „Sudetendeutsche Heimatfront" gründen und zur Partei umwandeln; er wollte die Autonomie und die volle Anerkennung der deutschen Kultur im tschechischen Staat erreichen. In den Wahlen im Jahr 1935 gewann er die Mehrheit der deutschen Sitze im tschechischen Parlament. In den folgenden Jahren näherte er sich immer weiter den Nationalsozialisten an. Im Vorfeld der „Münchner Konferenz" von 1938 zettelte HENLEIN Aufstände in der Grenzregion nach Oberfranken bzw. Sachsen an und besetzte das Gebiet um Asch mit seiner militanten „sudetendeutschen Heimatfront".

Wie die Wut zwischen Deutschen und Tschechen sich in der Hitlerzeit weiter steigert

Auf ihrer „Münchener Konferenz" Ende September 1938 beschlossen die „westlichen Garantiemächte" die sofortige Abtretung Sudetendeutschlands an das Deutsche Reich. Die tschechoslowakische Regierung lehnte wie erwartet ab, hatte aber keine Bündnispartner. So ließ HITLER das Gebiet militärisch annektieren. Die meisten „Sudetendeutschen" feierten dies als Akt der Befreiung. Mit Begeisterung hoffte man auf den großen Wirtschaftsraum Deutschland und auf ein geregeltes Arbeitsleben.[156]

Die Enttäuschung war bitter. Die Gablonzer Glas- und Schmuckwarenindustrie wurde in den beiden größten NS-Zeitungen, dem "Stürmer" und dem "Schwarzen Korps" als „Kinkerlitzchen und Mumpitzindustrie" hingestellt. Für die Metallverarbeitende Schmuckindustrie kam dazu sehr bald die Rohstoffbewirtschaftung.

---

156 Für den folgenden Abschnitt vergl. wieder den Artikel von MARIA SEIDEL a.a.O.

Nun waren die **Sudetendeutschen also zu „Reichsdeutschen“ geworden.** Pilsen wurde ein Zentrum der deutschen Rüstungsindustrie. Die böhmisch-deutsche Glasindustrie arbeitete zwar noch, aber es gab keine Vielfalt mehr. Nur noch Abzeichen fürs Winterhilfswerk und Glasknöpfe waren gefragt, davon als Hauptfabrikation der „Babyknopf“. Es war eine Sorte von Knöpfen in einer perlmuttähnlichen Farbe für Babykleidung, denn Kinder sollten ja jetzt viele zur Welt kommen.

Nur wenige Monate, am 15. März 1939, lässt HITLER seine Truppen unter dem Vorwand, die Deutschen in Tschechien zu schützen, in der gesamten Tschechoslowakei einmarschieren. In Wahrheit bedeutet diese Annexion das Ende der deutschen Kultur in diesem Land. „Reichsprotektor“ im Protektorat Böhmen und Mähren wird nun der fanatische SS-Obergruppenführer und Polizeigeneral REINHARD HEYDRICH. Doch in den Tschechisch sprechenden Teilen des Landes waren die Deutschen schon vorher nie allzu sehr beliebt. Durch HITLER verstärkte sich der Hass. Es war nicht mehr ratsam, auf der Straße Deutsch zu sprechen.

Im Jahr 1942 entlud sich die aufgestaute Verbitterung. Tschechische Attentäter griffen mit Sprengsätzen den ungeliebten HEYDRICH in seinem Auto in Prag auf offener Straße an und verwundeten ihn tödlich. Es war die erste Widerstandshandlung der Exilregierung; die Täten waren mit Fallschirmen abgesetzt worden.

Hitlers Rache war hemmungslos: Deutsche Polizeikräfte ermordeten im mittelböhmischen Lidice und in Ležáky alle Männer und viele Frauen und Kinder und radierten die beiden Dörfer gänzlich von der Landkarte. Die Wut zwischen Deutschen und Tschechen steigerte sich weiter. Von Seiten der Tschechen kam es schon vor der deutschen Kapitulation mehrfach zu Aufständen und Übergriffen auf die deutschsprachige Bevölkerung.

Trauma Vertreibung

Auch erste „spontane“ Vertreibungen der deutschsprachigen Bevölkerung erfolgten schon wenige Tage vor Kriegsende. Insbesondere war die Erhebung der Tschechen in Prag gegen die deutsche Besatzung seit 5. Mai 1945 verbunden mit blutigen Übergriffen.

Nach dem Einmarsch der Roten Armee in Prag am 9. Mai 1945 übernahm der Exilpolitiker EDVARD BENEŠ die Macht. Er war schon vor dem Krieg Präsident gewesen und sah die Deutschen nach den Erfahrungen der deutschen Besatzungszeit als „Staatsfeinde“ an. Seine rücksichtslosen „Beneš-Dekrete“ verlangten die vollständige Vertreibung aller deutschsprachigen Tschechen und die Konfiszierung ihres gesamten Besitzes und Vermögens und heizten die deutschfeindliche Stimmung in den folgenden Monaten weiter an. Es entbrannte eine Orgie von teilweise blutigen „wilden

Typische Berg- und Waldlandschaft um Gablonz: Johannesberg am Isergebirge 1909

Vertreibungen", durch die viele Deutsche ihr Leben und bis zu 800.000 Menschen ihre Heimat verloren. Im Jahr Verlauf des Jahres 1946 wurden weitere ca. 2.256.000 Menschen offiziell ausgesiedelt.

Inzwischen gelang es den Sowjets, in gelenkten Wahlen den Kommunismus im Lande durchzusetzen. CLEMENT GOTTWALD wurde ihr erster „Arbeiter-Präsident". Bis Anfang 1948 war die vollständige kommunistische Umgestaltung der Tschechoslowakei abgeschlossen; sie wurde mit der Februarrevolution 1948 zu einer Diktatur nach stalinistischem Muster.

Bereits am 15. Juni 1945 vertrieb tschechische Miliz rund 900 Gablonzer und schob sie nach Sachsen ab. In der anschließenden „Revolutionären Phase der Austreibung" bis November 1945 werden tausende Bewohner von Stadt und Landkreis Gablonz mit maximal jeweils 30 kg Gepäck nach Sachsen abgeschoben, unter ihnen auch die Familie BORUFKA aus Albrechtsdorf. Ihr Schicksal wird exemplarisch weiter unten im Abschnitt „Ein Vertriebenenschicksal" erzählt.

Andere werden zur Zwangsarbeit ins Innere Böhmens deportiert. Am 30. Januar 1946 beginnt in Stadt und Land die „reguläre Aussiedlung" der noch verbliebenen Sudetendeutschen. Die Transporte werden nach Westen in die amerikanische oder nach Norden in die sowjetische Besatzungszone geleitet.

So kommen etliche Gablonzer auch in Aufnahmelage nördlich der Elbe. Einige werden in Brandenburg in der ehemaligen Siedlung Zinna angesiedelt und gründen hier den Ort „Neuheim". Die meisten haben aber Interesse, sobald wie möglich in den Süden Deutschlands zu gelangen. Sie suchen eine Gegend, die sie von den Bergen und Wäldern her an ihre Heimat am Isergebirge erinnert.

3. Der abenteuerliche Neustart der Gablonzer im Westen und in Weidenberg

Ein Wettlauf von Hase und Igel um die Ansiedlung der Gablonzer

In vielen Gegenden im Westen sind nun Gablonzer auf der Suche nach einer neuen Lebensgrundlage. Sie werden dabei auch von einigen Gemeinden wie Aalen und Pforzheim unterstützt, die an ihrer Ansiedlung interessiert sind. Die Städte Karlsruhe und Schwäbisch Gmünd versuchen sogar, komplette Transporte von Gablonzern zugewiesen zu bekommen; sie erwarten sich von den geschickten Gablonzern Impulse für den Aufbau der Wirtschaft.

Es gibt aber auch Bestrebungen, die Gablonzer Glasmacher zusammenzuhalten und ihre Betriebe geschlossen wieder aufbauen. Nachdem der bayerische Ministerrat eine solche geschlossene Ansiedlung befürwortet hat, wollen vor allem die Geschäftsleute, die in der Vergangenheit den Export der Gablonzer Glaswaren in alle Welt organisiert hatten, diese Pläne vorantreiben. Doch das Projekt entwickelt sich zu einer zähen Hängepartie: Zu unterschiedlich sind die hineinspielenden Interessen auf wirtschaftlicher, politischer, lokaler und konfessioneller Ebene. Dabei zieht Oberfranken in einer dramatischen Partie zum Teil aus eigenem Verschulden letztlich weitgehend den Kürzeren.

Der ernsthafteste Konkurrent war die Stadt Kaufbeuren. Hier stand bereits Ende November 1945 fest, dass man 15.000 Flüchtlinge aufnehmen wollte.[157] Das Gelände der ehemaligen Dynamit-AG war das geplante Siedlungsgebiet; hier waren gerade die Amerikaner dabei, die alten großen Gebäudekomplexe zu sprengen. Doch es ist der damalige Wirtschaftsminister von Bayern und Schöpfer der „sozialen Marktwirtschaft" LUDWIG ERHARD, der sich damals gegen die Ansiedlung der Gablonzer in Kaufbeuren sperrt. Er will die Gablonzer Industrie im strukturschwächeren Franken und Niederbayern ansiedeln.

So kommen schon früh nacheinander die Gemeinden des südlichen Fichtelgebirges in Blick: Warmensteinach, Oberwarmensteinach, Fichtelberg und Weidenberg.

---

[157] Der folgende Abschnitt verwendet Informationen aus der Webseite www.kaufbeuren.de/Stadtleben/Stadtportrait/Chronik-Neugablonz.aspx.

Dort hatte es zum Teil schon vorher Glasmacherbetriebe gegeben. Außerdem würde diese Landschaft mit ihren bewaldeten Höhen und dunklen Tälern die Gablonzer am stärksten an die alte Heimat erinnern und ein Einwurzeln erleichtern.

Gerüchte über diese politischen Überlegungen drangen zu den Gablonzern durch. Schon bald siedelten sich hier tatsächlich erste Flüchtlingsfamilien an und begannen gleich mit der Arbeit.

In Warmensteinach war bereits mit dem Formenbauer JOSEF FISCHER ein Mann aus Böhmen, der das Gebiet ein wenig kannte, war er doch als Soldat in Amberg stationiert.[158] Er machte sich Gedanken, ob es nicht möglich wäre, Menschen aus der Glasindustrie hier anzusiedeln. Im gleichen Sommer fanden sich mit Rudolf Reckziegel, Rudolf Schöbel und Ernst Pilz noch drei Glas- und Exportkaufleute aus der Gablonzer Industrie ein. Diese vier Männer gelten als Gründer der Gablonzer Industrie im Fichtelgebirge.

Mit Hilfe und Unterstützung von Wirtschafts- und Regierungsämtern gelang es, innerhalb eines Jahres, 1.000 Menschen allein in Warmensteinach unterzubringen, obwohl die einheimische Bevölkerung auch nur rund 1.000 Seelen zählte! Es wurde kräftig zugepackt und sofort gearbeitet. Auch der Glassektor lief an, wenn auch schleppend, denn die traditionellen Glaswerke am Ort waren ja schon seit längerer Zeit stillgelegt. Aber die Gablonzer Industrie war ja für ihre Wendigkeit bekannt.

Bereits Weihnachten 1945 fertigte sie Christbaumschmuck. Das war zwar kein typisches Gablonzer Erzeugnis, aber ein Artikel wurden mit besonderer Begeisterung aufgenommen: Kiefernzapfen mit Diamantine bestreut, einem Glasstaub aus hiesiger Erzeugung. Ein kleiner Anfang war gemacht! Unter schwersten Umständen ging es weiter.

Mit Hilfe der sudetendeutschen Fachleute konnten die alten Glaswerke ihre Produktion im Jahr 1947 wieder aufnehmen. Im gesamten Fichtelgebirge arbeiteten schließlich 154 Betriebe mit 2.194 Beschäftigten, sowohl Vertriebene als auch Einheimische. Zur Zeit der Währungsreform waren es 140 Betriebe mit nunmehr bereits

Seit 1953 religiöse Heimat für Evangelische aus Gablonz und anderen Vertreibungsgebieten: Christuskirche Fichtelberg

[158] Für den folgenden Abschnitt vergl. wieder den Artikel von MARIA SEIDEL a.a.O.

3.700 Beschäftigten. So brachten sie die frühere Glasindustrie im Fichtelgebirge wieder in Schwung.

Bei den Gablonzern waren nicht nur Katholiken, sondern auch einige Protestanten. Sie bilden bis heute eine Säule des Teils der Warmensteinacher Evangelischen Gemeinde im Ort Fichtelberg. 1953 konnten sie ihr eigenes Christus-Kirchlein einweihen.

Der Bayerische Ministerrat kommt damals diesem Projekt „Fichtelgebirge" entgegen und fasst den Beschluss, die noch nicht integrierten Gablonzer ganz in Oberfranken anzusiedeln. Wer inzwischen in Kaufbeuren bereits Fuß gefasst hat, soll dort bleiben; aber die anderen sollen in Oberfranken heimisch werden. Dass diese Entscheidung auch politische Motive hat, bezeugt der schon oben kurz zitierte Ausspruch von LUDWIG ERHARD: *„Ich kenne die Gablonzer gut, ihre Ansiedlung in einer einzigen Gemeinschaft wäre eine zu geballte Kraft"*. Es sind in dieser Zeit noch viele Gablonzer heimatsuchend unterwegs.

Der Gablonzer Kaufmann OTTO FLEISCHMANN greift die Idee der geschlossenen Ansiedlung seiner Landsleute im Fichtelgebirge auf. Er ist zu der Zeit Geschäftsführer der NOVEX-Exportgenossenschaft in Bayreuth, wohnt aber selbst in Weidenberg. Doch kommen ihm die Kaufbeurer letztlich zuvor.

Die Stadt Neugablonz ist am Ziel

Es sind sowohl die Kaufbeurer Stadtlenker, als auch die Gablonzer selbst, die Erhards Ansiedlungsverbot in Kaufbeuren unterlaufen. Durch die Ansiedlung in der prosperierenden und weitgehend unzerstörten Mittelstadt am Allgäurand versprechen sie sich einen raschen wirtschaftlichen Aufstieg, den sie in den kleinen Fichtelgebirgsgemeinden so nicht erwarten. In Kaufbeuren hatte sich bereits am 12. Juni 1946 die „Allgäuer Glas-, Metall- und Schmuckwaren eGmbH" gegründet, unmittelbar danach entstand die „Aufbau- und Siedlungsgesellschaft".

Baracken und Neubaublocks: Neugablonz in den 50-er Jahren

Mit vereinten Kräften gelingt es, das Gelände des ehemaligen Rüstungsbetriebes DAG von den Amerikanern mit 25 Jahren Laufzeit zu pachten. Damit entwickelt sich hier eine eigene, unaufhaltsame Dynamik. Viele der Gablonzer, die zu dieser Zeit durch die letzte große Phase der Vertreibung aus der Tschechoslowakei auf der Suche nach einer neuen Heimat sind, fühlen sich jetzt magisch nach Kaufbeuren gezogen.

Es sind schließlich 18.000 Gablonzer, die auf dem Ruinenfeld der ehemaligen Dynamitfabrik siedeln. Unter vielen Entbehrungen, aus dem Nichts bauen sie hier ihre Industrie wieder auf, schaffen sich Wohnungen und Werkstätten und, zum großen Teil in Eigenleistung, ein erlebenswertes Umfeld. Heute ist „Neugablonz“ Stadtteil von Kaufbeuren mit immer noch ca. 14.000 Einwohnern, es ist das „Modeschmuck-Zentrum der Bundesrepublik Deutschland“. In den 130 Betrieben der Gablonzer Industrie im Allgäu mit ihren ca. 1.200 Mitarbeitern werden jährlich tausende neuer Entwürfe geschaffen und Handelsverbindungen in alle Welt gehalten.

„Neugablonz“ ist die einzige Siedlung dieser Größenordnung, die von einer geschlossenen Bevölkerungsgruppe aus den Vertreibungsgebieten gegründet worden ist, sie ist auch die einzige, die den Namen einer ehemals deutschen Stadt aus dem Osten trägt. Traditionen, Lebensart, kulturelle Bindungen, Brauchtum und Mundart der Gablonzer blieben so weitgehend erhalten. Neugablonz nimmt deshalb eine besondere Stellung in der Nachkriegsgeschichte ein, es gilt als Denkmal der Aufbauleistung der vertriebenen Deutschen schlechthin.

Das ehrgeizige Projekt „Neubürgerreuth“ zerschlägt sich

Otto Fleischmann und die Initiative seiner „Novex“ wollen damals ebenfalls eine geschlossene Ansiedlung Gablonzer in Warmensteinach anbieten, nachdem hier bereits viele von ihnen Heimat und Arbeit gefunden haben.[159] Doch bei diesem Wettlauf der Verantwortlichen kommen sie zu spät. Für weitere Ansiedlungen ist vor Ort keine Zustimmung zu erlangen. So verlaufen die notwendigen Grundstücksverhandlungen damals zäh und langwierig – niemand will Baugrund verkaufen.

Manche im Ort fangen auch wieder an, mit dem Fremdenverkehr zu liebäugeln; dieser Erwerbszweig hat der örtlichen Wirtschaft schon einmal nach dem Ersten Weltkrieg einen Aufschwung beschert, als es gelungen war, ganze Eisenbahnzüge voll mit Nürnberger Schifahrern ins Fichtelgebirge zu lotsen.[160]

---

[159] Zur Abfassung dieses Abschnitts wird der zweite Artikel von Maria Seidel in „Seinerzeit“ VII 1/2004 herangezogen *„50 Jahre Gablonzer Werksiedlung Weidenberg“.*

[160] Vergl. den Abschnitt *„Idealismus und Wintersport in den Zeiten der Wirtschaftskrise“* in der 2. Folge des Projektes „Myrten für Dornen – Licht und Schatten der neuen Zeit“, S. 307ff.

So gab es viel Ärger bei Grundstücksanfragen. Und oft musste man hören „An Flüchtlinge verkaufen wir nichts!". Und so ist der Zug auch abgefahren, als FLEISCHMANN endlich am 11. August 1946 sein fertiges Angebot unterbreiten kann. Er kommt zu spät –, die Mehrzahl der Gablonzer hat inzwischen den Weg nach Kaufbeuren gewählt. Es ist nur noch eine vergleichsweise winzige Restgruppe von Gablonzern, die nach Oberfranken gelotst werden kann.

Nachdem die Idee von einer weiteren Ansiedlung im Fichtelgebirge zu der Zeit auf recht wackeligen Füßen steht, hat Landrat PITROFF zwischenzeitlich ein anderes Gelände für die geschlossene Ansiedlung der Vertriebenen gesucht. Wie in Kaufbeuren ist auch in Oberfranken der Blick auf einst militärisch genutztes Gelände gefallen, den Flugplatz Bindlach auf dem Plateau oberhalb der Stadt Bayreuth.

Dieses Areal stammte aus ehemaligem Reichsvermögen und war bis Kriegsende für verschiedene Zwecke der Luftwaffe genutzt worden. Hier war auch die Ausbildungsstätte der Flieger-HJ, an der der Weidenberger HANS RABENSTEIN seine Ausbildung zum Metallwerker durchlief.[161] Zuletzt sollte hier Bodenpersonal für den „Volksdüsenjäger" eingewiesen werden; eine Dependance dazu mitsamt Wohnbaracken war auf Betreiben von Ortsgruppenleiter RUMLER im stillgelegten Granitwerk SCHILLER in Weidenberg eingerichtet worden.[162] Nach dem Krieg und dem Abzug von Militärpersonal schien das Bindlacher Areal zur Ansiedlung einer so großen Gruppe von Familien bestens geeignet. Durch die Hinterlassenschaften der Luftwaffe war vieles vorhanden oder leicht ausbaufähig: Straßen, Wasser, Kanal, Strom, feste Gebäude wie Hallen, Werkstätten und ein großes Lazarett, sowie eine große Anzahl von Baracken.

Dazu führte die Bayerische Regierung am 2. Mai 1946 einen Ministerbeschluss

Fünf Jahre Leben im Provisorium: Baracken auf dem Gelände des Bindlacher Flugplatzes

[161] Vergl. oben das Kapitel *„Hitlerjunge Hans"*.

[162] Vergl. dazu den Abschnitt *„Als in Weidenberg junge Leute für Hitlers Geheimwaffe, den Volks(düsen)jäger, trainierten"* im Kapitel *„Hitlerjunge Hans"* weiter oben im vorliegenden Projektband von „MYRTEN FÜR DORNEN".

herbei, demzufolge das Gelände und die Liegenschaften entsprechend genützt werden könnten. Auch den Namen der geplanten Siedlung legte Landrat PITROFF bereits fest: „NEUBÜRGERREUTH“, in Anlehnung an den Bayreuther Ortsteil Bürgerreuth am Grünen Hügel.

Heute ein Seniorenwohnheim: Das „Revier“ am Bindlacher Berg wurde zum Zentrum von Gablonzer Glasarbeitern mit ihren Familien von 1946-1951

PITROFF glaubte sich damals sicher und wies die ersten fünf Gablonzer Betriebe zum Einzug an. Die Vertriebenen leben und arbeiten nun für die nächsten fünf Jahre in den ehemaligen NS-Baracken in der Nachbarschaft anderer Flüchtlinge und „Displaced Persons“, sowie im einstigen Lazarettgebäude, dem „Revier“ am Depser Rain. Die Errichtung weiterer fester Häuser ist für die nächste Zeit geplant. Sogar das Dienstsiegel für dieses Projekt „Neubürgerreuth“ war schon vorhanden!

Zwischenzeitlich war man aber auch in Weidenberg nicht untätig. Nach dem Desaster mit Warmensteinach hatte OTTO FLEISCHMANN und seine NOVEX-Exportgenossenschaft überlegt, ob man die gesamte Ansiedlung der noch verbliebenen Gablonzer nicht an seinen neuen Wohnort Weidenberg bringen konnte. Zusammen mit dem seit 1948 amtierenden Bürgermeister GEORG HAGEN hatte er die landwirtschaftlich genutzten Fluren westlich des Bahnhofs zwischen den Bahngeleisen und der Staatsstraße ins Auge gefasst. Die Schwierigkeit war, dass diese Fläche verschiedenen bäuerlichen Besitzern gehörte, die sich ähnlich widersprüchlich verhielten, wie vor ihnen die Warmensteinacher.

Nun ereignete sich aber im Jahr 1951 etwas, womit anscheinend niemand wirklich gerechnet hatte. Inzwischen war nämlich der „kalte Krieg“ zwischen den ehemaligen Bundesgenossen Amerika und der Sowjetunion fortgeschritten. Die Amerikaner suchten weitere grenznahe Stützpunkte und wollten nun ihren strategisch wichtigen Standort Bindlach kriegsfest machen. Damit war eine weitere Nutzung des Areals für zivile Zwecke ausgeschlossen.

Jetzt war auch für Fleischmanns Planungen in Weidenberg Eile geboten. Zu den noch erwarteten Gablonzer Bauinteressenten würden bald auch die vom Bindlacher Flugplatz vertriebenen Gablonzer Firmen mit ihren Familien eine Bleibe brauchen.

Wie es der Kaufmann Otto Fleischmann schafft, Gablonzer nach Weidenberg zu bringen

Was Bürgermeister HAGEN und der Kaufmann OTTO FLEISCHMANN damals an Überzeugungskraft und Verhandlungsgeschick aufbieten mussten, ist hoch einzuschätzen! Man muss ja das Zögern der Bauern verstehen. Sie waren in Weidenberg allesamt nur bescheidene Kleinbauern, die ihren Betrieb meist nur im Nebenerwerb bewirtschafteten. Ihr Grund und Boden hatte bereits den Eltern in den Zeiten der großen Weidenberger Armut vor der letzten Jahrhundertwende und in den Notzeiten des Ersten Weltkrieges als Lebensgrundlage gedient. Er hatte auch die anschließende Inflation und die unsichere Kriegszeit des Zweiten Weltkrieges überdauert, davon trennte man sich nicht ohne Not. Ihr ererbtes Land war der einzige beachtenswerte Vermögenswert dieser kleinen Leute.

Wenn die Eigentümer ihre Grundstücke jetzt verkauften oder in Erbpacht übergaben, dann auch, weil sie sich von dem Erlös eine Alterssicherung erwarteten. Nur die wenigstens ahnten, dass sich diese Hoffnung in der Realität später meist als Utopie erweisen würde. Damals einigte man sich jedenfalls, und in kurzer Zeit standen für einen ersten Bauabschnitt 34.000 m^2 Grund zur Verfügung. Die Parzellen wurden in drei Größen zwischen je 1.000 m^2 und 3.000 m^2 aufgeteilt, welche die zukünftigen Besitzer rasch übernahmen. Die Erschließungsarbeiten wurden in Auftrag gegeben. Bald hatten die zukünftigen Häuslebauer die ersten Baugruben ausgehoben, – alles natürlich in Handarbeit, denn Bagger standen damals nicht zur Verfügung!

Erste Baugruben zwischen Staatsstraße und Eisenbahn:
Die Weidenberger „Werksiedlung“ 1951

Schon im Herbst 1951 bezogen die glücklichen Hausbesitzer die ersten fünf Gebäude. 13 weitere Häuser folgten 1952. Im folgenden Jahr 1953 wurde bereits in 33 mit den Häusern verbundenen Betrieben gearbeitet. Finanziert wurden die Häuser aus Krediten des Europäischen Hilfsplans (ERP) mit Mitteln des

Marschallplans. Diese Gelder mussten nach einer gewissen Zeit zurückgezahlt werden und kamen dann neuen Projekten zugute.

Eigenheim und Werkstätte auf demselben Grundstück:
Die Weidenberger „Werksiedlung“ Ende der 1950-er Jahre

Mit dem Bau dieser Siedlung war in Weidenberg ein großer Berg erklommen und der entscheidende Schritt zur Sesshaftwerdung der Vertriebenen getan. Fragt man nach dem Motor in dieser Sache, kann man sicher HANS RÖTHEL zustimmen, der rückschauend in einer Folge von „Seinerzeit" schrieb: *„Die Werksiedlung war das Lebenswerk von Otto Fleischmann und wird immer mit seinem Namen verbunden bleiben".*

Dass mit diesem tüchtigen Kaufmann OTTO FLEISCHMANN dann im März 1960 zum ersten Mal ein Bürgermeister gewählt wird, der nicht in Weidenberg geboren war, sondern der zu den fremden Vertriebenen zählte, spricht für das Vertrauen, das sich dieser Mann für sein umsichtiges und engagiertes Handeln erworben hat. Es zeigte aber andererseits auch die Einmütigkeit und die „geballte Kraft“ der neuen Siedler, ihre Projekte durchzusetzen.

Die konfessionelle Unwucht macht der zukünftigen Ökumene Platz

Nicht alles verlief in dieser neuen Gründerzeit reibungslos. Insbesondere das gegenseitig konfessionelle Verhältnis gestaltete sich anfangs nicht ganz spannungsfrei. Zwar besaßen die Weideberger nach ihrer unverhofften Begegnung mit den evakuierten Saarländern 1939 und 1944 inzwischen einige Toleranz gegenüber Menschen von anderer Konfession oder mit anderen Dialekten. Aber die Neuankömmlinge selbst, oder vielmehr ihr ihnen von der Diözese zugeteilter Seelsorger Kaplan ANTON ZAPF, brachte doch einigen Sturm in den örtlichen Frieden.

So bestanden die Katholiken unter der engagierten Leitung dieses unerfahrenen Geistlichen auf ihrem „verbrieften Recht“, in Weidenberg eine eigene katholische

Bekenntnisschule einzurichten. Das war in diesem evangelischen Marktort ein Novum. Doch nach 1945 waren solche konfessionellen Schulen in bewusster Abkehr von der nationalsozialistischen Gemeinschaftsschule wieder erlaubt worden.

Zankapfel Bekenntnisschule: Katholische „JOHANN-BUCHBERG-Schule" in der Weidenberger Au

Diese Schule, die nur katholische Schüler aufnahm, wurde dann im Jahr 1954 zunächst provisorisch im Dachgeschoss der Alten Volksschule eingerichtet. Als nächster Standort diente ein Geschoss in der ehemaligen Rechenschieberfabrik DENNERT in der Au gegenüber der Scherzenmühle. Mit zusätzlichen Anbauten versehen, wurde es bis zum Jahr 1964 für diesen schulischen Zweck genutzt. Nach dem zuständigen katholischen Regensburger Bischof nannte sich diese einklassige Katholische Bekenntnisschule „Johann-Buchberg-Schule".

Aber zum Beginn dem Schuljahr 1965/1966 ließen fast alle Eltern dieser katholischen Bekenntnisschule freiwillig ihre Kinder in die 8-klassige christliche Gemeinschaftsschule am Obermarkt im Gebäude des heutigen Rathauses umschreiben. Damit nahmen sie bereits das Ergebnis des Volksentscheids vorweg, der dann drei Jahre später, im Jahr 1968, diese Schulart in Bayern auch verfassungsrechtlich als Regelschule festschrieb. In diesem Schuljahr lernten hier 309 Schüler.

Der ungeschickte Kaplan ZAPF wurde damals auf Vorschlag der Weidenberger abberufen. Es war dann dem ausgleichenden Wirken des katholischen Expositus THEODOR ERNSTBERGER seit 1955 bis 1990 und seiner evangelischen Kollegen zu verdanken, dass nun die Katholischen und Evangelischen Christen Weidenbergs, zusammen mit den Alt-Katholischen, bewusst einen Weg zeitgemäßer Ökumene begannen und gemeinsame spiritueller Erfahrungen suchten.

Als Mahnung und Erinnerungsort für diese Ökumene wurden 1986 am „Schwedengrab" an der Landstraße vom Obermarkt in Richtung Waizenreuth drei Eichen gepflanzt. Sie sollten symbolisch für die drei Konfessionen in Weidenberg stehen, die sich damals bei der Integration der Heimatvertriebenen zusammenfinden mussten. Heute ist es selbstverständlich, dass bei allen wichtigen öffentlichen Ereignissen die drei Geistlichen von Evangelisch-Lutherischer, Römisch-Katholischer und Alt-Katholischer Gemeinde gemeinsam amtieren.

4. Ein bewegendes Vertriebenenschicksal

Unter den in Weidenberg angesiedelten Gablonzern war auch die katholische verwitwete SELMA BORUFKA aus Albrechtsdorf mit ihren beiden Töchtern KÄTHE und EDELTRAUT. Diese Kinder waren bei der Vertreibung 8 und 5 Jahre alt. Der Vater KARL war kurz nach Kriegsende, im Oktober 1945, im Lager Ausschwitz als russischer Kriegsgefangener umgekommen. Davon wusste aber die Ehefrau zur Zeit der Ausweisung noch nichts, sie lebte vielmehr noch jahrelang in Ungewissheit und hoffte auf ein Wiedersehen. Ihre beiden Töchter waren 1937 und 1940 noch in der alten Heimat Gablonz geboren.

Trauer um den Mann und um die verlorene Heimat: SELMA BORUFKA 1943 mit „Karli" und ihren Töchtern KÄTHE (links) und EDELTRAUT

Die Jüngere, EDELTRAUT, gehörte dann als Erwachsene in ihrer neuen Heimat Weidenberg mit zu den Brückenbauern. Denn sie hat 1959 als 19-Jährige den evangelischen KfZ-Mechanikermeister ALFRED SCHMIDT aus dem heute nach Weidenberg eingemeindeten Untersteinach geheiratet. So entstand durch diese Heirat sowohl eine konfessionelle, als auch eine landsmannschaftliche Verbindung. Sie bekamen zwei Kinder und vier Enkel.

Diese Familie BORUFKA war in Böhmen geschäftlich tätig gewesen. Sie hatte im Oberdorf von Albrechtsdorf eine Bäckerei betrieben und 1931 im Niederdorf ein Geschäftshaus dazugekauft und ausgebaut. Sie selbst wohnte damals in einem bescheidenen Holzhaus im Landesstil.

Das alte Wohnhaus im böhmischen Landhausstil steht noch: Die 62-jährige EDELTRAUT mit ihren Enkeln zu Besuch in Albrechtsdorf 2002

Über die Vertreibung im September 1945 und den weiteren Weg der Familie hat die Mutter SELMA dann seinerzeit ein Tagebuch verfasst und in einem kleinen Taschenbuch sorgfältig niedergeschrieben. Die Tochter Edeltraut hat 2009 den Text mit der Hand

abgeschrieben, kommentiert, bebildert und daraus ein lesenswertes Heftchen von 20 Seiten zusammengestellt.[163] Aus Platzgründen kann daraus an dieser Stelle nur das Wichtigste wiedergegeben werden. Einzelne Informationen sind aber bereits in die Abschnitte oben über die Ansiedlung der Gablonzer in Bindlach und Weidenberg mit eingeflossen.

Die Vertreibung wird ein Leben lang nicht vergessen

Nach ihren Aufzeichnungen wurde die Großfamilie BORUFKA am 25. September 1945, einem Dienstag, früh um ½ 7 Uhr von zwei fremden tschechischen Polizisten aus Tanwald geweckt und aufgefordert, binnen 1 ½ Stunden marschfertig zu sein. Sie mussten ihren ganzen Besitz – das kleine hölzerne Wohnhaus, das Geschäftshaus im Niederdorf und die Bäckerei im Oberdorf – verlassen und konnten nicht einmal das Notwendigste, wie Betten oder Kleidung, mitnehmen und auch nur ein wenige Lebensmittel.

Schwerer Abschied: Oberhalb der Barockkirche von Albrechtsdorf steht noch heute der ehemalige Laden der Familie BORUFKA

Auf der Ladefläche eines Lastkraftwagens wurden sie in das Lager Reinowitz nördlich von Gablonz gebracht und von dort in zwei Tagen nach Zittau direkt hinter der Grenze nach Sachsen geschafft. Nachts um ½ 2 Uhr ging es dann mit der Straßenbahn zum Bahnhof von Zittau und von dort bei Regenwetter im offenen Viehwagen das kurze Stück weiter nach Nieder-Oderwitz.

Als Nachtquartier war das nahegelegene Schützenhaus von Oderwitz vorgesehen, das die Familie bei fortdauernder Nässe zu Fuß erreichen musste. Mit 200 Personen zusammengepfercht lagerten sie dort nun drei Wochen hindurch nachts im Saal auf Stroh und ernährten sich morgens und abends von schwarzem Getreidekaffee und trockenem Brot, mittags von Kartoffelsuppe. Erst am 22. Oktober ging diese ziellos erscheinende Irrfahrt in einem Sammeltransport mit 1.000 anderen Vertriebenen weiter über das ausgebombte Dresden durch ganz Sachsen bis nach Gera.

[163] Eine Kopie der Seiten ist beim Autor des Projektes „MYRTEN FÜR DORNEN" einsehbar.

Dort trennte sich die Familie BORUFKA von der großen Gruppe und gelangte unter großen Schwierigkeiten gut 100 km nordwärts nach Halle. Auf Bahnhofsbänken übernachteten sie dort unter Obhut des Roten Kreuzes. Vor allem die asthmatische 67-jährige Großmutter, aber auch die kleinen Kinder, waren längst total erschöpft.

Mit Bekannten im abweisenden Sachsen-Anhalt

Zu Fuß machten sie sich anderentags zum 12 km entfernten Teicha nördlich von Halle auf, weil dort schon andere Verwandte untergekommen waren. Das abweisende Bild dieses Ortes und seiner Menschen hat sich ihnen für immer eingeprägt: *„Der kleine Ort ist abgelegen, und um die Bauernhäuser Mauern, so verschlossen sind auch die Menschen dahinter. Sie sagen: »Haben selbst nichts« und haben doch alle guten Bissen."* Trotz dieser Widerstände bleibt die kleine Gruppe am Ort.

Der Mutter SELMA und der Oma Klara wird mit den beiden Kindern im Gasthaus ein winziges Personalzimmer zugewiesen; die andere Oma wohnt mit den vorher Angereisten im Nachbarhaus. Zwei Betten müssen für vier Personen reichen. Wenn es draußen regnet, wird es auch drinnen nass. Die unfreundliche Hausfrau kassiert 12 Reichsmark für die Miete und 5 RM fürs Licht. Die Esskost ist bescheiden: Eintopf, Kartoffeln, Möhren, kein Fett. Aber alle sind doch froh, nicht ins Lager zu müssen. Sie bekommen Lebensmittelkarten ausgehändigt, wie sie ja bereits seit Kriegsbeginn 1939 im ganzen Deutschen Reich eingeführt waren; die Marken geben, zusammen mit der offiziellen Unterstützung, eine gewisse Sicherheit.

Aber auch das wenige Mitgenommene, wie die Tasche mit Gablonzer Perlen, ist im Kampf gegen den Hunger zum Tauschen wertvoll. Das Tagebuch zählt seitenweise jedes Gramm Fleisch, Mehl, Zucker usw. auf, als sei es ein kostbarer Schatz und schildert das daraus erstellte tägliche Essen, als sei es ein Festmahl.

Nach dem Nikolaustag stirbt die kränkelnde Großmutter; sie wird in Halle eingeäschert. Auch an Weihnachten ist die Hauptsache, dass man überhaupt zu essen hat, sogar Christstollen, wie staunend angemerkt wird. Die Geschenke für die Kinder beschränken sich auf eine Schiefertafel, Bonbons, Hefte, Gebäck und als Überraschung eine kleine „Puppenstube aus Pappendeckel".

Nach dem Fest muss der damals in Mengen selbstgemachte Zuckerrüben-Sirup die Süßigkeiten ersetzen. Und statt ordentlicher Kohlen für den Ofen gibt es nur Kohlenstaub, der mehr rußt als heizt.

Im März 1946 ist noch völlig offen, wie es weitergeht. Einer der Verwandten hofft auf Ansiedlung der Glasindustrie im Harz und fährt dorthin. – In dieser Zeit konnten nachgekommene, spätere Aussiedler aber aus Selmas verlassenem Haus in Albrechtsdorf noch Küchensachen sichern und mitbringen. Nun hat die Familie endlich etwas Geschirr und einen eigenen Topf zum Kochen. Doch meist gibt es das Gleiche: Eintopf. – Die Kleider näht die Mutter selbst.

Gern gibt man das wenige Geld auch aus, um ein bisschen Abwechselung zu haben, doch der Zoobesuch in Halle und Verwandtenbesuche mit der Bahn schlagen trotz relativ kurzer Strecken gewaltig zu Buch. Immer wieder muss sich die Familie beim Essen fragen, wie es morgen weitergeht. Doch *„es geht immer wieder“*.

Manches kann man sich im Sommer auch durch die Mithilfe bei der bäuerlichen Feldarbeit erarbeiten. Doch erst am 25. August 1946 gibt es *„den ersten richtigen Kuchen aus weißem Mehl mit Pflaumen und Birnen.“* – Im September hat die Jüngste, EDELTRAUT, ihren ersten Schultag. Ihre größere Schwester muss mit Windpocken zu Hause bleiben.

Im September 1946 kommt wieder ein Brief vom Bruder RICHARD HÜBNER. Er ist inzwischen auf seiner Erkundungstour ganz woanders gelandet, nämlich in **Bindlach**. Für das Gelände am Flugplatz wird zu dieser Zeit die neue Siedlung für die Gablonzer geplant. Sie soll auf dem Grund des ehemaligen Lagers von Hitlers Luftwaffe und der Flieger-HJ entstehen und zunächst die dort noch stehenden Baracken mit nutzen. Hier will RICHARD, so stellt er sich vor, mit seiner Familie und weiteren Verwandten und ehemaligen Mitarbeitern wieder eine Glasfertigung aufbauen.

Die Amerikaner und ihre strategischen Überlegungen im Kalten Krieg

Eigenartigerweise wird bislang in der öffentlich zugänglichen Literatur über die Gablonzer nirgends verlässlich erwähnt, was dort auf dem riesigen Areal oberhalb von Bindlach in der Zeit zwischen 1946 und 1951 wirklich los war. Auch aus dem Tagebuch der SELMA BORUFKA wird die problematische bunte Völkerwanderung in dieses Gebiet und die damit verbundenen Spannungen und Herausforderungen nicht wirklich ersichtlich. Lediglich aus Zeitungsberichten und einer dort zitierten Zulassungsarbeit[164] kann man sich ein gewisses Bild machen. Diese Informationen haben wiederum bruchstückhaft Aufnahme in den bei Wikipedia herunterladbaren

---

[164] Der Reporter PETER ENGELBRECHT bezieht sich in seinen Artikeln im Nordbayerischen Kurier am 10./11. und 12.11.2016 auf die Zulassungsarbeit des angehende Volksschullehrers JOHANNES MAYER vom Mai 1967, der in seiner 200-seitigen wissenschaftliche Arbeit unter dem Titel *„Die Aufnahme und Eingliederung heimatvertriebener Zuwanderer nach dem II. Weltkrieg in Stadt und Landkreis Bayreuth"* sich in einem Kapitel auch mit der Ansiedlung auf dem Bindlacher Berg beschäftigt hat. Diese Arbeit habe sich im Nachlass des Weidenberger Bürgermeisters von 1960 bis 1972 OTTO FLEISCHMANN, einem führenden Mann der Gablonzer befunden. KLAUS HÜBNER aus Weidenberg, der ebenfalls aus einer Gablonzer Familie stammt, habe sie aufbewahrt und der Zeitung zur Verfügung gestellt. Der Verfasser des Projektes „MYRTEN FÜR DORNEN“ konnte sie aber bislang noch nicht persönlich einsehen.

Artikel über den Bindlacher Berg gefunden und seien hier kurz zusammengefasst:

Der komplizierende Hintergrund bei allen Überlegungen für eine sinnvolle Nachkriegsnutzung dieses ausgesetzten Gebietes am Bindlacher Berg war, dass die Amerikaner als Besatzungsmacht bereits seit 1946 das Nutzungsrecht an dem Vermögen des vergangenen Deutschen Reichs und damit auch des Geländes auf dem Bindlacher Berg für sich reklamierten. Und diese Nutzung war wiederum in unangenehm starkem Maße abhängig von der politischen Großwetterlage; denn Bayreuth war wegen seiner Lage im oberfränkischen Winkel zwischen den angrenzenden, damals sowjetisch besetzten Ländern Sachsen und Tschechoslowakei für die Amerikaner strategisch interessant.

Auf der südöstlichen, Bayreuth zugewandten Seite des Terrains hoch über Bindlach begannen die Amerikaner seitdem, große Kasernenbauten und Soldatenwohnungen zu errichten, die „Christensen Barracks". Hier wollten sie dann über 1.200 Panzersoldaten gleichzeitig mitsamt ihren Familien unterbringen, es entstand

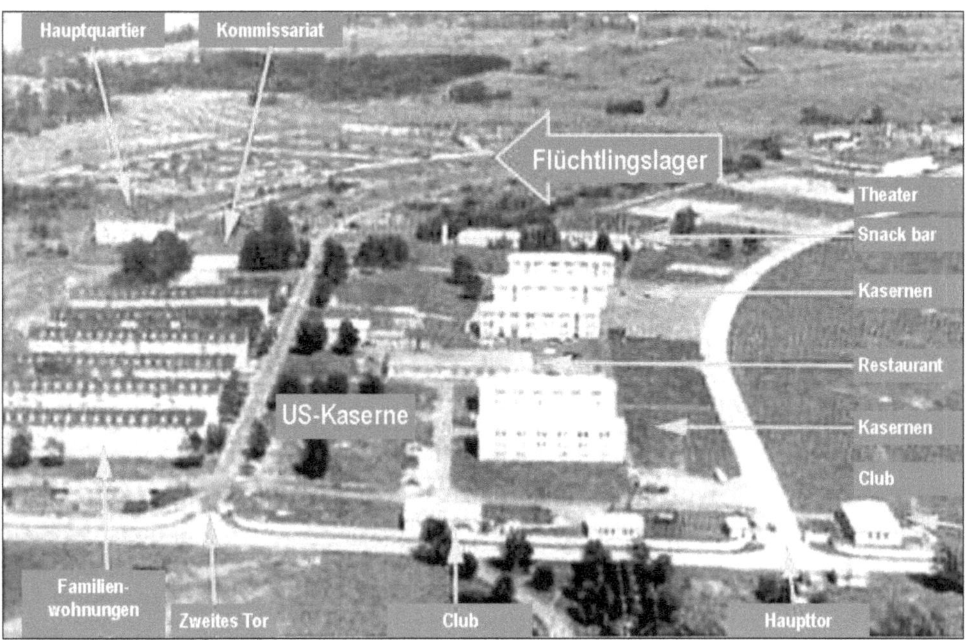

Christensen-Barracks der US-Army und Flüchtlingslager am Bindlacher Berg um 1955
(Grafik bearbeitet vom Autor)

Martialische Pose am Eingangstor:
US-Wachpersonal vor den Christensen-Barracks 1960

allmählich eine komplette kleine Stadt mit eigener Infrastruktur.[165]

Für ihre Flugbewegungen, insbesondere in Verbindung mit dem Truppenübungsplatz Grafenwöhr, nutzten sie die alte Landebahn der NS-Luftwaffe, die damals noch südlich ihrer Kaserne mit einer Länge von gut 600 m auf der Höhe des Plateaus in Ost-West-Richtung verlief – sie ist heute mit dem Industriegebiet überbaut, nur das westlichste Stück ist noch vorhanden und wird heute als Hubschrauberlandeplatz benutzt; der Bayreuther Flugplatz wurde erst nach den Krieg ein paar hundert Meter weiter östlich angelegt. – Der Platz besaß auch sechs Hangars und andere feste Gebäude aus der NS-Zeit. Sie sind in die heutigen Industrieansiedlung integriert.

Alte Landebahn Bindlacher Berg:
Heute Hubschrauberlandeplatz und Industriegebiet

Dieses Konzept hatte etwas mit dem „Kalten Krieg" zu tun, der schon auf den Konferenzen der Alliierten vor der deutschen Kapitulation in Sicht kam. Zunehmend hatten sich seitdem die drei Westmächte und ihr einstiger Kriegsverbündeter, die Sowjetunion unter Führung des Diktators JOSEF STALIN, voneinander abgegrenzt. Beide Seiten befürchteten militärische Übergriffe. So sollten amerikanische Panzer- und Aufklärungsverbände im Ernstfall die Grenze nach Sachsen und zur Tschechoslowakei hin absichern. Diese Kasernenstadt war also gerade im Aufbau.[166]

---

[165] Hilfreiche Informationen finden sich auf der Webseite: https://www.mil-airfields.de/deutschland/bayreuth-bindlach-flugplatz.html

[166] Die eigentliche Stationierung des 1. Bataillon des 2. US-Kavallerieregiments und der 1. Schwadron des 2. Panzeraufklärungsregiments erfolgte dann seit 1953. Die dort Dienst tuenden Soldaten bekannten rückschauend, dass es ein sehr langweiliger Dienst gewesen sei, noch

Die Amerikaner und die Völkerwanderung auf den Bindlacher Berg

Auf dem nördlichen Teil des weitläufigen Geländes Richtung Deps standen aber nun die großen, aus Holz gebauten Baracken aus der Nazizeit. Nichts erinnert heute mehr an sie; die Fläche ist mit Solarkollektoren überbaut. Bei ENGELBRECHT und dem danach verfassten Wikipediaartikel wird die Zahl dieser Baracken mit 17 angegeben. Sie hatten gemauerte Schornsteine für den Anschluss von Kanonenöfen, freilich zumindest anfangs noch keine Wärmedämmung. Aber sie waren intakt und für eine provisorische Nutzung verwendbar. Strom und Kanalisation waren vorhanden.

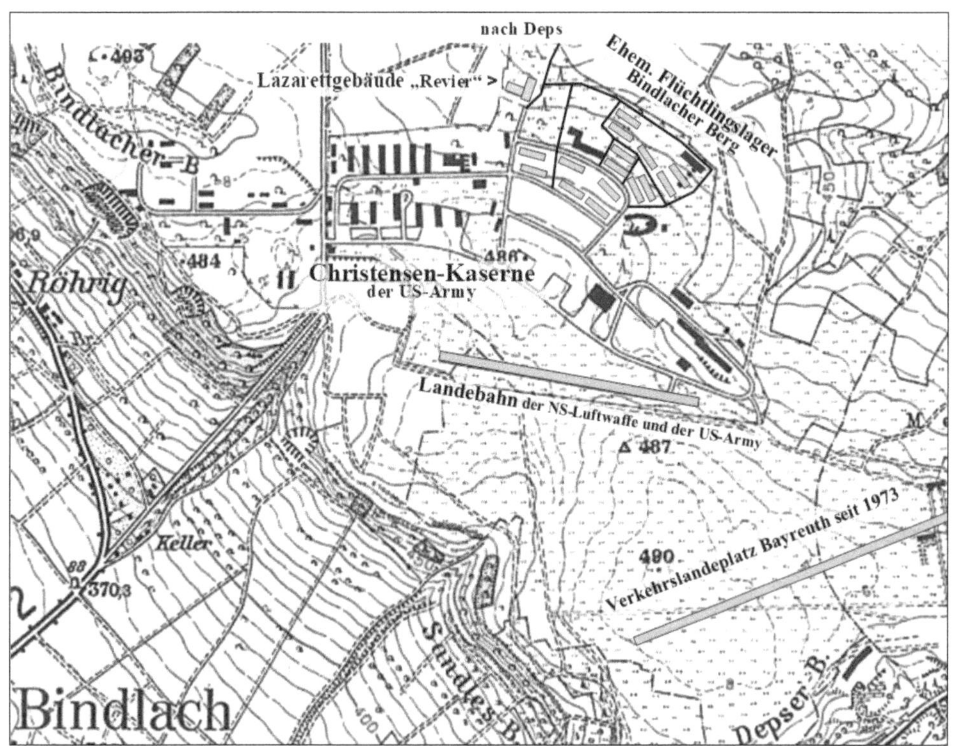

Flüchtlingsbaracken und US-Kaserne in enger Nachbarschaft, Situation um 1950:
Topographische Karte des Bindlacher Berges (1960) mit Grafik und Einträgen des Autors

---

dazu mit dem ungewohnten Bayreuther Wetter. Aber Angst vor dem Feind aus dem Osten hätten sie nie gehabt, da sie auf die Überlegenheit der amerikanischen Waffen trauten. Die letzten amerikanischen Soldaten verließen bald nach der großen politischen Wende im Frühjahr 1992 die Kaserne. Seitdem wurde das Gelände zu einer großen Zivilsiedlung umgewandelt.

So wurden diese inzwischen knapp 10 Jahre alten Baracken schon vor und auch während der Errichtung der Kasernen auf unterschiedlichste Weise genutzt. Sie konnten insgesamt bis zu 1.000 Personen beherbergen. Auf dem Gebiet Westdeutschlands gab es bei Kriegsende etliche Millionen von Kriegsgefangenen und Zwangsarbeitern, die bis zur Kapitulation die landwirtschaftliche Versorgung und die deutsche Rüstungsproduktion aufrechterhalten hatten. Sie warteten auf die oft problematische Rückführung in ihre Heimatländer.

Dazu strömte bereits seit 1944 eine stetig wachsende Zahl von Flüchtlingen nach Oberfranken ein. Neben den Baracken auf dem Bindlacher Berg mussten auch die Kasernen am ehemaligen Lainecker Flughafen für ihre Unterbringung herhalten.

Nach ihnen kamen Heimatvertriebene aus den ehemaligen ostdeutschen Provinzen Auch sie wohnten in diesen Baracken, bevor sie auf andere Orte weiterverteilt wurden. Insgesamt sollen über 300.000 Flüchtlinge im Lager Bindlach durchgeschleust worden sein. Nur noch ein Gedenkkreuz, das sogenannte „Bergkreuz", erinnert an sie.

Ein ganz unbekanntes, aber beschämendes Kapitel, von dem die Webseite über den Bindlacher Berg berichtet, war die Behandlung von etwa 6.000 Juden, die aus dem kommunistischen Rumänien geflüchtet waren und nun als „displaced persons" (DPs) mit minderen Rechten betrachtet wurden. So sollen die Amerikaner, die diesen Zuzug in ihrer Besatzungszone streng reglementierten, etliche dieser Juden zwangsweise in den Baracken am Bindlacher Berg interniert haben, darunter etwa vierzig Kinder. Zugleich sollen sie wenig Interesse gezeigt haben, das Leben dieser praktisch eingesperrten Menschen erträglich zu gestalten.

Die DPs seien in den ungedämmten Baracken ohne fließendes Wasser eingepfercht und nur sehr dürftig ernährt worden. Je zwei bis drei Familien hätten sich jeweils ein Zimmer teilen müssen. Erst im März 1948 hätten Mitglieder einer jüdisch-amerikanischen Hilfsorganisation das Lager besucht und dort „unterernährte, zerlumpte und verzweifelte Männer, Frauen und Kinder" vorgefunden. Danach erst seien diese Baracken ein wenig winterfest gemacht und die Lebensumstände der Insassen verbessert worden. Die letzten jüdischen DPs hätten das Lager erst im Februar 1949 verlassen.

In freigewordene Baracken seien immer wieder Flüchtlinge aus Schlesien, Ostpreußen und der Tschechoslowakei eingezogen, heißt es weiter. Erst 1966 sei dieses Flüchtlingslager aufgelöst und die Baracken abgerissen worden. Obdachlose hätten hier oben aber noch bis 1976 gehaust.

Von diesem brisanten Völkergemisch am Bindlacher Berg ahnt die aus Böhmen stammende Selma Borufka aber nichts, als sie im September erfährt, dass sie die offizielle Genehmigung hat, mit ihren beiden Töchtern und der anderen Großmutter KARLA in die Bindlacher Baracken zuzuziehen.

Wie die Gablonzer nach Bindlach kommen

Inzwischen ist die Familie bereits seit einem Jahr unterwegs. Und SELMA hat immer noch keine verbindliche Nachricht vom Geschick ihres Mannes. Gerüchte besagen lediglich, dass er im Lager Auschwitz, das zu der Zeit die Russen besetzt haben, umgekommen sei. Die Familie packt dennoch hoffnungsvoll ihre Sachen, darf aber wegen „Gepäcksperre" dann doch nichts mitnehmen. Auch endet der Start mit der Bahn am 29. September 1946 bereits am gleichen Abend in Oelsnitz zwischen dem sächsischen Plauen und dem oberfränkischen Hof; die Brücke dort ist wegen Bauarbeiten gesperrt.

Die Familie wird dort mit Tausenden anderen Fremden in ein riesiges Lager gepfercht, während die kleine EDELTRAUT wegen Scharlach in ein entferntes Krankenhaus gebracht wird und dort ohne ihre Familie ausharren muss. Sie bleibt fünf lange Wochen in Quarantäne, wie es eben damals bei Scharlach üblich war, und sie darf beim einmaligen Besuch der Mutter diese auch nur von Ferne sehen. Ohne das Kind wird die Familie im Lauf des Oktober zunächst in anderes Lager auf der Burg verlegt, darf den Ort Oelsnitz aber schließlich am 21. Oktober 1946 verlassen.

Anderentags kommen sie in Bindlach an und werden sogleich zum Flugplatz geschafft. Von dem Gewimmel, dass in dem Lager herrscht, schreibt SELMA nichts. Die kleine EDELTRAUT wird erst drei Wochen später von einer fremden Familie in ein Kinderheim nach Hof gebracht, dort darf ihre Mutter sie abholen.

Mit vier anderen Familien teilen sich die Borufkas in einer der Baracken am Bindlacher Berg die große Stube und feiern dort auch Advent und Weihnachten. Auch hier das Essen das Wichtigste, aber nun gibt es für die Kinder als Geschenk einige Wäschestücke. Erst am 3. Januar bekommt SELMA die Nachricht, dass ihr „Karli" wirklich tot ist. Bis dahin blieb in ihrem Herzen doch immer ein Stückchen Hoffnung wach, dass man sich vielleicht wiedersehen könnte.

Natürlich müssen die Kinder am neuen Wohnsitz auch zur Schule gehen. Dazu nehmen sie den steilen Weg hinunter nach Bindlach, jeweils fast eine Stunde abwärts und danach wieder hinauf. Er führt an den anderen Baracken entlang, in dem die versprengten Menschen aus halb Europa unter teilweise erbärmlichen Umständen hausen und dann an den Kasernengebäuden und der Landebahn vorbei. Wie die Mutter mit ihren unvermeidlichen Angstgefühlen umgeht, schreibt sie nicht. Später wird eine Schulbaracke auf dem Lagergelände eingerichtet. Nun ist kein weiter und bedrohlicher Weg mehr nötig. Da dürfte allen ein Stein vom Herzen gefallen sein.

Das Lager erweist sich im Winter aber als zu kalt. Es trifft also wohl nicht zu, wenn ENGELBRECHT in seinem Bericht die Baracken als „winterfest“ beschreibt. Deshalb wird eine Verlegung der Aussiedler nach Hof erwogen. Weil die Vertriebenen protestieren, bringt man die Familie BORUFKA schließlich in ein festes Haus in Bad Berneck, die spätere Rembrandt-Schenke; dort werden sie gastfrei empfangen, wie es die Art der Franken ist.

Und sie dürfen schon etwas komfortabler in einer kleinen möblierten Dachgeschosswohnung wohnen. Sogar kostenlos bewirtet werden sie am ersten Tag. Und auch am folgenden Tag bekommen sie üppig zu essen, wie sie es lange nicht gesehen und genossen haben. Nur leider bekommt ihnen die Umstellung vom Armutsessen auf die deftige fränkische Kost nicht; sie büßen noch einige Zeit mit körperlichen Beschwerden.

Ab März reguliert die Flüchtlingsbetreuung die Versorgung mit allem zum Leben Notwendigen. Im nahgelegenen Bauerndorf Deps kann man sich mit den nötigen Grundnahrungsmitteln versorgen. Die Versorgung im Bernecker Gasthaus mit gutem Festessen hält auch an Ostern 1947 an. Die Geburtstagsgeschenke für die inzwischen 10 und 7 Jahre alten Kinder fallen nun üppiger aus. Dabei behalten aber praktische Gegenstände, wie Kleidung und Schulsachen, noch ihren alten Rang.

Alltag im „Revier“: Familie BORUFKA mit Herrn KAULFUß

Dass es dann im Bindlacher Lager eine Schulspeisung mit Milch, Brei und Semmeln gibt, entlastet die Familie. Währenddessen werden die alten Leute im evangelischen Pfarrhof von Berneck gut versorgt. Auch gehen die Familien mit den Kindern gern ins nahe Fichtelgebirge und in die Frankenpfalz, um dort Beeren zu pflücken.

Erst im August 1947 kehrt die Familie wieder auf den Bindlacher Berg zurück. Sie wohnen wieder in einem Zimmer der Baracke und richten es sich ein wenig wohnlich ein. Doch erneut erweist sich der nächste Winter als zu kalt. Ende Februar dürfen sie aus dem Bretterbau in das „Revier“ umziehen, ein großes festes Gebäude neben dem Lager, das einst den Soldaten und der HJ am Bindlacher Berg als Lazarett gedient hat. Dieser große, in seinem Längsbau einstöckige, aber mit ausgebautem Dach versehene Krankenhauskomplex existiert heute noch. Er liegt am Depser Weg 15 und birgt jetzt das gern genutzte Senioren- und Pflegeheim „Landhaus Bindlacher Berg“.

Leben im „Revier“

In diesem Gebäude bewohnt Familie BORUFKA nun zwei bescheidene Dachzimmer mit Gaubenfenstern, den Schlafraum nach Süden, die Küche nach Norden. Die Heizungen hatten Vandalen herausgerissen; Schornsteine gab es wegen der vorigen Zentralheizung auch nur vereinzelt. Der Rauch der Öfchen muss durchs Rohr im offenen Fenster abziehen.

Im Sommer 1948 kommen auch Bekannte zu Besuch, die sich inzwischen in Neugablonz bei Kaufbeuren niedergelassen haben; sie berichten begeistert und bringen für die Kinder Geld mit. Doch die Scheine sind nicht mehr lange gültig, denn bereits am 20. Juni 1948 setzt die Währungsreform die alte Reichsmark außer Kraft. Nun startet jeder Bürger mit einem Kopfgeld von 40 DM.

In diesem Sommer feiert die größere Tochter KÄTHE ihre Erstkommunion. Einsegnungsort ist die Schlosskirche in Bayreuth. Der Kirchbau erinnert an Markgräfin WILHELMINE und ihren Mann FRIEDRICH III. als Bauherren; die hübsche Rokokokirche war aber bereits seit 1813 Zentrum der Katholiken in Stadt und Land. Das Kommunionkleid ist geborgt, es gibt keine Feier und keine Geschenke.

Ort religiöser Festlichkeit:
Katholische Schlosskirche Bayreuth

Die inzwischen 8-jährige EDELTRAUT bekommt es beim Spielen einmal schmerzhaft mit den militärischen Hinterlassenschaften dieses Lagers zu tun: Sie reißt sich an einem kaputten Flugzeugflügel das Gesäß auf. Wegen Mangel an medizinischem Nähzeug kann der Lagerarzt die Wunde nicht vernähen; sie muss so verheilen.

Der Herbst vergeht, das vierte Weihnachtsfest seit der Vertreibung ist nun schon üppiger, die Geschenkliste von weiterhin viel praktischen Sachen des täglichen Bedarfs füllt jetzt im Tagebuch viele Zeilen. Die Familie beginnt sich in ihrem Provisorium einzuleben. Die zukünftige Bundesrepublik kommt in Sicht.

Am 8. Mai 1949 verabschiedet der parlamentarische Rat in den drei westlichen Besatzungszonen zusammen mit den drei Westalliierten das Grundgesetz als provisorische Verfassung. Zwei Wochen später wird die Bundesrepublik Deutschland gegründet, mit Bonn als Hauptstadt. Am 7. Oktober 1949 folgt in der sowjetischen Besatzungszone die Antwort: Die seit einem Jahr vorliegende Verfassung wird in Kraft gesetzt und somit die sozialistische „Deutsche Demokratische Republik" gegründet, mit Ostberlin als Hauptstadt. Beide Staaten erkennen einander nicht an; sie bleiben zunächst unter Kontrolle der bisherigen Besatzungsmächte.

Im Lager gibt es nun auch eine Barackenkirche. Hier erlebt auch die neunjährige EDELTRAUT im folgenden Monat ihre Erstkommunion. Zu ihrem ebenfalls geborgten Kleid bekommt sie noch ein Paar neue Schuhe, ein „Kranzl" und eine kleine Familienfeier.

Die fünfte Weihnacht seit der Vertreibung vergeht. Gern wäre die Familie ihren Verwandten nach Neugablonz gefolgt, weil sie die Provisorien leid hat und endlich in eigenen vier Wänden leben will. Doch bestand dort ja ein offizieller Zuzugstop. Im folgenden Sommer werden die beiden Töchter bereits gefirmt, des besonderen Anlasses wegen wieder in der Schlosskirche in Bayreuth.

Gablonzer Glasmacherhandwerk im Bindlacher „Revier" bis 1951

Auch das kommende „Wirtschaftswunder" zeichnet sich in ersten Konturen ab: Der tüchtige Onkel RICHARD HÜBNER fährt nun einen VW-Käfer.

Diesem geschickten Handwerker und Kaufmann war es gelungen, im „Revier", dem ehemaligen Lager-Lazarett, in dem die Familie wohnte, auch ein Glasgeschäft mit Glasschleiferei aufzumachen. Er dachte in großen Perspektiven und besorgte sich auch für seine früher angestellten Schleifer aus Albrechtsdorf, die in die DDR verschlagen worden waren,

Gablonzer Familienbetriebe im Bindlacher „Revier":
(von links) SELMA BORUFKA mit ihren Töchtern und der HÜBNER-Verwandtsch

Zuzugsgenehmigungen. Zusammen waren es nach Selmas Erinnerung mit ihren Familien über 20 Personen.

Nach dem Bericht von PETER ENGELBRECHT, der sich dabei auf die oben erwähnte Zulassungsarbeit von Lehrer JOHANNES MAYER bezieht, war die Personenzahl höher. Danach soll es sich um folgende Firmen gehandelt haben, die hier den Betrieb aufnahmen: MAX BERNT, ALBIN HÜBNER, GUSTAV HÜBNER, REINHARD KAULFUß, GUSTAV POCHMANN und RUDOLF STUMPFE. Diese Firmen hätten zusammen 34 Arbeiter und 210 Heimarbeiter beschäftigt und in ihrer Bindlacher Zeit jährlich rund 258.000 Mark umgesetzt; davon wären mindestens 95 Prozent auf den Export entfallen.

Sie arbeiteten, wie geschildert, in diesem ehemaligen Lazarettgebäude und fertigten hier nach Edeltrauts Bericht Aschenbecher, Marmeladendosen, Menagen, Messerbänke, Schnapsgläser und vieles andere für den täglichen Bedarf, das meiste für den Export. Jeder legte mit Hand an, auch beim Verpacken und Versand.

Bald begann man auch, auf dem Gelände weitere massive Unterkünfte zu errichten. Und jeder hätte wohl gedacht, dass aus dem Projekt „Neubürgerreuth" auf dem Bindlacher Berg doch noch etwas wird. Doch dann war es der „Kalte Krieg", der 1951 dieses hoffnungsvolle Projekt zum Erliegen brachte.[167] Die Baracken und das „Revier" mussten geräumt werden.

Solarkollektoren auf dem einstigen Lagergelände: Im Hintergrund der große Lagerbunker mit seinen Gewölben und Eisentoren

Diese Baracken wurden in den 60-er Jahren abgerissen. Ihr Standort ist aber auf der Wiese östlich vom damaligen Lazarett, dem heutigen Seniorenheim, heute noch sehr gut erkennbar. Um sie vor Südwestwinden zu schützen und das leicht abfallende Gelände auszugleichen, waren nördlich etwas unterhalb des Hauptplateaus leichte nordsüdlich verlaufenden Stufen terrassiert worden. Auf diesen einzelnen Geländestufen stehen seit einigen Jahren bewegliche Solarmodule zur Stromerzeugung.

[167] Vergl. zum Folgenden auch die genannte Webseite aus Wikipedia.

Wellblechhütten und Stacheldraht: Heute noch existieren Zeugen der militärischen Vergangenheit auf dem Bindlacher Berg

Daran schließt sich östlich das riesige, mit Betongewölben und eisernen Toren versehene Bunkergebäude an, das in den letzten Kriegsjahren allen am Bindlacher Berg stationierten Personen Schutz vor Bombenangriffen geben sollte.

Auch im Bereich von Industriegebiet und Siedlung weisen noch zahlreiche bauliche Relikte, wie Hangars und Werkhallen, auf die einstige Nutzung als Militärgelände hin.

Genau entgegengesetzt zum Flüchtlingslager, in südwestlicher Richtung auf der Anhöhe über Bindlach, erinnert das „Bergkreuz" an das Schicksal der vielen Heimatsuchenden nach 1945, deren Gesamtzahl zwischen 300 und 500 Tausend geschätzt wird. Es wurde im Oktober 2020 erneuert.

Im Oktober 2020 wiedererrichtet: Das „Bergkreuz" über Bindlach

Wegen der Erinnerung an das Iser-Gebirge nach Weidenberg

Die Familie BORUFKA nahm in dieser Situation das Angebot des Marktes Weidenberg an, hier ihr weiteres Leben aufzubauen. Sie entschied sich dafür, weil sie die schöne bergige Landschaft an ihre böhmische Heimat erinnerte. „Sie ähnelte unserer alten Isergebirgslandschaft."

Mit ihnen zog auch die verbliebene Gablonzer Glasindustrie in die neu entstandene „Werkssiedlung" um.

SELMA, die in ihrem Herzen eine Kauffrau geblieben war und oft an ihre zurückgelassenen Läden in

Albrechtsdorf denken musste, konnte ihr Interesse der Marktgemeinde und den damaligen Bauträgern vermitteln, auch in Weidenberg einen Laden zu eröffnen.

Zunächst zog sie im Dezember 1952 mit ihrer Familie als Zwischenstation in dem langen Siedlungshaus ein, das der Bauverein der zweiten neuen Weidenberger Siedlungszone in der „Altung" nördlich der Alten Bayreuther Straße errichtet hatte. Dieses Haus wurde übrigens im Jahr 2009 abgerissen.

Anknüpfend an das einstige Leben in Böhmen: Wohnhaus und Laden (rechts) der Familie Borufka in der Weidenberger Adalbert-Stifter Straße

Inzwischen konnte SELMA aber ganz in der Nähe am Adalbert Stifter Weg 6 mit Hilfe der staatlichen Vermögensverwaltung ein eigenes Siedlungshaus errichten und hier ein eigenes Lebensmittelgeschäft integrieren. Es war bewusst war fußläufig im Zentrum dieser Neubaugebiete erreichbar. Bereits am 1. Dezember 1952 eröffnete SELMA ihr Geschäft. So schloss sich für diese Familie praktisch mit dem achten Weihnachtsfest seit ihrer Vertreibung der Kreis.

SELMA BORUFKA führte den Laden noch 11 Jahre lang, dann übernahm ihn eine Verwandte. Sie selbst zog darauf in ein eigenes Haus in der nahgelegenen Buchenstraße um. Dort lernte der Autor von MYRTEN FÜR DORNEN die Tochter EDELTRAUD dieser interessanten Zeitzeugin der Vertreibung als Tipp von WOLFGANG FÜNFSTÜCK kennen und konnte so ihre Erinnerungen für die Weidenberger Geschichte festhalten.

Geistliche Heimat für viele Flüchtlinge:
Röm.-kath. Kirche St. Michael Rosenhammer (Zeichnung: Hans Rabenstein)

„UNTERGEHEN UND AUFSTEHEN“
– Der Alltag unter Kriegsbedingungen und das Danach –

6. Buch: ***„EIS VON DER OMA, KINO VOM OPA“***

Die Weidenberger „Rosenau-Lichtspiele“ im Wandel der Zeiten 1926-1971

Die Enkel des Weidenberger Kinopioniers FRIEDRICH GEBHARDT sen.:
FRIEDRICH GEBHARDT jun. und IRMTRAUD PRÜSKE,
1958 vor den Weidenberger Rosenau Lichtspielen

SECHSTES BUCH:

„EIS VON DER OMA, KINO VOM OPA“

DIE WEIDENBERGER „ROSENAU- LICHTSPIELE“ IM WANDEL DER ZEITEN 1926-1971

Inhalt:

DANK

Die Informationen in diesem Kapitel basieren vor allem auf ausführlichen Zeitzeugeninterviews 2012-13 mit IRMTRAUD PRÜSKE, Weidenberg und FRIEDA GLUCHE, Laineck.

Frau PRÜSKE ist die Enkelin von Weidenbergs Kino-Pionier FRIEDRICH GEBHARDT und Frau GLUCHE dessen Nichte. Sie haben freundlicherweise auch viele der verwendeten Fotodokumente zur Verfügung gestellt.

DIE „ROSENAU LICHTSPIELE" IM WANDEL DER ZEITEN

1. Kino – Lehrstück menschlicher Sehnsüchte und Befindlichkeiten

Geldmaschine „Blockbuster"

Wer heute im Zusammenhang mit Spielfilmen vom „Blockbuster" redet, meint damit einen Publikumsrenner, nach dem die Menschen förmlich Schlange stehen. In den 30-er und besonders in den 40-er Jahren dachte man in Deutschland bei dem Ausdruck „Blockbuster" noch an eine Bombe oder eine Luftmine, die einen Block, ein ganzes Häusersystem, sprengen kann.

Als Ausdruck für eine filmische Großproduktion, die mit enormem Aufwand einen kommerziellen Erfolg herbeiführen will, wurde der Begriff erst Ende der 1950er („Ben Hur") populär. Das System, das der Film damals zu sprengen trachtete, war das enge Zeitkorsett, das die Verleihfirmen den Kinos auferlegten. Sie überließ ihnen kostengünstig ganze „Blocks" von Filmen zur Vorführung, die dann innerhalb einer bestimmten Zeit abzuspielen waren. Wenn dann ein Film aus dieser Reihe besonders erfolgreich war, wollten die Kinobetreiber ihn natürlich gern länger in ihrem Programm behalten und sprengten (engl. „bust") das Blocksystem.

Gemeint ist in diesen Betrachtungsweisen also ein Film als „Kassenschlager", welcher große Teile der Gesellschaft anzusprechen vermag und eine Menge Geld in die Kassen der Kinos und der Produzenten spült. So können auch Verluste durch gewagtere Filmprojekte ausgeglichen werden.

Um den Erfolg solcher „Blockbuster" sicherzustellen, wurden sie von den Filmproduzenten sorgsam geplant und mit aufwendigen Großproduktionen, beliebten Stars und manchmal auch neuartigen Techniken wie „Cinemascope" umgesetzt. Gezielte Werbestrategien sollten den kommerziellen Erfolg sicherstellen. So meinten die Filmproduzenten noch bis zum Boom des Fernsehens, mit ihren Großproduktionen für den breiten Publikumsgeschmack dem neuen Trend des Heimkinos auch an kleineren Orten Paroli bieten zu können.

In Weidenberg hat das bis in die 1970-er Jahre hinein funktioniert. Heute kann man sich das kaum noch vorstellen. Wenn in den dortigen „Rosenau Lichtspielen" filmische Kassenschlager vorgeführt wurden, konnte man Schlangen von begierigen Zuschauern beobachten, die bis weit über die Straße standen! Das war z.B. im Jahr 1955 so, als dieses eben frisch renovierten Kino in der Warmensteinacher Straße den österreichischen Historienfilm „SISSI" zeigte.

„Sissi" und ihr Kaiser: Ein absoluter Blockbuster der 50-er Jahre

Dieser opulente Farbfilm war eine gekonnte Mischung aus Märchen und Melodram aus der Welt der Mächtigen und Schönen, die sich prachtvoll inmitten bunter Biedermeierkulissen und österreichischer Heimatidylle entfaltete. In der Zeit des erfolgreichen Aufstiegs der Bundesrepublik aus der tristen Nachkriegszeit traf sie den Nerv eines breiten Publikums.

Die Darsteller sind bis heute legendär: ROMY SCHNEIDER als kindlich ungestüme und zugleich schon verführerische Prinzessin ELISABETH aus dem Bayerischen Herzoghaus, genannt „Sissi", begegnet in der habsburgischen Sommerresidenz Bad Ischl eher zufällig ihrem künftigen Schwarm, dem jungen österreichischen Kaiser FRANZ JOSEPH, gespielt vom schönen, prächtig herausgeputzten KARLHEINZ BÖHM.

Er soll eigentlich ihre ältere Schwester NÉNÉ heiraten, entflammt aber natürlich für die jüngere SISSI und setzt die Hochzeit mit ihr durch. Doch erst als auch NÉNÉ mit einem anderen Schwarm heimkehrt, getraut sich die familienbewusste SISSI ihrer Neigung nachzugeben. An Deck eines auf den Donauwellen majestätisch dahingleitenden Raddampfers lassen sich SISSI und ihr Kaiser bei ihrer Hochzeitsreise vom österreichischen Volk bejubeln.

In den Augen vieler Kritiker war der Stoff natürlich absoluter Kitsch im Stil der Regenbogenpresse. Doch lassen dieser Film und sein Erfolg viele Rückschlüsse auf das Befinden der Menschen in der damaligen Zeit zu.

So ist Kino immer auch ein aufschlussreiches Stimmungsbarometer für die hier gewählte Betrachtung von Geschichte aus der Perspektive „von unten". Das gibt dieser Untersuchung über das Weidenberger Kino ihren eigenen Wert. Denn die Betriebsphase dieses Kinos reicht von den Zeiten der Weimarer Republik 1926 und des Nationalsozialismus über den Krieg bis weit in die Geschichte der Bonner Republik 1971. Wir erfahren, mit welchen Ängsten, Hoffnungen und heimlichen Wünschen die Menschen auf die jeweilige Zeit reagierten, wie aber auch die jeweiligen Regierungen und Machthaber versuchen, mit diesem wirkungsvollen Medium Film die Einstellungen der Menschen in ihrem Sinn zu beeinflussen und zu lenken.

Von den bewegten Bildern zum Erzählkino

Als Pfarrer REDENBACHER im Jahr 1919 nach Weidenberg kommt, da gibt es schon Kinos, zwar noch nicht in Weidenberg, wohl aber in Bayreuth und auch in vielen anderen größeren Städten Deutschlands. Dort hat das Kino eine schon über 25 Jahre dauernde Geschichte.

Lumière-Projektor: Aufwendige Lichtquelle zur Beleuchtung erforderlich

Bereits im Jahr 1895 war die Zeit fürs Kino reif. Am 28. Dezember dieses Jahres zeigten die Brüder AUGUSTE und LOUIS LUMIÈRE in Paris ihre ersten zehn selbstgedrehten Kurzfilme und machten damit Geschichte. Schon zwei Monate zuvor hatte man im Berliner Wintergartenpalais die kurzen Filmchen der Brüder SKLADANOWSKY bewundern können. Ihre Überblendtechnik war allerdings zu kompliziert, um sich gegen das Gerät der Lumières zu behaupten.

Ihre Maschine war Aufnahmekamera und Wiedergabeprojektor in Einem. Die großen Achillesfersen dieses Projektes waren allerdings, dass man eine praxistaugliche Projektionslinse und eine genügend starke Beleuchtungsquelle benötigte. 1897 verkauften die Lumières ihr Patent für ihren „Kinematographen" an CHARLES PATHÉ. Dieser Mann trieb dann die Industrialisierung des Kinos weiter voran.

Noch eine Zeitlang, bis zur Jahrhundertwende, beschränkte sich Kino in aller Welt auf Kurzfilme, aufgeführt als Beiprogramm in Varieté-Theatern, und vom Inhalt her überwiegend dokumentarisch („Fabrikarbeiter gehen nach Hause", „Bebés Frühstück" usw.). Bei der Kameraführung dominierte anfangs wie beim Bühnentheater die Totalperspektive.

Ein erster eigenständiger Schritt war die Entdeckung des „Erzählkinos". Es sollte die Wirklichkeit nicht einfach widerspiegeln,

„Lebende Photographie" aus dem Alltag: Lumiere-Kino-Programm 1896

sondern das Leben reflektieren und als Geschichte erzählen, in bewegten Bildern und mit verdichteter Handlung. Ein bedeutender Schritt gegenüber der Bühne war auch die Großaufnahme von Gegenständen und Gesichtern. Ihre Wirkung entdeckte man um 1903, ebenso die Nutzung des „Tricks“ und überraschender Effekte für fantastische Filme.

Schon in dieser Früh-Zeit waren auch die ersten eigenständigen ortsfesten Kinos entstanden. Es waren Ladenbuden, die der Volksmund verächtlich „Kintopps“ nannte. Darin steckt schon das Wort „Kino“, welches wiederum eine Verkürzung des Kunstausdrucks „Kinematograph“ ist, den die Gebrüder LUMIÈRE geprägt hatten. Sie hatten die beiden griechischen Wörter „kinematos“ – bewegt und „graphé“ – Malerei zusammensetzt, also an eine Maltechnik für bewegte Bilder gedacht.

Aber nun bekamen diese bewegten Bilder auch eine ablaufende Handlung. Nur die begrenzte Technik war die Ursache, dass die Filmrolle in dieser Zeit noch auf maximal etwa 15 Minuten Vorführdauer beschränkt war. Das ist der Hauptgrund, warum viele erhaltene Slapstickfilme aus dieser Zeit genau diese Länge haben.

Um das Geschäft voranzubringen, entstanden die ersten Filmgesellschaften. Auch der internationale Austausch an Filmen begann zu florieren. Übersetzungsprobleme bestanden ja nicht, da zunächst keine Sprache mit übertragen werden konnte. Nun entstanden auch erste Filmverleihe, um die rasch wachsende Zahl der Kinos zu erschwinglichen Preisen mit Filmen versorgen zu können.

Unterhaltungs- oder Bildungskino

Doch bereits in dieser Phase des Filmmachens trennen sich die Wege in den einzelnen Ländern. In den USA sind damals viele davon überzeugt, dass das Filmemachen durchaus auch ein lukratives Geschäft sein darf. So ist man dort von Anfang an bereit, mit dem Publikumsgeschmack Kompromisse einzugehen: Messlatte ist ein möglichst großer kommerzieller Erfolg.

Deutschland dagegen gibt sich als Kultur- und Bildungsnation. Hier hat man andere Vorstellungen von diesem neuen Medium Film: Auch er soll „Kultur“ sein, er soll Menschen „bilden“ und „erziehen“, ohne dass man auf den finanziellen Gewinn schielt.

Anders als zunächst in Deutschland wird Kino in USA und vielen anderen Ländern in dieser Zeit also zum billigen Volksvergnügen für die breiten Massen. Deshalb sollen die Eintrittspreise dort anfangs auch nicht mehr als lediglich fünf Cents betragen, eben einen „Nickel“. Daher bekommen diese ersten Kinos, wieder in Kombination mit einem griechischen Wort, auch die Bezeichnung „Nickelodeon“. Das „Odeion“ war in der Antike ein überdachtes Gebäude mit halbkreisförmigem Grundriss, in dem Aufführungen und Wettbewerbe für Gesang und Instrumente, aber auch Vorträge und Ratsversammlungen stattfanden. In den USA ist das Nickelodeon seit 1905 ein bestuhlter Vorführraum, in dem gegen Eintritt von meist einem Nickel die ersten Kinofilme gezeigt werden.

In dieser neuen (Schein-)welt sitzt man nun gemeinsam im Dunkeln und bekommt für wenig Geld endlich Einblicke in eine Welt, von der man als kleiner Mann bislang ausgeschlossen war, die Welt der Reichen und Schönen.

Doch schon bald, 1908, kommt es weltweit zur ersten Kinokrise. Die Euphorie hält nicht lange an. Kino gilt als „langweilig“, weil zu wenig passiert. Schlecht gemachte Filme mit ständig wiederholten Motiven öden das Publikum an. Es kommt nach dem ersten Aha-Effekt zu teilweise drastischen Besucherrückgängen.

Doch diese Krise weckt auch die Energie zur Veränderung. Inspiration ist nun angesagt. Neue Konzepte werden erdacht, beeinflusst von Theater und Literatur. Sie hauchen dem Film ein ganz eigenständiges Leben ein. Es ist die Stunde der „Stoffe“, der großen Dramen und Ereignisse. Und es ist zugleich die Stunde der „Schauspieler“ und der ersten großen Namen: ASTA NIELSEN ist die Erste, mit deren Aufstieg man seitdem den neuen Anglizismus „Star“ verbindet; sie kann vom bislang wenig lukrativen Filmgeschäft gut leben.

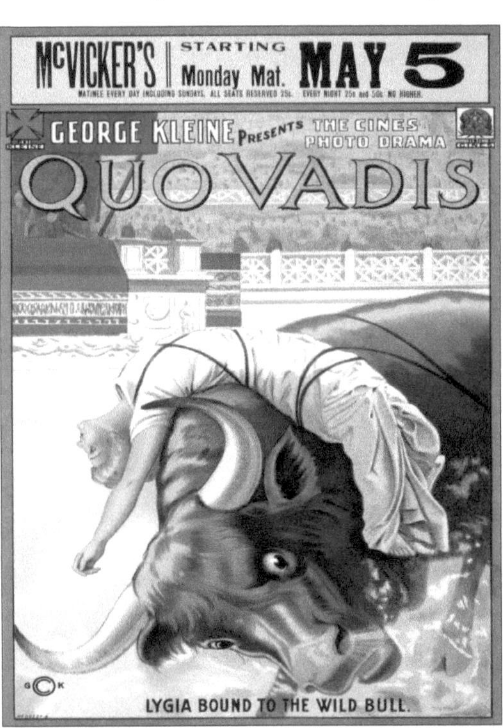

Früher Kassenschlager: „Quo vadis“ 1913

Verfilmt werden nun bewährte Literaturklassiker, wie „Der Fall von Troja“, „Die drei Musketiere“, „Faust“, „Die Plünderung Roms“, „Macbeth“ und zum ersten Mal auch „Quo vadis“ (1913).

Dieser letztgenannte Streifen nach dem Romanerfolg des polnischen Schriftstellers HENRYK SIENKIEWICZ erzählt die Liebesgeschichte zwischen dem jungen römischen Adligen MARCUS VINICIUS und der Staatsgeisel LYGIA, die eine christliche Königstochter vom Volk der Lygier ist. Die beiden Liebenden geraten zunehmend in den Strudel der Ereignisse um die Christenverfolgung unter Kaiser NERO im Jahr 64 n. Chr. – Der Film entlehnt seinen Titel („Wohin gehst du“?) der Legende um den Jünger SIMON PETRUS, dem auf seiner Flucht aus

Rom JESUS begegnet. JESUS will sich für PETRUS „ein zweites Mal kreuzigen lassen". Da kehrt PETRUS betroffen zu seiner verfolgten Gemeinde zurück und stirbt den Märtyrertod.

Der Film galt bis zum Ersten Weltkrieg „als das größte Meisterwerk der Welt" und erbrachte den Produzenten riesenhafte Gewinne. Bei Massenszenen wurden erstmals Tausende von Statisten eingesetzt, die Kulissen und Kostüme wurden immer aufwendiger.

Eine ganz eigene Entwicklung nimmt der Film in dieser Zeit in Frankreich: Dort wird der Film als „Kunstform" entdeckt und weiterentwickelt; dieses Konzept macht Frankreich vor dem Ersten Weltkrieg zeitweilig zum größten Filmproduzenten der Welt.

Kino in Deutschland und Österreich verfolgt aber von Anfang an einen ganz eigenen Weg. Die Forderung nach „Kultur" steigert sich dann bis zum Ausbruch des Ersten Weltkrieges. Das deutsche Bildungsbürgertum gibt im Deutschen Kaiserreich kulturell den Ton an; es kommt vom klassisch-idealistischen Theater eines Lessing, Schiller oder Goethe her. In den Augen der Gebildeten ist Kino nur ein oberflächlicher Zeitvertreib. Lange Zeit lehnen sie den Film ganz ab, er gilt als „Unterschichtvergnügen".

Außerdem gilt Kino als „gefährlich", denn „es reizt das Proletariat auf zu Anarchismus" und „verführt zu Aufruhr". Zudem gilt alles, was von Amerika kommt, als dekadent. Das Land koppelt sich zunehmend ganz vom internationalen Trend ab. Mit dem beginnenden Ersten Weltkrieg setzt man in Deutschland und Österreich zunächst auf Propagandafilme. So wirbt der Star des damaligen österreichischen Stummfilms LIANE HAID in „Mit Herz und Hand fürs Vaterland" für den Patriotismus.

Früher deutschsprachiger Filmstar: LIANE HAID

Erstaunlicherweise erlebt das Kino mit solchen Filmen tatsächlich in dieser Zeit einen Boom. Die Zuschauer schätzen die „zuverlässige Berichterstattung von allen Kriegsschauplätzen" in den Filmen. Und auch sonst ist der Krieg für manche Kinobesitzer ein Gewinn: In den großen Kriegsgefangenenlagern, die im Ersten Weltkrieg in Deutschland mancherorts entstehen, werden Kinos eingerichtet; sie werden von den Gefangenen rege besucht.

Mit Kriegspropaganda von der „Bufa" zur „UFA"

Am Höhepunkt des Ersten Weltkrieges 1917 richtet die deutsche Oberste Heeresleitung ein „Bild- und Film-Amt" (BUFA) ein. Es soll den Film für die psychologische Kriegsführung aufbereiten und damit den vermeintlichen Vorsprung des Feindes bei der Propaganda aufholen.

General ERICH LUDENDORFF, zweiter Mann hinter V. HINDENBURG und der heimliche Kopf dieser damaligen faktischen deutschen Militärdiktatur zur Zeit des Kaiserreichs, will aber mehr, nämlich einen großen, vom Staat gesteuerten Filmkonzern, mit dessen Produkten die öffentliche Meinung in Deutschland gesteuert werden kann.

LUDENDORFF gelingt noch im gleichen Jahr die Schaffung der „Universum-Film AG", die seitdem unter dem Kürzel „UFA" bis in die Gegenwart hinein das deutsche Filmgeschäft prägt.

Neben der damaligen deutschen Reichsregierung und dem Kriegsministerium ist von Anfang an bis heute auch die Deutsche Bank an diesem Propaganda-Projekt beteiligt; sie übernimmt damals auch den Aufsichtsratsvorsitz. Das Filmunternehmen bezieht seinen Hauptsitz im Potsdamer Stadtteil Babelsberg.

Um die Zeit nach dem Ersten Weltkrieg, in der dann FRIEDRICH GEBHARDT in Weidenberg sein Kino eröffnet, kooperiert die UFA aus finanziellen Gründen mit den bislang verachteten Konkurrenten in den USA, den amerikanischen Produzenten Paramount und Metro-Goldwyn-Mayer. Sie kombinieren die Namenskürzel der Beteiligten und geben sich den Namen „Parufamet" Unter der Regie von FRITZ LANG entstehen nun so bekannte Filme wie „Metropolis" oder als einer der letzten deutschen Stummfilme überhaupt „Die Frau im Mond".

Aus lizenzrechtlichen Gründen bringen nun die UFA-Wochenschauen bis in den Zweiten Weltkrieg hinein einen Hinweis auf die Zusammenarbeit mit Paramount, obwohl diese zu dieser Zeit längst wieder beendet ist.

Im Jahr 1927, ein Jahr nach der Eröffnung der Weidenberger „Rosenau Lichtspiele", kauft der damalige Mediengigant und deutsche „Berlusconi der 1920-er Jahre", der deutsch-national eingestellte ALFRED HUGENBERG, die UFA auf. Er hat die gewaltige Bedeutung der Filmproduktion für die Propaganda und Volksbeeinflussung erkannt. Nach Hitlers Machtergreifung 1933 schenkt er sein Imperium der NSDAP. Unter dem Dach der UFA vereinigten die Nazis dann später auch alle anderen deutschen und erbeuteten Filmfirmen. Heute gehört diese geschichtsträchtige UFA zur Bertelsmann-Gruppe.

2. Friedrich Gebhardt – Weidenbergs Kinopionier

Kino in Weidenberg bereits seit 1924

Den Saal für das Weidenberger Kino in der Warmensteinacher Straße hat FRIEDRICH GEBHARDT (1889-1970) im Jahr 1926 unmittelbar an das elterliche Haus der Familie GEBHARDT angebaut.

Nach den Informationen über die Geschichte der Porzellanfabrik Sophienthal[168] hat es in Weidenberg zu dieser Zeit aber bereits ein Kino gegeben, und zwar in den Räumen der ersten Weidenberger Porzellanfabrik in der Au. Diese kleine Firma war gleich nach dem Ersten Weltkrieg von einem Herrn IRRGANG aus Marktredwitz an der Straße neben der Warmen Steinach gegenüber der Scherzenmühle eröffnet worden. Sie hatte dort zunächst aus Porzellan Sicherungselemente, Schalter und Lampenfassungen, dann auch Teller, Tassen und Schüsseln hergestellt. Auch der spätere Nazi-Ortsgruppenleiter GEORG RUMLER, der angeblich gelernter Elektro-Ingenieur war, soll Interesse an einer Beteiligung an dieser Porzellanfabrik gehabt haben. Doch dann war die Firma mit der rasanten Geldentwertung der Inflationszeit ins Trudeln geraten und mit dem Höhepunkt der Inflation 1923 wieder eingegangen.[169]

In die leeren Räume soll dann, wie gesagt, das erste Weidenberger Kino eingezogen sein, das der Weidenberger MICHAEL SCHILLER betrieben haben soll. Doch scheint der Kinobetrieb hier nicht lange funktioniert zu haben, denn schon bald wurde dieses Fabrikgebäude in der Au anderen Zwecken zugeführt. Möglicherweise hat Weidenberger der Kinopionier FRIEDRICH GEBHARDT die Filmapparaturen nach dem Bankrott des ersten Kinos übernommen; aber weder von diesem Kino-Vorläufer, noch vom Schicksal der hier eingesetzten Apparate ist weiteres bekannt, sodass wir vorerst auf Vermutungen angewiesen sind.

Frühes Kino in der Au: Die alte Porzellanfabrik

Die Marktgemeinde richtete in dem

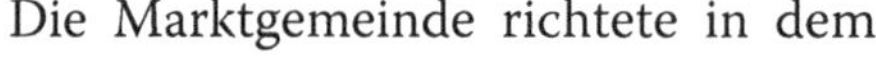

[168] Vergl. die Beilage zum Weidenberger Amtsblatt „Seinerzeit" 1992/93.

[169] Vergl. das Kapitel „Seit 1933 sind wir alle nicht mehr normal – Georg Rumler und der Aufstieg der Nazis in Weidenberg von 1929 bis zu ihrem Durchbruch 1933", in der 3. Folge des Projektes MYRTEN FÜR DORNEN": „Der Anstreicher und seine Lehrjungen – Braune Herrschaft in Weidenberg seit 1929", S. 33f.

Gebäude zunächst Turnräume für Schulkinder ein. Und die Autohandlung Kießling, die damals noch am Obermarkt residierte, nutzte das Erdgeschoss der Fabrik, die ja im Bereich des Untermarktes lag, als Unterstellraum für Kraftfahrzeuge aller Art. 1931 eröffnete dann CHRISTIAN DENNERT hier unter der Bezeichnung „DEWE" seine Messwerkzeuge-Fabrik.[170]

Friedrich Gebhardt lernt die frühe Bayreuther Kinowelt kennen

Wie GEBHARDT auf die ehrgeizige Idee kam, im kleinen Marktort Weidenberg ein Kino zu errichten, ist nicht mehr bekannt und daher auch nur zu vermuten.

Friedrichs Vater, der 1854 geborene KARL GEBHARDT, stammte aus Helmbrechts. Er hatte in das Anwesen an der Warmensteinacher Straße eingeheiratet und als Postbote gearbeitet. 1896 hatte er das großzügige Wohnhaus mit der einliegenden Gastwirtschaft errichten können.

FRIEDRICH selbst war 1889 geboren. Er hatte Sattlerei gelernt und in der Landwirtschaft und in der Gastwirtschaft mitgearbeitet. Seinen Wehrdienst hatte er vor dem Ersten Weltkrieg bei den flotten Bayreuther „Schwolleschees" absolviert, den leichten Reitern. Gern zeigte er seiner Verwandtschaft die Fotomontage, die er von seiner Dienstzeit fertigen ließ. Der stolze Unteroffizier posiert in

Dienstzeit bei den „Schwolleschees": FRIEDRICH GEBHARDT vor 1912

[170] Vergl. dazu das Kapitel „Jenseits der Roten Linie" – Ein Weidenberger in den Klauen von Gestapo und Volksgerichtshof – Die Akte Dennert-Weidenberg 1930-44" in der 5. Folge des genannten Projektes.

seiner forschen Uniform, umgeben von Vignetten, die den 1912 verstorbenen Prinzregenten LUITPOLD zeigen, aber auch vom Dienst der Pferdepflege und von der Geselligkeit mit Kameraden erzählen. Mitten im Krieg hatte er 1916 die Tochter JOHANNA des gut situierten Bäckers und Bierbrauers MICHAEL PONATER vom Weidenberger Obermarkt geheiratet.

Anwesen Gebhardt: Noch ohne Kinosaal-Anbau

Nach dem Krieg stand FRIEDRICH eigentlich ohne Beruf da. Doch er wollte etwas Eigenständiges tun. Er galt auch sonst als eine fortschrittlich orientierte und umtriebige Persönlichkeit und ging stets mit Leidenschaft und einem Sinn für Großes ans Werk. Mit einer Mischung aus Skepsis und Interesse verfolgte der Vater KARL die zukunftsweisenden Ambitionen seines umtriebigen Sohnes. Auch bei den anderen Verwandten brachten ihm seine Zielstrebigkeit und sein Umgang mit dem Geld eher den zwiespältigen Ruf eines autoritären und geizigen Paschas ein. Immer wieder soll er seine Angehörigen für seine diversen Pläne einsetzt haben; „alles musste nach seiner Pfeife tanzen".

So hatte er sich schon bald den damaligen Modeberuf eines Kinobetreibers in den Kopf gesetzt. Woher mochte er die Idee dafür haben?

Mit großer Sicherheit hat er sich von der neuen Welt des Kinos in seiner Militärzeit in Bayreuth inspirieren lassen. Denn ins Kino zu gehen, gehörte zum Freizeitvergnügen der jungen Soldaten.[171]:

So gab es bereits im Jahr 1897 im Gartensalon des Bayreuther Café SAMMET erstmals eine öffentliche Filmvorführung: Zweimal wurden hier Filmstreifen gezeigt, die allerdings jeweils nur wenige Minuten dauerten.

Zu Beginn des 20. Jahrhunderts machen in Bayreuth dann auch sog. „Wanderkinos" Station. Die Filmvorführungen der „Kinematographen" des „fahrenden Volks" finden meist am Mainplatz, der heutigen Mainüberdachung, statt.

Im Oktober 1908 wird in der Wölfelstraße das erste „feste" Kino eröffnet: Das von JOSEPH MENGELE und CHRISTOF FRANK erbaute „CENTRAL THEATER" ist das – laut

[171] Die folgenden Recherchen beziehen sich auf die „Kino-History - Die Bayreuther Kino-Geschichte" von OLIVER SEBERT (http://www.bayreuth-guide.de/kinohistory.html) und auf die Sonderausstellung des Historischen Museums zur Bayreuther Kinogeschichte 2008.

Bayreuther Kino: Stadthalle 1958

der damaligen selbstbewussten Werbung – „erste, größte und vornehmste Theater lebender Photographien“ in Bayreuth. Insgesamt sieben Kurzfilme der unterschiedlichsten Genres stehen in der Premierenzeit auf dem Programm, darunter auch ein Märchen mit „farbigen, wunderbaren Bildern“, damals natürlich noch handkoloriert.

Dieses erste ständige Kino Bayreuths bot laut Bayreuther Tagblatt „die vollkommensten technischen Apparate“: *„In vollendeter Eleganz werden heutzutage alle wichtigen Ereignisse flimmerfrei und haarscharf wiedergegeben.“* Das Central Theater erfreute sich damals großer Beliebtheit, die Besucherzahlen waren sehr gut, und das Programm wurde kontinuierlich ausgebaut. Dieses Central Theater wurde dann 1964 abgerissen; an seinem damaligen Standort befindet sich heute der große Wohn- und Geschäftsblock am Josephsplatz.

Im November 1910 bekommt Bayreuth mit dem „Union-Theater“ in der Kanalstraße 15 sein zweites Filmtheater; es wird 1963 abgebrochen. Im Premierenprogramm: Aufnahmen vom Rodelsport am Bindlacher Berg. Ab 1911 veröffentlichen beide Kinos gemeinsame Zeitungsanzeigen mit den jeweiligen Wochenprogrammen.

Bis zum Jahr 1917 kommt mit dem „Union-Lichtspiel-Theater“ in der Karlstraße, heute Albert-Preu-Straße, ein drittes Kino hinzu, bei damals knapp 35.000 Einwohnern. Diese drei Kinos haben zusammen rd. 700 Plätze. Viele weitere Kinos werden bis in die Gegenwart hinein errichtet, die meisten sterben aber auch wieder nach kürzerer oder längerer Zeit.

Gebhardts Weg zum „Kinomatographie-Pionier" von Weidenberg

Friedrich Gebhardt will also auch in Weidenberg so ein Kino errichten. Als die Inflation überstanden ist, erlaubt ihm sein Vater, Grundstücke im Ortsbereich an Bauwillige zu verkaufen. Mit dem erlösten Kapital hat Friedrich nun einen Grundstock, um einen modernen Kinosaal mit 120 Plätzen zu errichten. Er plant einen Anbau unmittelbar an das elterliche Haus in der heutigen Warmensteinacher Straße, die damals noch Rosenhammer Straße hieß. So wird er zum „Kinomatographie-Pionier" für Weidenberg.

Eine beliebte Bezeichnung für solche Kinos ist damals auch „Schauburg" oder auch „Lichtspielhaus". GEBHARDT nennt sein Haus mit weithin sichtbaren schwungvollen Lettern „ROSENAU LICHTSPIELE" und gliedert ihm im großzügigen Eingangsbereich auch „Café und Gaststätte" an. So kann die bisherige Gaststätte im Elternhaus zu einem Kolonialwarenladen umgewandelt werden.

Der Vorführsaal wird in der Tiefe des Grundstücks angelegt. Das Gebäude bekommt eine stattliche Außenlänge von etwa 30 und eine Breite von 15 m, hat also eine Grundfläche von 450 m². Der Saal selbst dürfte mindestens 350 m² groß gewesen sein. Die Außenwände bestanden aus gebrochenem kleinformatigem Sandstein, das Dach war tonnenförmig.

Zur Straße hin war dem Bau in der ganzen Breite eine elegant nach außen schwingende, offene Vorhalle vorgesetzt. Deren Dach ruhte auf sieben schlanken hohen Säulen. Das breite Giebelgebälk zeigte den Namen des Kinos schon von Weitem an. In der Mitte der Front ließ eine verglaste Doppeltür die Zuschauer ein. Rechts daneben hatte das Cafè seinen Eingang. Und rechtwinkelig dazu gab es als Attraktion besonders für Kinder und Enkel Omas Eisverkauf.

An den Wandabschnitten dazwischen prangte die Kinowerbung mit den jeweils aktuellen Filmen. Links vom Haupteingang war die Kasse. Und noch eine Tür weiter ging es zum Vorführraum hinauf.

An der Vorhalle prangt der Name: „Rosenau Lichtspiele" (Aufn. 1954)

Der Zuschauerraum wurde zunächst mit hölzernen Klappstühlen bestückt. Er hatte seitlich auch einen Notausgang. Erst in den 60-er Jahren, als sich schon die allgemeine Kinokrise abzeichnete, entschloss man sich, um den Komfort und damit die Attraktivität zu steigern, die Stühle mit blauen Polstern zu versehen. An der Rückfront gab es erhöht über den Zuschauersitzen eine verschwiegene Loge; für sie musste man ein bisschen mehr bezahlen.

Der ganze Raum war in einem hellen Gelbton gestrichen. Vorn gab es, wie häufig

Kino: Rückseite des großen Saals, im Hintergrund St. Michaelskirche

in den Filmtheatern, eine große Bühne. Sie war mit einem weich fließenden Samtvorhang verschlossen. Auch wenn dahinter zunächst nichts anderes sichtbar war als die weiße Leinwand, so war doch allein schon das Öffnen stets ein mystischer Vorgang. Er bewirkte eine fast sofortige Stille im Saal, bis dann die ersten Bilder erschienen.

Die Leinwand konnte aber auch zur Seite gefahren werden. Dann öffnet sich dahinter ein richtiger Bühnenraum. Er hätte sich auch für Aufführungen von Theater, Kabarett oder Musikveranstaltungen geeignet, doch wählten die Weidenberger Vereine dafür meist die Säle im Gasthaus Post am Untermarkt oder den großen Vogel-Saal am Obermarkt aus. So bekam das Publikum auf der Bühne von Gebhardts Kino nur ab und zu Schulveranstaltungen zu sehen.

Der Vorführraum war aus Sicherheitsgründen nur von außen zugänglich. Zu ihm führte eine Treppe hinauf. Deren Benutzung war natürlich nur den Eingeweihten erlaubt, also den Vorführern und den Eigentümern. Der Raum war nicht sonderlich groß. Seitlich stand der „Schneidetisch". An ihm war zunächst eine mechanische, später eine elektrische Umspulvorrichtung montiert. Gleich wenn die Filme eintrafen, ließ man die mächtigen Spulen zur Kontrolle durchlaufen. Auch benötigt man den Tisch, um die ärgerlichen, aber unvermeidlichen Filmrisse zu reparieren.

Stummfilm: Gebhardts erster Projektor

Es kann schon mal sein, dass eine Vorstellung zwei oder dreimal zur Reparatur des Films unterbrochen werden muss, denn die mechanische Beanspruchung der Zelluloidstreifen durch Hitze, Zug und den Eingriff der Transporträder und -hebel ist enorm. Auch geschickte Hände brauchten für das saubere Schneiden und Kleben der Risse und das Wiedereinlegen etliche Minuten. Und wenn dies gerade an der spannendsten Stelle geschah, konnte es im Publikum durchaus auch mal Unmut geben.

Ansonsten wird die Vorführkabine natürlich von den beiden mächtigen Vorführmaschinen beherrscht. Sie hätten das Herz jedes technikbegeisterten Jugendlichen höherschlagen lassen, wenn er sie hätte sehen dürfen. Weitere Stufen führten zu diesem Technik-Altar hinauf. Die weißen Labormäntel der Vorführer brachten zum Ausdruck, dass man es bei der Filmvorführung mit einer heiligen Handlung zu tun hat, der diese Vorführer wie in Mysterien eingeweihte Schamanen vorstehen.

FRIEDRICH GEBHARDT rüstete sein Kino zunächst mit der damals üblichen Technik für die Vorführung von schwarz-weißen Stummfilmen aus. Die Projektoren für die Filmwiedergabe waren sehr teuer, sie galten aber zu dieser Zeit schon als zuverlässig und ausgereift. Allerdings war die Filmwiedergabe nie ganz ungefährlich. Denn wenn das Zelluloidmaterial zu heiß wurde, konnte es leicht von selbst Feuer fangen. Deshalb musste später an jedem Projektor eine eigene Entlüftung angebracht sein, die ins Freie führte. Und der Vorführraum für die Geräte muss auch möglichst sicher vom Zuschauerraum abgegrenzt werden; nur kleine Mauerlöcher bildeten die Verbindung, je eine Öffnung für die Projektoren und eine für die Vorführer, damit er die Projektion der Filme verfolgen und am Ende einer Filmspule rechtzeitig die zweite Maschine starten konnte.

Als Feuerschutz waren in manchen Kinos die Wände der Vorführkabine mit Asbest verkleidet, ein Material, dessen Gefährlichkeit für die Atmung man damals noch nicht erkannte. Außerdem musste stets eine Feuerschutzdecke zum Löschen bereitliegen.

Allerdings kümmerten sich die Behörden anfänglich noch kaum um die Kinobetreiber. So fühlte sich GEBHARDT damals von Ordnungsamt, Polizei oder Steuerbehörden auch noch wenig behelligt. Nach dem Krieg, insbesondere in den 60-er Jahren, kam die Polizei dann des Öfteren, aber

Notausgang mit Schafswiese: FRITZ GEBHARDT

nicht zur Sicherheitskontrolle, sondern um die Einhaltung der Altersschutzgrenzen, die das Jugendschutzgesetz jedem Kinobetreiber auferlegt, zu kontrollieren. Z.B. durften Kinder unter 6 Jahren ja das Kino nur in Begleitung von Erziehungsberechtigten besuchen, und auch nur dann, wenn die Filme überhaupt keine Altersbeschränkung hatten. Waren sie zwischen 6-12 Jahren alt, durften sie Filme, die für ihre Altersstufe freigegebenen waren, nur dann anschauen, wenn das Kino vor 20 Uhr zuende war, es sei denn, ihre Erziehungsberechtigten begleiteten sie. Für 14-15-jährige galten die gleichen Bestimmungen bis 22 Uhr und für 16-17-jährige bis 24 Uhr. In Zweifelsfällen musste sich das Kinopersonal die Ausweise zeigen lassen, denn auf Missachtung dieser Altersbestimmungen standen schwere Geld- und sogar Haftstrafen.

Viel Arbeit hat FRIEDRICH GEBHARDT zunächst mit der Zusammenstellung der Programme. Die älteren Filme waren ja nur auf eine Rollenlänge von jeweils etwa 20 bis 50 Metern Film zugeschnitten, so dass man für ein einstündiges Programm bis zu 30 (!) Rollen brauchte. Doch mit der Zeit werden die Filmspulen immer größer und die notwendigen Unterbrechungen seltener. Bald konnte man schon eine volle Stunde mit „nur" drei Unterbrechungen fürs Umlegen ausfüllen. Auch hatte sich die Filmindustrie zwischenzeitlich international auf eine einheitliche Laufgeschwindigkeit von 24 Bildern pro Sekunde geeinigt, so dass die Filmwiedergabe auch nicht mehr einem ruckelnden „Flimmerkasten" glich, wie es in den Anfangsjahren noch unvermeidlich war.

Auch Stummfilme brauchen Ton

Die Filme waren bis weit in die 20-er Jahre hinein noch „Stummfilme": Sie waren noch nicht von eigener Musik und oder Geräuschen begleitet. Und auch die gesprochenen Worte der Darsteller konnte man nur als eingeblendete Zwischentexte lesen, aber nicht hören. Dennoch war dieser Stummfilm nie wirklich stumm. Denn neben dem bewegten Bild wurde als zweites Element des Kinos von Anfang die Musik eingesetzt.

So bemühte man sich seit den ersten Vorführungen auf unterschiedlichste Weise, die Bilder mit Tönen zu unterlegen. Denn wenn das Auge im dunklen Kinosaal ein Bild sieht und dazu nur den Projektor rattern hörte, erzeugt das leicht eine beängstigende Stimmung. So hatte der „Kinoerzähler" die Aufgabe, die Handlung mit seinem aktuell gesprochenen Text zu begleiteten und den Schauspielern seine Stimme zu verleihen.

Ergänzend dazu sollte Musik die technischen Geräusche übertönen und Geborgenheit vermitteln. In zweiter Linie sollte sie, wenn möglich, auch die gefühlsmäßige

Wirkung des Films steigern. Die Wege zu einer solchen Musik waren sehr unterschiedlich. So erfand OSKAR MESSTER die „Tonbilder“: Er kombinierte die Filmdarbietung mit dem Abspielen von Musik auf Grammofonplatten. Andere Kinos boten richtige Live Musik: Da wurden einzelne Instrumentalisten aufgeboten oder ganze Orchester, die versahen den Film mit einer passenden Hintergrundmusik.

Anfänglich spielten sie passend erscheinende Stücke aus dem Standard-Repertoire, welche die Stimmung des Films untermalen konnten. Doch bereits 1908 kümmerte sich ein „richtiger“ Komponist um Originalmusik fürs Kino: Der bekannte Franzose CAMILLE SAINT-SAENS schrieb Stücke für den Film „Die Ermordung des Herzogs von Guise“. So schuf er das Muster für alle „Soundtracks“ bis heute. Ihm schloss sich eine Reihe anderer berühmter Komponisten an, von SERGE PROKOFIEFF bis ERICH WOLFGANG KORNGOLD, welche die Filmmusik bis heute prägen. Der jüngst (Juli 2020) verstorbene klassische italienische Musiker ENNIO MORRICONE schrieb in seinem Leben gar Musiken für 500 Filme, wobei der berühmte Streifen „Spiel mir das Lied vom Tod“ insofern ein Novum bildete, weil hier nicht die Musik zum Film, sondern umgekehrt der Film zur Musik dieser „Westernoper“ gemacht wurde.

Solche Musikbegleitung funktionierte in der Praxis der Anfangszeit aber oft mehr schlecht als recht, eine Synchronität von Bild und Ton war kaum herzustellen. Es war auch schwierig, geeignete „Tappeure“, Personen für die adäquate Begleitung des Films mit Klaviermusik zu finden.

So verfällt GEBHARDT damals für die Stummfilmbegleitung auf eine seinerzeit oft verwendete, aber teure Lösung: Er beschafft ein so genanntes „elektrisches Klavier“. Dies kann er für den damals stattlichen Preis von 12.000 Reichsmark erwerben, was nach heutigem Geld einer mindestens fünf- bis zehnfachen Summe entspricht. Wieder muss ein Grundstück daran glauben. Doch in dieser Zeit, nach der überstandenen Inflation, gibt es in Weidenberg manche erfolgreichen Bürger, wie etwa den Granitwerkmitbesitzer GEORG SCHILLER, die nach zentrumsnahen Grundstücken für ein standesgemäßes Wohnen suchen und den geforderten Preis dafür gern zahlen.

Noch 1926 gebaut:
Popper Reproduktionsklavier aus Leipzig

Dafür hatte das Weidenberger Kino nun

also von Anfang an ein modernes „selbstspielendes" Klavier. Diese Art von Instrumenten war bereits seit der Jahrhundertwende auf dem Markt. Sie sind im englischen Sprachgebrauch unter dem Begriff „Pianola“ bekannt. Im Gegensatz zu heutigen elektrischen Klavieren, die den Ton synthetisch oder digital erzeugen und ihn über Lautsprecher wiedergeben, war beim damaligen Klavier lediglich der Antrieb elektro-pneumatisch, während die Tonerzeugung konventionell mit Klavierhämmern auf einzelne Saiten erfolgte wie bei einem normalen Klavier. Ein Elektromotor erzeugt Luft, welche durch gestanzte Papierstreifen geleitet und den Antrieben für die einzelnen Klaviertasten zugeführt wird.

Solche Klaviere einfacherer Bauart gaben aber die Musikstücke noch ohne künstlerischen Ausdruck wieder, so dass der Eindruck eines monotonen „Klimperns“ entstand. Davon singt noch der 1930 entstandene Schlager: *"In einer kleinen Konditorei, da saßen wir zwei bei Kuchen und Tee ... Und das elektrische Klavier das klimpert leise, eine Weise von Liebesleid und Weh!"*. - Die notwendigen Klavierrollen wurden fabrikmäßig gleich passend zum Film in großen Mengen hergestellt.

3. Vom Kunstfilm zur Massenunterhaltung

Kunst für die Gebildeten, Entspannung für die neue Mittelschicht

Der Katalog von Filmen, aus dem FRIEDRICH GEBHARDT 1926 schöpfen kann, ist enorm. Durch Ludendorffs Coup 1917 ist die deutsche Filmindustrie seit Ende des Ersten Weltkriegs zugleich zentralisiert und gefördert. Sie erfährt in ihrem „geschützten Raum“ einen besonderen Aufschwung. Zeitweilig arbeiten in Berlin bis zu 230 Filmgesellschaften gleichzeitig, eine wahre Flut von Filmen ergießt sich über die überall emporschießenden Filmtheater.

Der deutsche Film dieser Zeit bemüht sich zunächst immer noch um das Bildungsbürgertum. So entwickelt er in Anlehnung an die expressionistische Malerei eine ganz besondere Ästhetik. Vorreiter sind ROBERT WIENE mit dem „Cabinet des Dr. Caligari“ (1919); in diesem Film agieren Schauspieler wie Schlafwandler, es wird mit Schatten gemalt, und Kulissen werden bewusst verzerrt; oder FRIEDRICH WILHELM MURNAU, er wird zum Vorbild vieler Filmschaffender in In- und Ausland. Sein Gruselfilm „Nosferatu, eine Symphonie des Grausens“ (1922) ist stilbildend.

Den filmischen Höhepunkt dieser Epoche aber setzt FRITZ LANG mit seinem „Metropolis“ (1926), in dem 36.000 Komparsen und viel sensationelle Tricktechnik eingesetzt werden – der erste wegweisende Science-Fiction-Film der Filmgeschichte, der aber zugleich die UFA finanziell an den Abgrund bringt.

Nun, alle diese Filme sind zunächst „Kunstwerke“ und als solche zwar wegweisend, aber nur bedingt massentauglich und auch wenig gewinnbringend.

In dieser Zeit der Mitte der 1920er Jahre, in derselben Zeit, in der GEBHARDT in Weidenberg sein Kino öffnen will, wendet sich in Deutschland gerade das Blatt. Nun entdeckt auch die neue Mittelschicht der aufstrebenden Handwerker, Kaufleute und Angestellten das Kino. Sie sucht vor allem Unterhaltung und Entspannung. Das Kino dieser Zeit wird zum Vorläufer des heutigen Fernsehens als abendliche Zerstreuung und gemeinsames „Lagerfeuer" der Familie. Nun übernimmt der deutsche Film Impulse von komödiantischen Wandertruppen, vom Kabarett und vom Boulevard- und „Schmieren"theater.

Hier gab es Akteure, die wussten, wie man Stücke für den breiten Geschmack durchleuchtet und Spannung erzeugt. Vieles ist beeinflusst vom seichten Schwank auf der Bühne und von der unbeschwerten Operette im Theater- und Konzertsaal. Es entstehen bevorzugt Filmlustspiele. HENNY PORTEN wird der erste deutsche Stummfilmstar. So sind die meisten Filme dieser Zeit ganz banale Lustspiele, Abenteuerfilme und Krimis, Natur- und Reisefilme. Sehr gern besucht wird auch das Genre der Bergfilme und der Actionfilme.

Science-Fiction 1926: METROPOLIS

In dieser Zeit beginnen publikumswirksame Filme aus

Alles Kulisse und schöner Schein: UFA-Filmgelände in Babelsberg 1920

den USA die ganze Welt zu überschwemmen, eine Macht, die anderenorts die Filmindustrie in die Knie zwingt. Der Ausstoß beträgt dort nun bis zu 800 Filme pro Jahr.

Während die USA zur Film-Großmacht werden und überall sonst auf der Welt die Filmateliers schließen müssen, kann sich Deutschland durch seine rigiden Gesetze und seine gezielte Filmförderung seit LUDENDORFF behaupten: Die Hälfte aller damals deutschlandweit gezeigten Filme ist in Deutschland gedreht, ein Prozentsatz, der in der Geschichte nach dem Zweiten Weltkrieg nie mehr erreicht wird. Wohlgemerkt, wir sind hier aber noch in der Stummfilmzeit!

Allerdings bedeutet die staatliche Förderung in Deutschland von Anfang an auch staatliche Zensur: Solche Zensurstellen schneiden in der Weimarer Zeit in Deutschland gern solche Szenen heraus, die als gesellschaftskritisch oder „anrüchig" gelten. Während das Theater und die Zeitungen von der Zensur bis zur Nazizeit unbehelligt bleiben, kontrolliert der Weimarer Staat, ob der jeweilige Film vielleicht die öffentliche Ordnung und Sicherheit gefährdet, das religiöse Empfinden verletzt, verrohend oder entsittlichend wirkt oder das deutsche Ansehen und die Beziehungen im Ausland gefährden könnte.

Start mit „Faust": Bildung für Deutsche

Der Katalog anspruchsvollerer Stummfilme, aus dem GEBHARDT 1926 schöpfen kann, umfasst allein für dieses Jahr 32 abendfüllende Stummfilmstreifen, darunter F. W. Murnaus „Faust", R. Wienes „Rosenkavalier" mit der Originalmusik von RICHARD STRAUSS, Buster Keatons Klassiker „Der General" oder Greta Garbos „Fluten der Leidenschaft" oder „Dämon Weib", aber auch leichte Kost wie M. Noas „Das süße Mädel", Lotte Reinigers Scherenschnitt-Trickfilm „Die Abenteuer des Prinzen Achmed" oder den Film im Stil der 'neuen Sachlichkeit' von B. Viertel „Die Abenteuer eines Zehnmarkscheins".

Doch, wie gesagt, die Eröffnung von Gebhardts Kino fällt mitten in die Zeit einer grundlegenden technischen Revolution: Ab etwa 1927 setzt sich, zunächst neben dem Stummfilm, innerhalb von 10 Jahren in der ganzen Welt der Tonfilm durch. Er zieht weltweit immer größere Massen in die Kinos. Viele Fachleute sind zwar heute noch der Meinung, dass die Sprache den Film „gewöhnlich" gemacht habe, während viele Stummfilme wirklich „Kunst" seien. Doch was nützt „Kunst“, wenn sie kaum einer haben will?

Das Weidenberger Kino entsteht genau an dieser Nahtstelle vom Stumm- zum Tonfilm. Es beginnt zunächst als Stummfilmkino und ist auch ohne Tonspur für viele Jahre ein Renner. Denn trotz seiner technischen Rückständigkeit kann es zunächst noch den Neugiereffekt nutzen. Die fürs Kino neu gewonnen Bürgerschichten lassen sich anlocken.

Schon damals geht Gebhardts Blick auch über den eigentlichen Marktort hinaus. Er hat das Gefühl, dass sich auch die Menschen in den Außenorten um Weidenberg für das anregende Medium Film interessieren. So ersinnt GEBHARDT eine eigene Technik, um seine Filme neben dem großen Kinosaal in der Warmensteinacher Straße auch in den umliegenden Orten zeigen zu können: das „Wanderkino“.

Bildung und Unterhaltung auch für die Außenorte: Das Wanderkino

Eigentlich entstammte ja die gesamte Praxis der öffentlichen Filmvorführungen den Wanderkinos. Ihre Betreiber waren es, die die Idee des Kinos bereits ab 1896 in viele Städte, so auch nach Bayreuth, gebracht hatten. Als Attraktion auf Volksfesten und Marktplätzen waren die ersten Filme überhaupt gezeigt worden, bis dann zu Anfang des 20. Jahrhunderts in größeren Orten die ortsfesten Kinos entstanden, in Bayreuth im Jahr 1908.

Ein solcher Wanderkinobetrieb, wie er in dieser Zeit auch auf dem Bayreuther Mainplatz gastierte, funktionierte ursprünglich ähnlich einem Zirkus, er blieb einige Tage am Ort, um je nach Publikumsandrang seine mitgebrachten Filme vorzuführen. Es gab Wanderkinos mit richtigen zirkusähnlichen Zelten, die man vor Ort aufstellen konnte. Üblicherweise nutzten aber die Betreiber bereits vorhandene Einrichtungen als Vorführraum. So ging FRIEDRICH GEBHARDT vor allem in die Gastwirtschaften und die Schulen rund um Weidenberg.

Auch nach dem Zweiten Weltkrieg bestanden solche Wanderkinos oft noch weiter, um die Umlandbewohner, die zunächst noch keine Autos besaßen, mit Filmen zu versorgen, mancherorts noch bis in die 1960-er Jahre hinein. Friedrich Gebhardts Enkelin IRMTRAUD meint zwar, dass das Weidenberger Wanderkino nur bis zum Krieg betrieben worden sei. Sie selbst hat es nicht mehr miterlebt. Doch da sie erst 1951 geboren ist, ist durchaus denkbar, dass es auch für den Weiden-

Zugfahrzeug fürs Wanderkino: Gebhardts erstes Auto

berger Raum noch bis Anfang der 50-er Jahre bestand. Seine Bedeutung schwand aber sicher mit dem Einsetzen der Motorisierung, die es jedem erlaubt, nun in das „richtige" Kino der „Rosenau Lichtspiele" zu gelangen.

Die Projektoren und Schneidgeräte für den Betrieb des Wanderkinos waren zum Glück nicht allzu schwer. Zwei Mann konnten sie gut transportieren und auf einen Wagen verladen.

GEBHARDT, der nie zimperlich war, wenn es galt, die modernste Technik einzusetzen, schaffte als Zugfahrzeug eines der ersten Autos an, die überhaupt in Weidenberg fuhren. Nur wenige andere Bürger besaßen damals schon Autos, so zum Beispiel der Doktor SCHILFAHRT und sein Nachfolger FRITZ MÜLLER, auch der Apotheker GUSTAV SCHÜTZ, der Fabrikant CHRISTIAN SCHILLER, der Kaufmann FÜẞMANN, der Gastwirt DREẞ oder der seit 1933 amtierende Pfarrer THEODOR HOFFMANN. Dagegen war etwa die Hebamme LOCHMÜLLER, die wegen der damals üblichen Hausgeburten zu jeder Tages- und Nachtzeit in allen Außenorten kurzfristig erreichbar sein musste, Zeit ihres Lebens nur mit dem Fahrrad unterwegs.

Mit Beginn des Zweiten Weltkrieges kam aber die private Nutzung von Kraftfahrzeugen fast vollständig zum Erliegen. Ein Erlass vom 20. September 1939 im Rahmen der „Kriegswirtschaftsverordnung" rationierte das Benzin und gestattete nur noch solchen Personen die Benutzung eines Autos, die im Rahmen ihres Berufes einen wichtigen Beitrag zur Versorgung der deutschen Bevölkerung leisteten, darunter Ärzte und Lebensmittelhändler. Nur noch 15% des gesamten Kraftfahrzeugbestandes durften seitdem für diese Zwecke eingesetzt werden. Die Abgabe des Treibstoffs auf Marken wurde mit jedem Kriegsjahr weiter eingeschränkt, um alle verfügbaren Kapazitäten dem Militär zukommen zu lassen.

Ersatz wegen Benzinmangel:
Das treue Kino-Zugpferd „Bubi'

Seitdem wurde „Bubi" vor den Kino-Gerätewagen gespannt. Bubi war eines der wenigen Pferde, die seinerzeit in Weidenberg in der Landwirtschaft und beim Ziehen von Wagen überhaupt Dienst taten. Sonst waren damals in Weidenberg nur Ochsen vor Pflug und Wagen gespannt. Zwar gab es seit den 20-er Jahren in Deutschland auch Traktoren; der „Lanz Bulldog" war sogar ein sehr solides Fahrzeug. Aber an seine Nutzung war in dieser Zeit des Treibstoffmangels überhaupt nicht zu denken. Nun avanciert also Bubi zum „Kino-Pferd" und wird von den Kindern schon von weitem mit Hallo begrüßt, wenn es mit dem Kinowagen im Dorf einrollt.

"Preußenfilme" für frühe Nazis, Russenfilme für Linke

Wenn man die Filme betrachtet, die in Gebhardts Kino gezeigt wurden, dann muss man sich immer wieder die geschilderte Tatsache vor Augen führen, dass in Deutschland der Film von Anfang an nicht nur ein Wirtschaftsfaktor, sondern auch ein beliebtes Werkzeug der Propaganda war. Neben der Regierung und der Deutschen Bank machen sich auch Parteien aller Couleur die Filmbegeisterung im Volk zunutze.

So erfreuen sich damals bei den Deutsch-Nationalen die „Preußenfilme" großer Beliebtheit. An diese Filmvorliebe knüpfen dann auch die aufstrebenden Nationalsozialisten nahtlos an. Seitdem ab 1927 die UFA Teil des konservativen Hugenberg-Konzerns ist, betätigt sich dieser Filmbetrieb als Steigbügelhalter der Nazis; der Eigentümer HUGENBERG tritt zwar nie selbst der NSDAP bei, betätigt sich aber als ihr Sympathisant und Unterstützer. Naiv, wie es viele einflussreiche Menschen damals sind, unterschätzt und missdeutet er das tatsächliche Bestreben der Nazis zur Errichtung einer Diktatur.

Aber auch die Linke hat ihre „Volksfilm-Bewegung"; sie gründet ihre „Prometheus Film". In ihrem Verleih mit Produktion zeigt sie bewusst sowjetische Erfolgsfilme wie S. Eisensteins „Panzerkreuzer Potemkin", der die russische Revolution rechtfertigt. Die Prometheus entwickelt aber auch selbst Klassiker wie den kommunistischen Film „Kuhle Wampe" (1932), an dessen Drehbuch BERT BRECHT persönlich mitwirkt. Doch tun sich die Filme der Linken mit der rechtslastigen Zensur der Weimarer Zeit stets schwer.

Filme der Linken: Werbeanzeige 1928

Seit 1926 verwenden auch die emporstrebenden Nazis das Medium Film unmittelbar für ihre Propaganda. Nach dem kurzzeitigen Parteiverbot wiedergegründet, richtet die NSDAP zunächst in München, dann in Berlin, eine neue Reichspropagandaleitung ein. Von Anfang an setzt HITLER auf den Effekt wirkungsvoller Massenbeeinflussung. Nicht nur seine persönlich gehaltenen Reden oder die großen Aufzüge seiner SA und anderer Formationen werden zur künstlich-künstlerischen Choreografie ausgestaltet, sondern auch deren Übertragung in den aktuellen Medien Rundfunk und Kino ist manipuliert.

HITLER besaß stets ein untrügliches Gespür für Massenwirkung und fungierte deshalb vorübergehend selbst als Propagandaleiter seiner Partei. Ihm folgt aber bereits

1930 JOSEF GOEBBELS, der nun das Medium Film konsequent einsetzt und seine Akteure umwirbt. Auch eigene Kurz- und Dokumentarfilme geben die Reichspropagandaleitung und ihre Gaufilmstellen in Auftrag, z.B. W. W. Trinks „Aus der Tiefe empor" (1934), H. Weidenmanns „Gestern und heute" (1938) und „Jahre der Entscheidung", aber auch W. Böttchers und L. v. d. Schmiedes Hetzfilm „Juden ohne Maske" (1937) und Fr. Albats ironisches „Sowjet-Paradies" (1942).

4. Der Film in den Klauen der Nazis

Wochenschau zur Publikumsbeeinflussung

Filmproduktion in Deutschland zur Zeit der Weimarer Republik war zwar häufig bewusst politisch, aber doch außerordentlich vielstimmig. Das änderte sich mit der Machtübernahme durch HITLER 1933 schlagartig. Über 1.500 Filmschaffende verließen Deutschland, darunter bedeutende Drehbuchautoren, Regisseure und Filmstars. Von den zunächst Bleibenden wurden die Filmkünstler jüdischer Herkunft gezwungen, ihre Arbeit aufzugeben. Einige werden inhaftiert und kommen später in KZs um.

„Weltumspannend":
Wochenschau-Werbung 1927

Ab 1937 steht die deutsche Filmindustrie gänzlich unter Kontrolle der Naziführung; sie erklärt nun die Produktion von Unterhaltungsfilmen zum Staatsziel. Jetzt wird auch die Wochenschau zentralisiert. Denn die Nazis haben erkannt, dass dieses populäre Medium immense Chancen bot, die Bevölkerung zu manipulieren.

Heute ist ja diese Filmgattung „Wochenschau" weitgehend aus dem öffentlichen Bewusstsein verschwunden. Eine Welt, die auf rasche Befriedigung ihrer vielfältigen Bedürfnisse aus ist und die geprägt ist von der Konkurrenz unendlich vieler Fernsehsender, die zu jeder Minute mit möglichst brandaktueller Berichterstattung aus aller Welt konkurrieren, kann sich die gemütliche wöchentliche „Aktualitätenschau" von damals gar nicht mehr vorstellen.

Wie schon der Name „Wochenschau" beschreibt, erschienen diese Filme jede Woche neu als Vorprogramm vor dem eigentlichen Hauptfilm. In der Regel waren sie vergleichbar lang, wie die „Tagesschau" heute im Fernsehen, oft auch kürzer. Viele Firmen wetteiferten. Sie wollten die Ereignisse der vergangenen Woche eigentlich wahrheitsgetreu abbilden. Mit je nach Aktualität wechselnder Gewichtung betrachteten sie die verschiedenen Sparten Politik, Wirtschaft, Militär, Technik, Kultur, Mode, Sport usw.

Aber stets waren diese Filme ein interessantes Medium für eine bewusste Propagandastrategie. Man konnte Filmschnitt, Kameraführung und Bildwahl gezielt einsetzen und auch mit der Stimme des Sprechers oder der gewählten Hintergrundmusik den Zuschauer stark beeinflussen. So sind solche alten Wochenschauen aufschlussreiche Forschungsgegenstände: Sie geben nicht nur Auskunft über die damaligen Ereignisse oder den Publikumsgeschmack, sondern lassen auch die Tricks die Machthaber zur Manipulation der öffentlichen Meinung erkennen.

So wurde schon oben auf Ludendorffs Propagandaprojekt im Ersten Weltkrieg und die Entstehung der UFA hingewiesen. Nach dem Ersten Weltkrieg schien diese staatliche Lenkung zunächst in den Hintergrund zu treten. Die verschiedenen privatwirtschaftlich organisierten Wochenschaufirmen wie „MESSTER-WOCHE" oder die „DEULIG-WOCHE“ gaben vor, aktuell zu berichten und nicht nur die Politik, sondern auch das wirtschaftliche, kulturelle und sportliche Leben im Lande weltanschaulich neutral abzubilden. Doch seit die UFA diese beiden Firmen 1925 und 1927 übernahm und ihr Programm durch die „UFA-WOCHENSCHAU" ablöste, waren diese Filmstreifen klar politisch rechtsnational ausgerichtet. Ein Gegengewicht versuchte die SPD mit der "EMELKA-WOCHE" zu schaffen.

Bis dahin waren die Wochenschauen noch stumm; die Kommentare wurden auf Schrifttafeln eingeschnitten. Mit dem Tonfilm hatten aber auch die Wochenschauproduktionen wie die „UFA-TONWOCHE“ neue Gestaltungsmöglichkeiten gewonnen. Aussagen ließen sich jetzt leichter manipulieren. Dieses Medium wollten die Nazis in der Hand behalten. So erließ Hitlers Propagandaminister GOEBBELS enge Richtlinien für die Wochenschaugestaltung und verhängte eine verschärfte Zensur.

Ab dem Jahr 1938, als der Krieg spürbar in der Luft lag, konnte ein Kinobetreiber auch nicht mehr frei entscheiden, ob er die jeweilige Wochenschau zeigen wollte, sondern er wurde nun zwangsweise zur Aufführung verpflichtet.

Herrschender Adler im siegreichen Licht:
„DIE DEUTSCHE WOCHENSCHAU“ 1940

Dagegen waren Unterhaltung und aufgelockerte Berichterstattung in Wochenschauen nunmehr untersagt.

Vermittelt werden sollten dem Zuschauer jetzt Gefühle von deutscher Tradition und Überlegenheit. Die bewegten Bilder sollten Sicherheit und Vertrauen in die Führung vermitteln. In den gesprochenen Texten sollte die Naziideologie unters Volk kommen.

In manchen Großstädten wurde aus der einstigen Wochenschau das „Aktualitäten-Kino“ rund um die Uhr Es präsentierte Nachrichten und Durchhalteparolen nunmehr zwölfmal am Tag jeweils eine Stunde lang.

Im dritten Kriegsjahr 1940 wurden dann alle vier bestehenden Wochenschauen UFA- und DEULING-TONWOCHE, TOBIS-WOCHE und FOX-TÖNENDE-WOCHENSCHAU zentralisiert und unter vollständige Nazikontrolle gestellt. Sie erhielten jetzt den Titel „DIE DEUTSCHE WOCHENSCHAU". Eine spezielle „UFA-AUSLANDS-TONWOCHE“ wurde extra für die besetzten Gebiete und sowie für neutrale Staaten, wie Schweden, produziert. Mit schneidender Stimme kommentierte der bekannte Sprecher HARRY GIESE das Kriegsgeschehen so, dass man auch nach dem Fall von Stalingrad noch meinen musste, dass die überlegenen deutschen Truppen ohne eigene Verluste in einem ständigen Vormarsch begriffen waren.

Tonfilm nun auch in Weidenberg, aber mit eingeschränktem Repertoire

Inzwischen hat auch FRIEDRICH GEBHARDT seinen Kinobetrieb modernisiert. Die Stummfilmprojektoren sind durch moderne Tonfilmmaschinen ersetzt. Nun ist auch das elektrische Klavier nicht mehr erforderlich. Der Ton kommt aus großen Lautsprechern an der Bühne. Sie erhalten ihr Signal völlig synchron von der „Lichtton“-Spur; sie ist auf demselben Filmstreifen, der auch die Bilder enthält, seitlich in Zacken- oder Sprossenschrift aufgebracht. Nun könnten auch in Weidenberg all die Tonfilme gezeigt werden, die sich inzwischen weltweit durchgesetzt haben.

Teure Investition: Gebhardts Tonfilmprojektoren vor dem Krieg

Doch in Deutschland ist das Angebot jetzt erheblich eingeschränkt. Es dürfen nur noch solche Filme gedreht und vorgeführt werden, die den Nazis unverdächtig erscheinen.

Den Zuschauern ist das egal. Mit dem Ausbruch des Zweiten Weltkrieges suchen sie im Kino vor allem nach Ablenkung. Die Meldungen über Gefallene steigern sich ja täglich; der Alltag ist geprägt von Lebensmittelkarten, Bombenbedrohung und Sprechverboten und erscheint zunehmend trostlos. Der Widerspruch ist kaum zu fassen: Am Höhepunkt des Bombenkrieges 1943 und 1944 erreichen Deutschlands Kinos jährliche Zuschauerzahlen von über einer Milliarde Menschen. Jeder Deutsche schaut sich also mindestens einmal im Monat einen Film an und dies, obwohl das Kino jederzeit in Schutt und Asche fallen kann!

Entsprechend stehen vor allem leichte Unterhaltungsfilme in der Beliebtheit beim Publikum ganz oben. So wird der berühmte UFA-Film „DIE FEUERZANGENBOWLE" mit HEINZ RÜHMANN und ERICH PONTO 1943 am Höhe- und Wendepunkt des Krieges im bombenbedrohten Berlin gedreht.[172] Er ist insofern ein spannender Fall, als die Nazis vom Erziehungsministerium damals kritisch meinten, hier werde die Autorität von Schule und Lehrer zu sehr infrage gestellt.

HEINZ RÜHMANN fuhr daher vor der öffentlichen Uraufführung im Januar des vorletzten Kriegsjahres 1944 persönlich ins Führerhauptquartier Wolfsschanze in Ostpreußen und brachte HITLER den Film zur Begutachtung. Der von schlimmen Kriegsnachrichten gebeutelte Diktator empfand beim Anschauen so viel Vergnügen, dass er seinem Propagandaminister Goebbels umgehend die Anweisung gab, den Film freizugeben. Bereits drei Tage später, am 28.Januar 1944, konnte die Uraufführung stattfinden, mitten im Chaos des bombenzerstörten

Filmstar bei Spendenwerbung: HEINZ RÜHMANN 1937 mit ADOLF HITLER und seinem Chefadjudanten JULIUS SCHAUB

[172] Entgegen den Angaben im Film stammt die gleichnamige Romanvorlage nur zum geringeren Teil vom Schriftsteller HEINRICH SPOERL, sondern vom in Leipzig geboren Satiriker HANS REIMANN (1889–1969), der mit seinen „Sächsischen Miniaturen" einige Bekanntheit erlangte. Nach eigenen Angaben hat er SPOERL das weitgehend fertige Romankonzept und die Benennung als Autor überlassen, um sich bei den Nazis aus der Schusslinie zu bringen. Spoerl selbst stand des Nazis nahe. Er war zwar nicht Mitglied in der NSDAP, wohl aber in den Reichskammern für Schrifttum und Film.

Berlin.[173] Seitdem ist dieser Film in Deutschland Kult, ohne dass sich der Zuschauer heute viele Gedanken macht über die Hintergründe. Bis in die Kostüme und Bauten hinein „vermittelt er eine Strategie des Vergessens, der sich niemand vollständig entziehen kann" (EPD).

Auch andere Filme dieser Zeit widersetzen sich dem Menschenbild und der Ideologie der Nazis, so der beschwingte Musicalfilm „VICTOR UND VICTORIA" von R. SCHÜNZEL (1933), oder die Satire von E. ENGELS über Untertanengeist, Kriecherei und fehlende Meinungsfreiheit „DER MAULKORB" (1938), verfilmt nach dem kurz vorher erschienen Buch von HEINRICH SPOERL, der mit HANS REIMANN auch die Vorlage für die „FEUERZANGENBOWLE" lieferte.

Distanz zum Naziregime versuchten auch die Regisseure HELMUT KÄUTNER und CURT GOETZ einzunehmen. So sollte Käutners im Hamburger Hafenmilieu spielender Musik-Film „FREIHEIT NR. 7" ursprünglich ein Film des Propagandaministeriums werden, der die deutsche Handelsmarine verherrlicht. Doch die Bilder von betrunkenen, rauchenden und prügelnden Seeleuten, die die beliebten Stars HANS ALBERS und HANS SÖHNKER vorführten, entsprachen nicht dem Ideal deutscher Seeleute. Und Werner Eisbrenners Musik in diesem Film, z.B. Hans Albers' Lied *„La Paloma ... einmal wird alles vorbei sein"* hatte so gar nichts mit den geforderten Durchhalteparolen der Machthaber gemein, wie ihnen überhaupt der Titel „Freiheit" verdächtig und die Grundstimmung des Films als zu schwermütig erschien. Der Film konnte zwar nach Verlegung des Studios von Berlin nach Prag dort noch fertig gestellt werden, erlebte aber seine Uraufführung im Dezember 1944 nur vor ausgewähltem Publikum und wurde dann verboten.

Kritisch bewerteten die Nazis auch die Soundtracks vieler beliebter Musikfilme, die ihnen oft zu beschwingt und zu wenig „völkisch" erschienen.

So drohte den wenigen mutigen Filmschaffenden, die dem Nazi-Regime widersprachen, Zensur und Verfolgung. Wenn überhaupt, konnten sie ihre Kritik am System nur in kleinen Anspielungen vorbringen, die kaum auffielen.

So wollten die Nazis z.B. nicht, dass ihre Symbole wie Uniformen, Grußformeln oder Hakenkreuze in Unterhaltungsfilmen vorkamen, um sie vor Verspottung zu schützen. Umso mehr fällt auf, dass HEINZ RÜHMANN ein einziges Mal den „Führer-

---

[173] Im Herbst 1943 hatte der britische Luftmarschall ARTHUR HARRIS seine „Schlacht um Berlin" begonnen. Er hoffte so, Hitler zur Kapitulation zwingen zu können. Genau in diesen Januartagen 1944 fährt IRMGARD DENNERT, die Ehefrau des Weidenberger Nazi-Opfers CHRISTIAN DENNERT nach Berlin, um mit dem dortigen Rechtsanwalt SCHWARZ die Verteidigungsstrategie ihres Mannes vor dem Volksgerichtshof zu besprechen. Die entsprechende 5. Folge des Projektes „MYRTEN FÜR DORNEN – Spuren der Opfer" schildert ab S. 287 ff Irmgards Eindrücke vom zerstörten Berlin.

gruß“ verwendet, in seinem Film von 1941 „DER GASMANN“. Es geht hier eigentlich um die Totalüberwachung des Bürgers. Der Schauspieler RÜHMANN alias Gaskassierer KNITTEL hat einen Konflikt mit einer zahlungsunwilligen Dame, die ihm mit ihren angeblich guten Kontakten zu höheren Parteiebenen droht. Da verabschiedet er sich mit einem ironisch gesprochenen „Na dann – Heil Hitler!“, das für den Zuschauer bewusst viele Deutungen offen lässt.

Leni Riefenstahl – eine faschistische Film-Ästhetin im Bund mit dem Teufel

Eine besondere Rolle in der Film- und Kinogeschichte der Nazizeit nimmt die 1902 geborene HELENE BERTHA AMALIA „LENI“ RIEFENSTAHL ein. Gegen den Willen des Vaters hat dieses sportlich und künstlerisch außerordentlich begabte und emanzipierte Mädchen von Anfang an eine Karriere als Tänzerin durchgesetzt. Nach einer Meniskusverletzung, die zum Abbruch der Karriere zwingt, kommt sie zu Bühne und Film.

Von Hitler geschätzt und gefördert:
LENI RIEFENSTAHL beim Reichsparteitag 1934 in Nürnberg

Sie lernt mit der Kamera umzugehen und entwickelt zunächst mit ihren Bergfilmen, u.a. zusammen mit LOUIS TRENKER, eine ganz eigene Ästhetik. Sie eignet sich Kenntnisse im Verfassen von Drehbüchern und Regie an und gründet 1931 ihre erste eigene Filmgesellschaft. Ihre Regiearbeiten für den Stummfilm „Das blaue Licht“, in dem auch Sarntaler Bauern als Laienschauspieler mitwirken, werden begeistert aufgenommenen.

Auch HITLER wird auf sie aufmerksam. LENI RIEFENSTAHL selbst begeistert sich ihrerseits für die Persönlichkeit Hitlers und für sein Buch „MEIN KAMPF“. Sie reist ihm nach. Es kommt zu einer lebenslangen gegenseitigen platonischen Bindung. RIEFENSTAHL ist eine der wenigen Frauen, die von HITLER zumindest in ihrer künstlerischen Leistung wirklich anerkannt werden; er macht sie zur „Reichsfilmregisseurin“.

1933 darf sie beim Reichsparteitag in Nürnberg ihre erste Fingerübung für ihre weiteren systemverherrlichenden Filme machen. Doch nach dem Röhm-Putsch ziehen die Machthaber ihren Streifen „Sieg des Glaubens“ wieder aus dem Verkehr,

Marsch der Wehrmacht: LENI RIEFENSTAHL filmt in Nürnberg

denn dieser Film lässt neben HITLER noch andere Nazigrößen als gleichrangig erscheinen.

Aus ihrem sehr innovativ verfilmten Material vom folgenden Reichsparteitag 1935 schneidet sie in siebenmonatiger Arbeit ein 4-stündiges Monumental-Opus und verherrlicht nun HITLER allein als überlebensgroßen Führer unter dem Titel „TRIUMPH DES WILLENS". Dieses „Vorzeigestück gelungener Nazipropaganda" trägt ihr einen Staatspreis ein und findet auch im Ausland Anerkennung.

Einen dritten Reichsparteitagfilm 1935 widmet sie der Wehrmacht unter dem Titel „TAG DER FREIHEIT – UNSERE WEHRMACHT". Die Wehrmacht hatte gemeint, bei den vorangegangenen Filmen zu stiefmütterlich behandelt worden zu sein. Man fasst heute diese drei Filme als „Reichsparteitags-Trilogie" zusammen. Als Anerkennung für Riefenstahls Schaffen hat HITLER in seiner zukünftigen Hauptstadt „Germania" alias Berlin nach dem „Endsieg" auch die Errichtung riesiger Riefenstahl-Studios eingeplant.

1936 soll LENI RIEFENSTAHL einen Film über die Sommerolympiade in Berlin drehen und erhält dafür die Zusage von Propagandaminister Josef Goebbels über 1,5 Mio. Reichsmark. Die Nazis sind aber um den Ruf ihrer Partei besorgt und möchten nicht als Urheber erscheinen. So gründet RIEFENSTAHL mit dem Propagandaministerium zusammen eine Tarngesellschaft.

Mit bekannten Kameramännern ersinnt sie höchst innovative Techniken, die für die Aufnahmen von Sportereignissen heute noch in aller Welt Gültigkeit haben. Daraus schneidet sie bis 1938 die zwei Streifen „FEST DER VÖLKER" und „FEST DER SCHÖNHEIT". Die Filme finden weltweit Anerkennung.

Innovative Kamerafahrten:
LENI RIEFENSTAHL bei der Olympiade 1936

RIEFENSTAHL hat das ehrgeizige Ziel, auch für Metro-Goldwyn-Mayer in USA zu arbeiten. Ihre Ambitionen zerschlagen sich aber, weil die angelsächsischen Länder nach der Reichs-Pogromnacht 1938 gegen die Juden ihre Arbeiten boykottieren.

Als ihren letzten Spieltonfilm schafft RIEFENSTAHL ohne öffentlichen Auftrag in den Kriegsjahren 1940-44 den Streifen „TIEFLAND". Als Stoff diente ihr das 1903 entstandene gleichnamige Operndrama von EUGEN D'ALBERT und RUDOLF LOTHAR, das in den spanischen Pyrenäen spielt. Riefenstahl selbst erscheint als Produzentin, Regisseurin und Hauptdarstellerin. Die Uraufführung fand erst nach dem Krieg 1954 statt.

Die Arbeiten zu dem Film trugen der Regisseurin gleich nach dem Krieg für den Rest ihres Lebens Kritik und juristische Verfolgung ein. Denn für die Dreharbeiten hatte sie, da ihr keine Spanier zur Verfügung standen, „südländisch" wirkende Häftlinge als Statisten angefordert. Ihr waren daraufhin über 100 Roma aus dem Zwangslager Maxglan bei Salzburg und 68 Sinti aus Berlin-Mahrzahn-Rastplatz zugewiesen worden. Sie hatte ihnen versprochen, sich für sie bei HITLER einzusetzen. Als sie nach den Dreharbeiten die für Juden und „Zigeuner" fällige Sonderausgleichsabgabe entrichtete, waren aber die Berliner Sinti schon nach Auschwitz transportiert worden. Nur wenige überlebten.

Vorwürfe wegen Unrechts an Sinti und Roma wurden gegen sie erst laut, als sie schon mehrere Entnazifizierungsverfahren relativ unbeschadet als „Mitläuferin" hinter sich gebracht hatte. Doch auch in diesem Fall gelang es RIEFENSTAHL 1949 vor Gericht zunächst erfolgreich, sich ihrer Kritiker zu entledigen. Nach einer WDR-Rundfunkdokumentation 1982 wurde aber der Kritik an der Zwangsverpflichtung von Sinti und Roma in drei von vier Fällen recht gegeben. Allerdings konnte man Riefenstahls Behauptung, sie habe von dem Ergehen ihrer Statisten nach den Dreharbeiten nichts gewusst, mangels Beweisen nicht widerlegen.

Die Filmkritik bescheinigt dem Film „TIEFLAND" zwar einige „optisch und musikalisch bisweilen stimmungsvolle" Momente, lehnt ihn aber als „überaus langweilig" ab und betrachtet das erzeugte Pathos als „frisiert" (Lexikon des Films).

LENI RIEFENSTAHL erreichte das begnadete Alter von 101 Jahren und blieb bis fast zuletzt erstaunlich rüstig. Doch vor allem die beiden Tatsachen, dass sie sich bis zu ihrem Lebensende am 8. Sept. 2003 nie innerlich von ihrem Förderer HITLER lösen konnte und dass sie auch ihre überragende Rolle bei der filmischen Präsentation des „Dritten Reiches" nie kritisch hinterfragen wollte, waren ihrer Anerkennung nach dem Krieg abträglich. So blieb an ihrem Werk stets der Geruch einer „faschistischen Ästhetik" haften und verhinderte einen freien Umgang mit ihren hochinteressanten neuartigen und vielfach nachgeahmten Arbeitsweisen.

5. Film „im Dienst der geistigen Kriegsführung" in „kaputter Zeit"

100 Güterwagen voll Salz

Auch die Menschen in Weidenberg strömen im Dritten Reich zunehmend in ihr Kino, vor allem in der Kriegszeit. Sie suchen Ablenkung über den Verlust ihrer Väter und Söhne und träumen sich weg von einem dürftigen Leben auf Lebensmittel- und Textilkarte. Der Film beschert ihnen faszinierende Aussichten.

Die abendfüllenden Tonfilme sind seit 1939 zumeist im opulenten, drei Jahre zuvor entwickelten „Agfa-Color"-Verfahren gedreht. Wie wichtig den Nazis der Kinofilm ist, wird besonders darin deutlich, dass sie mit großem Aufwand praktisch bis zum letzten Kriegstag Filme für das öffentliche Kino drehen lassen.

Überall fallen während dieser Zeit Bomben, sichere Orte gibt es wenige. Insbesondere die Studios sind bedroht, ihre Akteure sind in Gefahr. Dennoch will Goebbels' Propaganda auf jede Weise, so auch mit filmischen Mitteln, den Durchhaltewillen des Volkes steigern. So beauftragt er den nazihörigen Regisseur VEIT HARLAN am 1. Juni 1943, *"einen Großfilm 'Kolberg' herzustellen."*

Der Widerstand der pommerschen Hafenstadt Kolberg 1807 gegen Napoleons Ansturm soll als Beispiel dienen, *„dass ein in Heimat und Front geeintes Volk jeden Gegner überwindet"*. Goebbels ermächtigt Harlan, *„alle Dienststellen von Wehrmacht, Staat und Partei, soweit erforderlich, um ihre Hilfe und Unterstützung zu bitten und sich dabei darauf zu berufen, dass der hiermit von mir angeordnete Film im Dienste unserer geistigen Kriegführung steht."*

So muss das Heer trotz der bedrohlichen Kriegslage Tausende von Wehrmachtssoldaten als Statisten zur Verfügung stellen, ebenso mehr als tausend Pferde. Da der Film Winterszenen enthält, aber im Sommer gedreht wird, müssen als Ersatz für den Schnee in zwei komplette Eisenbahngüterzügen mitten im Krieg 2.000 to Salz zum Drehort in Pommern geschafft werden. Mit 8,8 Millionen Reichsmark Produktionskosten wird dies der teuerste Film in der Zeit des „Dritten Reiches". Doch zu den

Vorführungen, die vom 30. Januar 1945 an bis in die letzten Kriegstage laufen, will kaum jemand hin. Die Leute gehen viel lieber in den gleichzeitig laufenden Fantasy-Film über den Lügenbaron „Münchhausen" mit ihrem Lieblingsstar HANS ALBERS.

Von Goebbels in Auftrag gegeben:
Münchhausenfilm mit Hans Albers 1943

Erstaunlicherweise war es GOEBBELS, der auch diesen heiteren Münchhausen-Film in Auftrag gegeben hat. Der Propagandachef hat das ehrgeizige Ziel, den Deutschen wie dem Ausland einen glanzvollen, abenteuerlichen Film zu präsentieren und damit zwei Jubiläen ausgestalten, das 10. Jahr von Hitlers Machtübernahme und zugleich das 25-jährige Jubiläum der UFA. Obwohl dieser Film am Höhepunkt des Zweiten Weltkrieges entsteht, soll er *„weder von den politischen Verhältnissen im Reich, noch von den Schrecken des Krieges etwas ahnen"* lassen *„und umso überzeugender die technische und künstlerische Leistungsfähigkeit Nazi-Deutschlands unter Beweis stellen."*

Der Film wird dann tatsächlich am 3.März 1943 in Berlin uraufgeführt, wenn auch mit erheblichen Kürzungen. Denn Goebbels will die ausführlichen Schlachtszenen dem deutschen Publikum im Bombenkrieg nicht zumuten. Viele erstaunlich liberale und tolerante Äußerungen in den Filmdialogen werden allerdings ebenfalls nachträglich herausgeschnitten.

Tatsächlich erweist sich dieser aufwendig gestaltete Farbfilm durch seine tricktechnische Brillanz, seine immer noch spürbare feine Ironie in den Dialogen und seinen Verzicht auf Propaganda als Publikumsrenner. Ausschlaggebend für die Beliebtheit ist die Fantastik dieser famosen Schmunzelkomödie und ihrer blutvollen Hauptfigur, des „Lügenbarons" Münchhausen alias HANS ALBERS, Er wird von den Kinobesuchern unvermeidlich als eine originelle Gegenfigur empfunden gegen den Nazi-Lügenbaron GOEBBELS.

Das damalige Programmheft verschweigt freilich, dass das Drehbuch vom beliebten Jugendbuchautor ERICH KÄSTNER stammt. Als Verfemter des Naziregimes hatte er eigentlich Berufsverbot; seine Bücher sind im Jahr 1933 mit verbrannt worden. Doch in einem Sonderauftrag hatte GOEBBELS ihn angewiesen, das Drehbuch zu

„Münchhausen" zu verfassen. Er gab es unter dem Pseudonym „Berthold Bürger" ab. Eine delikate subversive Äußerung von Kästner entging dem Filmschnitt: Münchhausen schaut auf eine defekte Uhr und sagt zu seinem Diener: *„Die Zeit ist kaputt"*. Viele Zuschauer stimmten damals ganz spontan zu, wenn diese Szene ins Bild kam.

Ansonsten gab es neben den wenigen Mutigen bei den Filmschaffenden auch eine Unzahl Angepasster, die schon 1933 keine Schwierigkeiten sahen, sich gleichsam in vorauseilendem Gehorsam dem System der Nazis anzudienen. Zu ihnen gehörte Hans Steinhoff mit seinem bereits 1932 begonnenen Propagandafilm „Hitlerjunge Quex". Er thematisiert den Kampf zwischen Kommunisten und Nazis zur Zeit der Weimarer Republik und macht den Hitlerjungen zum Märtyrer gegenüber der „kommunistischen Gefahr".

Filme sollen einstimmen auf die „Endlösung der Judenfrage"

Mit den militärischen Überfällen auf Polen 1939 und Dänemark, Norwegen und Frankreich 1940 sind den Deutschen auch viele Juden in die Hände gefallen. Ihr weiteres Geschick steht nun in Frage. Als Kriegsberichterstatterin hatte Leni Riefenstahl die ersten Massaker an Juden bereits 1939 in Polen selbst gefilmt, später hat sie das geleugnet; sie wollte nicht Kronzeugin gegen die Nazis sein.

Die Nationalsozialisten lassen nun Propagandafilme drehen, mit denen sie die Bevölkerung auf die „Endlösung der Judenfrage" einstimmen wollen. Dabei gehen sie noch drastischer und zynischer mit der Frage von Tätern und Opfern um, als in ihren bisherigen antikommunistischen oder antisemitischen Filmen. War es bis zu diesem Zeitpunkt in der Nazi-Filmpolitik üblich, Juden als komische Figuren darzustellen, so werden sie jetzt zu gemeingefährliche „Untermenschen" stilisiert, die gegen die arischen Menschen bewusst Böses im Schilde führen.

Der führende Nazi-Regisseur Veit Harlan soll in diesem für die Judenvernichtung entscheidenden Jahr 1940 den Film „Jud Süß" drehen. Er soll mit Mitteln des Films dazu beitragen, die Vorurteile des Publikums gegen die angeblich schädliche „Rasse" der Juden zu wecken.

Die Titelrolle des Films soll den jüdischer Finanzbeamten Joseph Süß Oppenheimer verkörpern, der als Geheimer Finanzrat im 18.Jh. im Dienst des Herzogs von Württemberg stand und 1738 in Stuttgart hingerichtet wurde. Harlan präsentiert den Darsteller dieses Juden als galanten sexuellen Verführer und morallosen und verkommenen Vergewaltiger, den am Ende die „gerechte" Strafe ereilt. Andere gängige antisemitische Vorurteile wie Geldgier oder Hinterlist treten demgegenüber zurück.

Der Film soll damals die Nürnberger Rassegesetze historisch begründen und rechtfertigen. Sie haben ja das Sexualverbot zwischen Juden und Nichtjuden zum Inhalt. Filmkritiker bezeichnen diesen bedrückenden Film heute als „faschistischen Tendenzfilm", als „Volksverhetzung", „politische Pornographie" (M. TÖTEBERG) und als „Werk regimehöriger Geschichtsfälscher, die, nicht ohne technische Raffinesse, ein lukratives Geschäft mit der Rassenhetze betrieben" (B. GERBER). Damit „Millionen von Menschen freiwillig dafür an den Kinokassen bezahlen", stellen damals angesehene Schauspieler wie MARIAN, KRAUß und GEORGE ihr Können und ihre herausragenden schauspielerischen Leistungen in den Dienst der Nazis. Der Schriftsteller RALPH GIORDANO nennt den Film „die niederträchtigste, gemeinste und raffinierteste Form von ‚künstlerischem' Antisemitismus."

Historisches Filmplakat: JUD SÜß 1940

Im gleichen Jahr 1940, in dem die eigentliche Jagd auf die Juden beginnt, kommt auch der antisemitische Film von ERICH WASCHNIK „DIE ROTHSCHILDS" heraus. Er gibt vor, den Aufstieg dieser bekannten Bankiersfamilie in England sachlich dazustellen. Tatsächlich ist es ein antibritischer Propagandafilm, der zugleich viele phrasenhafte Denkweisen des Antisemitismus der Nazis versammelt. Den Juden wird in diesem Historienfilm aus der Zeit Napoleons mangelnde Staatstreue, Profitgier und Gleichgültigkeit gegenüber dem Leid anderer Menschen unterstellt.

Die Darstellung der jüdischen Charaktere entspricht dem Nazi-Klischee vom „schmierigen Juden". So trägt der Protagonist MAYER AMSCHEL ROTHSCHILD einen schäbigen Kaftan; Schläfenlocken umgrenzen sein Gesicht. Sein lüsterner Sohn stellt der Frau seines „arischen" Konkurrenten nach. — Zu einer Zeit, als sich 1940 der Luftkrieg verschärft, soll England als „Werkzeug des internationalen Judentums" entlarvt werden. Demgegenüber sollen die vermeintlichen Opfer der Rothschilds, der idealistische Patriot CRAYTON und seine Braut PHYLLIS BEARING, als Vorbildfiguren für den Typ des neuen nationalsozialistischen Menschen dienen. Denn zu dieser Zeit wirbt HITLER noch um die Briten als „arische" Bundesgenossen.

Den düsteren Höhepunkt dieser antisemitischen Trilogie bildet sicher der Pseudo-Dokumentarfilm „DER EWIGE JUDE". Er wird schließlich zum Ende dieses bedrückenden Jahres, im November 1940, erstmalig aufgeführt.

Einstimmung zum Massenmord:
Filmplakat „Der ewige Jude" 1940

Gleich beim Feldzug gegen Polen 1939 haben Filmteams des Propagandaministeriums, unterstützt von den Propagandakompanien der Wehrmacht, Aufnahmen von jüdischen Gemeinden in den nun eingerichteten Ghettos im besetzten Polen gemacht. Schwerpunkte sollten nach Anweisung Goebbels' vom 7. Oktober 1939 die Ghettos von Warschau, Lodz und Krakau sein. Der Regisseur FRITZ HIPPLER sollte vom Militär in jeder Beziehung bei seiner Arbeit unterstützt werden.

Kritiker nennen den nun entstandenen Film den „aggressivsten antisemitischen Propagandafilm aus der NS-Zeit". HITLER und GOEBBELS sollen starken Einfluss auf die Form und den Inhalt genommen haben. Die deutsche Bevölkerung sollte damit auf „härtere Maßnahmen gegen die Juden" vorbereitet werden. Diese Mord-Maßnahmen liefen dann ja auch im Jahr der hauptsächlichen Vorführung des Films tatsächlich an: In wachsender Zahl wurden nun die Juden in Vernichtungs-KZs gebracht.

Der Titelvorspann will den Film als einen „Beitrag zum Problem des Weltjudentums" verstanden wissen. Bereits der erste Satz des Zwischentitels führt zum Thema und Ziel des Films. Er bemüht das antisemitische Vorurteil von der jüdischen Verstellungskunst:

„Die zivilisierten Juden, welche wir aus Deutschland kennen, geben uns nur ein unvollkommenes Bild ihrer rassischen Eigenart. Dieser Film zeigt Originalaufnahmen aus den polnischen Ghettos, er zeigt uns Juden, wie sie in Wirklichkeit aussehen, bevor sie sich hinter der Maske des zivilisierten Europäers verstecken."

Bewusst wählen die Kameraleute in diesen Ghettos, die von den Deutschen eingerichtet wurden, Personen aus, die ärmlich gekleidet und verschmutzt sind. Manche müssen zahnlos in die Kameras grinsen. Auch die gezeigten Örtlichkeiten, in die diese Menschen auf engstem Raum hineingepfercht sind, wirken dreckig und von Schädlingen befallen. Wandernde Rattenzüge sollen die erzwungene und bildlich dargestellte Wanderung der Juden aus Osteuropa versinnbildlichen. Sie werden dem Ungeziefer gleichgestellt, das vernichtet werden muss.

Der Film schreitet in mehreren Themenblöcken voran: Der oben schon genannte Wochenschausprecher HARRY GIESE kommentiert mit seiner schneidenden Stimme aneinandergereihte Szenen aus den polnischen Ghettos und gibt ihnen so dokumentarischen Charakter. Gezeigt werden religiöse Zeremonien, der Religionsunterricht, der Gottesdienst und vor allem die Schächtung, also Tötung von Tieren zum Opfer. Alles soll als verabscheuungswürdiges Ritual erscheinen. Dann beleuchtet der Film namhafte jüdische Persönlichkeiten aus Politik, Kultur, Gesellschaft und Bühnenwelt und unterwirft sie kritischen Urteilen.

Als Höhepunkt wirkt Hitlers schockierende Reichstagsrede vom 30. Januar 1939, mit der er die Vernichtung der Juden ankündigt:

"Wenn es dem internationalen Finanzjudentum in und außerhalb Europas gelingen sollte, die Völker noch einmal in einen Weltkrieg zu stürzen, dann wird das Ergebnis nicht die Bolschewisierung der Erde und somit der Sieg des Judentums sein, sondern die Vernichtung der jüdischen Rasse in Europa!"

Dies alles künden die Nazis in Kinos wie in Weidenberg also bereits spätestens 1941 öffentlich an. Zugleich konstruieren sie eine Begründung für den beabsichtigten Holocaust: Man will den Juden die Schuld auch für einen kommenden Zweiten Weltkrieg zuweisen.

Man darf also die nachträgliche Behauptung vieler Deutscher, sie hätten von der Judenvernichtung nichts gewusst, getrost anzweifeln. In den öffentlich zugänglichen Kinofilmen wurden sie eindeutig ins Bild gesetzt und zu Mitwissern gemacht.

Wenn sich allerdings Zeitzeugen, die damals Kinder und Jugendliche waren, im Nachhinein an das Weidenberger Kino erinnern, dann fällt ihnen zunächst einmal ein, dass meist das Taschengeld nicht ausreichte, um sich einen Film anzuschauen. Nur wer den Kinobesitzern verwandtschaftlich nahestand, konnte bisweilen auch mal umsonst unter der Kasse hindurchschlüpfen.

Andererseits muss man aber auch wissen, dass die Hitlerjugend (HJ) und der Bund deutscher Mädel (BdM) den Kinobesuch für ihre Mitglieder, wenn es um Propagandafilme ging, subventionierten. So schleppten die örtlichen Gruppenführer in Weidenberg, wie Zeitzeugen bestätigen, des Öfteren ihre Jungen und Mädchen in das Kino, mit Vorliebe am Sonntagvormittag zur Gottesdienstzeit.

Doch was die Kinder da zu sehen bekamen, überforderte sie und rief statt Zustimmung bisweilen einen lebenslangen Ekel hervor. Die verzerrten Bilder von „Jud Süß" schrieben sich den Kindern in die schockierten Seelen. Aber statt des propagandistisch erwarteten Antisemitismus entstand oft umso stärkeres Mitgefühl.[174]

---

[174] Vergl. den Abschnitt „Die Kinder wählen Hitlerjugend und BdM" in der 3. Folge des Projektes „MYRTEN FÜR DORNEN – Der Anstreicher und seine Lehrjungen", S. 339f, sowie das Kapitel „Der Griff nach der Jugend" oben in dieser 6. Folge-

6. Sich zurückträumen in eine heile Welt

„Trümmerfilme" zur Vergangenheits- und Gegenwartsbewältigung

Nach dem Krieg setzen die Besatzungsmächte mit ihren eigenen Methoden das schockierende Werk der Menschenerziehung fort. Sie wollen über die menschenverachtende Seite der Naziherrschaft informieren und ein Bewusstsein für Menschenrechte und freiheitliche Werte vermitteln. So werden in der ersten Zeit den Hauptfilmen Dokumentationen vorgeschaltet, welche die Elendsgestalten der Überlebenden und die Leichenberge der Umgekommenen in den befreiten KZs zeigen. So erfuhren auch viele Weidenberger zum ersten Mal von den ganzen Schrecklichkeiten, die Hitler und seine Leute angerichtet hatten.

Diese breit angelegte „Reeducation" in Film, Vorträgen, Literatur und Ausstellungen soll über den Nationalsozialismus aufklären und ein neues demokratisches Bewusstsein fördern. Tatsächlich verschwindet damals die alte Nazi-Ideologie auch relativ schnell aus dem öffentlichen Bewusstsein. Die drängenden Alltagsprobleme lassen die Menschen ganz pragmatisch nach dem Überleben am nächsten Tag fragen. Und die anlaufenden Entnazifizierungsverfahren lassen viele Familien besorgt nach „Persilscheinen", also entlastenden Zeugenaussagen, Ausschau halten, mit denen sie sich nachträglich von jedem braunen Anstrich reinwaschen können.

Als Fallschirmjäger im Krieg: HANS GEBHARDT

Einzelne „Ewig-Gestrige" werden in der Bevölkerung isoliert oder ruhiggestellt. Aber die angestrebte „Entnazifizierung" bleibt Stückwerk. Viele, darunter auch etliche „Täter", kehren in ihre früheren Berufe und Ämter zurück. So wird die ganze Nazizeit oberflächlich entsorgt und taucht gründlich im allgemeinen Schweigen unter. Man könnte bald meinen, es habe Unrechtszeit nie gegeben, oder über sie sei ein „Tabu"-Gebot erlassen worden.

Jahrzehntelang redet auch in Weidenberg niemand mehr über diese Themen. Die aufbewahrten Dokumente im Marktarchiv oder in Privathaushalten sind auffallend dürftig. Das vorliegende Projekt „MYRTEN FÜR DORNEN" ist das erste umfassende Vorhaben, das systematisch diese Zeit für den Marktort Weidenberg in ihren verschiedenen Facetten beleuchtet, wenn auch leider aus einem Abstand von 75 und mehr Jahren.

1945 ist mit dem Kriegsende auch Friedrich Gebhardts Sohn HANS nach Hause zurückgekehrt. Er war als Fallschirmjäger am Überfall der Deutschen auf Kreta und in anderen Kriegsgebieten beteiligt. Sein inzwischen 56-jähriger Vater FRIEDRICH GEB-

HARDT setzt ihn beim Betrieb des Kinos ein und übergibt ihm schließlich die Leitung ganz. 1950 heiratet HANS die Kriegerwitwe JOHANNA WANKERL, geb. KEIL. Beide gehen mit ganzer Leidenschaft in den Planungen und der Organisation für ihr Kino auf. Es hat mit dem „Nachkriegsfilm" noch einmal eine frische Blüte vor sich.

Obwohl sich die Besatzungsmächte die „Umerziehung" der Bevölkerung auf die Fahnen geschrieben haben und auch dieser neue Nachkriegsfilm politisch gelenkt ist, bedient er doch einmal mehr das Trost- und Unterhaltungsbedürfnis der Menschen in den geistigen und tatsächlichen Trümmerlandschaften. In der moralischen Wüste Deutschlands fragt er nach den Hoffnungen und Enttäuschungen des Einzelnen.

So entsteht zwischen Kriegsende 1945 und der geteilten Neugründung Deutschlands 1949 als Bundesrepublik und Deutsche Demokratische Republik zunächst einmal die Gattung der „Trümmerfilme". Die Filmhandlung spielt meist in den Ruinen deutscher Städte und beinhaltet in der Regel eine kritische Auseinandersetzung mit der damaligen jüngsten Vergangenheit. Ihre Themen sind die tägliche Not der Bevölkerung, die oft schockierenden Begegnungen der heimkehrenden Soldaten mit ihren Angehörigen oder ihrem zerstörten Zuhause, die Verluste durch den Krieg, aber auch die Situation in der häufig so genannten „Stunde Null", die gekennzeichnet ist von der Begegnung mit den Siegermächten.

Als erster dieser Trümmerfilme und zugleich erster deutscher Nachkriegsfilm überhaupt wird der Film von WOLFGANG STAUDTE „Die Mörder sind unter uns" im Oktober 1946 in Ostberlin uraufgeführt. Die damals 20-jährige HILDEGARD KNEF wirkt mit. Der Titel spielt auf die Verdrängung der Vergangenheit bei Nazitätern an. Der Filmheld, ein traumatisierter Kriegsheimkehrer, soll den Täter, einen Alt-Nazi, anstatt private Lynchjustiz zu praktizieren, einem ordentlichen Gericht überlassen. Mit diesem Film will der Regisseur STAUDTE ein wenig blauäugig auch seine eigene Verstrickung als Mitwirkender im Nazi-Propagandafilm „JUD SÜß" bearbeiten.

Viele dieser Trümmerfilme haben einen ernsten Charakter, wie etwa „LIEBE 47". Darin wird das Heimkehrerdrama von WOLFGANG BORCHERT „DRAUßEN VOR DER TÜR" verfilmt. Eher selten werden die Nachkriegsthemen in heiterer Form abgehandelt, so im DEFA-Film von A. Kuhnert „1-2-3 CORONA". Er spielt im Milieu des Zirkus und schildert die Rivalität von zwei Banden elternloser Jungen, die in die typischen Schwarzmarktgeschäfte und Diebstähle verwickelt sind. Beide Bandenführer sind in die Protagonistin Corona verliebt. Aus ihrem trostlosen Leben werden sie durch den Zirkusdirektor erlöst. Er nimmt sie zur Ausbildung als Artisten auf und gibt ihnen und auch einigen ihrer jugendlichen Bandenmitglieder neue Perspektiven.

Trostsuche im geordneten „Heimatfilm"

Die Menschen haben aber bald genug von den Zerstörungen des Krieges. Mit der Gründung der Bundesrepublik wendet man sich hier ab den 50-er Jahren ganz der Unterhaltung in leicht gemachten Farbtonfilmen zu. Die Bombentrichter sind zugeschüttet; die Trümmer in den Städten sind nun meist fortgeräumt und zu kargen Hügeln oder ganzen Bergen zusammengetragen. Aber die hässlichen Baulücken und die leidvollen Kahlschläge durch die Bomben bleiben und wirken noch lange wie ungepflegte kranke Gebisse und hinterlassen Unwohlsein.
Die Menschen sehnen sich jetzt nach heilen Landschaften mit richtigen Bergen, kräftigen Bäumen und sattem Grün. Sie finden sie im Schwarzwald, in den Alpen oder in der Lüneburger Heide. Auch nach heilen Verhältnissen und neuen Wurzeln sehnen sich die Nachkriegsmenschen, nachdem so viele Väter und ihre Heimat verloren haben und manches Chaos ertragen mussten. So erfreuen sie sich an melodramatischen Liebesgeschichten, deren Handlung nach tragischen oder komischen Verwechslungen zu einem Happy End in einem schönen Zuhause führt.

Kinowerbung „... so an dich gewöhnt" 1952:
Familie GEBHARDT

Der erste deutsche Farbfilm nach dem Krieg „SCHWARZWALDMÄDEL" (1950) entnimmt seinen Stoff der gleichnamigen Operette von JESSEL und NEIDHART. Er macht RUDOLF PRACK und SONJA ZIEMANN zum Traumpaar des Nachkriegsfilms und leitet eine ganze Serie von über 300 sprichwörtlich gewordenen Heimatfilmen ein, wie „GRÜN IST DIE HEIDE" (1951), „DER FÖRSTER IM SILBERWALD" (1954) oder „DAS SCHWEIGEN IM WALDE" (1955). Im Jahr 1952 läuft in Gebhardts Kino die seichte Verwechselungskomödie nach dem Modell des ‚Doppelten Lottchen' „ICH HAB MICH SO AN DICH GEWÖHNT" mit NADJA TILLER und dem Herzensbrecher O. W. FISCHER, der gründlich mit INGE EGGER flirtet.

Äußere Ordnung ist in diesen Filmen wichtig, konservative Werte werden betont. Manche Regeln setzten sich nahtlos aus der Zeit des Dritten Reiches oder sogar aus der Kaiserzeit fort. Obrigkeit darf nicht infrage gestellt werden; Ehe und Familie sind heilig; Frauen haben Hausfrauen und Mütter zu sein; die alten Stände werden betont, man heiratet nur innerhalb der eigenen sozialen Gruppe. Es ist im Film wirklich „wie zur guten alten Zeit".

Einen Streifen, der Kinder und Erwachsene zu Tränen rührt, erleben die Kinobesucher im Jahr 1952 mit dem Film-Melodram „HEIDI" nach JOHANNA SPYRI. Den Weidenbergern bringt diese kernige HEIDI auch am Sonntagnachmittag die scheinbar heile Welt der herben Schweizer Bergwelt nahe. Ihre eigenen menschlichen Tragödien werden in der Anteilnahme an der Seele dieses Kindes bearbeitet:

Da ist das durch Feuer zum Waisen gewordene Naturkind, das bei seinem kantigen Großvater aufwächst und im GEIẞENPETER einen Kameraden zum Pferdestehlen hat; da ist die Tante, Köchin im vornehmen Haus SESEMANN in Frankfurt, die das Kind heimlich in diese unheimliche Großstadt entführt und sie als Gespielin einsetzt zur Aufheiterung der Tochter des Hauses, die auch durch die förmlichen Zwänge in dieser Familie gelähmt ist. Die Herzlichkeit des Naturkindes Heidi lässt alle Fesseln schmelzen; sie wirkt an KLARA ein Wunder der Heilung.

Freilich erweist sich als retardierendes Moment dann Heidis Heimweh; es ist stärker als aller Druck dazubleiben, und dieses Heimweh kann erst gestillt werden, wenn ihr lieber „Alm-Öhi" sie wieder daheim in seine starken Arme schließt. Viele heulen sich damals beim Anschauen dieser schwarz-weißen Bilder ihr eigenes Heimweh in der fremden und noch kaputten Nachkriegswelt von der Seele.

Es ist eine romantische Filmwelle, die den Deutschen Kinos eine Scheinblüte beschert und den Kinobesitzern eine Nachfrage wie noch nie. An das stets gut gefüllte Lichtspielhaus kann sich jedenfalls die Zeitzeugin IRMTRAUD PRÜSKE, Tochter der damaligen Weidenberger Kinobetreiber HANS und JOHANNA GEBHARDT, noch gut erinnern.

IRMTRAUD, die 1951 geboren wurde, sog natürlich vom ersten Lebenstag mit der Muttermilch auch den Kinobetrieb ihrer Eltern HANS und JO-

Mit dem Kino großgeworden: HANS GEBHARDT mit Tochter IRMTRAUD 1952

HANNA in sich auf. Ihre ersten bewussten Erinnerungen an Filme setzen naturgemäß allerdings erst frühestens 1954 ein, da ist sie drei Jahre alt. Für Familien werden im Weidenberger Kino zu dieser Zeit am Sonntagnachmittag um 14 Uhr auch Märchenfilme gezeigt; diese bunten Streifen begeistern auch kleine Kinder.

Märchenfilme für die Familie

Schon die Nazis hatten eine ganze Reihe von Märchenfilmen nach Titeln und Motiven vor allem der Grimm'schen Märchen inszeniert, sie aber in der Regel zur Indoktrination der Kinder und Erwachsenen mit Nazi-Ideologie missbraucht und sie zum Transport ihrer verquasten Erziehungsziele benutzt.

Nach dem Krieg soll auch beim Märchenfilm ein neuer Anfang gemacht werden. Im Osten sucht auch die russische Besatzungsmacht nach wirkungsvollen Möglichkeiten, die Bevölkerung umzuerziehen und lässt zu diesem Zweck bereits 1946 die Neugründung der „Deutschen Film AG" zu. Mit dem DEFA-Märchenfilm *"Das kalte Herz"* nach Wilhelm Hauff versucht sich der Regisseur PAUL VERHOEFEN 1950 in diesem Genre. Manche der eingesetzten Tricks, etwa um das "GLASMÄNNLEIN" zu beleben, wirken heute überholt, manche Szenen sind recht grausam, aber die poetischen Elemente überzeugen das Publikum heute noch. Der Film löste in der DDR eine erfolgreiche Kinderfilmproduktion aus und wurde damals bald auch im Westen gezeigt.

„Bester Film": Disneys Schneewittchen

Mit Wilhelm Hauffs „ZWERG NASE" beginnt 1952 auch in der Bundesrepublik eine ganze Reihe von eigenen Märchenfilmproduktionen. Die Hauptrolle ist mit dem späteren Sprecher des „Pumuckel" HANS KLARIN besetzt. Gelobt wird an dem Film, dass er *„der kindlichen Phantasie durch realistische Handlung entgegenkommt, aber auch den kritisch beobachtenden Besucher durch schöne Sorgfalt im Szenenaufbau, durch Bemühen um reizvolle fotografische Stimmung und hübsche Regieeinfälle befriedigt. Angenehm auch, dass der Film jenen infantil-neckischen Kindergartenton meidet, der dieser Filmgattung so leicht anhaftet." (Ponkie).*

Großen Zulauf haben in den 50-er Jahren auch die Märchenfilme aus den USA, die WALT DISNEY in Tricktechnik geschaffen hat. 1950 erscheint in Deutschland sein bereits 1937 produzierter, erfolgreichster Zeichentrickfilm „Schneewittchen“ nach Motiven der Gebrüder GRIMM. Der abendfüllende Streifen gehört nach der Meinung mancher Kritiker zu den 100 besten je gedrehten Filmen überhaupt und kann mit 2,4 Milliarden US-Dollar dann auch das dritthöchste Ergebnis aller Filme einspielen.

Im Jahr 1951 kommt Disneys 1940 entstandener „PINOCCHIO“ ins deutsche Kino. Unter dem ergänzenden Titel „Das hölzerne Bengele“ wird er auch hier zum erfolgreichen Familienfilm. Heute wird diskutiert, ob die Vorlage des Italieners CARLO COLODI wirklich ein pädagogisch gemeintes Kinderbuch sein wollte, oder vielleicht eher ein Buch, das Erwachsene zur Selbstreflexion anregen sollte. Der Inhalt ist kurz erzählt: Die geliebte Marionette des Meisters GEPETTO soll ein richtiger Junge werden. Eine gute Fee erfüllt diesen Wunsch und erweckt PINOCCHIO zum Leben. Nun muss sich die kleine Holzpuppe in vielen Abenteuern bewähren; sie muss zwischen Gut und Böse entscheiden und ihre Tapferkeit, Treue und Aufrichtigkeit beweisen.

Neue Projektoren für „Sissi“

1955 wird das Weidenberger Kino renoviert, es kommen für teures Geld zwei moderne Vorführmaschinen. Nun können auch die neuen bunten Cinemascope-Filme angemessen wiedergegeben werden; die ganze Bevölkerung ist begeistert.

Allerdings ist das Kino für die Großen nur am Dienstag und am Wochenende von Freitag bis Sonntag geöffnet. Sonntags gibt es neben der nachmittäglichen Kindervorstellung zwei Vorstellungen für die Großen um 18 und um 20:30 Uhr.

Die Modernisierungen der „Rosenau Lichtspiele“ sind vom absoluten Höhepunkt der romantischen Filmwelle beflügelt. Zugleich sind sie bereits vom Beginn einer großen Krise durch das eben aufkommende Fernsehen und durch verpasste Filmtrends markiert. Doch davon lässt der absolute „Blockbuster“ der damaligen Zeit, der 1955 gedrehte und am Anfang bereits erwähnte österreichische Historienfilm „SISSI“, noch nichts spüren.

Vor der Umrüstung auf die neuen Projektoren:
HANS GEBHARDT mit Vorführer ULBRICH

***„Rosenau Lichtspiele"*:**
HANS GEBHARDT mit Sohn FRIEDRICH 1954

Dieser Film, der auf einem schon 1933 erstmals veröffentlichten illustrierten Fortsetzungsroman von MARIE BLANK-EISMANN beruht, wird in Deutschland der beliebteste Film aller Zeiten. Er wird auch in Weidenberg zu einem Riesenerfolg. Das Weidenberger Kino muss Sonderschichten einlegen. Und trotzdem reicht der Platz oft nicht aus. Dann werden auch mal die Türen geöffnet, und die Leute stauen sich bis hinüber zur anderen Straßenseite, um einige Szenen zu erhaschen.

In den Augen der Filmkritik gelten Streifen wie „SISSY" damals als Kitsch. Und auch die Hauptdarstellerin ROMY SCHNEIDER befürchtet mit Recht: *„Das pappt mein Leben lang wie Grießbrei an mir"*. Sie erringt erst mit ihren französischen Produktionen neue Anerkennung als Charakterdarstellerin. – Auch ihr Partner KARLHEINZ BÖHM distanziert sich später von seiner Rolle, durch die er sich eingeengt und festgelegt fühlt. Doch es gelingt ihm nie wirklich, sich zu befreien; immer bleibt das Bild des jungen österreichischen Thronprätendenten, der die Bayerische Prinzessin ELISABETH umwirbt, mit seiner Darstellung verbunden.

Als BÖHM ein paar Jahre später, 1959, auf der Suche nach einem neuen Image im englischen Film „AUGEN DER ANGST" in die Rolle eines psychopathischen Frauenmörders schlüpft, der den Augenblick des Todes seiner Opfer mit einer Filmkamera festhält, da löst er einen fürchterlichen Skandal aus; seine Karriere ist vorerst gestoppt.

Für das Publikum aber bleiben die beiden Filmschauspieler für immer „Sissi und ihr Kaiser". Und begierig eilt man damals auch ins Weidenberger Kino, um die eilig geschriebenen Fortsetzungen „SISSI – DIE JUNGE KAISERIN" (1956) und „SISSI – SCHICKSALSJAHRE EINER KAISERIN" (1957) nicht zu versäumen.

Die Zahl von etwa 25 Millionen Zuschauern in Deutschland wurde nur noch vom schon genannten unverwüstlichen Heimatfilm „DER FÖRSTER IM SILBERWALD", der zur gleichen Zeit seit 1955 in den Kinos lief, mit angeblich 28 Millionen zahlenden Besuchern übertroffen. Auch in diesem klischeehaften Film voll Förster-Romantik wird das Festhalten-wollen am Bestehenden dokumentiert und mit früher Naturschützerromantik verbrämt. Auch in Gebhardts Kino klingelten damals die Kassen.

Verträumter Rückblick in sich anbahnender Krisenzeit

Die romantische Filmwelle in der Mitte der 50-er Jahre trifft offenbar den Nerv der Zeit. Mit den „SISSI"- und „SILBERWALD-FÖRSTER"-Filmen träumen sich viele Eltern und Großeltern noch einmal sehnsuchtsvoll in frühere Zeiten zurück. Dieser verklärte Rückblick scheint damals angesagt, nachdem der Blick nach vorn erste verstörende Anzeichen offenbart. Denn in diesem Jahr 1955 endet offiziell die Besatzungszeit; die beiden Teile Deutschlands werden souverän.

Die Bundesrepublik muss nun ihre Geschicke eigenständig gestalten. Sie muss Verpflichtungen im Rahmen eines zusammenwachsenden Europa übernehmen und sich in der NATO auch an den gemeinsamen Verteidigungsanstrengungen beteiligen, d.h. erstmals nach dem verlorenen Krieg muss Deutschland wieder eigene Soldaten stellen. Dies erscheint vielen vor dem Hintergrund eines wachsenden Ost-West-Konfliktes nicht ohne Gefahren und Probleme. Als Juniorpartner in den Aufbaujahren im Schatten der Großmächte zu leben war doch entschieden einfacher.

Nun schwappen von den USA auch Nachrichten über eine unruhiger werdende Jugend herüber. Die jungen Leute sind mit der Welt ihrer Väter nicht mehr einverstanden, haben aber für sich selbst noch keinen Weg gefunden. Die US-Filme von 1955 mit JAMES DEAN „JENSEITS VON EDEN" („REBEL WITHOUT CAUSE)" oder „DENN SIE WISSEN NICHT, WAS SIE TUN" zeugen von dieser Unruhe, die man zunächst noch als „Halbstarken-Krawalle" abtut.

Erstes Signal kommender Jugendunruhen: „JENSEITS VON EDEN", nicht jugendfrei

Das Filmidol vieler junger Leute JAMES DEAN gilt damals als die „perfekte Projektionsfläche jugendlicher Bedürfnisse", auf die die Filmproduzenten zu dieser Zeit zum ersten Mal aufmerksam werden. DEAN ist Vertreter einer jungen Generation, die sich unglücklich fühlt und nach Orientierung sucht. Als er im gleichen Jahr einem unverschuldeten Autounfall mit dem eigenen Porsche zum Opfer fällt, wird er zum Mythos. Diese Filme sind in Deutschland damals erst für Jugendliche über 16 Jahren frei, wohl weil man Nachahmereffekte fürchtet.

Leicht gemachte Revue– und Musikpotpourris, wie der 1958 von HARALD PHILIPP gedrehte EMMERICH-KALMANN-Film „DER CZARDAS-KÖNIG“, der im gleichen Jahr in Weidenberg läuft, können nicht darüber hinwegtäuschen, dass der erste weltweite gesellschaftliche und kulturelle Umbruch seit dem Zweiten Weltkrieg bevorsteht.

7. Vom Umbruch zum Abbruch – Kino im Wandel

Treff an der „Genickschussbar“

Was früher in Weidenberg die großen Wirtschaften mit ihren Biergärten waren, wie etwa die Gaststätte Rosenhammer mit ihrer Tanzlinde, das ist nun in den 50-er und 60-er Jahren das Kino: Es ist zu dieser Zeit für die Bevölkerung der zentrale Treffpunkt am Ort. Man kommt, um neben dem Film auch andere zu sehen und selbst gesehen zu werden.

Dieser tolle Treff besitzt damals auch einen Eisladen. Der wird von der Oma GEBHARDT betrieben und kann echtes Milcheis anbieten. Hier können damals auch junge Leute Kontakte knüpfen und ihresgleichen treffen. Außerdem betreiben die alten Gebhardts in ihrem Haus noch einen weiteren Treff für die Bevölkerung, ihren Konsum-Laden. Dort können die Untermärkter ihre Lebensmittel zum täglichen Bedarf einkaufen.

Mit Schwimmring und Omas Eis vor „Czardas“-Poster:
IRMTRAUD und FRIEDRICH GEBHARDT jr. 1958

Seit nach Kriegsende die Amerikaner in Bayreuth und Bindlach sind, ist aber das Weidenberger Kino mit seinem angeschlossenen „Café“ auch für diese Soldaten ein beliebter Treffpunkt. Und dies ist er bis zum Ende der fünfziger Jahre auch geblieben. Der Volksmund tauft das Etablissement damals die „Genickschussbar“, denn hier kann man öfters wilde Raufereien erleben. Aus nichtigem Grunde fallen die jungen Weidenberger und die Soldaten manchmal übereinander her. Ein Rausschmeißer muss deshalb für Ordnung sorgen, und öfters kommt auch die Polizei.

Begeisterte Kinobetreiber: Johanna und Hans Gebhardt um 1960

Anfang der sechziger Jahre werden dann die Kriminalfilme mit Eddie Constantin und die Verfilmungen der Romane von Edgar Wallace zu Rennern.

Durchschlagenden Erfolg kann damals aber auch der Griechenland-Film „Traumland der Sehnsucht“ (1961) verzeichnen. Im Soundtrack singt Nana Mouskouri erstmals ihr berühmtes Lied „Weiße Rosen aus Athen“, für viele Menschen lange Zeit Sinnbild der Sehnsucht in einer allmählich spröder werdenden heilen Welt.

Das erste deutliche Signal für einen radikalen Umbruch in Deutschland kommt Juni 1962 aus München, als junge Leute im Stadtteil der Studentenszene Schwabing sich nicht davon abbringen lassen wollen, auf der Straße Musik zu machen. Plötzlich sind es 40.000, die der anrückenden berittenen Polizei Paroli bieten wollen. Der exzessive Gebrauch von Gummiknüppeln ruft nicht nur bei den Protestierenden, sondern auch bei vielen nachdenklichen Zuschauenden Verstimmung hervor.

Unter diesen Zuschauern ist damals auch der erst 19-jährige Andreas Bader. Fünf Jahre später wird er mit seinen Brandstiftungen den Grund legen für die erste Generation der „RAF-Terroristen“. Mit 34 Morden an prominenten Persönlichkeiten, Entführungen, Banküberfällen und Sprengstoffattentaten fordern sie die demokratisch denkenden Menschen der Bundesrepublik heraus. Als ein „mythisches Ereignis“ zeigen bereits diese „Schwabinger Krawalle“ von 1962 das Ende der re-

Festnahme zu Pferde: Unruheherd Schwabing 1962

staurativen Ära des ersten Kanzlers der neuen Bundesrepublik KONRAD ADENAUER und den Beginn der Liberalisierung der Bundesrepublik an (D. Siegfried). Mit Recht darf man in ihnen Vorboten der 68-er Unruhen sehen.

Viele reden über „Das Schweigen"

Der Protest der Jugendkultur zog also herauf und mit ihm eine ganz neue Art von Kino. 1963 bringt der damals 45 jährige schwedische Regisseur INGMAR BERGMANN seinen skandalträchtigen Film „DAS SCHWEIGEN" heraus. Wegen dreier Sexszenen wird der Film in manchen Ländern, darunter erstaunlicherweise auch Frankreich, ganz verboten, in anderen nur mit Schnitten freigegeben. In Deutschland entschließt sich die Freiwillige Selbstkontrolle unerwartet, dem Film überhaupt keine Schnitte aufzuerlegen, sondern ihn ab 18 Jahren ganz freizugeben.

Kritiker, die den Film damals positiv bewerten, sehen in ihm eine „erschütternde und äußerst verstörende Studie über Einsamkeit und fehlende Liebe in einer gottlosen Welt" (Heyne-Filmlexikon). Andere betrachteten ihn als Pornografie, erheben Anklagen bei der Staatsanwaltschaft und rufen 1964 die „Aktion saubere Leinwand" ins Leben. Etwa 1,3 Millionen Unterschriften werden damals gesammelt; viele fordern eine Änderung des Grundgesetzes. Bundespräsident HEINRICH LÜBKE freilich ist damals froh, dass sich überhaupt einmal Stimmen im Volk rühren.

Auch der damalige katholische Pfarrer ZAPF von Weidenberg schließt sich in seiner Predigt dem allgemeinen Protest an, doch macht er auf diese Weise für den Film zugleich ungewollt Werbung. Dies führt dazu, dass nun noch mehr Leute den vermeintlichen Skandalfilm sehen wollen, wenn auch manche mit gespaltenem Gewissen.

Doch distanzieren sich die offiziellen Spitzen der katholischen und evangelischen Kirche von den Protestaktionen. Tatsächlich ist zu dieser Zeit der Wertewandel der sechziger Jahre nicht mehr aufzuhalten, der sich nicht nur im Kino, sondern auch an den Universitäten und auf den Straßen bemerkbar macht. Die Zeit der Restauration nach dem Zweiten Weltkrieg ist nun endgültig vorbei. Nun geht es darum, sich neu mit der Gegenwart auseinanderzusetzen.

Für Jugendliche ist die Aufarbeitung von Sexualität, die sich bei BERGMANN als ernsthafte Kunstform gibt, wenig interessant. Viel eher verlocken sie freizügige flotte Komödien, und noch mehr Neugier können sie dem völlig neuartigen Genre der JAMES-BOND-Aktion-Filme oder der Italo-Western abgewinnen.

Nicht jugendfrei: „Irma la douce" und „Goldfinger"

IRMTRAUD PRÜSKE, geb. GEBHARDT, die Tochter des Kinobesitzers, erinnert sich, dass es in der Vorführkabine neben den kleinen Maueröffnungen für die Projektion noch eine weitere Öffnung gab, durch die man hindurchschauen und so den jeweiligen

Cinemascope-Projektoren: HANS GEBHARDT im Vorführraum

Film verfolgen konnte. Kopfhörer für die Übertragung des Tons hingen daneben. So schlupfte sie des Öfteren in die Kabine, um auch solche Filme anzuschauen, die für ihr Alter noch nicht freigegeben waren.

Als z.B. Bill Wilders Filmkomödie „DAS MÄDCHEN IRMA LA DOUCE“ 1963 nach Weidenberg kommt, ist IRMTRAUD erst 11 Jahre alt. Dieser Film, der im Pariser Rotlichtmilieu spielt, war aber damals von der „Freiwilligen Selbstkontrolle“ erst ab 16 Jahren freigegeben. Mit roten Ohren sieht sie dem witzigen und frivolen Spiel der kessen SHIRLEY MACLAINE zu, die als berühmtes Pariser Straßenmädchen vom übereifrigen Polizisten PATOU alias JACK LEMMON zunächst verfolgt, aber dann vom gleichen Schauspieler in seiner Doppelrolle als reicher Lord verehrt und schließlich als schwangere Braut zum Traualtar geführt wird. Weil man den Film später als „bemerkenswerte Unterhaltung mit vielen Gags und einigen anrührenden Tiefen“ betrachtete, sprach man ihm dann die Freigabe ab 12 Jahren zu.

Unerreichbar für Kinder an der Schwelle zur Jugend und nur durch die Luke zugänglich erscheinen zunächst auch die bereits genannten begehrten Aktion-Filme mit dem Helden JAMES BOND und seiner Lizenz zum Töten. Seit 1962 mit „JAMES BOND JAGT DR. NO“ kommen sie fast im Jahresrhytmus heraus und summieren sich mittlerweile (2020) auf 27 Filme, davon zwei außerhalb der offiziellen Reihe.

Ihre Einspielergebnisse übertrafen das jeweils eingesetzte Filmkapital um wenigstens das Dreifache bei weniger erfolgreichen Streifen wie „DER MORGEN STIRBT NIE“ bis zum 50-fachen bei „DR. NO“. Der Reinerlös aller JAMES-BOND-Streifen beträgt bis zur Gegenwart noch ohne Inflationsbereinigung über 6 Milliarden US-$. In Deutschland besonders beliebt war natürlich der dritte JAMES-BOND-Streifen von 1964 mit GERT FRÖBE, der im gleichnamigen Film den Schurken „AURIC GOLDFINGER“ spielt.

Die Furcht, in diesen Filmen werde Gewalt verherrlicht und die Jugend könnte durch das Anschauen solcher Streifen verrohen, war damals allgegenwärtig, und die Freigabe erst ab 16 war zunächst selbstverständlich. Erst allmählich erlaubte die fort-

Mit GERT FRÖBE erfolgreich in Deutschland:
JAMES BOND Goldfinger 1964

geschrittene pädagogische Diskussion auch differenziertere Freigaben. So galt JAMES BOND, besonders in der sechsfachen Verkörperung durch SEAN CONNERY, und dann noch mehr in den folgenden Verfilmungen mit ROGER MOORE, als durchaus humorvoll gezeichnete Genrefigur. Die souveräne Art und Weise, wie der Titelheld über den Dingen steht, gepaart mit einer Portion Selbstironie, können auch Zwölfjährige durchaus verstehen, das war damals schon bald die öffentliche Meinung.

Ob aber auch die jüngeren Bond-Filme, die JAMES BOND als brutal-harten und zynischen Einzelkämpfer inmitten krachender und rauchender Aktionen zeichnen, hilfreich sind für die Entwicklung Jugendlicher, kann man sicher schon eher hinterfragen.

Auch die seinerzeit neue Gattung der „Italo-Western" kam noch ins Weidenberger Kino. Hier zeichneten die Filmregisseure an europäischen Drehorten, vorzugsweise in Spanien und Italien, den Typ der markigen Antihelden vor schäbiger Kulisse, deren Beweggrund vor allem Rache oder Geld ist. Hier wirkte oft besonders die Musik und machte manche Filme zur regelrechten „Westernoper". Doch auch diese Filme waren erst ab 16 Jahren frei.

Kinobesuch im polizeilichen Auftrag und Gottesdienst im Kinosaal

Die Kinobesitzer waren gut beraten, auf das Alter ihrer Besucher zu achten. Denn die Polizei kam auch in Weidenberg des Öfteren zur Kontrolle. Allerdings sah diese Visite meist so aus, dass sie zu zweit anrückten, sich dann im Dunkel des Kinosaals zu Beginn des umstrittenen Streifens in die hintere Reihe verdrückten und erst zu Ende des Films das Kino wieder verließen. Mit anderen Worten, das Vergnügen, sich einen Film im dienstlichen Auftrag unentgeltlich genehmigen zu dürfen, ließen sich die Ordnungshüter damals nicht entgehen.

Doch trotz immer rasanterer, brutalerer, schärferer oder lustigerer Filme war der Niedergang des Kinos nicht aufzuhalten. Das viel bestaunte Farbfernsehen, das in Deutschland mit der Funkausstellung in Berlin 1967 startete, versetzte den kleinen Kinos letztlich den Todesstoß. Die Zuschauerzahlen sanken rasant, jeder hatte ja jetzt sein Privatkino samt Bar zu Hause. Auch wenn man die neuesten Filme nicht gleich nach der Uraufführung sehen konnte, so gab es jetzt doch genügend Unterhaltung zur Überbrückung am heimischen „Lagerfeuer".

Eine ganz unvorhergesehene Nutzung des Kinos ergibt sich in Weidenberg aber im Winter 1968/69. Zu dieser Zeit erlebt die evangelische St. Michaelskirche auf dem Gurtstein ihre vorletzte Renovierung. Am 15. Sept. 1969 feiert die Gemeinde ihren letzten Gottesdienst in der Kirche und zieht für die restlichen Sommer- und Herbstmonate in die St. Stephanskirche am Friedhof um. Doch im Winter ist es dort zu kalt. Auf der Suche nach einem geeigneten Ausweichraum kommt das Kino ins Gespräch. Es ist heizbar, bietet genügend Platz und mit seiner Bühne auch einen Ersatz für den Altarraum. So feiert die Gemeinde Weidenberg den Ersten Advent 1968 erstmalig im Kino und bleibt auch diesen ganzen Winter im mollig-warmen Kinosaal.

Diese Nutzung ist aber offenbar für einige Mitglieder des Kirchenvorstandes ein moralisches Problem und ein Stein des Anstoßes. So beantragt eine Gruppe um den Kirchenvorsteher ADAM KIEßLING und den neuen Zweiten Pfarrer WALTER TAUBMANN den Einbau einer Heizung in St. Stephan, „um nicht wieder den Winter über in dem Kinosaal Gottesdienste abhalten zu müssen". Demgegenüber ist der Erste Pfarrer JOHANNES SCHRÖTER der Überzeugung, man müsse das Geld zur Tilgung der großen Schulden bei der Kirchenrenovierung zusammenhalten. Inzwischen hat er auch die Verhandlungen um das Pimmlerhaus als zukünftiges Gemeindehaus so weit vorantreiben können, dass die Passionsgottesdienste und Bibelstunden bereits seit Frühjahr 1969 im alten Saal dieser ehemaligen Bierwirtschaft gehalten werden können.

Kirche im Kino: Pfarrer JOHANNES SCHRÖTER im Winter 1968/69

Für Pfarrer SCHRÖTER nimmt aber dieser Konflikt ein böses Ende. Es entwickelt sich im Kirchenvorstand eine immer stärkere Polarisierung. In die Debatte werden auch Probleme der psychischen Gesundheit hineinverwoben werden.

Der Pfarrer hatte als „Kriegskind" und gezwungener jugendlicher Kriegsteilnehmer typische Traumata erlitten, die sich bisweilen im Umgang mit ihm offenbarten, die aber damals noch niemand durchschaute hat. Die entsprechende „Kriegskinderforschung" begann erst 30 Jahre später. Viele waren daher erschüttert, als dieser tüchtige Pfarrer die Gemeinde am 22. Febr. 1970 im Ärger verließ; andere atmen anscheinend auf.

Kaum gewürdigt wird bis heute, dass Pfarrer SCHRÖTER seinerzeit als erster Pfarrer überhaupt in Weidenberg einen zielbewussten Gemeindeaufbau eingeleitet und vorangetrieben hat, von dem die Gemeinde heute noch in vielen Bereichen lebt.

Das Ende des Kinos nach 45-jährigem Betrieb

Aber auch das Kino steht nun kurz vor seinem Ende. Am Schluss reichen die Zuschauereinnahmen nicht mehr aus, um die hohen Kosten für den Transport und das Ausleihen der großen und schweren Filmspulen im Kino zu decken und noch genügend Geld zum Lebensunterhalt der Filmvorführer abzuwerfen.

So entschließen sich HANS und JOHANNA GEBHARDT im Jahr 1971 schweren Herzens, ihre geliebten Rosenau-Lichtspiele zu schließen. Ein Jahr zuvor ist der Erbauer des Kinos, der Weidenberger Kinopionier FRIEDRICH GEBHARDT, gestorben. Genau 45 Jahre lang hatte diese beliebte Einrichtung an der Warmensteinacher Straße nun bestanden, 21 Jahre davon hatten HANS und JOHANNA GEBHARDT sie betrieben.

Für den Ruhestand fühlten sie sich aber noch zu jung, HANS war nun 53, JOHANNA 51 Jahre alt. So übernimmt damals HANS GEBHARDT die Lagerverwaltung bei der Raiffeisen-Genossenschaft, und JOHANNA arbeitet stundenweise im Evangelischen Pfarramt bei Pfarrer GERHARD RÖNSCH mit, der am 18. Nov. 1970 die Nachfolge von Pfr. SCHRÖTER angetreten hat.

Pfarrer RÖNSCH versucht geduldig – getreu seinem Lebensmotto „Der Schlüssel geduldiger Liebe und Fürbitte öffnete viele Herzen" – die offenen Wunden in der Gemeinde und bei den beteiligten Pfarrern zu schließen; er bemüht sich um Aussöhnung von Pfarrer SCHRÖTER mit seinem bisherigen Wirkungsort und um Frieden in der Gemeinde und kann dies endlich nach acht bzw. neun Jahren durch gegenseitige Gemeindebesuche in Riedenburg 1978 und Weidenberg 1979 dokumentieren. JOHANNA GEBHARDT hilft ihm insbesondere dadurch, dass sie Besucher bei der Ahnenforschung betreut.

Das „Cafè" am einstigen Kino, eigentlich eine Bierkneipe mit Spielautomaten, läuft unter verschiedenen Pächtern noch eine Zeit lang weiter.

In den ungenutzten Saal des Kinos zieht in den 80-er-Jahren eine Maschinen-Weberei ein, die zufällig den gleichen Namen GEBHARDT trägt, deren Eigentümer aber mit den „Kino-Gebhardts“ nicht verwandt ist. Alles Gestühl verschwindet, schwere Fundamente werden gegossen, um die Webmaschinen aufzunehmen. Die einstigen Eingangstüren werden mit Glassteinen vermauert. Die Schrift „Rosenau Lichtspiele“ auf dem Säulengebälk wird entfernt. Doch nach wenigen Jahren schon geht diese Firma wieder ein.

In den 90-er Jahren organisieren dann die wechselnden „Cafè“-Pächter noch hin und wieder einen Kinderfasching und nutzen dafür noch einmal den Kinosaal.

Auch nach dem Jahr 2000 wird der Saal erneut interessant. Ein forsch auftretender auswärtiger Investor meldet sich und behauptet, er wolle hier eine Disco einrichten, die erforderlichen Genehmigungen seien für ihn ein Kinderspiel. Doch weil die Marktgemeinde Ärger wegen möglicher Ruhestörung befürchtet, macht sie von ihrem Vorkaufsrecht Gebrauch, sie ersteht das Grundstück zur Weiterveräußerung an Bauwillige.

So werden im Jahr 2008 das Kino und die Kneipe abgerissen. Im gleichen Jahr stirbt HANS GEBHARDT. Seine Frau JOHANNA bezog einen Platz im AWO-Seniorenheim und lebte seitdem in direktem Kontakt mit vielen, denen sie einst im Kino mit ihren Filmen Freude gemacht hatte. Am Ende zog es sie zeitweilig auch wieder in das vertraute Haus in der Warmensteinacher Straße zu ihrer Tochter IRMTRAUD.

Heute nur noch verklärte Erinnerung: Die ehem. „Rosenau Lichtspiele“ wenige Tage vor dem Abriss im April 2007 (Foto-Copyright: OTTO PILZ)

ANHANG

LITERATUR:

AAS, NORBERT (Herausgeber), Zwischen Weltanschauungskampf und Endzeitstimmung, Die Evangelische Kirche Bayreuths im Nationalsozialismus. Bumerang-Verlag Bayreuth, 2010.

ADRESSBUCH für Bayreuth-Land, ed. Wilhelm Hinkel. Buchdruckerei und Adressbuchverlag Wertheim a. Main, August 1939

BENZ, WOLFGANG: Geschichte des Dritten Reiches. bpb-Schriftenreihe Band 377/2000, 288 S.

BENZ, WOLFGANG (Hrsg.), Wie wurde man Parteigenosse? Die NSDAP und ihre Mitglieder. Fischer Taschenbuch 2009

BOBERACH, HEINZ (Hrsg.), Meldungen aus dem Reich 1938–1945. SD-Berichte zu Inlandsfragen. Herrsching 1984, Bd. 14.

BROSZAT, MARTIN und MEHRINGER, HARTMUT, Bayern in der NS-Zeit, Bd. 5. Die Parteien KPD, SPD, BVP in Verfolgung und Widerstand. Oldenbourg 1983

BRUNSWIK, HANS, Feuersturm über Hamburg. Die Luftangriffe auf Hamburg im Zweiten Weltkrieg und ihre Folgen. Motorbuch-Verlag Stuttgart 1994

CHRONIK 100 Jahre Sankt Michaelskirche Rosenhammer Weidenberg, 20. Mai 2001

DÖTTERL, MATTHIAS (posth.) und TAEGERT, JÜRGEN-JOACHIM, Wo König und Herzog einfache Leute sind, Spurensuche Frankenpfalz im Fichtelgebirge, Geschichte, Schlösser, Sprache, Kultur. Kirchenpingarten 2009

FALTER, JÜRGEN, Junge Kämpfer, alte Opportunisten: Die Mitglieder der NSDAP 1919-1945. Campusverlag 2016

FREI, NORBERT, Der Führerstaat, Nationalsozialistische Herrschaft 1933 bis 1945. Beck'sche Reihe 2013

GIESECKE, HERMANN, Vom Wandervogel bis zur Hitlerjugend. Jugendarbeit zwischen Politik und Pädagogik München. Juventa-Verlag 1981

PETER GLOTZ, Die Vertreibung. Böhmen als Lehrstück". Ullstein [3]2003

HAFFNER, SEBASTIAN: Anmerkungen zu Hitler. 1981

HARTMANN, GERHARD, Kirche und Nationalsozialismus. Topos-Verlag Kevelaer Verlagsgemeinschaft, Topos plus 2007

HERWIG, MALTE, Die Flakhelfer: Wie aus Hitlers jüngsten Parteimitgliedern Deutschlands führende Demokraten wurden. Ppb 320 S., DVA 2013

HOSER, PAUL, Nationalsozialistische Deutsche Arbeiterpartei (NSDAP), 1920-1923/1925-1945, in: Historisches Lexikon Bayerns 2012

KATER, MICHAEL H., Frauen in der NS-Bewegung. Vierteljahrshefte für Zeitgeschichte Jg. 31, Heft 2, 1983

KERSHAW, IAN, Der Hitler-Mythos, Führerkult und Volksmeinung. DVA 1999

KERSHAW, IAN, Hitler: 1889-1945. DVA 42000

KERSHAW, IAN, Der NS-Staat, Geschichtsinterpretationen und Kontroversen im Überblick. Nicol Verlag 2009

KERSHAW, IAN, Höllensturz. Europa 1914 bis 1949. Deutsche Verlags-Anstalt (DVA), München 2016

KLEINDIENST, JÜRGEN (Herausg.), Barfuß übers Stoppelfeld, 59 unvergessene Dorfgeschichten 1918-1968. Zeitgutverlag 2008

KRÖLL, JOACHIM, Geschichte des Marktes Weidenberg. Marktgemeinde Weidenberg 1967

LINDQVIST, SVEN, Grabe, wo du stehst. Handbuch zur Erforschung der eigenen Geschichte. Übersetzung: Manfred Dammeyer. Dietz, Bonn 1989

MAY, HERBERT, ed., Zwangsarbeit im ländlichen Franken 1939-1945. Windsheim 2008

MAYER, BERND und PAULUS, HELMUT, Eine Stadt wird entnazifiziert, Die Gauhauptstadt Bayreuth vor der Spruchkammer. Ellwanger Bayreuth 2008

MENSING, BJÖRN, Pfarrer und Nationalsozialismus, Geschichte einer Verstrickung am Beispiel der Evangelisch-Lutherischen Kirche in Bayern. 2. durchges. Auflage, Rabenstein Bayreuth 1999

MILLER, ALICE, Am Anfang war Erziehung, Suhrkamp 1983, 26 Auflagen (u.a. über „Schwarze Pädagogik“ und die Kindheit Hitlers)

PAUSEWANG, GUDRUN, Autobiographie „Rosinkawiese“: Alternatives Leben vor 50

Jahren. Mit ELFRIEDE PAUSEWANG. Maier, Ravensburg 1980

RAPHAEL, LUTZ, Imperiale Gewalt und mobilisierte Nation, Europa 1914-1945. C. H. Beck, München 2011

RAUSCHNING, HERMANN, Gespräche mit Hitler, in: HOFER, WALTHER (Hrsg), Der Nationalsozialismus Dokumente 1933 – 1945, Frankfurt/Main, 1957

SCHMITZ-BERNING, CORNELIA, Vokabular des Nationalsozialismus. de Gruyter, 2. Aufl. 2007

SCHMIDT, HUGO KARL und TAEGERT, JÜRGEN JOACHIM, „In Ängsten – und siehe wir leben", Ein Buch voller Wunder in einer Welt voller Schrecken, Lebenserinnerungen eines Wolhynienpfarrers 1909-2009. BoD 2016

SIMON, MATTHIAS, Die Evang.-Luth. Kirche in Bayern im 19. und 20. Jahrhundert. Claudius-Verlag München 1961

TAEGERT, JÜRGEN JOACHIM, Die Kima und ihr Lutz I – Das Schweigen durchbrechen – Wie Hitler bürgerliche Berufsanfänger einfing. BoD 2016

TAEGERT, JÜRGEN JOACHIM, Die Kima und ihr Lutz II – Auf dich traut meine Seele, Die Eisenbahnlogistik für Hitlers Feldzüge des Schreckens und das Los der Kriegskinder. BoD 2016

TOLAND, JOHN, Adolf Hitler, Biographie 1889-1945. Gustav Lübbe Verlag Bergisch-Gladbach 1977, Weltbild 2005

TORO, ALFONSO DE, Mario Vargas Llosa „Historia de Mayta" oder die Geschichte als Konstruktion in der Postmoderne, in: BIBLIOTHECA IBERO-AMERICAN, herausgegeben von A Jose Morales Saravia, Das literarische Werk von Mario Vargas Llosa. Akten des Colloquiums im Ibero-Amerikanischen Institut Berlin, 5.-7. November 1998 VERVUERT • IBEROAMERICANA 2000, ab S. 137

WEHLER, HANS-ULRICH, Der Nationalsozialismus, Bewegung, Führerherrschaft, Verbrechen, 1919-1945. München 2009

WILFERT, JOHANNES, Emtmannsberg im Spiegel seiner Geschichte. 1987

WILD, MICHAEL, Nationalsozialismus: Aufstieg und Herrschaft. Informationen zur politischen Bildung 314/2012

ZENTNER, CHRISTIAN, Adolf Hitlers Mein Kampf. List TB 1991

QUELLEN in hektografierter, kopierter oder digitalisierter Form oder als Vorträge:

GILKA-BÖTZOW, ALBRECHT, Der Fröbersche Betrieb in Mittlernhammer zur Zeit des „Dritten Reichs" unter Berücksichtigung der Zeitzeugenberichte von Elsa Mügge, Facharbeit im Fach Geschichte am Gymnasium Christian Ernestinum 2002

MAYER, JOHANNES, Die Aufnahme und Eingliederung heimatvertriebener Zuwanderer nach dem II. Weltkrieg in Stadt und Landkreis Bayreuth. ZULASSUNGSARBEIT vom Mai 1967, 200 S., ungedruckt; zitiert bei ENGELBRECHT, PETER, Nordbayerischer Kurier am 10./11. und 12.11.2016

OME-LEXIKON, Projekt „Online-Lexikon zur Kultur und Geschichte der Deutschen im östlichen Europa" Carl von Ossietzky Universität Oldenburg und Bundesinstitut für Kultur und Geschichte der Deutschen im östlichen Europa (BKGE), Kontakt: ome-lexikon(at)uol.de

PILZ, OTTO, Glaswaren aus Weidenberg gingen einst in alle Welt, erschienen in der Ausgabe 124 der „LINDENZEITUNG" Sept. / Okt. 2015, http://www.awo-senioren-zentrum- weidenberg.de/Lindenzeitung_124_web.pdf.

Aus der Reihe „SEINERZEIT", in: Amtliches Mitteilungsblatt der Gemeinde Weidenberg:

KIEßLING, ADAM, Rosenhammer - aus der Geschichte des Weidenberger Ortsteils. SZ 11-13 / 1991

SEIDEL, MARIA, 50 Jahre Gablonzer Werksiedlung Weidenberg, Rückblick. SZ 1/2004.

SEIDEL, MARIA, Tag der Heimat, in diesem Jahr wieder im Fichtelgebirge. Unser Motto: GLAS - Teil 2. SZ Nr. 11/1993

ARCHIVE:

BUNDESARCHIV BERLIN: Unterlagen zur Nazimitgliedschaft von Einzelpersonen und zu Opfern der Naziherrschaft

LANDESKIRCHLICHES ARCHIV NÜRNBERG: Personalakten von ehemaligen Weidenberger Pfarrern

STAATSARCHIV BAMBERG: Akten zu den Entnazifizierungsverhandlungen 1946-59

STAATSARCHIV COBURG: Akten, Meldebögen und Listen zu den Entnazifizierungsverhandlungen 1946-59

KIRCHENBÜCHER DER EVANG.-LUTH. KIRCHENGEMEINDE WEIDENBERG: Die Bücher (auch in Form von Mikrofiches) zu Taufen, Trauungen, Konfirmationen, Bestattungen, Ein- und Austritte; Grabverzeichnisse; Kriegschronik; die Protokollbücher des Kirchenvorstandes; die Pfarrbeschreibungen.

BILDERSAMMLUNGEN, Dokumente, Urkunden:

Für die Zurverfügungstellung von Fotos, Zeitungsausschnitten, Dokumenten, Urkunden u.ä. dankt der Verfasser insbesondere:

Bär, Horst; Dennert, Alfred; Bauer, Heinz; Böhner, Matthias;
Braun, Dr. Ursula, geb. König; Dürr, Helmut; Dumbach, Bernhard;
Edler, Karl; Eismann, Bernd u. Benjamin; Fischer, Werner; Försch, Georg;
Füßmann, Werner; Fünfstück, Wolfgang; Gaevert, Bernhard;
Gebhardt, Johann; Gluche Frieda; Häffner, Elfrun; Hartung, Werner;
Hartz, Norbert; Haug, Fritz; Heinlein, Günter; Hübner, Helma, geb. Rumler;
Hübsch, Susanne; Jobst, Albert und Anni, geb. Rumler; Kaulfuß, Peter;
Kießling, Dieter; Kießling Gunter; Killinger, Johannes; Kohler, Peter;
Kretschmer, Mathilde; Küfner, Betti; Kreutzer, Lisette; Lindner, Hans;
Lochmüller, Grete; Marquart, Georg; Mönch, Marianne, geb. Schütz; Mücke,
Botho; Müller, Katja; Müller, Dr. Hans Günther; Ordnung, Helga;
Pöhlmann, Horst; Paulini, Karin; Pöhlmann, Otto; Pilz, Otto;
Popp, Dr. Wolfgang; Preißinger, Gerlinde; Prüske, Irmtraud;
Rabenstein, Hans und Betty; Ruckriegel, Henriette, geb. Rumler;
Sack, Norbert; Schiller, Norman; Schimek, Tim;
Schmidt, Brigitte, geb. Lindner; Schmidt, Edeltraut; Schmidt, Werner;
Schöffel, Hans und Helga; Schütz, Marianne; Stiller, Michael;
Staufenbiel, Dr. Gabriele Ruth; Wannemacher, Martin und Esther;
Will, Bernd; Will, Hansi; Will, Kunigunde, geb. Rhau;
Wittauer Johann und Anna, geb. Lautner; Wolf, Albine;
Zimmermann, Michael

Das Projekt „MYRTEN FÜR DORNEN" und die Intentionen des Autors

Das Projekt „MYRTEN FÜR DORNEN – Geschichte(n) aus Weidenberg" betrachtet die oberfränkische Regionalgeschichte für den Raums um den Marktort Weidenberg unter der besonderen Zielsetzung, bisher noch wenig bekannte Tatsachen und Geschehnisse ans Licht zu bringen, die für die Ortsgeschichtsschreibung wichtig sind. So wird die Orts- und Kirchengeschichte bewusst bis in die Zeit fortgeschrieben, wo bisher für Weidenberg noch die größten Lücken klaffen: den Nationalsozialismus und die ersten Nachkriegsjahre.

Bei der Gliederung folgt das Gesamtprojekt der Grundlinie eines Zeitstrahls, wobei, um Zusammenhänge herzustellen, von einzelnen charakteristischen Wendepunkten voraus- oder zurückgeschaut wird. So findet man z.B. die Angaben über die ältesten historischen Zeugnisse, die Steinkreuze, in der ersten Folge des Projektes, während die Frage, wie es im und nach dem letzten Krieg weitergegangen ist, im letzten Band aufgegriffen wird, usw.

Da alle Themen ihrerseits in einem geschichtlichen Längsschnitt behandelt werden, sind einzelne kleine scheinbare Wiederholungen in der Darstellung von Sachverhalten oder Ereignisse nicht ganz zu vermeiden. Dafür wird um Verständnis gebeten. Denn so sollen auch Leser, die nicht das gesamte Projekt studieren wollen, doch „mitgenommen" werden.

Auch geht manches im Projekt über die anvisierte „Kernzeit" von 1919-49 hinaus, z.B. die „Baugeschichte der Kirche". Natürlich könnten man auf alles verzichten, was nicht stringent zur Darstellung der NS-Geschichte am Marktort und ihrer Deutung gehört. Aber der Ehrgeiz des Autors war doch, einen verlässlichen Durchgang durch die *ganze* Weidenberger Geschichte zu präsentieren, der sich dann in den Geschehnissen ab etwa 1929 am Marktort zuspitzt. Eine solche „Weidenberger Geschichte" gibt es bislang noch nicht.

Neben dieser Zeitachse verfolgt das Projekt einen doppelten roten Faden. Er führt einmal zum „Leitfossil", der Bekenntnismarter von 1937 auf der Weidenberger Bocksleite; zum anderen betrachtet es eingehend die Person des rührigen damaligen Weidenberger Pfarrers GEORG REDENBACHER, der in der Kernzeit 1919-49 in Weidenberg wirkte. Dieser Protagonist und das „Leitfossil" stehen in engstem Zusammenhang und deuten sich gegenseitig.

Auf diese Marter hin und von ihr weg wird in dem Projekt vieles erzählt, um letztlich die verschiedenen Dimensionen in der Deutung dieses religiösen Symbols für die Geschichte und den Glauben zu erfassen. Wer allerdings nur nach den reinen Fakten zur Aufstellung dieser Marter sucht, der muss einige Mühen aufwenden und die einzelnen Bände durchstöbern. Das ist literarische Absicht, so wie ja auch bei der Betrachtung von Personen sich manchmal erst nach und nach ihr Geheimnis enthüllt.

Da es bei der Bekenntnismarter von 1937 um eine historische Einordnung und Deutung dieses wohl weltweit einmaligen religiösen Symbols geht, finden sich dazu z.B. auch noch wesentliche überraschende, weiterführende Hintergrundinformationen in der vierten Projektfolge über den Kirchenkampf! So soll die Komplexität dieses Phänomens „Bekenntnismarter zur Zeit des Nationalsozialismus" als eines ganz eigenen lohnenden Forschungsgegenstandes zum Ausdruck kommen. Wer dagegen zu diesem Marterl nur ungeduldig nach vordergründigen Fakten fragt, wird rascher bei ADAM KIEẞLING in der entsprechenden Folge von „Seinerzeit" fündig.

Sucht man nach vergleichbaren Arbeiten zur Gesamtgeschichte von Weidenberg, steht der Interessierte heute vor dem Dilemma, dass es auf dem Markt dafür keine Literatur gibt. Eine bescheidene Ausnahme bildet die Schriftenreihe „Seinerzeit", die das Archiv der Verwaltungsgemeinschaft Weidenberg herausgibt und die gerade (2020) in ihr sechstes Jahr geht.

Die schmalen Bändchen versammeln in der Regel Wiederabdrucke von älteren Beiträgen aus der Rubrik „Seinerzeit" des Amtsblattes der VG Weidenberg. Der verdiente Weidenberger Heimatforscher und Hobby-Historiker ADAM KIEẞLING (1915-1994) hat diese Rubrik im Jahr 1973 begründet und hier bis zu seinem erschütternden Tod viele lesenswerte Beiträge veröffentlicht.[175] Da wird bunt Gemischtes von ihm und auch von anderen Autoren in einem weit gesteckten zeitlichen Rahmen ausgebreitet und auf diese Weise – einem Heimatbuch ähnlich –ein vielfältiges Bild der vier Gemeinden der Verwaltungsgemeinschaft gezeichnet. Allerdings fällt auf, dass auch hier die Zeit des Nationalsozialismus bislang völlig ausgespart ist, so als hätte es sie nie gegeben.

Umso mehr wird sich mancher Leser fragen, woher die im Projekt „MYRTEN FÜR DORNEN" verwendeten Informationen insbesondere über die „braune" Zeit kommen. Dieses Projekt steht im Wesentlichen auf drei tragenden Säulen: 1. den Berichten von Zeitzeug*innen und historisch kompetenten Personen, 2. dem intensiven Studium von einschlägigen Akten und themenbezogener Sekundärliteratur und 3. der

[175] Vergl. die Würdigung im Kapitel *„Kulturattaché und Geschichtsgewissen – Eine Erinnerung an Adam Kießling"* in der 1. Folge des Projektes „MYRTEN FÜR DORNEN – Am Vorabend der Urkatastrophen" ab S. 391ff.

Bearbeitung einer Fülle von Originaldokumenten und Fotografien aus Archiven von Weidenberger und oberfränkischen Zeitzeugen.

1. Die Berichte von Zeitzeug*innen und historisch kompetenten Personen

Das Grundgerüst insbesondere für die Bearbeitung der NS-Zeit bilden die Aussagen von einer großen Anzahl von „Zeitzeugen", von denen die Mehrzahl im Anhang der dritten Projektfolge *„Der Anstreicher und seine Lehrjungen"* bereits benannt und abgebildet sind. Die Aufnahmen von ihnen und die oft mehrfachen Interviews mit ihnen wurden hauptsächlich zwischen 2010-13 gemacht. Zu dieser Zeit sehen viele dieser Zeitzeug*innen noch recht fit aus. Das darf aber nicht darüber hinwegtäuschen, dass die Mehrzahl von ihnen bereits vor oder in der Hitlerzeit geboren sind und diese Zeit als Kinder, Jugendliche oder Erwachsene selbst miterlebt haben.

Wer also den Verdacht hat, die befragten Zeugen seien damals vielleicht noch zu klein gewesen, um konkrete Vorstellungen von den damaligen Zeitumständen zu haben, der täuscht sich. Befragt werden konnten seinerzeit noch Geburtsjahrgänge ab etwa 1920. Sie waren bei Kriegsende immerhin 25 Jahre alt, also wirklich reif genug, ihre Erfahrungen angemessen zu beschreiben.

Der Altersschwerpunkt der Interviewten lag bei 16-17 Jahren bei Kriegsende. Einige der Befragten sind inzwischen (2020) leider schon gestorben. Sie hatten die Volksschule in Weidenberg durchlaufen und besuchten nun weiterführende Schulen in Bayreuth oder standen in Ausbildung, waren beim Arbeitsdienst oder absolvierten ein Pflichtjahr im Haushalt. Sie haben die Zeit von HJ und BdM noch persönlich miterlebt und kannten ihr Leben gar nicht anders, als unter dem Regiment Hitlers. Die Jüngsten dieser Zeitzeug*innen gingen damals im „Alten Schloss" in den NS-Kindergarten.

Von Interesse war bei der Befragung nur das persönlich Erlebte. Das heißt, Geschichten von Älteren, die z.B. in einer Familie immer wieder erzählt werden und damit den Charakter von „Familienlegenden" haben, blieben bewusst außen vor. Ohnehin ist die diese Zeit rar an solchen Sekundärerzählungen. Denn eine Tragödie dieser Zeit beruht ja gerade darin, dass die Elterngeneration häufig über diese Zeit gänzlich geschwiegen hat, oft bis zu ihrem Tode.

Andererseits wurden die damals jugendlichen Zeitzeugen über das Selbsterlebte bis heute kaum je befragt. Die NS-Zeit wurde in den Familien und im Ort wie ein Tabu behandelt. So schleppen manche ihre Eindrücke wie ein Trauma durch ihr Leben mit sich. Erst die Kriegskinderforschung hat seit etwa dem Jahr 2000 damit begonnen, hier manches aufzubrechen. Kein Wunder, dass auch viele Zeitzeugengespräch wie eine Befreiung verliefen.

Überhaupt hat ja die Erforschung vieler bisher übersehener Aspekte der NS-Zeit seitdem noch einmal eine ganz neue Schubkraft in die Geschichtsschreibung gebracht (z.B. bei der Erforschung der Verstrickung der Psychiatrien oder bei der Frage, wie die Mitgliedschaft bei der NSDAP funktionierte und was sie bedeutete, usw.), was aber noch nicht überall im Bewusstsein oder in der öffentlichen Diskussion angekommen ist. Traurigerweise wird durch einen ritualisierten Geschichtsunterricht über die NS-Zeit in den Schulen manches totgeritten. Dabei ist über diese irritierende und mit heutigen Maßstäben schwer verständliche Zeit noch längst nicht alles gesagt.

Alles in diesem Projekt beruht also auf authentischen Beobachtungen der Zeitzeugen und dem Versuch, dies Erlebte angemessen zu deuten. Die Erfahrung lehrt gottlob, dass gerade Kinder über eine staunenswerte und exakte Beobachtungsgabe verfügen, auch wenn sie noch nicht alle Geschehnisse einordnen können. So ist die erfolgreiche „Spurensuche" nach dem Euthanasieopfer „Martin" für die fünfte Projektfolge nur zustande gekommen, weil die Wahrnehmungen von damals 10-11-jährigen Kindern konsequent und bis zum Ende nachgeprüft werden konnten.

Neben dem Projekt „MYRTEN FÜR DORNEN" existieren veröffentlichte Berichte von Weidenberger Zeitzeugen bislang erst ab den Ereignissen des Kriegsendes. Auf sie wird an den entsprechenden Stellen namentlich hingewiesen.

Eine eigene Kategorie stellt der Bericht dar, den JOACHIM KRÖLL als wörtlichen Text in seiner „Geschichte des Marktes Weidenberg" auf S. 164f abdruckt. Dieser Bericht zur Beschreibung der NS-Zeit ist leider unkommentiert und ohne Autorenangabe und damit historisch anfechtbar. Der Autor lässt sich aber aufgrund Befragung anderer Zeitzeugen dingfest machen; es ist ein ehemaliger NS-Parteigänger und Marktschreiber. Er gehört zur Kategorie der „direkten Zeitzeugen", also der Personen, die im Geschehen der NS-Zeit selbst handelnd tätig waren. Bei ihm fällt auf, wie verharmlosend er diese Zeit darstellt.

Solche in der einen oder anderen Richtung subjektiv gefärbten Berichte und Zeugnisse begegnen uns zu Dutzenden auch in den Spruchkammerakten, sei es zur Stützung der Anklagen gegen die vermeintlichen oder tatsächlichen Täter, sei es als Beweismittel der Verteidigung. Hier schreiben oder sprechen Zeugen über ihren eigenen Weg in den Nationalsozialismus oder über ihre Beobachtungen zu den angezeigten Personen. Diese Zeugen reichen von der Weidenberger Hausfrau bis zum evangelischen oder katholischen Geistlichen, von der Sekretärin bis zum Ortsgendarmen, vom Handwerker über den Lehrer bis zum Ortsgruppenleiter, aber auch vom bekennenden Nationalsozialisten bis zum SPD-Mann oder Kommunisten.

Solche sehr persönlichen Zeugnisse lassen den Leser einen tiefen Blick in die „Eingeweide“ (s.u.) der Weidenberger NS-Geschichte tun; und sie lassen etwas ahnen vom Rechtfertigungsdruck, der in den ersten Nachkriegsjahren auf der Bevölkerung lastete und der im Schweigen bis heute nachwirkt. Freilich hat die tendenziöse Widersprüchlichkeit dieser Aussagen damals die Gerichte schier zur Verzweiflung getrieben; so muss man auch als Historiker solchen Texten stets mit einem gründlichen Maß an Misstrauen begegnen. Man muss sie sorgfältig einordnen und mit Aussagen von anderen Personen oder aus anderen Quellen abgleichen.

So ist im Projekt „MYRTEN FÜR DORNEN“ stets die „kritische Einordnung“ des Gehörten oberstes Gebot. Insbesondere zu den Weidenberger Schlüsselfiguren wie dem Ortsgruppenleiter RUMLER wurden alle infragekommenden Zeitzeugen befragt, darunter auch seine direktesten Nachkommen. Die Beurteilung war gleichwohl erstaunlich einmütig.

Es geht bei diesem vorliegenden Projekt also nicht um die bloße Wiedergabe von Berichten über diese Zeit, sondern um die kritische Auswertung und Verknüpfung von Zeitzeugenberichten zu ganzen „Geschichten“ und ihre Einordnung in einen gesamtgeschichtlichen Kontext. Gerade diese kritische Verknüpfung fehlt bei vielen Zeitzeugenberichten, die man heute im Internet lesen kann.

Bei den zu Geschichten verknüpften Texten des Projektes wird in der Regel darauf verzichtet, dazuzuschreiben, auf welchen Berichten sie im Einzelnen fußen. So beruht z.B. die themengebende „Marterl“-Geschichte, wie alles andere, auf sorgfältigen Recherchen, in diesem Fall hauptsächlich vor Ort in Lessau. Hier hat man sich also die in der Zeitzeugenübersicht genannten, vom Ort stammenden Personen als Hauptquellen vorzustellen; zur Verknüpfung helfen in diesem Fall Notizen aus den Kirchenbüchern, Berichte aus den Akten des VVW, Texte aus Seinerzeit usw.

In der Regel ergibt sich die Autorenschaft für die Quellen eines Kapitels jeweils aus dem Textzusammenhang. Die zugrunde liegenden Berichte sind beim Autor sorgfältig archiviert; sie können bei begründetem historischem Interesse jederzeit eingesehen werden. Übrigens findet man sowohl in der vierten, wie in der sechsten Folge des Projektes auch etliche namentlich gekennzeichnete Texte über Exemplarisches, seien es Personenbeschreibungen von den Protagonisten des Projektes, seien es persönliche Berichte über HJ, BdM, Evakuierung, Kinderlandverschickung, Kriegsende, Vertreibung, usw.

Es besteht die Absicht, nach Projektende die Dokumente und Unterlagen an eine zentrale vertrauenswürdige Stelle zur Archivierung abzugeben und damit zur allgemeinen Einsicht verfügbar zu machen. Welche Stelle das sein wird, ist aber zum gegenwärtigen Zeitpunkt noch offen.

2. Die einschlägigen Akten und Unterlagen und die themenbezogene Literatur

Die zweite tragende Säule des Projektes „Myrten für Dornen" ist das sorgfältige Studium der vorhandenen Akten und Dokumente und ihre Auswertung vor dem Hintergrund der aktuellen Forschungsliteratur.

Wie schon an anderer Stelle festgestellt, besteht ja allgemein leider ein gravierender Mangel an Originaldokumenten aus der NS-Zeit. Das hängt damit zusammen, dass das NS-Regime in seinen letzten Monaten auf allen Ebenen konsequent versucht hat, Spuren zu verwischen. So beklagen auch die für Weidenberg zuständigen Staatsarchive Bamberg und Coburg die großen Lücken in ihren Beständen.

Andererseits haben auch neuere Funde nach der Wende von 1989 neue Bestände an Unterlagen insbesondere aus NS-Führungsebene und Gestapo ans Licht gebracht. Sie sind inzwischen für Historiker bei der Einzelfallforschung zugänglich.

Mit ihrer Hilfe konnte z.B. der Verfasser den politische Opferfall „Christian Dennert" und den Euthanasiefall „Margarete" praktisch lückenlos aufklären. Weil seit den 2000-er Jahren auch die Erforschung anderer Bereiche wie der Psychiatrien in der NS-Zeit voranschreitet, konnte auch der Euthanasiefall „Martin" zufriedenstellend aufgeklärt werden. Damit konnte auch diesem Opfer Gesicht und Stimme wiedergegeben werden. Von all diesen Fällen hat inzwischen auch die Zeitung berichtet und somit erstmal die Öffentlichkeit informiert.

Manches, wie etwa die zentrale NSDAP-Mitgliederkartei, ist, wie im Projekt dargestellt, der Vernichtung seinerzeit nur zufällig entgangen. Man könnte mit Hilfe dieser im Bundesarchiv in Berlin aufbewahrten Kartei also auch für Weidenberg ziemlich genau die Namen und Eintrittsdaten aller Parteijünger feststellen. Der Aufwand ist aber erheblich und lohnt sich in der Breite auch nicht. Es genügt die Feststellung, dass die Zahl der Beteiligten am Marktort nicht unbeträchtlich war und um die 300 lag, eine Zahl, die der Ortsgruppenleiter auch nach dem Krieg immer wieder gern stolz als seinen persönlichen „Erfolg" verkündete.

Anders ist es mit der Frage, was solche Zahlen bedeuten. Hier will die neueste Forschungsliteratur[176] manchen gängigen Verharmlosungen widersprechen und demgegenüber wichtige Einsichten vermitteln, nämlich dass es sich erstens beim Eintritt in die NSDAP um eine bewusste Willenserklärung, also ein politische Bekenntnis, handelte, dass man zweitens bei den Parteijüngern die vor 1933 Eingetretenen, insbesondere die „Alten Kämpfer", deutlich von den danach eingetretenen

---

[176] Vergl. insbesondere FALTER, Junge Kämpfer, aber auch die diesbezüglichen Einschätzungen des Bundesarchivs Berlin.

„Opportunisten“ unterscheiden muss, und drittens, dass durch den nie ganz aufgehobenen Parteiaufnahmestopp vom Mai 1933 nur noch solche Personen in die Partei kamen, die sich in den Parteigliederungen „bewährt“ hatten, also tatsächliche Stützen des Systems waren.

Leider ist auch das Weidenberger Marktarchiv ziemlich leer. Ortsgruppenleiter RUMLER hatte vieles in seiner Wohnung im Alten Schloss aufbewahrt und beim Eintreffen der Amerikaner in sein Elternhaus am Obermarkt transferiert. Noch zum Beginn der Entnazifizierung besaß er nach eigenen Andeutungen viele solche Akten, mit dem Ziel, sie gegen solche Leute anzuwenden, die ihm bedrohlich werden konnten. Er soll nach Zeitzeugenberichten dann vieles nach auswärts transferiert haben. Es gab auch offizielle Hausdurchsuchungen von Seiten des Landratsamtes. Es ist aber heute angeblich nichts mehr auffindbar.

So stellt es einen Glücksfall dar, dass sich wenigstens im Nachlass von Rumlers größtem Gegenspieler, dem örtlichen Granitfabrikanten CHRISTIAN SCHILLER, einzelne Originaldokumente aus der NS-Zeit finden, die an den entsprechenden Stellen des Projektes vorgestellt werden. Weitere im Projekt gezeigte Originaldokumente des ehemaligen Ortsgruppenleiters sind damals auch zu Rumlers Verwandten gelangt.

Als wertvoll erweisen sich aber immer wieder auch die Kirchenbücher der örtlichen Evangelischen Kirchengemeinde. In ihnen sind alle Trauungen, Taufen, Konfirmationen und kirchlichen Bestattungen der damaligen Zeit verzeichnet. Des Öfteren finden sich über die reinen Personalangaben hinaus Bemerkungen zu besonderen Situationen und Vorfällen, über Unglücksfälle, Krankheiten, Euthanasiefälle oder Gefallene. So tauchen Auswertungen der Kirchenbücher in den verschiedensten Themenzusammenhängen des Projektes auf, sei es bei der Spurensuche nach den Euthanasieopfern oder bei anderen Todesfällen, sei es bei der Erforschung des Wirkens der „Deutschen Christen“, sei es bei der Frage nach ideologisch bedingten Aus- und Eintritten in die Kirche, usw.

Zu den hilfreichen Quellen aus dem Bereich der Kirchengemeinde gehören auch die Pfarrbeschreibungen und die Protokollbücher der Kirchenvorstände. In ihnen spiegelt sich aus erster Hand die Geschichte der Kirchengemeinde und ihre Einschätzung durch die Pfarrer wider. Hier kann etwa das Verhältnis der Kirchengemeinde zur Arbeiterbewegung studiert werden. Auch die Entstehung der „geheimen“ Bekenntnisgemeinde Weidenberg in der Zeit des Kirchenkampfes kann nachverfolgt werden; das Wirken dieser Bekenntnis-Christen gipfelt dann in der Aufstellung des Marterls auf der Bocksleite.

Eine weitere sehr umfangreiche Kategorie sind die oben schon genannten Spruchkammerakten, die dem Staatsarchiv Bamberg gehören, aber großteils in Coburg gelagert sind. Sie ermöglichen nicht nur eine Rückschau in die NS-Zeit. In diesen Dokumenten spiegeln sich auch die Verhältnisse unmittelbar *nach* dem Krieg wider. Für das Projekt wurde, unter den angegebenen Vorbehalten, aus weit über 1.000 Seiten Aktenmaterial vieles über die Tätigkeit der Beteiligten in der NS-Zeit erhoben.

Umfangreich sind schließlich auch die kirchlichen Personalakten aus dem Landeskirchlichen Archiv in Nürnberg. Hier wurden vielen hundert Seiten durchgearbeitet, welche den Dienst der Pfarrer, die in Weidenberg im 20 Jh. ihr Amt geführt haben, aus landeskirchlicher Sicht beschreiben. So sollten mit ihrer Hilfe die Charaktere der Protagonisten soweit greifbar und so lebendig wie möglich beschrieben werden. Man muss hier freilich die nachdenkenswerte Beobachtung machen, dass dienstliche Beurteilung oft nicht mit dem Selbstbild des Betroffenen zusammenpassen, wie sie auch meist nicht mit dem Bild übereinstimmen, dass die Gemeinde von dem Pfarrer hat.

Bei allen Personenbeschreibungen muss man sich auch Zügel anlegen, dass man nicht in ein peinliches Fantasieren gerät, wie es leider auch Reportern von renommierten Wochenschriften bisweilen bei der heute geforderten Lebendigkeit der Berichte unterläuft. Diese gebotene Nüchternheit beim Fehlen von Fakten mag solche Leser enttäuschen, die nur spannende Romane suchen.

3. Originaldokumente und Fotografien aus Weidenberg und generell zum Zeitgeschehen.

Die stabile dritte Säule des Projektes „Myrten für Dornen" stellen neben den schon genannten Originaldokumenten auch die Fotografien dar, welche die Zeitzeugen dem Autor zur Verfügung gestellt haben.

Wiederum muss man sich des Besonderen bewusst sein, dass nämlich überhaupt Bilder vom Ortsgeschehen aus der NS-Zeit vorhanden sind. Das Problem ist ein Doppeltes: Erstens haben damals nur eine überschaubare Zahl von Menschen im Ort selbst fotografiert; und zum anderen mussten einschlägige Fotos nach dem Eintreffen der Besatzungsmacht 1945 herausgegeben werden; sie wurden vernichtet.

Zu der eher kleineren Zahl von aktiven Fotografen gehörte damals der Ortsgruppenleiter[177], der Apotheker bzw. seine Tochter,[178] der Erste Pfarrer,[179] die Fabrik-

---

177 Man sieht Georg RUMLER öfter auf Bildern mit Kamera. Von den vielen Fotos und Filmen, die er selbst gemacht haben soll, ist aber bislang nichts aufgetaucht. Sein gleichnamiger Vater betrieb einen Postkartenverlag, von dem viele der heute erhaltenen Ortsansichten stammen.

178 Viele ihrer Bilder werden im Kapitel *„BdM-Mädchen Marianne"* vorgestellt.

179 Über Pfarrer HOFFMANN existieren einzelne nicht besonders gute Aufnahmen aus seiner Zeit in Haunstetten und eine Fotografenaufnahme von etwa 1940; von seiner eigenen Hand waren keine Fotos verfügbar.

besitzer DENNERT und SCHILLER und ihr Umfeld,[180] mancher Lehrer[181], Händler[182] oder Kaufmann.[183] Daneben existieren viele Fotos in Familienalben, deren Urheberschaft nicht immer zu klären ist. Für die Möglichkeit zur Einsichtnahme sei an dieser Stelle pauschal allen Unterstützern herzlich gedankt.

Die Mehrzahl der Weidenberger besaß keinen eigenen Fotoapparat. Aufnahmen von Hochzeiten und anderen festliche Gelegenheiten hat man sich beim Fotografen bestellt; bei ihm hat man auch die hübschen Fotokarten mit Ortsmotiven erworben, die man dann, mit Grüßen versehen, per Post versandt hat. Solche Karten werden auch dankbar im vorliegenden Projekt verwendet.

Aber, wie gesagt, zum anderen sind viele kompromittierend erscheinende Bilder mitsamt den Fotoapparaten vernichtet worden, als die Alliierten anrückten. Die Amerikaner hatten nämlich in jenen Tagen angeordnet, dass nicht nur alle Waffen, sondern auch alle solche Bilder auszuliefern sind, die von der NS-Zeit handeln oder ihre Symbole zeigen. Waffen, Apparate, Bilder, alles wurde dann oben an der Straße nach Seybothenreuth angezündet und die Asche dort eingegraben.

Umso mehr zählt, was noch greifbar und sozusagen heimlich erhalten geblieben ist. Denn jedes dieser Bilder erzählt seine ganz authentische Geschichte. So erfahren wir von den Gegebenheiten und der Atmosphäre bei den Aufmärschen zum ersten „1. Mai" in Weidenberg unter den Bedingungen des Nationalsozialismus, oder von den frühen HJ-Treffen, den SA- und NSKK-Aufmärschen oder dem Gedenken beim Tode des Reichspräsidenten V. HINDENBURG 1934.

Auch wenn die Namen der Eigentümer der Bildrechte im Projekt in der Regel nicht explizit bei den Bildern angegeben sind, so sei doch auf deren Rechte hingewiesen und ihnen an dieser Stelle herzlich dafür gedankt. Ihre Namen sind in einer eigenen Rubrik oben im Anhang bei den Quellenangaben auf der S. 392 aufgeführt. Dasselbe gilt für alle persönlichen Erinnerungsbilder und Dokumente aus dem Bereich von Ortsleben, Opfergeschick, HJ, BdM, Vertreibung, Kino, usw., welche helfen, die jeweiligen Geschichten zu verlebendigen.

Bei einzelnen Fotos, insbesondere beim Ortsgruppenleiter, aber auch im Fall DENNERT, wurde, über das reine Fotodokument hinausgehend, die Form der „Montage"

---

[180] Bilder der Familie SCHILLER tauchen insbesondere bei der Besprechung der Vita des Genannten auf.

[181] Hier bin ich insbesondere dem Sohn von Lehrer AUGUST KIEẞLING für wichtige dokumentarische Bilder zu Dank verpflichtet.

[182] Auch von der übrigen Familie von Autohändler KIEẞLING gibt es etliche Fotos. Danken möchte ich auch dem Metzgermeister PÖHLMANN für seine sehr informativen Bilder.

[183] Dokumentarisch wichtige Bilder finden sich in der Hinterlassenschaft von FRITZ FÜẞMANN, der aber dann nach Warmensteinach verzog.

gewählt und der Begriff an den betreffenden Stellen auch beigefügt. Er besagt, dass hier zwei Bilder zusammengesetzt sind. Dieses Verfahren soll realistische Vorstellungen von Situationen vermitteln, von denen Zeitzeugen oder Akten berichten, aber Bilder fehlen. Das hat aber mit „Fake" nichts zu tun, denn beim Fake geht es um eine bewusste Irreführung. Ein kleiner Blick in Wikipedia hilft bei solchen Definitionen weiter.

Weitere Fotos, die verwendet wurden, um allgemeingeschichtliche Vorgänge zu illustrieren, sind gemeinfrei. Auf die Erwähnung einer Quelle wird hier deshalb in der Regel verzichtet.

4. Über die angestrebte Methode der „Geschichtsschreibung von unten" und den „auktorialen Erzählstil

Als Methode verwendet das Projekt durchgängig die „Geschichtsaneignung von unten", die der möglichst sachlichen und nachvollziehbaren Darstellung des einzelnen Lebensschicksals Vorrang einräumt vor einer allgemeinen Zeitanalyse.

Diese seit den 1960er Jahren international aufgekommene Art der Geschichtsbetrachtung versucht einen anderen Weg zu gehen, als die klassische, von Volksführern her gedachte Geistes- und Politikgeschichte (»Staatsmänner machen Geschichte«). Dabei hat diese neue Geschichtsbetrachtung bisher einige Phasen durchlaufen: Sie wurde beeinflusst von der Sozialforschung, welche auch das Alltagsleben der „kleinen Leute" für untersuchenswert hält und gesellschaftliche Prozesse aufzuspüren versucht. In den neuen „Alternativbewegungen" seit den 1970-er Jahren richtet diese Geschichtsbetrachtung den Blick besonders auch auf benachteiligte Gruppen. Das einzelne Individuum, sein Lebensalltag und sein Lebensrecht wird neu gesehen.

In dieser Zeit der 70-er entsteht in Skandinavien nach einem Buch des Schweden SVEN LINDQVIST *„Grabe wo du stehst"* eine Geschichtsbewegung, welche die Lokalgeschichte und den jeweils gegenwärtigen Alltag mit den Dimensionen der Gesamtgeschichte verbindet. Auch die „kleinen Leute" sollen sich als historische Subjekte entdecken, welche „Geschichte machen" können, und zwar in dem doppelten Sinne, nämlich dass sie erstens zu Autor*innen ihrer eigenen Geschichtsschreibung werden; und zweitens, dass sie sich getrauen, aus ihrer eigenen Geschichte heraus auch ihre Gegenwart und Zukunft gemäß ihren eigenen Interessen zu gestalten.

Diesem Impuls folgte seit den 1980er Jahren eine Flut von neu gegründeten „Geschichtswerkstätten". Seitdem fühlen sich immer mehr Einzelpersonen, Gruppen oder Vereine zur Erforschung und Darstellung dieser regionalen „Geschichte von unten" verpflichtet. Ihre Denkweise ist regional und global zugleich. Einer solchen „Bayreuther Geschichtswerkstatt" mit NORBERT AAS ist auch der Autor von „MYRTEN FÜR DORNEN" zu tiefem Dank verpflichtet.

Andererseits blickt der Verfasser des Projektes auch z.B. nach Lateinamerika, wo im Rahmen der „Theologie der Befreiung" und anderer spiritueller und sozialer Bewegungen schon länger an einer vergleichbaren Sichtweise der Geschichte gearbeitet wird. In diesem Zusammenhang hält er eine Einschätzung des peruanischen Nobelpreisträgers für Literatur JORGE MARIO PEDRO VARGAS LLOSA (*1936) für nachdenkenswert, die der deutsch-chilenische Autor ALFONSO DE TORO[184] überliefert:

„Im Zentrum sowohl der neuen Geschichtsschreibung als auch des neuen historischen Romans steht nicht mehr die große Geschichte (der Kriege, der Diplomaten, der Politik, der Heroen), sondern die vielen kleinen Geschichten des Alltags, der Sexualität, der Sitten, des Begehrens, des Außenseiters. Es geht um das, was ich bereits Anfang der 90er Jahre ... die ***Geschichte von Innen, eine Art topographische Radiographie der Eingeweide der Geschichte****, nannte."*

Die vielen heute im Internet greifbaren kleinen Geschichten von damals sind aber noch nicht „Geschichte von unten", denn ihnen fehlt meist die Einordnung und Deutung. Andererseits sollte auch kein reines Fachbuch mit einem überbordenden Apparat oder einer erdrückenden Anmerkungssammlung entstehen. Dabei ist die Entscheidung, welche Quelle man ausdrücklich nennt, nicht immer leicht zu treffen, hat aber nichts mit „Ungenauigkeit" zu tun. Im Gegenteil, bei diesem Projekt kann zum Glück alles belegt werden; dies kann bei ernsthaftem Interesse auch jederzeit erfolgen.

Wenn beim Ordnen der Stoffmassen dieses Projektes der **„auktoriale Erzählstil"** zur Anwendung kommt – das heißt, dass der Autor selbst nicht Teil der dargestellten Welt ist, sondern sie gleichsam „allwissend" von außen schildert und beurteilt – so dient dies lediglich als Kunstgriff, um aus den einzelnen berichteten und erarbeiteten Partikeln ein lesbares Ganzes zu formen. Der Autor versteht sich keineswegs im allgemeinen Sinn als „allwissendend". Eher sieht er sich in der Rolle eines Regisseurs beim Theater, der die unterschiedlichen Personen (die Zeitzeugen oder Protagonisten) zu einem gemeinsamen Auftritt verbinden möchte, oder eines Redaktors, der verschiedene unterschiedliche Zeugnisse zu einer Botschaft verknüpfen will.

Dieses Projekt, das an der schmalen Stelle zwischen Geschichte und Roman angesiedelt ist, will auch nicht mit den Großen dieser Literaturgattungen konkurrieren. Es geht lediglich darum, ein Stück Weidenberger Geschichte auf eine lesenswerte Weise vor dem fortschreitenden Verdrängen und Vergessen zu bewahren, und zwar insbesondere auch um der Erinnerung an die damaligen Opfer willen.

Wenn dabei dem damaligen Ortsgruppenleiter GEORG RUMLER recht viel Platz eingeräumt wird, dann muss man sich frei machen von der Vorstellung, dass von

---

[184] Vergl. das Literaturverzeichnis im Anhang zu ALFONSO DE TORO, S. 137ff.

einer Person nur deshalb viel zu schreiben ist, weil sie „bedeutend“ ist. Das Faszinierende bei dieser Person RUMLER ist eigentlich gerade die Bedeutungs*losigkeit*, die er aber mit Hilfe dieses damaligen Systems eine Zeitlang aufpeppen kann und die er auch nach dem Krieg mit seinem weiteren *„heroischen Kampf gegen alles Unsaubere, Gemeine und Niederträchtige ohne Ansehung der Person“* kaschieren will.

Man sollte im Übrigen auch nicht bemängeln, wenn im Projekt öfter bewusst der Ausdruck „Hitlerzeit“ verwendet wird. Bei den gern alternativ verwendeten Ausdrücken wie „Zeit des Nationalsozialismus“ u.ä. wird gern übersehen, dass es die größeren und kleineren Rumlers ohne HITLER gar nicht gegeben hätte. Auch wenn ohne diese Helfer das Emporkommen Hitlers nicht zu denken ist, so sind doch Hitlers Hirn und Zunge die *Quelle* des Übels. Und die Frage, wie diese beiden Organe, Hirn und Zunge, bewirken konnten, dass so viele Menschen im Sinn dieses Diktators agierten, wird auch die Klügsten unter den Forschern noch lange beschäftigen.

Tatsächlich wiedersetzt sich diese ganze Zeit dem, was man den „normalen Gang“ der Geschichte“ nennen könnte. Damit ist nicht gesagt, dass der ‚normale Gang von Geschichte‘ sich grundsätzlich folgerichtig aus sich bedingenden Tatsachen ergibt. Vielmehr ist der Bruch der Epochen mit dem Ersten Weltkrieg zwischen dem „langen 19. Jh.“ und dem „kurzen 20. Jh.“ gravierend, wie ihn auch der renommierte englische Historiker IAN KERSHAW in seinem neuesten Geschichtswerk „Höllensturz“ fesselnd und furchterregend beschreibt. Es wird wohl noch lange zu diskutieren sein, was von diesen Veränderungen und dem entfachten Grauen auch ohne HITLER passiert wäre oder was allein ihm zu „verdanken“ ist oder wie sich beides verzahnt hat.

N.B.: Die beiden geplanten und inzwischen auch fertiggestellten Kapitel über den *„NS-Überfall auf Kirchenpingarten 1938“* sowie *„die Weidenberger Himmelsbriefe“* mussten leider aus Platzgründen aus der vierten Projektfolge ausgeklinkt werden. Sie erscheinen nun in einem besonderen, lesenswerten „Supplementband“.

Jürgen Joachim Taegert
Kirchenpingarten im Corona-November 2020

GESAMTÜBERSICHT für die sechs Folgen des Projektes „Myrten für Dornen“ und den Supplementband über die Weidenberger Kirchen- und Ortsgeschichte		
Folge Nr.	*Überschriften der jeweiligen Folge:*	*Die Bücher und Inhalte der jeweiligen Folge:*
1	**„AM VORABEND DER URKATASTROPHE(N)“ – Quellen zur Weidenberger Geschichte.** ISBN 978-3-947247-15-8	1. **„TANNEN FÜR HECKEN UND MYRTEN FÜR DORNEN“** – Das evangelische Bekenntnismarterl der Margarete Schilling 1937 auf der Weidenberger Bocksleite 2. **„DIE PFARRBESCHREIBUNG 1913/14“**, eingelesen, kommentiert und fortgeführt bis in die Gegenwart 3. **„DIE GESCHICHTE VON WEIDENBERG UND UMGEBUNG“** 1896 von Pfarrer Johannes Michael Einfalt 4. **„BESCHREIBUNG DER MARKTGEMEINDE WEIDENBERG“** 1900 von Lehrer Joh. Erhard Reblitz 5. **DER „WEITBERÜHMTE MARCK WEIDENBERG“** samt Umgebung 1692 von Magister Johann Will 6. **„DER STUMME SCHREI ZUM HIMMEL“** – Die Steinkreuze um Weidenberg und in der Frankenpfalz 7. **„KULTURATTACHÉ UND GESCHICHTSGEWISSEN“** – Eine Erinnerung an Adam Kießling
2	**„LICHT UND SCHATTEN DER NEUEN ZEIT“ – Alltagsleben in der Vorahnung der Katastrophe** ISBN 978-3-947247-16-5	1. **„WO SIND DENN DIE RITTER?“** – Leben und Geschichten vom Pfarrer Redenbacher **2. „BEIM MARKTBRAND *NICHT* MIT VERBRANNT“** – Geschichte der Kirchen Weidenbergs, der Gemeinde und ihrer Pfarrer anhand der Epitaphien und neuer Recherchen 3. **ARBEIT, WOHLSTAND UND ARMUT BEI DEN „GAASLA“** – Soziales Leben, Beruf und Gewerbe in Weidenberg um die Wende zum 20. Jh.

2		**4. „Als Weidenberg Kurort werden wollte“** – Pfarrer Redenbacher und der Verschönerungsverein Weidenberg (ein Durchgang durch die Geschichte der Marktgemeinde Weidenberg 1903-2013)
3	**„DER ANSTREICHER UND SEINE LEHRJUNGEN“ – Braune Herrschaft in Weidenberg seit 1929** ISBN 978-3-947247-17-2	1. **„Seit 1933 sind wir alle nicht mehr normal“** – Georg Rumler und der Aufstieg der Nazis in Weidenberg von 1929 bis zu ihrem Durchbruch 1933 **2. „Bei mir ist niemand zu Schaden gekommen“** – Die Herrschaft der Nazis in Weidenberg und ihre Gegner **3. Physikus und Pharmazeut“** – Das Weidenberger Gesundheitswesen bis in die erste Hälfte des 20. Jh.
4	**CHRISTSEIN AM SCHEIDEWEG – Weidenberg im Kirchenkampf** ISBN 978-3-947247-18-9	**1. „Bloß keine Atheisten“** – Glückliche Fügungen und vereitelte Wunder bei der Entwicklung der protestantischen Landeskirche in Bayern und im Kirchenkampf im Dritten Reich **2. „Das Trojanische Pferd der Nazis“** – Der Weidenberger Pfarrer Theodor Hoffmann und die Deutschen Christen **3. Die „heimliche“ Bekenntnisgemeinde Weidenberg** und andere Geschichten vom Pfarrer Redenbacher
5	**„SPUREN DER OPFER“ – Anteilnahme und Verleugnung** ISBN 978-3-947247-19-6	1. **„ANNA MARGARETA – Gedenken de Unbegreiflichen“** – Spurensuche NS-Opfer des Euthanasie-„T4-Programms“ aus der Kirchengemeinde Weidenberg 2. **„MARTIN - Leben im Armenhaus, Sterben an Hungerkost“** – Spurensuche Opfer der Armut und der „wilden Euthanasie“ aus Weidenberg

5		3. „JENSEITS DER ROTEN LINIE“ – Ein Weidenberger in den Klauen von Gestapo und Volksgerichtshof: Die Akte Dennert-Weidenberg 1930-1944
6	**„UNTERGEHEN UND AUFSTEHEN“** **– Der Alltag unter Kriegsbedingungen und das Danach** ISBN 978-3-947247-20-2	**1. „HITLERS GRIFF NACH DER JUGEND“** 1.1 „HASENJAGEN, ABER GELERNT HABEN WIR NICHTS“ – Schule und der kleine Widerstand im Alltag 1.2 „BDM-MÄDCHEN MARIANNE 1.3 „HITLERJUNGE HANS“ 2. „GÄSTE UND FREMDLINGE (1)“ 2.1. DIE EVAKUIERUNG DER SAARLÄNDER 2.2 „FERIEN OHNE HEIMKEHR“ – Gestrandet bei der Kinderlandverschickung 3. „WARTEN AUF DIE SIEGER“ – Naziübergriffe, Widerstand, Krieg, Kriegsende und Neubeginn in Weidenberg“ 4. „MIT OST-SPIONEN UND ALTEN SEILSCHAFTEN ZUM NEUEN AUFBRUCH?“ – Die Entnazifizierung 1946-48 und der holperige Neustart der Parteien-Demokratie in Weidenberg **5. „GÄSTE UND FREMDLINGE“ (2)** – Gablonzer Glasknopfmacher in Weidenberg, oder: Wie die „Sudetendeutschen“ nach Oberfranken kamen 6. **„EIS VON DER OMA, KINO VOM OPA“** **–** Die Weidenberger „Rosenau- Lichtspiele“ im Wandel der Zeiten 1926-1971
7	**SUPPLEMENT** **– Der NS-Überfall auf die Kirchenpingärtner Pfarrer;** und: **– Die Weidenberger Himmelsbriefe** ISBN 978-3-947247-55-4	„ALS HITLERS GOTTHEIT INFRAGE STAND“ – Der Widerstand der Frankenpfälzer und der Überfall der Weidenberger Nazis nach den Hitlerwahlen 1938 „DIE WEIDENBERGER HIMMELSBRIEFE“ – Ein vergessener stummer Schrei nach Segen